21世纪高等院校电子商务精品教材

Introduction to Electronic Commerce

3rd Edition

电子商务概论

第三版

赵芳 主编

新形态教材

东北财经大学出版社
Dongbei University of Finance & Economics Press
大连

图书在版编目（CIP）数据

电子商务概论 / 赵芳主编. —3版. —大连：东北财经大学出版社，2023.3
（21世纪高等院校电子商务精品教材）
ISBN 978-7-5654-4786-0

Ⅰ.电… Ⅱ.赵… Ⅲ.电子商务-高等学校-教材 Ⅳ.F713.36

中国国家版本馆CIP数据核字（2023）第024637号

东北财经大学出版社出版
（大连市黑石礁尖山街217号 邮政编码 116025）
网 址：http://www.dufep.cn
读者信箱：dufep@dufe.edu.cn
大连图腾彩色印刷有限公司印刷 东北财经大学出版社发行

幅面尺寸：185mm×260mm 字数：395千字 印张：19 插页：1
2023年3月第3版 2023年3月第1次印刷

责任编辑：石真珍 责任校对：孙 平
封面设计：冀贵收 版式设计：原 皓

定价：48.00元

教学支持 售后服务 联系电话：（0411）84710309

如有印装质量问题，请联系营销部：（0411）84710711

第三版前言

20世纪90年代以来，随着计算机和网络通信技术的迅猛发展，互联网技术在人类的各个活动领域得以应用，电子商务就是在互联网技术背景下出现的一种新型商务交易形式。电子商务改变了企业，企业因为电子商务的介入而改变了组织结构和运作方式，提高了生产效率，降低了生产成本，最终提升了集约化管理程度，从而得以实现高效经营。电子商务也改变了世界，电子商务已经成为全球一体化生产和组织方式的重要工具，在掌握资源配置主动权、提升国家竞争力过程中发挥日益重要的作用。

2020年以来，习近平总书记在不同场合多次就发展电子商务做出重要指示，对发展农村电商、跨境电商、丝路电商等提出要求，明确指出电子商务是大有可为的。李克强总理在2021年的《政府工作报告》中三次提及“电子商务”，高度肯定了电子商务在抗击新冠肺炎疫情中的重要作用，要求继续推动线上线下融合，促进电子商务发展。党的十九届五中全会提出，坚定不移地建设数字中国，加快数字化发展。党的二十大报告提出，加快发展数字经济，促进数字经济和实体经济深度融合，打造具有国际竞争力的数字产业集群。电子商务作为数字经济中规模最大、表现最活跃、发展势头最好的新业态、新动能，是新发展格局蓝图中非常重要的一环，必将在畅通国内大循环、促进国内国际双循环中发挥重要作用。

“十三五”时期，我国电子商务取得了显著成就，电商新业态、新模式创造了大量新职业、新岗位，成为重要的“社会稳定器”。电子商务已经全面融入我国生产生活各领域，成为提升人民生活品质和推动经济社会发展的重要力量。与此同时，我国电子商务发展仍然面临不规范、不充分、不平衡的问题，平台企业垄断和不公平竞争问题凸显，企业核心竞争力不强，外部宏观环境发生复杂深刻变化，电子商务高质量发展机遇和挑战并存。

2021年10月，商务部、中央网信办、国家发展改革委联合发布的《“十四五”电子商务发展规划》进一步明确了电子商务在新时代国民经济社会发展中的新使命：聚焦电子商务连接线上线下、衔接供需两端、对接国内国外市场的三个定位，赋予电子商务推动“数字经济高质量发展”和助力“实现共同富裕”的新使命，明确提出“十四五”时期电子商务“四个重要”的发展目标，并用“五个成为”描绘了2035年远景目标。这将有利于优化调整我国经济在全球产业中的定位和布局，有利于加快进一步融合全球化的步伐，提升国际竞争力。在电子商务引发的变革风潮中，电子商务已经成为后工业时代经济增长的强大推动力。

作为一门新学科，电子商务的发展日新月异，无论是电子商务的内涵、技术、营销手段，还是电子商务的管理及运营，与几年前相比都发生了很大的变化，这促使我们与时俱进，在维持原有结构体系的基础上推陈出新，增加新内容。

本书站在管理的视角，根据电子商务运作的内在逻辑对电子商务知识体系进行了重新整合。全书共10章，每章都配有两三篇案例分析或阅读资料，跟踪学科最新发展动态，注重专业内容的更新，关注并体现教学改革的内容变化，不仅讲解知识，还针对专业领域应用的迫切需要，提供与理论相结合的应用实例和报告数据，注重培养学生的实际工作能力。为落实立德树人的根本任务、力争做到知识传授与价值引领相统一，第三版教材有机融入了课程思政元素，带领读者通过统计数字了解中国的发展成就、通过政策解读学习中国的实践经验；同时，为进一步增强教学互动性、激发读者的学习兴趣，第三版教材新增了微课、微视频、即测即评、拓展阅读等数字资源，读者扫码即可观看、练习和阅读。

本书由赵芳担任主编，负责全书内容的组织设计、质量控制和统编定稿。具体的编写分工如下：第1章、第2章、第7章、第9章、第10章由赵芳编写；第3章由吴晓风编写；第4章由梁晶编写；第5章由张岚、金婕编写；第6章由赵芳、郭慧编写；第8章由姜前昆编写。本书的出版得到了东北财经大学出版社的全力支持，在此表示感谢。

在本书的编写过程中，编者借鉴了部分国内外最新的出版物、数据库和网上资料中的理论或观点，因为篇幅所限未能在书中一一注明，仅在最后的参考文献中列出，在此谨向各位专家学者表示由衷的感谢。由于编者水平有限，以及这门学科内容新、范围广的特殊性，书中难免有很多不足之处，真诚希望各位专家和读者提出宝贵意见，以利于今后修改和订正。

党的二十大报告关键词

编　者

2023年1月

目 录

第1章 电子商务概述 / 1

本章要点 / 1
引例 海尔开拓快手电商新渠道 / 1
1.1 电子商务的含义 / 4
1.2 电子商务的分类 / 10
1.3 电子商务的产生与发展 / 14
1.4 国内外电子商务发展现状 / 22
本章小结 / 29
复习思考题 / 29

第2章 电子商务商业模式 / 30

本章要点 / 30
引例 零售巨头沃尔玛是如何做O2O的 / 30
2.1 电子商务商业模式概述 / 33
2.2 网络零售商业模式 / 35
2.3 B2B电子商务模式 / 42
2.4 B2G电子商务模式 / 47
2.5 新型电子商务模式 / 50
本章小结 / 59
复习思考题 / 59

第3章 电子商务技术基础 / 60

本章要点 / 60
引例 2022年“双11”阿里巴巴开启技术红利时代 / 60
3.1 计算机网络 / 62
3.2 互联网技术 / 67
3.3 Web技术 / 77
3.4 数据库技术 / 82
3.5 电子商务新技术 / 86
本章小结 / 94
复习思考题 / 94

第4章 电子商务系统建设 / 95

本章要点 / 95

引例 某公司电子商务网站规划建设方案 / 95
4.1 电子商务系统概述 / 102
4.2 电子商务网站建设 / 110
4.3 手机App建设 / 121
本章小结 / 126
复习思考题 / 127

第5章 电子商务安全 / 128

本章要点 / 128
引例 知名化妆品牌的危机公关 / 128
5.1 电子商务安全概述 / 129
5.2 加密技术 / 133
5.3 认证技术 / 137
5.4 电子商务安全交易协议 / 145
本章小结 / 153
复习思考题 / 153

第6章 网络营销 / 154

本章要点 / 154
引例 小米的战略生态营销 / 154
6.1 网络营销概述 / 156
6.2 网络营销策略 / 161
6.3 网络营销方法体系 / 174
本章小结 / 182
复习思考题 / 182

第7章 电子支付与网上银行 / 183

本章要点 / 183
引例 数字人民币如何改变第三方支付 / 183
7.1 电子支付概述 / 185
7.2 电子支付工具 / 188
7.3 第三方支付 / 196
7.4 移动支付 / 199
7.5 网上银行 / 203
本章小结 / 208
复习思考题 / 208

第8章 电子商务物流 / 209

本章要点 / 209
引例 亚马逊海外购：前置保税仓2023年落地宁波 / 209

8.1　物流概述 / 210
8.2　电子商务与物流 / 215
8.3　电子商务物流管理 / 222
8.4　电子商务供应链管理 / 229
8.5　电子商务物流基础技术 / 234
本章小结 / 245
复习思考题 / 245

第9章　电子商务典型应用 / 246

本章要点 / 246
引例　天猫国际发布“五新”策略 / 246
9.1　直播电子商务 / 247
9.2　旅游电子商务 / 250
9.3　跨境电子商务 / 256
9.4　农村电子商务 / 260
9.5　工业电子商务 / 264
本章小结 / 267
复习思考题 / 268

第10章　电子商务法律规范 / 269

本章要点 / 269
引例　直播带货：风口处何去何从 / 269
10.1　电子商务法律规范概述 / 271
10.2　国内外电子商务立法现状 / 273
10.3　电子商务交易的法律法规 / 277
10.4　电子商务中个人隐私保护法律规范 / 280
10.5　电子商务知识产权法律规范 / 282
本章小结 / 284
复习思考题 / 284

主要参考资料 / 294

第1章
电子商务概述

未来要么电子商务，要么无商可务。

——比尔·盖茨

本章要点

◇ 电子商务的定义

◇ 电子商务的特点、功能、影响因素

◇ 电子商务的分类

◇ 电子商务的发展历程

引例　海尔开拓快手电商新渠道

随着时代的发展，直播购物成为越来越多消费者的新选择。在短视频平台观看直播，和刷短视频一样，本身就是很多人的消遣方式。从日常用品、食品、服饰、化妆品到电子产品、家用电器等，直播带货覆盖的范围也越来越广，满足了人们的多种需求。

相对于其他购物方式，直播带货对商品的介绍更详细、全面、直观，感染力、互动性更强，商家给的优惠力度、价格往往更有吸引力，自然而然吸引了更多的人消费。对于品牌而言，直播带货作为线上最大增量场变得日益重要，更成为一架通往品牌升级之路的阶梯，为品牌的营销与升级打开了“新世界的门”。

比如，2021年5月至12月，在不到1年的时间里，海尔在快手上的商品交易总额（Gross Merchandise Volume，GMV）就达到了1.2亿元。更值得关注的是，海尔官方旗舰店在快手116购物狂欢节活动中自播的客单价高达4 600元。

如此高的成交量、如此高的客单价，可能颠覆了很多人的固有认知。作为品牌之都青岛的代表“金花”，海尔借力快手实现电商销售的新突破，未来的电商发展之路引发关注。

开通“新渠道”，拥抱“年轻化”

1984年创立于青岛的海尔，经过近40年的发展，已成长为全球大型家电第一品牌。但是，现在提到海尔，很多人想到的是已经过去20多年的海尔兄弟，很多00后甚至不知道海尔兄弟，这就是海尔的品牌老龄化问题。还有一个问题就是用户老龄化，现在海尔的用户年龄偏高，需要吸引年轻人的关注，形成新的增量。对于这两方面的问题，海尔近几年也在不断探索解决办法。

近几年，随着电子商务的不断发展，海尔在天猫等传统电商渠道的流量下滑趋势明显，品牌的流量也随着下滑，而且获客成本越来越高。海尔需要发展新的渠道，寻找新的流量。

从2020年开始，在特殊时期，“直播带货”成了热词，多个行业开始审视直播的力量。海尔也意识到，快手等短视频平台有可能成为下一个“天猫”，它们很可能是家电产业下一个千亿规模的平台。之后，海尔电商方面单独划出快手等独立渠道，提供基础设施、技术、人员等各方面支持。2020年12月，海尔在快手开店，2021年5月正式开始常规化运营。

为什么选择快手等短视频平台作为电商新渠道？海尔的答案很简单：快手等新渠道相对于传统电商渠道有其优势。这里的内容生态比较接地气，直播风格更容易被人接受，而且对很多人来说快手是社交工具或短视频浏览平台，用户本身有娱乐消遣的需求。另外，从认知上来说，在传统电商平台上比价搜索难度较大，而快手短视频或直播中对产品的讲解和展现更加生动，内容更容易被接受。

从视频到直播，从达人到自播

货品有了，新渠道也有了，如何发掘新的流量并产生价值？

与其他快手账号一样，海尔最初也是发布一些有用或有趣的视频，加强粉丝互动、回应粉丝需求，等积累一定粉丝量后再做直播，但是大家电在直播电商平台转化率较低，自带或达人带货的难度都较高，好在用户对海尔的认知度较高，品牌本身在“冷启动”层面起到了很重要的作用，由此产生的用户黏性、拉新效果都比较好。

海尔在快手平台上先与头部达人合作，进行达人直播带货，但是达人直播稳定性差、难以把控，渠道没有持续性的发展，而且投入的费用也越来越高，这就需要把自播做起来。自播是自己的阵地，可以实现稳定的产出，也是品牌宣传的一个出口，而且费用比较低。

这一点与业内专家的观点不谋而合，中国经营报社总编辑李佩钰曾表示：“全媒体时代，企业营销的玩法越来越多，但是能否真正助力品牌构建、赢得顾客信任却有云泥之别。金子什么时候发光，取决于能力，这就要求企业建立长期的竞争力，而不只是图一时的流量，毕竟，只有品牌才意味着信任和认同。”

海尔自播通过拉长直播时长、增加直播间互动等，提升账号互动率，后期又增加了流量投放，提升粉丝数和活跃度。另外，针对中秋节、重阳节、家装节等时间节点，策划促销活动，做一些抽奖、买赠、满减、套购等优惠，提升直播间流量。

随着流量逐渐提升，转化率也逐渐提高。快手的优势是人的社会属性更明确，所以海尔在自播中更注重人设的打造，与粉丝形成认知、信任关系。账号发展起来，有一定粉丝了，再分析平台粉丝画像，对粉丝年龄、地域分布、消费需求等做进一步分析，对用户分类进行精细化运营，与产品进行搭配。

除了在新渠道和产品上持续发力，海尔还计划在快手上做物联网，包括全屋家电和家电互联、场景展示等，这也是海尔未来着力发展的方向。在快手直播过程中，海尔也向消费者传递未来的战略和产品调整观念，从单品到成套产品再到场景解决方案。海尔未来计划在快手上开一家官方旗舰店卖成套产品和场景解决方案，对于带动品牌价值而言，这比传统销售方式更有优势。

从产品到物联网，用场景催生新需求

现在的海尔已经不是传统概念中的家电企业，而是物联网企业。海尔未来的目标是做物联网，不仅做家电成套、家装成套、家居成套，下一步还要做物联场景，把用户整个生活场景连通起来。

海尔电商的发展经历了四个阶段，即从最早的电商平台建设到后期的生态整合，如图1-1所示。

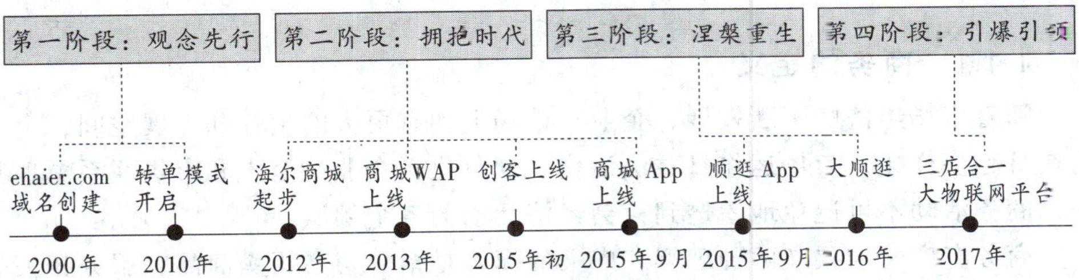

图1-1 海尔电商发展阶段

在发展初期，海尔电商的重点是通过构建电商平台来打通内部和外部、线上和线下，对物流、信息流、资金流进一步整合。这里面不仅是业务和流程的变革，更加重要的是数据驱动运营思维的转变。其核心就是如何真正基于数据分析持续运营，将被动地等待市场和客户变为主动地经营流量和拓展客户。

海尔从消费互联转到产业互联的时候，真正的重点在于生态的整合，即真正去构建一个完整的生态体系和开放式创新平台，这个生态平台才是能够持续不断发挥价值的地方。小米也一样，实际上并不是一个单纯的手机厂商，而是一个生态平台建设和运营商，真正赚钱的地方反而是对整个生态体系的持续运营和对增值服务的提供。

海尔集团创始人、董事局名誉主席张瑞敏曾说："产品会被场景替代，行业会被生态覆盖。"单靠产品已经难以开创增长新空间，海尔未来将着力开拓企业场景化生存、生态化迭代的新旅程，用场景催生新需求，再以新需求牵引更高质量的供给。

伴随新一轮信息技术与制造业的深度融合，数字经济已成为最重要的经济形态，以企业数字化转型带动产业链现代化升级，成为制造业迭代升级的不二选择。在数字经济时代，制造与服务没有边界，传统与新兴没有区别，传统产业搞好数字化转型，一样能成为新兴业态。

资料来源：孟德宝．开拓快手电商新渠道，"海尔兄弟"打开"新世界的门"[N]．半岛都市报，2021-12-14.

案例思考：

传统企业如何实现向电子商务领域转型？

随着世界经济的全球化、一体化发展，商务活动迅速扩展到了全世界的每一个地方，如何跨越不同国家和地区快捷地完成企业之间的交易过程，成为各级商业对象的当务之急。而互联网的出现为商务活动的自动化和快捷性创造了有利的条件和全新的信息空间，它对商务活动前所未有的推动和革新也导致电子商务应运而生。

1.1 电子商务的含义

电子商务是在传统商务的基础上发展起来的。要了解电子商务，就有必要先认识一般商务的有关内容。

1.1.1 商务的定义

随着市场经济的不断发展，企业在市场上拥有更大的生存和发展空间，个人消费日趋多样化，市场运作日益法治化、规范化，企业、个人和市场联系愈加紧密，商务活动不可避免地渗透到社会经济活动的各个领域。

商务有广义与狭义两种理解。广义的商务是指一切与买卖商品、服务相关的商业事务。狭义的商务是指商业或贸易。而商务活动是企业为实现生产经营目的而从事的各类有关资源、知识、信息交易等活动的总称。

对商务的理解，可以从以下五个方面着手：第一，商务是涉及商品、服务买卖活动的事务。第二，商务和营销活动息息相关。一切买卖商品、服务的活动都属于市场行为，都要以销售行为为中心来开展市场营销活动。第三，商务活动涉及各种经济资源，包括物资、劳务、土地、资本、信息等有偿转让的相关行为，从某种意义上讲，通过商务交换实现这些资源所有权转换的过程就是商务活动。第四，商务具有营利性的特点。在市场上从事的以营利为目的的经济活动就是商务活动。第五，商务是市场交换行为。商务的主体多元化，企业、政府、个人等都可以作为商务主体进行信息、物资等方面的市场交换。

相对于电子商务，一般商务是在传统商务模式下进行的商务活动。在传统模式下，商务活动往往采取面对面直接交易或纸面交易的方式。这种传统方式往往具有信息不对称、耗费时间长、花费高、库存积压、生产周期长、客户服务有限等局限性。

1.1.2 电子商务的定义

电子商务（Electronic Commerce，EC）一词起源于1970年左右，类似的术语还有 Electronic Business（电子商业），Electronic Transaction（电子交易），Electronic Trade（电子贸易），Cyber Shopping（网络贸易）等。发展至今，还没有一个较为全面、具有权威性的，为大多数人广为接受的电子商务的准确定义。政务组织、IT企业和专家学者从不同角度提出了各自的见解。这些定义各有不同的出发点与含义，它们从不同角度阐述了电子商务，从中也可以看到人们在认识电子商务过程中所做的探索。下面列举一些有代表性的定义，以帮助大家对电子商务有较为全面的认识：

（1）全球信息基础设施委员会（GIIC）电子商务工作委员会在其报告草案中对电子商务做如下定义：电子商务是运用电子通信手段的经济活动，通过这种方式人们可以对带有经济价值的产品和服务进行宣传、购买和结算。电子商务能使产品在世界范围内交易并向消费者提供多种多样的选择。

（2）美国政府在其《全球电子商务纲要》中比较笼统地指出："电子商务是指通过互联网进行的各项商务活动，包括广告、交易、支付、服务等活动，全球电子商务将会涉及全球各国。"

（3）IBM公司的电子商务（E-business）概念包括三个部分，即企业内部网（Intranet）、企业外部网（Extranet）、狭义的电子商务（E-commerce），它所强调的是在网络计算环境下的商业化应用，不只是硬件和软件的结合，也不只是通常意义上的强调交易的狭义的电子商务，而是在互联网（Internet）、企业内部网和企业外部网把买方、卖方、厂商及其合作伙伴结合起来的应用。它同时强调这三部分是有层次的：只有先建立良好的企业内部网，建立比较完善的标准和各种信息基础设施，才能顺利扩展到企业外部网，最后扩展到电子商务。

（4）英特尔（Intel）公司给出的电子商务定义是"电子商务=电子化的市场+电子化的交易+电子化的服务"。

（5）美国权威学者佐治亚大学的瑞维·卡拉科塔教授和得克萨斯大学奥斯汀分校的安德鲁·温斯顿教授在他们的名著《电子商务的前沿》中指出，"广义地讲，电子商务是一种现代商业方法。这种方法通过改善产品和服务质量、提高服务传递速度，满足政府组织、厂商和消费者降低成本的需求"。

（6）西安交通大学李琪教授在其专著《中国电子商务》一书中指出，客观上存在两类或三类依据内在要素不同而对电子商务所做的定义。第一，广义的电子商务定义：电子工具在商务活动中的应用。电子工具包括从初级的电报、电话到国家信息基础设施（National Information Infrastructure，NII）、全球信息基础设施（Global Information Infrastructure，GII）和互联网等一系列工具。第二，狭义的电子商务定义：在技术、经济高度发达的现代社会里，掌握信息技术和商务规则的人，系统化运用电子工具，高效率、低成本地从事以商品交换为中心的各种活动的全过程。

根据上述不同的定义，我们认为电子商务应包含如下几层含义：

（1）采用多种电子方式，特别是互联网；

（2）实现商品交易、服务交易（其中包含人力资源、资金流、信息服务等）；

（3）既包含企业间的商务活动，也包含企业内部的商务活动（生产、经营、管理、财务等）；

（4）涵盖交易的各个环节，如询价、报价、订货、售后服务等；

（5）采用电子方式是形式，跨越时空、提高效率是主要目的。

综合以上分析，我们可以对电子商务做出如下定义：电子商务是各种具有商业活动能力和需求的实体（生产企业、商贸企业、政府机构、个人消费者等）为了跨越时空限制、提高商务活动效率，采用网络和先进的数字化传媒技术进行的各项商业贸易活动。

1.1.3 电子商务的概念模型

微视频 1-1

中国电商
全球领先

电子商务的概念模型是对现实世界中电子商务活动的一般抽象描述，它由电子商务实体、电子市场、交易事务，以及信息流、商流、资金流、物流等基本要素构成，如图 1-2 所示。

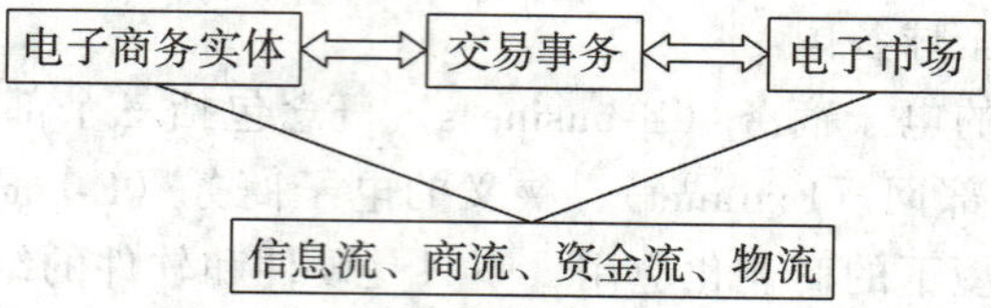

图 1-2　电子商务的概念模型

1. 电子商务实体

在电子商务的概念模型中，能够从事电子商务活动的客观对象被称为电子商务实体。它可以是企业、银行、商店、政府机构、科研教育机构和个人等。

2. 电子市场

电子市场是电子商务实体在互联网上从事商品和服务交换的场所。在电子商务中，每个交易实体面对的都是一个电子交易市场，各种各样商务活动的参与者必须通过电子交易市场来选择交易的对象和内容，利用通信装置，通过网络联结成一个统一的整体。

3. 交易事务

交易事务是指电子商务各实体之间所从事的具体的商务活动内容，如询价、报价、转账支付、广告宣传、商品运输等。

电子商务的每一笔交易都包含信息流、资金流、商流、物流。信息流既包括商品信息、促销信息、技术支持、售后服务等内容，也包括诸如询价单、报价单、付款通知单、转账通知单等商业贸易单证，还包括交易方的支付能力、支付信誉等。商流是指商品在购、销之间进行交易和商品所有权转移的运动过程，具体是指商品交易的一系列活动。[①]资金流主要是指资金的转移过程，包括付款、转账、结算、兑换等过程。物流指交易的商品或服务等物质实体的流动过程，具体包括商品的运输、储存、配送、装卸、保管、物流信息管理等各种活动。

在电子商务模式下，信息流、商流、资金流的处理都可以通过计算机和网络通信设备实现。只有交易的无形商品可以直接通过网络传输的方式配送，如各种电子出版物、信息咨询服务、有价信息和软件等，而对于大多数商品和服务来说，物流仍然要经由传统的经销渠道，通过物理方式传输。

从电子商务的概念模型中不难看出，电子商务实质上是电子商务实体围绕交

---

① 商流概念较为抽象，它与物流构成了商品价值二重性在商品流通中的不同表现形式，有时我们在理解商务活动内容时并不探讨它。

易事务通过电子市场发生的经济活动关系，这些经济活动关系是通过物流、资金流、商流、信息流来实现的。电子商务强调“四流”的整合，以物流为物质基础，商流为表现形式，信息流作为连接的纽带，引导资金流正向流动。

1.1.4 电子商务的特点

电子商务作为一种新型的不断发展的交易方式，在信息流、资金流、物流分离的情况下，具有技术性、方便性、高效性、社会性、虚拟性和全球性的特点，下面对这六个特点分别进行简要阐述。

1.电子商务的技术性

电子商务建立在计算机技术和网络通信技术等新技术的基础上。没有计算机技术和网络通信技术的发展，没有计算机网络的广泛应用，就没有电子商务。

除了计算机技术和网络通信技术外，电子商务还涉及新的管理思想、管理方法、安全技术、自动识别技术和标准化技术等，还有物流活动中应用的机械化、自动化和智能化技术。

此外，电子商务涉及的技术还包括集成技术。应用集成技术，电子商务提高了事务处理的整体性和统一性，使用户能更加有效地利用他们已有的资源和技术，它能规范事务处理的工作流程，将人工操作和电子信息处理集成为一个不可分割的整体。这样，不仅能提高人员和设备的利用效率，也能提高系统运行的可靠性。

技术的快速发展势头是不可阻挡的，要使电子商务系统能够正常运作，必须确保系统的可扩展性。随着网络用户的数量增长，电子商务系统必须与其相适应，有相应的可扩展性，以便在高峰阶段能正常运行，否则会影响企业的业务运作，损害企业的形象和信誉。

2.电子商务的方便性

时间、空间限制是人们从事社会经济活动的主要障碍，也是构成企业经营成本的重要因素。互联网遍及全球各个角落，电子商务活动亦随之遍布全球，电子商务把商业和其他业务活动所受的时空限制大大弱化了，从而降低了企业经营成本和国民经济运行成本。企业与企业间可以在网上方便地进行贸易合作、商业洽谈以及商业信息传递等，用户能足不出户地查询商业信息、享受购物便利，而且能够节约在搜寻产品、服务及交通上的时间成本，这体现了电子商务给人们带来的方便性。

3.电子商务的高效性

由于在互联网上能实现电子数据交换，电子商务中的各种商务活动所产生的商业文件、信息都可以在互联网上实现瞬间传递和自动处理，克服了传统商务活动中处理速度慢、费用高等缺点，极大提高了商务活动的运作效率和交易速度。此外，在互联网上发布信息具有高速、实时的特点，也能及时引导企业按市场需求做出快速反应，从而避免产品积压和过时现象。

电子商务为企业节省了大量的开销，不需要营业人员，不需要实体店铺，并可以提供全天候服务，有助于提高销售量、客户满意度和企业知名度等。例如瑞士一家覆盖全国的网上超市，全部经营管理人员只有8人，经营数千种商品，开业仅几个月就有数万客户，其商品的储存、运输及送货上门服务均由邮政部门承担。

4.电子商务的社会性

电子商务的出现导致了某些行业的衰落，也造就了许多有生机的新行业和商务模式。电子商务构筑了一个电子化的市场，在目前仍是活动自由度较高、法律约束较少的一个经营活动领域，这一特点在有利于企业探索新的经营方式、降低营业成本的同时，也导致一些不法分子欺骗消费者、侵犯他人知识产权的行为难以得到及时有效的查处。因此，针对网上交易活动制定和执行一些基本规范，通过国家间的协调，以法律形式来保障网络用户的合法权益、维持网上交易秩序，十分必要。

5.电子商务的虚拟性

电子商务市场环境是建立在以互联网为基础的网络之上的，它的主要商务活动，如产品发布、交易、结算等都是数字化的，犹如在互联网上形成一个跨越空间的电子化市场，冲破传统商务的空间限制。借助网络，商务活动不受时空制约。在电子商务交易的环境中，消费者不需要去实体商店和服务场所购买商品和服务，只需要通过个人电脑或移动终端在互联网上进行操作，就能够完成询价、谈判、支付等商务活动。对于数字产品，商品的配送渠道可以通过数字化网络完成；对于有形商品，快递服务可以把商品配送到消费者指定的目的地，消费者只需等候商品的到达。

6.电子商务的全球性

全球化和信息化是当今世界经济发展的趋势，各国各地区的人们正在有意识或无意识地加入世界经济体系之中，互联网和电子商务的出现加速了这一进程。电子商务全球化是指通过互联网展开的商务交易和商务服务，不受地理环境、国家区域等传统商务条件的限制。借助于电子商务技术和管理，消费者不仅可以与国内经营者交易，也可以和世界范围内的任何经营者建立交易关系。任何一个企业都可以利用这个虚拟市场向全世界推销自己的产品。国内用户可以享受国外的信息服务，如搜索引擎、网络社区、即时通信等。数字化信息可以在网上实时传播，交流速度快，内容全面、真实，使全球的商务环境日趋完善。

1.1.5 电子商务的功能

电子商务通过互联网可以提供在网上交易和管理的全程服务，具有如下八大功能：

1.广告宣传

电子商务使企业可以通过自己的Web服务器、网络主页（Home Page）、电子邮件（E-mail）、公众号、客户端等在全球范围内宣传企业形象和发布各种商品信息，客户使用网络浏览器、购物平台等可以迅速找到所需的商品信息。与其他各种广告形式相比，网上的广告成本最为低廉，而给顾客传递的信息却最为丰富。

2.咨询洽谈

电子商务使企业可以借助非实时的电子邮件、微博（Micro Blog）、新闻组（News Group）和实时的讨论组（Chat）来了解市场和商品信息、洽谈交易事务，如有进一步的需求，还可用网上的白板会议（White Board Conference）、电子公告板（Bulletin Board System，BBS）、即时通信（Instant Messenger，IM）即时交流信息。网上咨询和洽谈能超越人们面对面洽谈的限制，提供多种方便的异地交谈形式。

3.网上订购

企业的网上订购系统通常都是在商品介绍页面上提供十分友好的订购提示信息和订购交互表格，当客户填完订购单后，系统回复确认信息单表示订购信息已收悉。快速、便捷的网上订购，使商家能够更及时、更迅速地处理订单业务。电子商务的客户订购信息采用加密的方式，客户和商家的商业信息不会泄露。

4.网上支付

网上支付是电子商务交易过程中的重要环节，客户和商家之间可采用信用卡、电子钱包、电子支票、第三方代理支付等多种电子支付方式进行网上支付。网上支付的方式提升了效率、节省了开销。对于网上支付的安全问题，现在已有实用的SET协议、SSL协议等来保证信息传输的安全性，应用客户认证、数字签名和数据加密等技术措施可以保证电子账户操作的安全性。

5.服务传递

电子商务通过服务传递系统将客户所订购并已付款的商品尽快地传递到客户手中。对于有形的商品，服务传递系统可以在网络中对本地和异地的仓库进行物流的调配，并通过快递业务完成商品的传送；对于无形的信息产品，如软件、电子读物和信息服务等，则立即从电子仓库通过网络直接传递到用户端；对于即时通信、网络社区、论坛等产品，客户只需要登录相关网页，便可享受到相关服务。

6.意见征询

企业的电子商务系统可以采用网页上的“选择”“填空”等设置及时收集客户对商品和售后服务的反馈意见，提高网上交易售后服务的水平，使企业获得改进产品、发现市场的商业机会，使企业的市场运作形成一个良性的闭环。在电子商务交易中，消费者可以对所购买的产品和商家进行评价，这些评价信息能为潜在消费者提供参考。

7.交易管理

电子商务的交易管理系统可以对网上交易活动全过程中的人、财、物及企业内部的各个方面进行协调和管理，为网上交易提供一个良好的服务和管理环境，使电子商务的交易过程得以顺利和安全地完成，并可以使电子商务获得更广泛的应用。

8. 售后服务

企业运用客户关系管理系统可以对用户的详细信息进行管理。在商务交易完成以后，企业利用电子商务技术可以了解用户使用产品的情况，回答用户的咨询，征集用户对产品的意见，提供售后技术支持。售后服务行为有助于企业提高产品和服务质量，增强企业品牌影响力，有效提高用户对产品的满意度和忠诚度。

1.2 电子商务的分类

站在不同角度，按照不同标准可以对电子商务进行多种分类。以下我们将从参与电子商务的主体、网上支撑平台、交易活动网上完成的程度和交易的地域范围四个角度进行分类。

1.2.1 按照参与电子商务的主体分类

1. 企业与消费者间电子商务（Business to Customer，即B2C）

企业与消费者间电子商务是大众最为熟悉的一种电子商务类型，是通过网上商店（电子商店）实现在线零售商品和为消费者提供所需服务的商务活动。目前，在互联网上有许多不同类型的虚拟商店和虚拟企业，提供各种与商品销售有关的服务。

通过网上商店买卖的商品可以是实体产品，如书籍、鲜花、服装、食品、汽车、电视等；也可以是数字产品，如新闻、音乐、电影、数据库、软件及各类基于知识的商品；还可以是各类服务，如安排旅游、在线医疗诊断和远程教育等。开展B2C业务的网站可以是传统实体企业，如苏宁易购（www.suning.com）、戴尔中国（www.dell.com.cn）等，也可以是专门从事网上销售的虚拟企业，如京东（www.jd.com）、亚马逊（www.amazon.cn）。企业与消费者间电子商务引发了商品营销方式的重大变革，无论企业还是消费者都从中获益匪浅。

2. 企业与企业间电子商务（Business to Business，即B2B）

企业与企业间电子商务是指采购商与供应商在互联网上进行的谈判、订货、签约、接受发票和付款，以及索赔处理、商品发送管理和运输跟踪等所有活动。企业与企业间电子商务包括供应商管理、库存管理、销售管理、信息传递和支付管理等功能，通过这些功能企业可以减少订货成本和存货成本，缩短存货周转时间，安全及时地传递订单、发票等所有商务文档信息，以及进行网上电子货币支付等业务。

B2B是电子商务应用中最重要的和最受企业重视的一种模式，它不仅适用于大企业之间利用专门建立的网络完成买卖双方的交易，也适用于中小企业通过诸如阿里巴巴（www.1688.com）、慧聪网（www.hc360.com）、环球资源（www.globalsources.com）之类的中介机构建立的平台，为每笔交易寻找最佳合作伙伴，完成从订购到结算的全部交易行为。

3. 消费者与消费者间电子商务（Customer to Customer，即C2C）

C2C模式即消费者个人之间通过互联网进行的相互交易，如个人拍卖等形式。其典型网站有淘宝网（www.taobao.com）等。这种模式为消费者提供了便利与实惠，成为电子商务迅速普及与发展的重要环节。随着各种技术的进步，以及网上支付形式的变化和电子货币的推广与使用，C2C形式的电子商务和现实社会中自由市场上的商品交易一样得到了发展壮大。

4. 企业与政府间电子商务（Business to Government，即B2G）

企业与政府间电子商务涵盖了政府与企业间的各项事务，包括政府采购、税收、商检、管理条例发布和法规政策颁布等。其代表性网站有中国政府采购网（www.ccgp.gov.cn）、中央政府采购网（www.zycg.gov.cn）等。

政府在电子商务活动中扮演着两种角色：既是电子商务的使用者，进行商业购买活动；又是电子商务的宏观管理者，对电子商务起着扶持和规范的作用。政府作为消费者，可以通过互联网发布自己的采购清单，公开、透明、高效、廉洁地完成所需物品的采购。政府借助电子商务可以更充分、及时地发挥对企业的宏观调控、指导规范、监督管理等职能。借助网络及其他信息技术，政府职能部门能更及时、全面地获取所需信息，做出正确决策，做到快速反应，能迅速、直接地将政策法规及调控信息传达于企业，更好地发挥管理与服务的作用。

5. 企业内部的电子商务

企业内部的电子商务即企业内部各组织之间通过企业内部网处理与交换商贸信息。通过防火墙（Firewall），企业将自己的内部网（一般是Intranet）与互联网隔离。企业内部网是一种有效的商务工具，可以用来自动处理商务操作及工作流，增强对重要系统和关键数据的存取限制，共享经验，共同解决客户问题，并保持组织间的联系。通过企业内部的电子商务，企业可以增强处理商务活动的敏捷性，对市场状况更快地做出反应，更好地为客户提供服务。

1.2.2 按网上支撑平台分类

按网上支撑平台划分，电子商务有基于企业内部网（Intranet）、企业外部网（Extranet）、互联网（Internet）三种类型的电子商务。

1. 基于企业内部网的电子商务

企业内部网是采用互联网技术和产品建立起来的企业内部专用网络，是一个针对企业人员、信息的集成机制。在企业的生产经营中，企业内部网是生产管理的工具，也是产品设计的资源，还是巨大的数据库。比如，在企业内部网上召开在线会议，发布经营计划、工艺流程说明、产品研制说明，跟踪生产质量和交付程序、在线报表，开展内部信息管理等。

基于企业内部网的电子商务可以在企业内部普及电子邮件，保证企业各部门和人员可以充分利用互联网的全部功能，避免信息在传统传输过程中的丢失和歪曲现象。企业内部网与互联网连接，其间用防火墙隔离，从而实现了开放性与安全性的统一，既可保障企业内部有关信息的安全，拒绝外部非法访问，又可充分发挥企业内部信息系统的全部功能。很多国内知名的大企业（如海尔、华为等）都利用企业内部网建立了集生产、管理、资金划拨为一体的网络集成管理系统，进行企业内部的电子商务活动，降低了内部管理成本和费用，提高了内部的资金周转率和使用效益，获得了较好的效果。

2.基于企业外部网的电子商务

企业外部网是互联网的另一种应用，是企业内部网的外部扩展和延伸。运用万维网技术扩展一个企业的内部网，便可形成企业间或同一企业不同地区部门间的外部网，提高企业与其供应商和客户以及企业各地区部门间的联系速度和效率。随着现代信息技术的发展，企业联盟间、合作伙伴间都建立了便于彼此联系的企业外部网。

企业外部网所提供的是既能充分利用互联网的便利性又具有安全性的商品交易与行政作业环境。它能使企业和其他企业及相关机构如材料供应商、部件供应商、产品批发商、用户、银行、市场监督管理部门、税务部门等互访内部网，开展商品交易及相关作业，同时由于企业外部网置于防火墙之后，拒绝非法外来访问，因此这种商务活动具有与电子数据交换和企业内部网一样的安全性。

基于企业外部网的电子商务的业务流程在企业的内部和外部之间进行，更多的动态信息包括商业文件也在网上进行传送。通过互联网来实现企业内部网之间的连接，既能利用互联网覆盖面广的优点，又能利用互联网使用成本低廉的优点。

3.基于互联网的电子商务

基于互联网的电子商务是指利用连通全球的互联网开展的电子商务活动。在互联网上可以进行各种形式的电子商务活动，它所涉及的领域非常广泛，诸如在线产品信息发布、在线订货、物流管理等，全世界的企业和个人都可以参与。

基于互联网的电子商务具有交易主体庞大、交易范围广泛、交易过程完整等特点，它不受地域范围的限制，在理论上既是一个全球市场环境，也是一个地域市场环境，还可以是一个行业市场环境。由于互联网功能齐全，如电子邮件、电子公告和新闻组、在线交谈、文件传输、远程登录、信息检索等，为开展各种内容的商务活动提供了技术支持，因此基于互联网的电子商务基本上涵盖了贸易活动及相关行政作业的全部内容。

互联网具有覆盖全球、互动性强、连接方便、连接费用低、信息资源及表现形式丰富和使用方便等特点，这使得电子商务拥有极其庞大的用户群：企业、社会团体、政府部门……直到普通消费者。同时，互联网是一个开放网络，存在各种安全风险，开展电子商务对于安全技术及电子商务政策、法律法规建设有着很高的要求。

1.2.3 按交易活动网上完成的程度分类

根据电子商务的交易过程是否可以在网络上完整地进行，从产品、代理渠道和销售过程等维度的数字化程度上划分，电子商务可以分为完全电子商务和不完全电子商务两种类型。

1. 完全电子商务

完全电子商务是指完全通过电子商务方式实现整个交易过程的交易。对于一些数字化的产品和服务，如计算机软件、网络版书刊、娱乐内容（影视、游戏、音乐节目等）、电子订票、远程教育、旅馆订房等，供求双方可以直接在网络上完成预订或购买、付款、交付等全部交易活动而无须借助其他手段。完全电子商务的交易对象仅限于无形产品和网上信息服务，目前有网上订阅（在线服务、在线出版、在线娱乐）、付费浏览等商务模式。

2. 不完全电子商务

不完全电子商务是指无法完全依靠电子商务方式实现整个交易过程的交易，它需要依靠一些外部要素，如有形商品的交付过程仍然要采用传统的运输方式来完成。当产品、销售过程和代理人三个维度中的任意一个未能实现数字化时，这种电子商务就称为不完全电子商务。例如，通过网上购买图书等实物，要以快递等运送形式交货，因而使这一过程处于不完全电子商务状态。非数字化的商品无法在网络上直接送货，尚需借助其他外部辅助系统如运输系统、邮政系统等完成货物的运输与递送。专门的物流配送中心是这类电子商务的补充，负责完成它所欠缺的货物交付过程，使它具有接近于完全电子商务的形态和功能。

1.2.4 按交易的地域范围分类

按交易的地域范围，电子商务可以划分为本地电子商务、区域电子商务、国家电子商务、国际电子商务等四种类型。它们之间的差别主要表现在对电子商务系统和电子商务环境的特定要求上。

1. 本地电子商务

本地电子商务是指在本地区范围内开展的电子商务，交易双方都在本地范围之内，利用本地的电子商务系统开展商务活动。社区电子商务是我国电子商务发展的一个方向。电子商务应该重视本地化服务，同时网络消费者在同等情况下也会优先从本地网站购买商品，这样在支付、配送和售后服务等方面会获得很多便利。本地电子商务系统是开展全国和全球电子商务的基础系统，因此建立和完善本地电子商务系统是最终实现全球电子商务的一种途径。

2. 区域电子商务

区域电子商务是指在某一地理区域范围内进行的网上交易活动，其交易的地域范围较大，对软硬件和技术要求较高，要求在区域范围内实现商业电子化和自动化、金融电子化，交易各方具备一定的电子商务知识、经济能力、技术能力和管理能力等。

2021年12月31日，重庆市商务委员会发布《重庆市“十四五”电子商务发展规划》，明确重庆市“十四五”电子商务总体发展目标：到2025年，全市电子商务发展水平大幅提升，中小微市场主体规模不断壮大，龙头企业核心竞争力持续增强，产业辐射和集聚力明显提高，初步建成中国西部电子商务创新中心、数字化消费中心、协同智造中心和西部贸易数字化领航区，力争成为电子商务创新发展标杆。电子商务生态体系基本健全，成为经济社会全面数字化转型的重要引擎，成为创业就业的重要渠道，成为农村居民收入增长的重要来源，成为统筹城乡、推进乡村振兴战略实施的重要手段，成为推动成渝地区双城经济圈建设、促进鲁渝协作的重要桥梁，在更好满足人民美好生活需要方面发挥重要作用。

3. 国家电子商务

国家电子商务是指在本国范围内开展的电子商务。在这种电子商务应用中，交易双方及相关部门分处国内的不同地区，利用本国电子商务开展商品交易和相关行政作业。国家电子商务在构成要素和联结网络上与区域电子商务没有本质区别，只不过在范围和规模方面提升到了国家级。国家电子商务要求具有一个全国性的电子商务环境，比如要在全国范围内实现商业电子化、自动化，实现金融电子化等。

4. 国际电子商务

国际电子商务是指在全世界范围内进行的电子交易活动，交易各方通过网络进行贸易活动。它涉及交易各方的相关系统，如买卖双方所在国家进出口公司系统、海关系统、银行金融系统、税务系统、保险系统等。

综上所述，电子商务的分类可以按参与电子商务的主体、网上支撑平台、交易活动网上完成的程度以及交易的地域范围等进行分类，见表1-1。

表1-1 **电子商务分类**

角度	分类
参与主体	B2C、B2B、C2C、B2G、企业内部电子商务等
网上支撑平台	基于企业内部网的电子商务、基于企业外部网的电子商务、基于互联网的电子商务
交易活动网上完成的程度	完全电子商务、不完全电子商务
交易的地域范围	本地电子商务、区域电子商务、国家电子商务、国际电子商务

1.3 电子商务的产生与发展

电子商务最早产生于20世纪60年代，发展于20世纪90年代，其产生和发展的重要基础是经济活动的全球化和现代计算机及网络技术的发展。

1.3.1 电子商务产生与发展的背景

1.电子商务产生与发展的商务背景

在商品经济条件下，经济规律作用的结果必然要求全球资源实现合理优化配置，从而形成经济全球化、市场国际化、社会分工国际化等趋势，导致资本的大量转移和跨国公司的纷纷涌现，推动国际贸易的发展。自20世纪80年代后期以来，世界先后出现了欧洲共同体（“欧盟”的前身）、北美自由贸易区、亚洲太平洋经济合作组织和西方七国集团等多个跨国、跨地区的经济和贸易集团。随着经济的区域化、全球化发展，各国商业和经济的发展更加依赖国际贸易，跨国、跨地区的商贸文件往来、资金流通和物资流动越来越频繁。

国际贸易所涉及的内容繁多，如海关、税收、结算和运输等，从而与内陆贸易有实质性的区别，而且各国之间对于这些业务的商务政策和处理方式又不同，这就造成了数据处理业务的急剧增长，原有的数据处理系统已经远远不能适应国际贸易发展的需要，亟待开发新的商贸系统。

另外，随着国际贸易的迅速增长，制造商、供货商和消费者之间，跨国公司和其分公司之间，迫切需要提高商业文件、单证的传递和处理速度，以及处理的准确度，而传统的人工处理方式劳动强度大，效率低，出错率高，因而贸易的“无纸化”成为所有贸易伙伴的共同需求。以纸为载体的贸易单证和文件成为阻碍国际贸易发展的另一个关键因素。

2.电子商务产生与发展的技术背景

信息技术的发展为电子商务的产生和发展奠定了坚实的技术基础，并且推动着电子商务应用的蓬勃发展。计算机的处理速度越来越快，处理能力越来越强，价格越来越低，因而广泛进入普通百姓家庭和中小企业，这一切都为电子商务的应用提供了物质基础。互联网逐渐成为全球通信与交易的媒体，全球上网用户呈几何级数增长，国际线路容量不断增加，带宽不断扩大，越来越多的用户使用宽带上网，互联网上的应用和服务也更加丰富，这些又为电子商务的发展提供了应用条件。Java语言的诞生进一步促进了互联网与网络计算技术的发展。这种集数据、文本、图像、语音的超文本功能与超链接功能于一体的网络信息服务技术，使得互联网更加适用于商业应用。网络的发展与日渐成熟使得电子商务成为可能。计算机安全保障技术和网络安全技术的研究和发展，包括数据加密技术、数字签名技术和防火墙技术的应用等，为电子商务的发展提供了重要的保障。

互联网实现全球范围的连接，深入到全球的每一个角落，使交易范围无限扩大，交易费用却大大降低，使依赖于传统EDI的企业迅速加入互联网，实现了全球性网上交易。互联网相对于其他媒体的这种绝对优势使它得以迅速普及，直接推动了电子商务的发展。

现代意义上的电子商务是互联网技术成熟后才开始的。1990年，互联网进入以资源共享为中心的应用服务阶段。1991年，美国政府宣布互联网向社会公众开放，允许在网上开发商业应用系统。1992年，互联网主干网上的计算机发展到4 500台。1993年，万维网（World Wide Web，WWW）在互联网上出现，这是一种具有处理图文、声像、超文本对象能力的网络技术，使互联网具备了支持多媒体应用的功能。1995年，互联网上的商业信息首次超过了科教信息，这既是互联网此后获得爆炸性发展的标志，也是电子商务从此大规模起步的标志。

3.电子商务产生与发展的环境背景

电子商务的产生与发展还离不开电子支付、网络安全以及相关法律体系的完善等因素。以电子支付技术为基础的信用卡、电子钱包和电子货币的普及应用，为电子商务的发展提供了金融基础环境。

1996年2月，维萨（VISA）和万事达（MasterCard）两大信用卡国际组织共同制定了保障在互联网上进行安全电子交易的SET协议。该技术协议得到了美国通用电话电子公司（GTE）、网景公司（Netscape）、国际商业机器公司（IBM）、微软公司（Microsoft）等一些技术领先的跨国公司的支持。SET协议适用于电子商务B2C模式，支持客户、商户、银行（收单行或开户行以及其他银行）相互之间确认身份，以保障电子商务交易的安全。SET协议的出台使得在一个安全的网络环境下完成购物和支付成为可能，对电子商务的产生与发展起到了关键的推动作用。

1994年成立的美国网景公司致力于推广SSL协议，用以弥补互联网上的主要协议TCP/IP在安全性能上的缺陷（因为TCP/IP协议难以确定用户的真实身份），从而可用于支持B2B电子商务。

另外，加拿大北电网络有限公司（Nortel Networks Inc.）所属的Entrust公司开发出公钥基础设施技术PKI，支持SET、SSL、IPSec及电子证书和数字签名，可弥补SSL协议的缺陷。IBM、太阳微系统公司（Sun Microsystems）等均采用Entrust公司的PKI技术来支持B2B电子商务进行安全结算。

同时，电子商务产生和发展的重要推动力还在于各国政府、各种社会组织的支持。例如，1995年2月，全球信息基础设施委员会成立，推动与协调各国信息技术与信息服务的发展与应用。美国政府认为，电子商务的发展是未来世界经济发展的重要推动力，甚至可以与200年前工业革命对经济发展的促进作用媲美。1997年7月，美国公布了《全球电子商务框架》，同时要求联邦政府所有的对外采购均采用电子商务方式，将美国电子商务推上了“高速列车”。

基于这些不断成熟、持续发展的基础条件，电子商务在21世纪初得到了飞速的发展。

1.3.2 电子商务的发展阶段

电子商务的发展经历了两个阶段：基于EDI的电子商务和基于Internet的电子商务。

1.基于EDI的电子商务

电子商务的最早应用是从EDI电子商务系统开始的。EDI曾经在电子商务的发展过程中担当过非常重要的角色。

（1）EDI的产生。

EDI是Electronic Data Interchange的英文缩写，译为“电子数据交换”。EDI起源于20世纪60年代末，从概念的提出到技术的应用，都得到了各国政府和企业的大力支持，迅速应用于国际贸易、金融、海关业务以及航空公司等。有关EDI的最初想法来自美国运输业，原因是运输业流通量大，货物和单证的交接次数多，而单证的交接速度常常赶不上货物的运输速度。当时的贸易商们在使用计算机处理各类商务文件的时候还发现，由人工输入到一台计算机的数据中有70%来源于另一台计算机输出的文件，过多的人为因素也影响了数据的准确性和工作效率的提高。

企业经营的最终目标是“以最少的投入获得最大的产出”。企业的经营方针已定，所以无论是强化经营管理，还是深入挖掘企业内部潜力，它们共同的目的都是降低生产经营成本，提高企业生产效率。过去，企业采用计算机技术曾使内部生产、管理等业务的效率大幅度提高，但是在外部经营方面，特别是各企业间的信息交流方面，计算机技术的优势远没有得到发挥。在全球经济相互依存的程度不断加深与竞争日益激烈的形势下，EDI在国际、国内贸易领域中受到经营者的高度重视。它在很大程度上促进了企业之间信息的交换，因此得到了广泛的应用。

在商业贸易活动中，企业需要与贸易伙伴进行大量的商务信息传递，选择适当的通信方式传送商务活动中的订单、合同、回执、账单和托运单等单证，以及执行各种商务功能是十分重要的。在传统贸易过程中通常是参与贸易的各方通过电话、传真和邮件等方式进行贸易磋商、签约和执行。相关贸易文件的制作、传输、处理要通过人工来进行。一个贸易过程要经过很多环节，含有相同交易信息的不同文件要经过多次重复处理才能完成。这就增加了重复劳动量和一些额外的开支，增加了出错的概率，给贸易双方造成不必要的损失。传统方式下贸易单证的传递方式如图1-3所示。

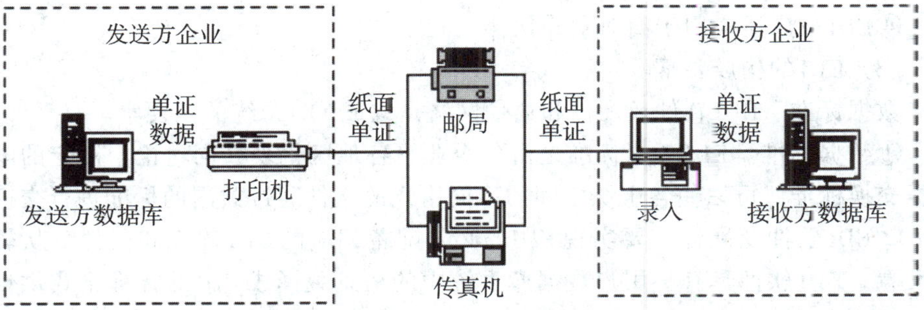

图1-3 传统方式下贸易单证的传递方式

随着计算机技术和网络技术的不断发展和应用，人们开始探索用电子手段来代替传统的纸面的信息记录和传输方式（用电子单据取代纸质单据），使人工干预降到最低程度，从而加快信息的传递速度，消除信息的第二次录入，大大减少出错的次数。这种新的方式就是EDI，也经常称为无纸贸易。

EDI模拟传统商务单据流转过程，对整个贸易过程进行简化。EDI不仅是一种技术，更是一种数据通信的管理方法。进入20世纪90年代后，随着网络技术和信息技术的广泛应用，EDI得到迅速发展。基于EDI的电子商务系统是信息技术向商贸领域渗透的产物，用于计算机之间商业信息的传递，包括日常咨询、计划、询价、合同等信息的交换。EDI条件下贸易单证的传递方式如图1-4所示。

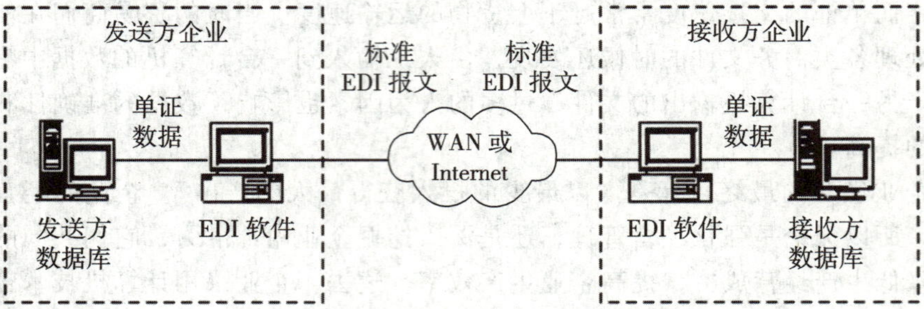

图1-4 EDI条件下贸易单证的传递方式

（2）EDI的含义。

由于EDI在各国的发展和实施方法各有不同，所以关于EDI的定义有多种观点。在这里我们采用国际标准化组织为EDI下的定义：EDI是针对商业或行政事务处理，按照一个公认的标准，形成结构化的事务处理程序或消息报文格式，从计算机应用系统到计算机应用系统的数据传输方法。

事实上，EDI是一种用电子数据输入取代人工数据输入的方法，实施EDI的目的不只是无纸化，更重要的是避免邮寄造成的数据延误和丢失，以及数据的重复输入。正确理解EDI的含义要把握以下几点：

①EDI是计算机应用系统之间的数据传输。

②EDI使用统一的标准编制被传输的资料。

③EDI使用电子方式进行数据的传输，是由计算机自动读取而无须人工干预的电子数据交换。

④EDI被广泛应用于商业贸易伙伴之间。

（3）EDI的构成要素。

数据标准、EDI软件及硬件和通信网络是构成EDI系统的三要素。

①数据标准。EDI数据标准是由各企业、各地区代表共同讨论、制定的电子数据交换标准，可以使各组织之间的不同格式的文件通过共同的标准进行交换。

②EDI软件及硬件。要实现EDI，必须配备相应的EDI软件和硬件。从软件方面看，EDI软件具有将用户数据库系统中的信息翻译成EDI的标准格式供传输交换的能力。虽然EDI应用的灵活性很强，可以适应不同行业的不同需求，但由于不同行业的企业是根据自己的业务特点规定信息传输格式的，因此当需要发送EDI电文时，必须用某些方法从企业的专有数据库中提取信息，并把它翻译成EDI标准格式进行传输，这就需要EDI相关软件的帮助。EDI软件包括格式转换

软件、翻译软件和通信软件。

③通信网络。通信网络是实现EDI的手段。EDI通信方式有多种。第一种方式是点对点，即EDI按照约定的格式，通过通信网络进行信息的传递和终端处理，完成贸易各方相互的业务交往。早期的EDI通信一般都采用这种方式，但它有许多缺点，如它只适合在贸易伙伴数量较少的情况下使用。随着贸易伙伴数目的增多，信息需要重复发送，很费时间，同时这种通信方式是同步的，不适合在跨国、跨行业的多家企业之间应用，否则就会出现通信协议相异及工作时间不易配合等问题。为了解决这些问题，许多应用EDI的公司逐渐采用第三方网络与贸易伙伴进行通信，这是另一种方式，即增值网络（Value Added Network，VAN）方式。它是由专门的网络服务商提供的增值服务。它类似于邮局，为发送者与接收者提供通信平台和邮箱维护服务，并提供存储转送、记忆保管、通信协议转换、格式转换、安全管制等功能。因此，通过增值网络传送EDI文件，可以大幅度降低贸易伙伴间相互传送资料的复杂度和困难度，提高EDI的效率。

EDI的实现过程就是用户将相关数据从自己的计算机信息系统传送到有关交易方的计算机信息系统的过程，如图1-5所示。

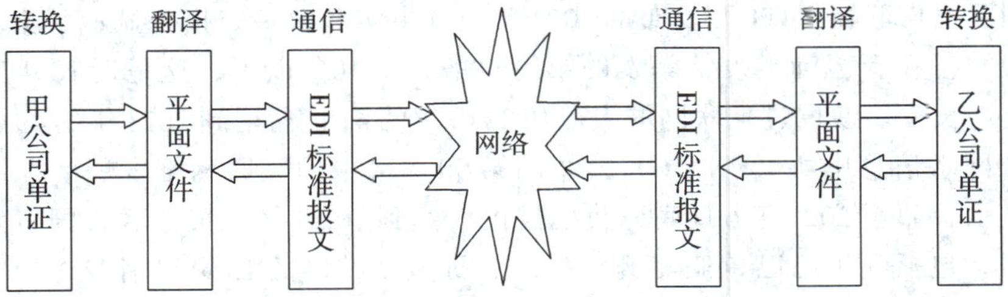

图1-5　EDI实现过程

（4）EDI的类型。

根据功能来划分，EDI可以分为四个类型：

①贸易数据互换系统。它用电子数据文件来传输订单、发货单和各类通知。

②电子资金转账（Electronic Funds Transfer，EFT）系统。它主要在银行和其他组织间进行电子费用汇兑。

③交互式应答系统。它主要应用于旅行社和航空公司的机票预订系统。

④带有图形资料自动传输功能的EDI。最常见的是计算机辅助设计（Computer Aided Design，CAD）图形的自动传输等。

（5）EDI的优势与局限性。

应用EDI能增加贸易机会，提高贸易效率，实现“无纸”贸易，减少出错率，降低成本，提高竞争力，有助于企业开展决策分析，密切伙伴关系，效率高、可靠。因为这些优势，EDI标准的国际化就成为人们日益关注的焦点之一。早期的EDI使用的大都是各地的行业标准，不能进行跨行业EDI互联，严重影响了EDI的效率，阻碍了全球EDI的发展。为促进EDI的发展，世界各国都不遗余力地促进EDI标准的国际化，以求最大限度地发挥EDI的作用。制定这个标准的主要目的是消除各国语言、商务规定在表达和理解上的歧义性，为国际贸易实务操作中各类单证的数据交换搭起一座电子通信的桥梁。

EDI使得单证和文件处理的劳动强度、出错率和费用大为降低，效率大为提高，极大地推动了国际贸易的发展，显示出巨大的优势和强大的生命力。同时，建立EDI通信系统需要较大的投资，使用VAN的费用很高，这限制了基于EDI的电子商务应用范围的扩大，而且EDI对于信息共享的考虑较少。随着大型跨国公司对信息共享的需求增加和中小企业对EDI的渴望增强，迫切需要建立一种成本低廉、能够实现信息共享的新的电子信息交换系统。

2.基于Internet的电子商务

20世纪90年代中期以后，互联网迅速普及，逐步走入企业和寻常百姓家，在功能上也由信息共享演变为一种大众化的信息传播工具，并且逐渐渗透到商业贸易活动的各个领域，使电子商务成为互联网应用的最大热点。互联网也借助于商业应用迅速发展。例如，以直接面对消费者的网络直销模式闻名的美国戴尔（Dell）公司，以及亚马逊（Amazon）网上购物商城、易贝（eBay）拍卖网站，都利用电子商务获得了巨大的成功。

国际电信联盟（ITU）发布的2021年版《事实和数字》报告显示，全球互联网用户数量在新冠肺炎疫情暴发的第一年增长了10%以上，这是近10年来最大的年度增长率。使用过互联网的人数从2019年的41亿猛增到2021年的49亿。中国互联网络信息中心（CNNIC）公布的第50次《中国互联网络发展状况统计报告》显示，截至2022年6月底，我国网民已达到10.51亿。根据联合国贸发会议的数据，包括阿里巴巴、亚马逊、京东、拼多多在内的13家以消费者为中心的顶级电子商务企业在疫情期间收入大幅增加。2019年，这些公司的销售额总计为2.4万亿美元。在2020年疫情暴发后，这一数字上升至2.9万亿美元，随后在2021年进一步增长了约1/3，使总销售额达到3.9万亿美元。①

基于Internet的电子商务比基于EDI的电子商务对企业具有更大的吸引力，这些优势主要体现在：

（1）费用低廉。开放性的互联网费用低廉，一般来说，其费用不到VAN的1/4。

（2）覆盖面广。互联网几乎遍及全球的各个角落，用户通过普通电话线就可以方便地与贸易伙伴传递商业信息和文件。

（3）功能更全面。互联网可以全面支持不同类型的用户实现不同层次的商务目标，如发布电子商情、在线洽谈、建立虚拟商店或网上银行等。

（4）使用更灵活。基于Internet的电子商务可以不受特殊数据交换协议的限制，任何商业文件或单证都可以直接通过填写与现行的纸面单证格式一致的电子单证来完成，而且不需要翻译，任何人都能看懂或直接使用。

互联网克服了EDI的不足，满足了中小企业对于电子数据交换的需要。互联

① 李学华．全球电子商务疫情下快速发展［N］．经济日报，2022-05-06.

网作为一个费用更低、覆盖面更广、服务更好的系统，替代VAN而成为EDI的载体。在互联网基础上建立的电子信息交换系统，既成本低廉，又能实现信息共享，为在所有的企业中普及商务活动的电子化——电子商务——提供了可能。基于Internet的EDI具备EDI和Internet的共同优势，因此有人把通过Internet实现的EDI直接叫作Internet EDI。

3.基于新技术融合交叉的E概念和M概念电子商务

自2000年以来，人们对电子商务的认识逐渐扩展到E概念的高度，人们认识到电子商务实际上就是电子信息技术同商务应用的结合。电子信息技术不但可以和商务活动结合，还可以和医疗、教育、卫生、军事、政府等有关的应用领域结合，从而形成有关领域的E概念。例如：电子信息技术同教育结合，产生电子教务——远程教育；电子信息技术和医疗结合，产生电子医务——远程医疗；电子信息技术同政务结合，产生电子政务；电子信息技术同军事联系，产生电子军务——远程指挥；电子信息技术和金融结合，产生电子银行；电子信息技术与企业组织形式结合，形成虚拟企业，等等。对应于不同的E概念，产生了不同的电子商务模式，如E-B、E-C、E-G、E-H等。随着电子信息技术的发展和社会需要的不断涌现，人们会不断地为电子信息技术找到新的应用，必将产生越来越多的E概念。

除了E概念，M概念也逐渐进入人们工作、生活的各方面。如，Mobile-commerce（移动商务）是指用户通过无线网络完成各种商务活动。移动商务以手机、便携式电脑、掌上电脑（PDA）等可移动设备作为基础，利用无线通信技术连接网络，完成商务活动，具有无处不在、及时、交互、安全、个性化等优势。这些特点奠定了移动商务的无限商机。目前移动商务主要体现在信息服务和商务活动上：

第一，移动信息服务。用户可以使用许多基于手机等移动设备的软件获取信息服务，例如天气预报、新闻、信息搜索、手机邮件等服务。

第二，移动金融服务。手机银行渐渐普及，功能也越来越完善，用户可以通过移动端随时查看自己的账户信息、完成支付、进行股票交易等。

第三，移动购物。移动购物是指用户通过无线网络查询商品信息、确认订单、完成支付，甚至获得商品或者服务的购物过程。

第四，移动娱乐。利用无线网络，用户可以随时随地下载音乐、观看视频、登录手机微博、进入手机社交软件等。这些娱乐项目不再局限于传统的有线网络设备。

小案例1-1　　沃尔玛推出虚拟试衣间

据美国消费者新闻与商业频道（CNBC）报道，随着一些购物者减少在衣服上的支出，沃尔玛推出了一种新工具，希望能促使他们点击‘购买”按钮。顾客可以使用一个虚拟试穿工具，看看一件衬衫或其他服装穿在他们自己身上的效果。这是沃尔玛收购虚拟试衣间创业公司Zeekit之后在其网站上增加的最新功能。

沃尔玛于2022年3月推出了该工具的第一个版本"Choose My Model"。该版本允许消费者选择一个在体型、肤色和发色上与自己相似的模特。同年9月推出的新版本"Be Your Own Model"则使用了算法和机器学习技术，消费者可以使用这一功能虚拟试穿沃尔玛自有品牌的27万多件商品，以及Champion、Levi's等品牌的精选商品等。

资料来源 cnBeta.为推动消费者购买更多衣服，沃尔玛推出虚拟试衣间［EB/OL］.［2022-12-17］. http: //news.87870.com/2209/45616.html.

1.4 国内外电子商务发展现状

1.4.1 国外电子商务发展现状

电子商务的广泛应用降低了企业经营、管理和商务活动的成本，促进了资金、技术、产品、服务和人员在全球范围内的流动，推动了经济全球化的发展。目前，电子商务的应用已经成为决定企业国际竞争力的重要因素，美国的亚马逊、eBay，中国的阿里巴巴、京东等公司的成功，说明了电子商务引领世界服务业发展的潮流，并影响未来的商业发展模式。

Global Info Research（环洋市场咨询）发布的报告显示，2021年，全球电子商务销售额总计约为4.9万亿美元。预计到2025年，这一数字将激增至7.4万亿美元。此外，2020—2027年，全球电子商务市场规模将以14.7%的复合年增长率增长，到2027年增长到271 479亿美元。

1.北美地区电子商务发展现状

美国拥有全球主要的电子商务平台，同时电子商务发展保持快速增长态势。根据网经社2022年11月29日的报道，美国商务部表示，过去12个月，美国电子商务支出已经达到1.02万亿美元，超过了1万亿美元的门槛，市场规模在3年内几乎翻了一番。

美国电子商务的成功可归因于多个方面，如开展的时间最早、信息高速公路建设完备、人们的消费观念超前等。此外，大批企业在激烈的竞争中逐渐认识到这种新型交易方式的独特优势，纷纷投入巨资对原有的经营模式进行改造。美国政府的支持和引导政策也起到了很大的促进作用。为了使电子商务在法律的保护和规范下健康发展，美国先后颁布了《全球电子商务选择性税收政策》白皮书、《全球电子商务纲要》、《美国统一计算机信息交易法》（UCITA）、《美国电子签名法》等。

加拿大政府一直十分重视发展电子商务，将推动电子商务看作实现本国经济持续增长的一项重要的经济发展战略。根据eShopWorld的数据，2020年加拿大电商市场所有产品类别的总销售额为320亿美元，到2025年预计将增长到400亿美元。数据显示，加拿大有63%的网购消费者通过跨境电商购买过产品，这类消费者青睐购买美国、中国、墨西哥和德国的产品。

2.欧洲地区电子商务发展现状

欧洲电子商务发展较早，电子商务体系发展完备。据Ecommerce Europe和EuroCommerce发布的《2022欧洲电子商务报告》，欧洲电子商务销售额在2021年增长至7 180亿欧元，同比增长13%。就B2C电子商务销售额而言，西欧是发展最强劲的地区，占2021年总销售额的63%，约为4 500亿欧元；南欧紧随其后，占总销售额的16%，约为1 150亿欧元；中欧和北欧分列第三和第四，分别占10%和9%；东欧占2%，排在最后。在本次调查中，北欧的网络购物者占比首次处于最高水平，2021年有86%的互联网用户在网上购物，其后依次是西欧占84%，中欧占75%，东欧（包括欧盟以外的大量国家）只有46%的互联网用户在网上购物。报告称，电子商务行业的发展主要体现出两个趋势：一是与2020年特殊时期的销售相比，今后电商销售逐步走向正常化和稳定化；二是消费者在电子商务支出方面变得更加谨慎。

2018年3月21日，欧盟委员会提出了数字经济公平征收规则提案，主要包括两项举措：第一项是长期解决方案，旨在以数字税为契机推动全球公司税改革，对符合标准的数字收入征收3%的数字税；第二项是临时解决方案，对全球年收入总额为7.5亿欧元、欧盟年收入总额为5 000万欧元的互联网公司征收3%的数字税。随后，法国、奥地利、意大利和西班牙等国相继宣布向美国科技巨头征收单边数字税。为表达不满，美国曾对意大利、西班牙等国采取反制措施，称将对上述国家的输美商品征收报复性关税，但该关税现已暂停征收。欧盟官员称，此次搁置欧美之间的数字税争议，是为了确保数字税征收计划不会破坏全球税制改革的谈判工作。一些欧盟成员国表示，如果在G20财长和央行行长会议上达成的全球税改协议最终得以执行，他们将撤销征税计划。上述会议发布的公报称，已就更稳定、更公平的国际税收框架达成历史性协议。

此外，欧盟的监管者也将强客户认证机制（Strong Customer Authentication，SCA）引入电子商务市场，并于2019年9月14日起实施。根据SCA的相关规定，欧洲的电子商务交易必须通过两种相互独立的认证形式进行验证。2019年12月16日开始，欧盟实行跨境支付新规。新的跨境支付规则将使保加利亚、克罗地亚、捷克、丹麦、匈牙利、冰岛、挪威、波兰、罗马尼亚等国家的消费者和企业享受更加优惠的欧元跨境支付服务。

3.新兴国家电子商务市场的发展

除中国外，印度和土耳其的电子商务市场也呈快速增长态势。近年来，得益于印度市场的巨大潜力，印度电子商务发展迅猛，市场规模呈现逐年上升的趋势。根据Statista公布的数据，2023年印度电子商务的市场规模预计达622.84亿美元。同时，印度的互联网覆盖率持续提高，2019年用户覆盖率为37.5%，预计到2023年有望达到46.2%。可以预见，在未来几年内，印度电子商务将继续呈现持续高速发展的态势，并将成为印度经济的重要组成部分以及经济蓬勃发展的重要推动力。土耳其在线购物的消费者比例也在持续上升，展望未来，印度和土耳其将是极具潜力的电子商务市场。

巴西的电子商务市场经历快速增长后，由于经济衰退，增长率逐渐放缓。作为拉丁美洲最大的电子商务市场，巴西电子商务市场规模的增长已经达到稳定水平，市场正在迈向成熟阶段。根据ecommerceDB的数据，2021年，巴西电子商务市场总收入达到260亿美元。在互联网普及度方面，巴西的网民比例为79.57%，达到1.7亿，其中移动互联网用户已突破1.3亿。

1.4.2 我国电子商务发展现状

微课1-1

电子商务发展五阶段

我国的电子商务发展历程有以下几个重要时间点：

（1）1990年，我国尝试EDI电子商务应用。

（2）1996年，国务院信息化工作领导小组成立。1993—1997年为政府领导并组织开展金关、金卡、金税“三金工程”阶段，为电子商务发展打下了良好的基础。

（3）1998年，进入互联网电子商务发展阶段，此时的电子商务仍处于初始阶段。1999年3月，8848等B2C网站正式开通，网上购物进入实际应用阶段。1999年兴起政府上网、企业上网，电子政务、网上纳税、网上教育、远程诊断等广义上的电子商务开始启动，并已有试点，进入实际试用阶段。

（4）2000年，电子商务企业如雨后春笋般诞生，我国电子商务进入务实发展阶段，电子商务全面启动并已初见成效，基于网络的电子商务的优势进一步发挥出来。

电子商务在我国经过30多年的蓬勃发展，到如今，已深深影响产业经济、生活购物、电子政务等方方面面，取得了令人瞩目的成绩，不管是第三方服务企业的数量，还是电子商务的用户规模、交易额等，都在飞速增长。

1.基础设施发展

随着5G网络和千兆光网建设力度的加大，新型技术设施建设取得成效，信息通信服务能力明显提升，互联网、大数据、人工智能等产业不断壮大，数字经济与实体经济深度融合，“互联网+”快速发展，新型消费模式不断涌现，应用场景更加丰富，持续推动电子商务快速成长。截至2021年底，我国移动互联网用户数、固定互联网宽带接入用户数分别达14.2亿户、5.4亿户，分别比上年增长5.0%、10.8%；移动互联网接入流量达2 216亿GB，增长33.9%。

CNNIC第50次《中国互联网络发展状况统计报告》显示，截至2022年6月30日，我国网民规模达10.51亿人，普及率达74.4%，较2021年底提升1.4个百分点。我国手机网民规模达10.47亿人，网民通过手机接入互联网的比例高达99.6%。网民平均每周上网时长上升到29.5个小时。我国域名总数为3 380万个，其中“.CN”域名数量达到1 786万个，在中国域名总数中占比达52.8%，.COM域名数量为1 009万个，占比为29.9%。另外，“.中国”域名数量达到19万个。

2.电子商务法律法规环境

我国发展电子商务的环境（网络基础设施建设等运行环境，法律环境，市场环境，网上支付、信息安全、认证中心建设等条件）逐步完善，国家有关电子商务的政策、法规逐步出台，为电子商务的发展提供了基本的条件。但是，电子商务的迅速发展滋生了网上交易中的诈骗、盗窃等犯罪问题。CNNIC第50次《中国互联网络发展状况统计报告》显示，截至2022年6月，遭遇个人信息泄露的网民比例高达21.8%，遭遇网络诈骗的网民比例为17.8%。网上消费欺诈引起了用户对互联网商务类应用的担忧、抵制和排斥情绪，影响了商务类应用的可持续发展。因此，电子商务的持续发展既要求尽快完善有关法律法规和监管体系，也要求政府、企业、行业协会和用户多方参与，共同维护绿色、健康的网络消费环境。

我国政府非常重视电子商务应用与发展中的安全问题，相继成立了多个行业认证中心，如电信、海关、中国人民银行牵头组织的安全认证中心，上海、广州等城市的认证中心。与安全标准、电子签名、密码系统等相关的核心技术的开发都得到了重视并逐渐完善。比如，为了加强对国内电子商务认证机构的管理，2001年12月10日信息产业部成立了国家电子商务认证机构管理中心，由信息产业部信息化推进司负责对该管理中心进行业务指导和管理，中国电子商务协会具体承担管理中心的日常工作。

2004年8月28日，第十届全国人大常委会第十一次会议表决通过了《中华人民共和国电子签名法》(以下简称《电子签名法》)。这部法律规定，可靠的电子签名与手写签名或者盖章具有同等的法律效力。《电子签名法》的通过，标志着我国首部“真正意义上的信息化法律”正式诞生。该法于2005年4月1日起施行。《电子签名法》的出台增强了网上交易的安全性、有效性，在较大程度上解决了电子商务的法律障碍，对中国电子商务、电子政务的发展起到了极其重要的促进作用。

为了配合《电子签名法》的实施，2005年1月28日信息产业部第十二次部务会议审议通过了《电子认证服务管理办法》，并于2005年4月1日起与《电子签名法》同步施行。

2005年1月8日，国务院办公厅下发《关于加快电子商务发展的若干意见》，要求有关部门本着积极稳妥推进的原则，加快研究制定电子商务税费优惠的财税政策，加强电子商务税费管理；支持企业面向国际市场在线销售和采购，鼓励企业参与国际市场竞争；并且，今后政府采购将积极应用电子商务。此外，推进在线支付体系建设也是这项政策的一个重要方面。该意见还要求有关部门加紧制定在线支付业务规范和技术标准，研究风险防范措施；积极研究第三方支付服务的相关法规，引导商业银行、中国银联等机构建设安全、快捷、方便的在线支付平台，推动在线支付业务规范化、标准化并与国际接轨。在认真贯彻实施《电子签名法》的基础上，有关部门还抓紧研究电子交易、信用管理、安全认证、在线支付、税收、市场准入、隐私权保护、信息资源管理等方面的法律法规问题，提出制定相关法律法规的意见，并加快制定在网上开展相关业务的管理办法，推动网络仲裁、网络公证等法律服务与保障体系建设。

2007年6月1日，国家发展和改革委员会、国务院信息化工作办公室联合发布了我国首部电子商务发展规划——《电子商务发展“十一五”规划》。2009年3月1日，全国首部地方性电子商务法规《上海市促进电子商务发展规定》正式实施，并且明确定义“电子商务”是通过互联网销售商品、提供服务等的经营活动，另外还规定从事电子商务的企业应当根据国家有关规定取得相关证照。2010年7月1日，《网络商品交易及有关服务行为管理暂行办法》开始实施。该办法规定，通过网络从事商品交易和有关服务行为的自然人，需要向网络平台服务的经营者提出申请，提交姓名和地址等真实身份信息，这意味着网上开店正式进入“实名制”时代。

在发展电子商务的同时，为规范第三方电子商务交易平台，2011年4月12日商务部发布了《第三方电子商务交易平台服务规范》，以促进电子商务与网络购物健康和谐发展为宗旨，建立健全长效机制，对第三方电子商务交易平台的经营活动进行规范和引导。2012年3月27日，工业和信息化部发布《电子商务“十二五”发展规划》，提出继续推进电子商务应用普及与深化，大力促进电子商务自主创新，加快电子商务支撑体系建设。2013年11月21日，商务部发布《关于促进电子商务应用的实施意见》，并推出十大措施促进电商发展。

2018年是电子商务领域合规大年，《中华人民共和国电子商务法》作为我国电子商务领域首部综合性法律、电子商务法律法规领域的“宪章”，于2018年8月31日正式颁布，引导电子商务行业走向规范，促进我国电子商务健康发展。

3.电子商务发展规模及特点

近年来，我国电子商务规模不断扩大。国家统计局的数据显示，2021年，全国电子商务交易额达42.3万亿元，同比增长19.6%（如图1-6所示）。按交易主体分，对单位交易额为24.8万亿元，同比增长18.8%；对个人交易额为17.5万亿元，同比增长20.6%。按交易对象分，商品类交易额为31.3万亿元，同比增长16.6%；服务类交易额为11万亿元，同比增长28.9%。按地区分，东部地区电子商务交易额为27.4万亿元，同比增长18.2%；中部地区电子商务交易额为7.1万亿元，同比增长22.6%；西部地区电子商务交易额为6.5万亿元，同比增长24.2%；东北地区电子商务交易额为1.3万亿元，同比增长11.8%。

网上零售保持较快增长。2021年，全国网上零售额达到13.09万亿元，同比增长14.1%，其中实物商品网上零售额为10.8万亿元。此外，农村网络零售额达到2.05万亿元，同比增长11.3%，农产品网络零售额达到4 221亿元，同比增长2.8%。同时，跨境电商进出口总额达到1.92万亿元，同比增长18.6%，占进出口总额的4.9%，其中出口额为1.39万亿元，进口额为0.53万亿元。电子商务服务业营收规模达到了6.4万亿元，同比增长17.4%；电子商务从业人数达到6 727.8万人，同比增长11.8%。

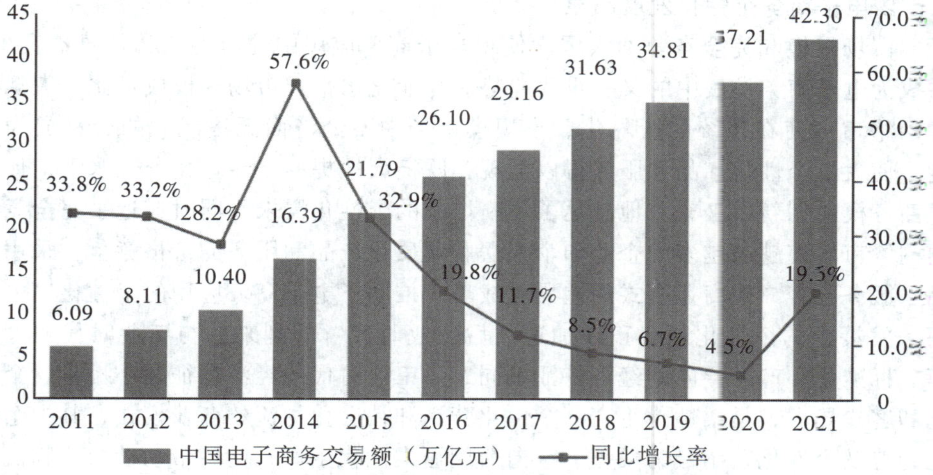

图 1-6　2011—2021 年中国电子商务交易额及增长率

资料来源　中华人民共和国商务部．中国电子商务报告（2021）[M]．北京：中国商务出版社，2022：2.

以上数据充分表明，2021年，我国电子商务有力支撑了稳增长、促消费、保就业、惠民生。电子商务呈现出诸多特点，新业态、新模式驱动电子商务持续增长，新消费、新品牌助力线上消费提质扩容，电子商务助力抗疫保供，保障民生和稳定就业，电子商务还深度赋能产业链、供应链数字化转型。跨境电商加快向品牌化发展，农村电商持续高质量发展，电子商务市场秩序和营商环境进一步改善，在顶层设计、公共服务及示范体系等方面的建设不断强化。同时，我国与五大洲、23个国家建立了双边电商的合作机制，共同加强规划对接、产业促进、能力建设等合作。

1.4.3　我国电子商务的发展趋势

综观世界和我国电子商务的发展现状，尽管仍然存在不少问题，但其良好的发展趋势是不可阻挡的。可以预见，未来电子商务会得到更深远的发展，并推动人类社会不断进步。

思政链接 1-1

谱写电子商务高质量发展新篇章

1. 电子商务商业模式不断创新

不断创新的商业模式是企业维持发展、保持竞争优势的核心要素。在未来一段时间，电子商务线上线下一体化模式将进一步深入，各大电子商务平台继续打造本地生活圈，发展线上网店、线下实体店模式，让用户有更好的购物体验。跨境电子商务依托现代智能物流体系的优化升级及线上支付环境和生态系统的不断完善，呈现迅速发展趋势，在进出口贸易中扮演越来越重要的角色。社交化电子商务利用社交媒体上的种种推荐、分享，刺激着围观用户的好奇心和购买欲，这种口碑营销会使社交化电子商务占领更多的市场。未来还会不断出现新兴的电子商务模式，促进电子商务蓬勃发展。

2.电子商务个性化发展凸显

市场规模和完全竞争两大因素使得电子商务应用中的个性化特征日益突出，并成为电子商务发展中的又一重要趋势。专业化水平与市场规模成正比。大规模的网络市场使在传统的区隔化、小规模市场中不经济而无法成立的交易成为可能，使大量个性化产品和服务得以涌现，既极大地提高了专业化分工水平，促进了商务模式创新，又充分地满足了不断增长的个性化需求。同时，近乎完全竞争的网络市场使越来越多的企业和个人摆脱同质化产品和服务的价格竞争，采用产品、服务、客户或商业模式的差异化战略，推动了电子商务应用的个性化。电子商务发展中的个性化趋势正在加速“后工业时代”的到来。与工业时代的大规模、标准化和产品导向的经济特征不同，后工业时代的经济特征是小批量、个性化和客户导向，是柔性化生产、个性化营销和社会化物流的商业模式，其中个性化趋势及个性化营销最为关键——向前倒逼柔性化生产，向后带动社会化物流。

3.企业电子商务应用呈现产业链和供应链全流程化趋势

在企业商机与贸易撮合方面，从发布商机、寻找客户开始，到洽谈、订货、在线收付款、开具电子票据，一直到电子报关、电子纳税等都能通过电子商务平台完成，而且电子商务平台服务还能覆盖某行业或某领域的产业链，甚至能全面应用于企业的采购、研发、生产、招商、市场、零售、企划、行政、财务、人事、设计等所有常规部门。电子商务企业尤其是专业化电子商务企业将不满足于扮演一般的信息发布与交易平台的角色，还将扮演“第三方行业综合服务商”的重要角色，包括信息平台、交易平台、信用评级机构、行业媒体、咨询机构、会展服务商、信息服务商，甚至融资促进平台等。

4.商务智能广泛应用

电子商务所依赖的网络环境拥有大量的信息，对于这些信息的搜集、分析和利用完全依靠人工是不可能的，智能技术将广泛应用于电子商务的各个环节，如从个性化推荐、智能搜索到智能化自适应网站；从供应商、商业伙伴的选择到生产过程的优化；从物流配送到客户的售后服务与客户关系管理等。主要的智能技术包括智能语音技术、AI虚拟主播技术、智能信息搜索引擎和数据挖掘技术、商业智能、面向电子商务的群体智能决策支持系统、智能工作流管理、知识工程及知识管理等。商务智能技术的应用效果取决于人工智能技术的发展。

5.技术驱动电子商务发展

微视频1-2

京东人工智能客服

电子商务是信息技术与商务的结合体，因此技术的发展是驱动电子商务发展的决定因素之一。第五代移动通信技术（5G）将大大推动移动电子商务的发展。网格计算技术利用互联网把分散在不同地理位置的计算机组成一个“虚拟的超级计算机”，整个互联网上的计算资源将得到充分利用。云计算、虚拟技术、无人机等新兴技术将在电子商务各环节广泛应用。大数据分析技术将更好地服务于电子商务。区块链技术在电子商务领域可用于记录与金融交易有关的信息，其数据不可篡改和交易可追溯这两大特性可以保证支付及数据的安全性与供应链的可追踪性。

本章小结

本章介绍了一些政府机构、企业、组织以及学者对电子商务给出的定义，在内涵上对电子商务的核心内容做了简要分析；按参与电子商务的主体、网络支撑平台、交易活动网上完成的程度以及交易的地域范围这四个分类标准对电子商务做了简要分类；从商业背景、技术背景与环境背景这三个方面对电子商务的产生做了简单介绍；对电子商务的不同发展阶段，即基于EDI的电子商务、基于Internet的电子商务和基于新技术融合交叉的E概念和M概念电子商务做了分析；结合相关数据分析了国内外电子商务发展的状况及我国电子商务的发展趋势。

第1章
即测即评

拓展阅读1-1

《中国电子商务报告（2021）》全文

复习思考题

1. 什么是电子商务？
2. 如何理解电子商务的内涵？
3. 电子商务的特征有哪些？
4. 简要介绍EDI的构成要素。
5. 简要介绍电子商务按照参与主体如何分类。
6. 简要分析中国电子商务的发展状况。

第2章 电子商务商业模式

我深信不疑我们的模式会赚钱的……8848是世界上最高的山，阿里巴巴是世界上最富有的宝藏。一个好的企业靠输血是活不久的，关键是自己造血。

——马云

本章要点

◇ 电子商务商业模式的定义

◇ B2C、C2C、B2B、B2G模式的含义、类型、盈利模式

◇ 新型电子商务模式

引例　零售巨头沃尔玛是如何做O2O的

沃尔玛1962年在美国阿肯色州成立，经过60多年的发展，已在24个国家和电子商务网站的46个品牌旗下经营约10 500家分店。沃尔玛全球2021财年营业收入达到5 592亿美元，全球员工总数达230万名，多次荣登《财富》杂志世界500强榜首。

沃尔玛主营业态包括沃尔玛购物广场、山姆会员店、沃尔玛中型超市和沃尔玛社区店。与众所周知的连锁化扩张、供应链优化、大型信息系统构建一样，沃尔玛在电子商务方面也颇有先见之明，从1996年沃尔玛网店上线到目前借移动应用积极布局O2O，沃尔玛的电商之路可以总结为3个阶段：

第一阶段：独立运营期——实体店与B2C独立运营，线上线下互不干涉

1996年，沃尔玛网上商城walmart.com上线。当时该网店对沃尔玛的形象意义大于实质性的销售提升，消费者的在线体验很差，因此沃尔玛网上商城在上线后的几年内业绩都不佳。2001年，沃尔玛确定了电子商务发展的长期战略，开始致力于打造真正的在线零售业务。通过对walmart.com的重新设计和改造，沃尔玛可以向住在没有实体店的郊区的居民提供在线购物、订单查询与跟踪、退换货、特惠信息等全方位服务。这一服务得到了消费者的认可，沃尔玛在线零售的商品品类也不断增加。随着时间的推移，沃尔玛逐渐建立起覆盖10多个国家的在线零售体系，配合沃尔玛健全的供应链体系，世界各地的消费者都可以通过沃尔玛网上商城或其附属网店实现在线购物。

早期的沃尔玛网上商城，虽然在一定程度上弥补了实体店在商品品类和地域

分布方面的局限，但跟实体店相比，它们对沃尔玛的贡献微乎其微，而且当时整个在线零售市场还处于起步阶段，规模很小，对沃尔玛也没有造成什么威胁，因此在线零售业务并未引起公司总部的足够重视，实体店的管理者拥有绝对的话语权，网上商城仅仅是一个补充渠道而已。在长达10年的时间里，沃尔玛在线零售和实体店零售一直是平行的两条线，独立运作、互不干涉。沃尔玛的B2C业务一方面利用了传统零售的采购和库存资源，另一方面也建立了特有的采购体系，但是门店和网上商店之间没有过多的交集，在物流一体化、营销、会员互动方面都是分开发展。

第二阶段：互动时期——线上线下在物流协同方面实现初步合作

随着在线零售品类越来越丰富，亚马逊等电商平台通过低价策略与传统零售商竞争，在线零售对沃尔玛的实体业务造成的威胁越来越大。到2010年，沃尔玛的美国实体店销售额已经连续两年半下降，而同期美国电商销售额增长了14.8%。作为在线零售鼻祖的亚马逊，其销售额年增长率高达42%。

这时沃尔玛开始意识到电子商务的重要性，为此专门设立了全球电子商务部门global.com，试图另辟蹊径，在电子商务和自身线下优势资源之间找到结合点，摸索出新的模式来对抗纯在线零售商亚马逊们的低价威胁。

沃尔玛在探索线上线下的融合方面迈出的第一大步可以概括为“网上订购+门店取货”模式。该模式集中体现在先后推出的Site to Store和Pick up Today两项服务上。Site to Store服务允许顾客在网上下单后，到最近的沃尔玛门店自提商品。该服务一推出就引起了很大反响，当时超过50%的顾客通过Site to Store服务开始了他们的第一次沃尔玛网购旅程（因为美国运费太贵）。该服务推出4个月后，就占到了沃尔玛在线销售的1/3。2011年，沃尔玛将原来的Site to Store服务升级为Pick up Today服务，提高了物流效率，将门店的产品管理系统与电商打通，允许顾客在网上订购商品的当天到门店提取，大大提高了消费者获得商品的及时性。这种线上与线下融合的模式为沃尔玛网上商城带来了巨大的客流和销量。

第三阶段：融合——借移动应用玩转O2O，线上线下实现深度融合

现阶段，沃尔玛在电子商务领域的探索进入了新阶段，智能手机和移动互联网技术得到了广泛应用，移动地图、移动支付等O2O工具给传统零售商带来了融合良机，沃尔玛也开始考虑怎么依托现有资源打造线上线下一体化的移动O2O新型零售体系。其策略是：通过移动端的技术应用实现线上线下的协同，增强用户跟实体店互动的体验、服务和营销，一切以“简化消费者购物流程、提升消费者购物体验”为核心，将手机的便利性跟线下的物流、体验和服务融合。

为了实施该策略，沃尔玛做出了一系列努力。

（1）研发自有App与创新性应用，优化购物流程

2011年沃尔玛花费3亿美元并购了Kosmix，组建了硅谷实验室@WalmartLabs，分析消费者行为，研发用户跟实体店互动的创新性移动应用。

经过几年的努力，@WalmartLabs研发出了一系列移动应用，这些新技术在沃尔玛整个O2O布局策略上占据核心位置，也逐渐推动了消费者购物行为的转变。沃尔玛在移动应用方面的创新点主要有：

店内模式：采用移动地图的定位技术，沃尔玛的App能在顾客进入某一家沃尔玛门店时自动切换至“店内模式”，并为顾客提供店内商品导航、电子优惠券和自助结账等服务。据统计，沃尔玛App的用户中有60%的人经常使用这个模式，而且这部分用户的购物金额会比不使用店内模式的用户多40%。店内模式让每个实体店都跟现场的用户互动起来，用户可以自由定制本店的优惠、促销和商品信息，提高购物的愉悦性、便利性和转化率。

更便捷的购物搜索引擎：沃尔玛从PC端电商中借鉴灵感，在App中加入了强大的搜索引擎功能，用户不仅能搜索到所有的在线商品，当切换到店内模式之后，还可以即时搜索到门店内的商品，打通了店铺管理的ERP。用户在搜索框中输入商品名称，会出现该商品的所有品牌、分别摆放在什么位置等信息，并且有一个地图帮助他们快速找到这些商品。这样用户可以通过手机App快速查找具体商品，节省时间。

Scan&Go：这是沃尔玛自有App中的移动结账系统解决方案，主要用于有明确的购物预算的用户。当用户在沃尔玛内消费时，只需要用Scan&Go软件扫描物品条形码，自动统计购物金额，然后直接去专设的自助付款台结账，即可完成整个购买过程，避免了排队的苦恼。

储物柜系统：为了向顾客提供更方便的服务，沃尔玛推出了零售储物柜计划，顾客在沃尔玛B2C网站购物后，所购买的商品会放置在指定的沃尔玛储物柜中，顾客可以在两周内随时前往沃尔玛实体店自助取货。

（2）创造“混合渠道”，实现线上线下双向导流

为了提高销量，沃尔玛除了利用手机App优化购物流程外，还积极利用移动应用技术、社交网站信息推送、门店售货员引导等方式实现线上线下双向导流。

手机App精准营销：当店内模式启动时，用户可以通过App看到本店最新的优惠商品手册，也可以用这个程序扫描条形码进行比价，让用户在实体店和B2C网站之间进行选择，创造出一种“混合渠道”的体验。据沃尔玛官方统计，超过12%的网上销售额是顾客在商店内或至少是智能手机处于店内模式时，通过沃尔玛的App完成的。

无限货架（Endless Aisle）：当用户无法在特定的实体店找到想要的产品时，该门店的售货员就会主动向顾客推荐沃尔玛B2C。作为一项配套措施，沃尔玛会将消费者的网上购物额划归到临近实体店的财报中。这样一来，实体店的员工就可以拿到业绩奖金，不会再将沃尔玛网上商店视为竞争对手。无限货架也被苏宁易购采用，当门店的品类不能满足用户需求时，导购员会拿着平板电脑推荐用户上苏宁易购购买，导购员和门店会拿到相应的佣金。

Facebook Web端App“My Local Walmart”：这款应用由沃尔玛和Facebook共同开发，同步在Walmart官方网站以及Facebook平台主页上显示最新的优惠信息

与各种购物信息。通过该应用，Facebook上沃尔玛的数千万粉丝可以看到其所在地附近的沃尔玛门店位置、商品供应及促销打折情况，而且粉丝每周可以收到两条来自沃尔玛网上商城和附近实体店的消息。用户进入实体店购物时，还可以从My Local Walmart上下载所在门店的店内地图，地图上将显示具体商品所在位置，方便他们购物。通过跟Facebook的合作，沃尔玛加强了与粉丝互动的体验、内容营销和服务。

微信小程序：2020年8月，中国所有沃尔玛门店接入沃尔玛小程序和“京东到家”线上平台，100%实现为门店周边3~5千米的消费者提供1小时“极速达”O2O服务，全面开启沃尔玛门店线上线下全场景零售时代。在2021年的“88购物节”中，沃尔玛小程序销售额同比增长96%；沃尔玛京东到家平台连续两天突破单日历史销售峰值，多个品类对比上年同期销售额翻倍，其中母婴品类销售额达上年3.5倍。实体门店O2O订单飞速发展，得益于沃尔玛的O2O规模化和运营效率提升。

资料来源 ［1］沃尔玛中国官方网站.［2］李薇. 深度研究案例：零售巨头沃尔玛玩转移动O2O［EB/OL］.［2022-12-17］. https://www.iyiou.com/p/1861.html.［3］潘宇静，杜林持. 沃尔玛发布“88购物节”战报：O2O订单量同比增长65%［N］. 中国证券报，2021-08-10.

案例思考：

O2O模式有哪些特点？它的适用领域有哪些？

2.1 电子商务商业模式概述

比尔·盖茨（Bill Gates）曾为微软的前途担忧，他深刻地认识到，今天的竞争不只是技术与产品的竞争，企业商业模式选择的失误比企业的低效率更可怕。

2.1.1 商业模式的定义和设计要素

1.商业模式的定义

商业模式又称商务模式、业务模式，不同的学者对商业模式的定义有不同的表述，见表2-1。

表2-1 学者对商业模式的定义

（美）保罗·泰莫斯	包含了对商业活动中各个参与者及其角色、产品、服务和信息流的体系结构的描述，对参与者潜在利益的描述，对收入来源的描述
（美）阿米特，（法）左特	商业模式是企业创新的焦点和企业为自己、供应商、合作伙伴及客户创造价值的决定性来源
（美）阿福亚赫，（瑞士）图西	应当将商业模式看作公司运作的秩序，公司依据它使用公司资源、超越竞争者和向客户提供更多的价值，从而获利
（比利时）伊夫·皮尼厄	企业提供给顾客的价值和为创造该价值、获得收入流所需要的企业及其伙伴网络的体系结构
（中）罗珉	一个组织在明确外部假设条件、内部资源和能力的前提下，用于整合组织本身、顾客、供应链伙伴、员工、股东或利益相关者来获取超额利润的一种战略创新意图和可实现的结构体系以及制度安排的集合

从不同的定义描述中可以看出商业模式的核心是价值。它包括四个方面：

（1）面向客户的价值（价值体现）；

（2）面向投资者的价值（盈利模式）；

（3）面向伙伴的价值（供应链上下游的协同）；

（4）面向社会的价值（社会责任的体现）。

商业模式就是企业通过创造价值而获取收益所采取的一系列活动，它表明了企业在价值链中所处的位置。任何商业模式都要明确其盈利模式和价值体现，它是商业计划书的主要组成部分。

商业模式可以表现为一个完整的产品、服务和信息流体系，包括每一个参与者和他在其中起到的作用，以及每一个参与者的潜在利益及相应的收益来源和方式。任何一个商业模式都是一个由客户价值、企业资源和能力、盈利方式构成的三维立体模式。

2. 商业模式的设计要素

企业要想获得收益，所构造的商业模式必须包含八个要素：价值体现、盈利模式、市场机会、竞争环境、竞争优势、营销战略、组织发展以及管理团队，见表2-2。

表2-2 **商业模式的设计要素**

序号	要素名称	要素解决的核心问题
1	价值体现	客户的需求和欲望是什么，客户想要的是什么样的消费体验
2	盈利模式	企业将如何实现盈利
3	市场机会	企业满足哪种细分市场，该细分市场的规模有多大
4	竞争环境	企业选择的细分市场中有哪些其他企业存在
5	竞争优势	企业可以为这个细分市场带来何种特殊利益
6	营销战略	企业如何满足这个细分市场的需求，并从中获利
7	组织发展	企业需要搭配何种组织机构才能实现商业目标
8	管理团队	企业的管理团队必须具有何种经验与背景

2.1.2 电子商务商业模式的含义

随着互联网的产生，传统商务的经营延伸到了互联网上，电子商务商业模式的概念也就应运而生了。电子商务商业模式是企业运作电子商务、创造价值的具体表现形式，是在互联网环境下，电子商务企业确定细分市场和目标顾客之后，通过企业内部特定的组织结构和在价值网中的定位，运用网络信息技术，与价值网上的各合作成员整合相关的流程，最终满足顾客的需要，并给企业带来盈利的方式。

从电子商务商业模式的定义出发，可以得出电子商务商业模式大致包括三层含义：

（1）商务活动内容。企业的商务活动应该围绕提高企业核心竞争力而展开，生产型企业主要推出满足消费者需求的产品并提供优质服务，服务型企业主要从事产品的贸易与提供相关的服务。例如，外贸企业主要从事进出口贸易以及提供相关的服务。

（2）盈利模式。盈利模式即价值增值方式。生产型的企业依靠产品的附加值获取利润。服务型企业分为两类，即流通服务型和增值服务型。流通服务型企业通过经销产品的批零差价获取利润，而增值服务型企业通过各种增值服务赚取利润。

（3）应用系统建设。应用系统建设包括硬件与软件环境的建设，如计算机系统的选型、网络设备的安装与调试、系统软件与应用软件的开发与应用等。电子商务模式的应用主要是基于电子商务商业模式的价值增值的具体过程，以及实现这个过程的电子商务应用系统框架建设。

电子商务商业模式是企业的商业模式在互联网环境下的具体应用，其特点表现在目标价值、“流”和“使能器”三个层次，如图2-1所示。

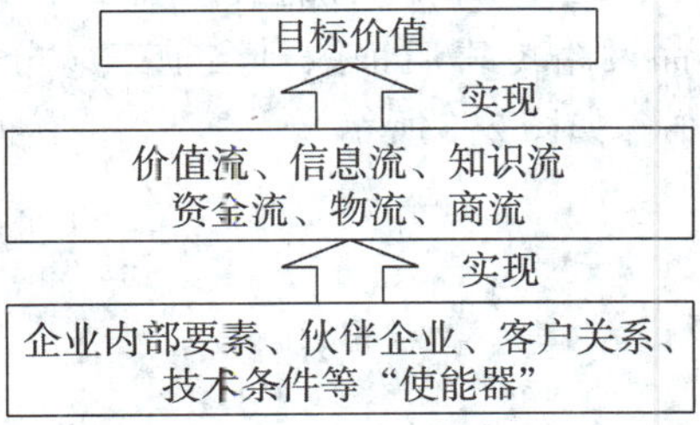

图2-1　电子商务商业模式的三个层次

好的电子商务商业模式可以使企业在竞争中获得两种优势：一种是电子商务商业模式对业务中原有重要流程或特性进行改进，以此提高运作效率，并降低成本；另一种是电子商务商业模式对企业业务进行创新性的突破，创造新的价值。

2.2　网络零售商业模式

2.2.1　网络零售的概念和发展

网络零售是指交易双方以互联网为媒介进行的商品交易活动，即通过互联网进行信息的组织和传递，实现有形商品和无形商品所有权的转移或服务的消费。网络零售也称网络购物，包括B2C和C2C两种形式。

商务部的统计数据显示，2021年，全国网上零售额达13.09万亿元，同比增长14.1%（如图2-2所示）。实物商品网上零售额达10.8万亿元，增长12.0%，占社会消费品零售总额的比重为24.5%；在实物商品网上零售额中，吃类、穿类和用类商品分别增长17.8%、8.3%和12.5%。

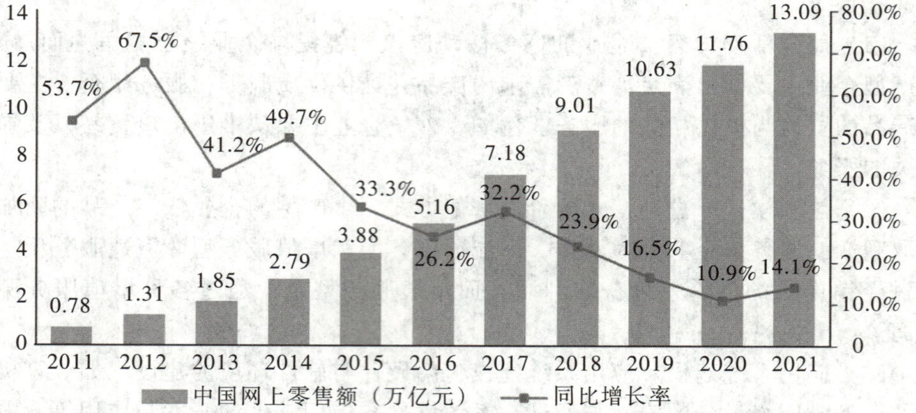

图2-2　2011—2021年中国网上零售额及增长率

资料来源　中华人民共和国商务部. 中国电子商务报告（2021）[M]. 北京：中国商务出版社，2022：2.

从市场主体看，截至2021年底，商务大数据重点监测的网络零售平台店铺数量达2 200.59万家，其中，实物商品店铺数达1 120.98万家。服装鞋帽及针纺织品、日用品、粮油食品网络零售店铺数排名前三，分别占实物商品店铺数的27.28%、21.53%和6.93%（如图2-3所示）。

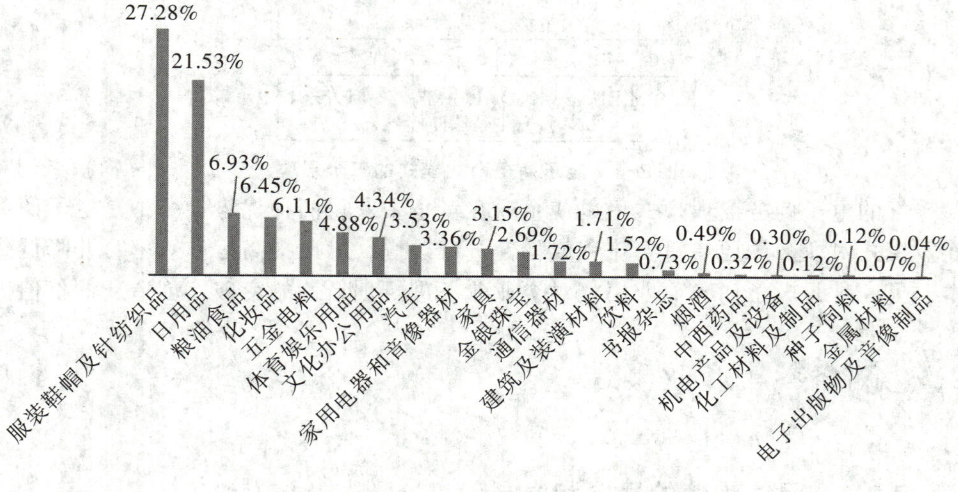

图2-3　2021年全国网络零售各类别店铺数量占比

资料来源　中华人民共和国商务部. 中国电子商务报告（2021）[M]. 北京：中国商务出版社，2022：3.

微课2-1

网络零售三要素

零售商是商品销售的中间环节，即运作于制造企业和消费者之间的商品销售者。随着互联网技术的发展，零售业不断将销售转移到互联网上，即开展网络零售。通过这种方式，制造商更容易减少销售中间环节，直接面向消费者销售产品。

随着消费不断升级，消费者对网购的品牌、品质、服务的关注度逐渐提高，B2C市场优势更加明显。

2.2.2 B2C电子商务模式

1.B2C电子商务的概念和发展

B2C电子商务是按电子商务参与主体划分的一种电子商务模式，表示企业对消费者的电子商务，它是通过电子化、信息化的手段，尤其是互联网技术把本企业或其他企业提供的产品和服务直接传递给消费者的商业模式。这里的企业既可以是商品和服务的生产商，也可以是商品和服务的分销商。因为它与大众的日常生活密切相关，所以被人们首先认识和接受。

B2C模式在中国的出现，以8848网上商城正式运营为标志。我国B2C市场整体呈现不断攀升态势。从市场份额来看，相比C2C市场高度集中的市场格局，B2C市场呈现竞争激烈、市场份额分散的局面，如图2-4所示。

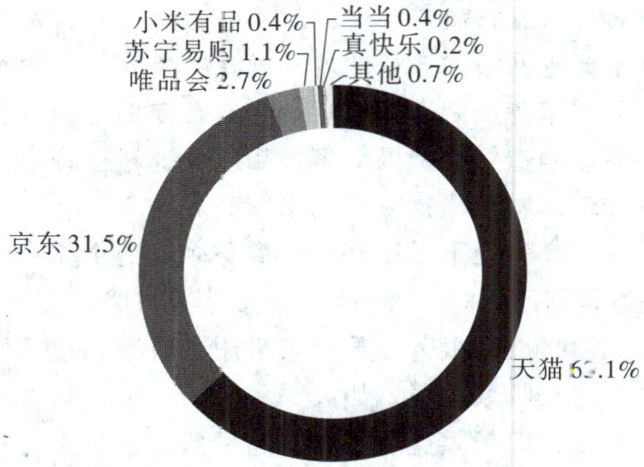

图2-4 2022年第3季度中国网络零售B2C市场交易规模

数据说明：①由于四舍五入的关系，份额加总可能不等于100%。②数据来源基于对行业内的专家深访、厂商征询以及相关公司财报，再由易观自有模型推算得出。③网络零售B2C市场仅包含以B2C模式经营的独立品牌电商平台，未包含以C2C和B2C模式混合经营的电商平台。

资料来源 易观分析．中国网络零售B2C市场季度监测报告2022年第3季度［R］．2022-11.

2.B2C电子商务模式分类

（1）第三方交易平台型B2C。这种类型的B2C平台往往自己不开展交易业务，只提供平台撮合买卖双方达成电子商务交易。中小企业在人力、物力、财力有限的情况下，在第三方交易平台开设店铺，不失为一种拓宽网上销售渠道的好方法。这是目前我国最常见的B2C类型，如天猫等。

（2）传统生产企业网络直销型B2C。传统生产企业自建网站，通过网上直销的方式向终端顾客销售其产品，不仅给顾客带来了价格上的实惠及定制化的商品，而且减少了商品的库存积压，如戴尔电脑和小米手机的网上直销等。

这种类型的企业必须协调好企业原有的线下渠道与网络平台的利益关系，实行差异化的销售策略，如网上销售所有产品系列，而传统渠道销售的产品则体现地区特色；实行差异化的价格策略，如线下与线上的商品定价根据时间段不同设置高低。线上产品也可通过线下渠道完善售后服务。在产品设计方面，企业要着重考虑消费者的需求；还要大力吸收和挖掘网络营销精英，培养电子商务运作团队，发展和完善电子商务平台。

（3）传统零售商网络销售型B2C。这类企业有实体店，它们通过自建销售网站，将丰富的零售经验与电子商务有机地结合起来，有效地整合传统零售业务的供应链及物流体系，通过业务外包解决经营电子商务网站所需的技术问题，典型代表就是国美电器、银泰百货等。

（4）没有线下商店的虚拟零售企业。这类企业又称为完全线上自主销售型B2C企业。这类企业线下无实体店，它们是互联网商务的产物，网上销售是它们唯一的销售方式。经过多年的发展，考虑到成本和风险控制的需要，这种类型企业的经营模式也逐渐发生变化，向第三方交易平台型B2C拓展，如亚马逊、当当网等。

3.B2C电子商务的盈利模式

经营B2C电子商务网站的企业的盈利模式主要有以下四种：

（1）销售产品或服务盈利，即通过网络平台向网上消费者直接销售产品或服务，谋求盈利。商品制造企业和网络零售商主要通过这种模式扩大销量，从而获取更大的利润，如戴尔网上购物商城和京东商城。

（2）广告收入。广告几乎是所有电子商务企业的主要收入来源之一。这种模式成功与否的关键是其网页能否吸引广大消费者的注意，能否吸引大量的广告主。

（3）会员费。网络交易服务公司一般采用会员制，按不同的方式、服务范围向注册会员或入驻商家收取会费，如天猫。

（4）交易中介费，即提供交易平台，通过撮合买卖双方达成交易，收取交易中介费，如携程和去哪儿。

4.B2C电子商务的运作流程

作为企业与消费者之间开展的电子商务，B2C电子商务的运作流程如图2-5所示。

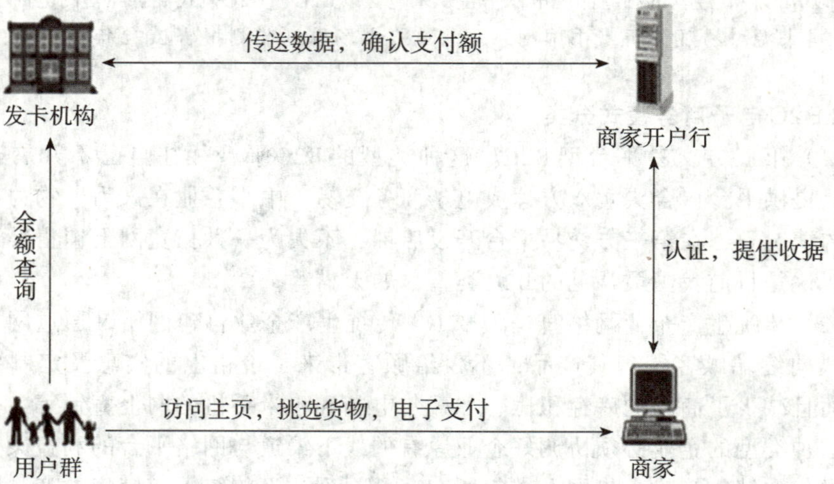

图2-5　B2C电子商务的运作流程

（1）消费者进入互联网，访问在线商店或企业的主页；

（2）消费者通过购物对话框填写姓名，地址，选择商品品种、规格、数量、价格；

（3）消费者选择支付方式，如信用卡、借记卡、电子货币或电子支票等；

（4）在线商店或企业可通过客户服务器检查支付方服务器，确认支付额；

（5）在线商店或企业的客户服务器确认消费者付款后，通知销售部门发货；

（6）在线商店或企业的开户银行将支付款项信息传递到消费者的发卡机构，发卡机构负责发给消费者收费清单。

5.我国B2C电子商务发展的瓶颈

诚信欠保障、服务欠完善、供应链短小、物流系统未优化是当今我国B2C电子商务发展的四大瓶颈。目前除了行业领先的若干家大的B2C网上商城（天猫、京东、亚马逊等），大部分B2C网上商店都是没有实体店面、欠缺品牌优势和资金实力的中小企业，诚信度成为最大的发展瓶颈。而传统零售业和制造业进入B2C电子商务领域是解决B2C电子商务发展瓶颈的有效办法。

2.2.3 C2C电子商务模式

1.C2C电子商务的概念和发展

C2C电子商务是消费者对消费者开展的电子商务，通过第三方经营的电子商务平台，消费者之间进行实物和服务的交易。简单地说，C2C电子商务就是消费者本身提供服务或产品给消费者。

这一模式最早在美国诞生，eBay目前是美国最知名的C2C交易网站。在国内电子商务领域20多年的风起云变中，C2C企业曾为抢占市场大打广告战、价格战、公关战、网络战。至今，C2C领域暂时形成了三足鼎立的局面。统计数据显示，淘宝以8.4亿的月活跃用户数排名第一，这说明，到目前为止，淘宝仍然是打开最多、国民认知度最高的App；拼多多和京东的月活跃用户数分别为5.1亿和3.9亿，用户基数同样不可小觑。在短视频和直播的推波助澜下，更多的流量涌向抖音电商和快手电商，为它们的电商业务提供了更大的想象空间。

2.C2C电子商务的运作模式

（1）店铺平台运作模式。店铺平台运作模式是电子商务企业提供平台，方便个人在此平台开设店铺，以会员制的方式收费（或免费），或通过广告或提供其他服务收取费用，如淘宝网。这种模式往往要求平台具有很高的访问量、简单方便的申请手续、稳定的后台技术、快速周到的顾客服务、完善的支付体系、必要的配送服务，以及售后服务保证，还需要平台提供诸如网店推广、网店访问量分析等高级服务。

（2）拍卖平台运作模式。拍卖平台运作模式是开展网络拍卖，而网络拍卖是指通过互联网实施的价格谈判交易活动，即在网站上公开发布将要招标的物品或服务的信息，通过竞争投标的方式将它出售给出价最高或最低的投标者。这种销售方式在虚拟的大市场让每一个人都站在同一个起点上，全球的人都可以同时竞价，从而克服了传统拍卖场所的种种限制。

目前，网络拍卖参与者主要是消费者，企业参与还比较少，所以主要是C2C形式。网络拍卖的盈利模式主要是收取注册会员费、拍卖成交后的交易佣金、拍卖预展费用、保留价费用等。

3.C2C网站的盈利模式

C2C模式得以存在和发展的前提是必须保证电子交易平台上的供应商实现盈利，因此，我们分析C2C模式，应当更加关注电子交易平台供应商的盈利模式和能力，这才是C2C模式的重点，也是C2C模式区别于其他模式的重要特点。C2C网站的盈利模式主要包括以下几个方面：

（1）广告收入。C2C网站在网络中的地位就像大型超市在人们生活中的地位，它是网民经常光顾的地方，拥有超强的人气、频繁的点击率和数量庞大的会员。其中蕴藏的商机是所有企业都不想错过的。

C2C网站超强的人气是其做广告的最大优势。随着用户使用习惯的成熟，以及C2C网站在广告模式上的不断创新，在具有如此多的用户数量的基础上，广告已成为C2C网站收入的重要来源。

（2）搜索引擎竞价排名。基于C2C网站上品种繁多、款式纷杂的特点，随着网站的不断发展，搜索引擎的作用逐步凸显出来。借鉴类似百度搜索等的盈利模式，C2C电子商务平台也可以通过搜索引擎竞价排名的模式盈利。

（3）信用认证。目前我国C2C电子商务平台都提供信用认证系统，但由于买卖双方交易额小的特点，对提供信用认证收取费用的尝试还比较少。随着用户规模的不断壮大和交易需求的扩大，C2C网站也可以通过这种模式获取收益。

（4）"首页黄金铺位"推荐费。根据Alexa网站的统计分析，除了目的性较强的上网者外，有70%的上网者只是浏览一个网站的首页，所以网站首页的广告铺位和展位都具有很高的商业价值。对于C2C网站首页的"黄金铺位"，网站可以定价销售也可以进行拍卖，购买者或者中标者可以在规定时间内在铺位上展示自己的商品。

（5）平台交易费用。平台交易费用主要包括登录费、交易费、店铺费以及特色功能费。登录费包括商品登录费和底价设置费，是发布一件物品所需支付的费用。交易费包括商品成交费、交易服务费。店铺费即开设店铺需要交纳的基本费用。特色功能费包括分类广告费、陈列改良费、图片服务费、卖家工具费、立即购买费等一系列可选费用。这一模式在国外应用比较多，在我国目前的C2C电子商务环境下适用范围有限。

除上述盈利模式外，C2C网站还有一些潜在收入来源，主要包括：①开拓物流业务。C2C网站可以考虑和物流企业进行战略合作，开发自己的特色物流服务，在提高物流服务质量的同时，获取利润。②发挥金融作用。目前我国C2C网站都拥有第三方支付平台，每天会产生大量的暂时停滞在第三方支付系统上无法移动的资金流，随着国家相关政策的不断放开，C2C网站可让这些资金发挥较好的金融作用以获利。

4.C2C电子商务的交易流程

C2C电子商务的交易流程如图2-6所示。该图说明了买卖双方利用C2C网站进行网上拍卖的主要流程。

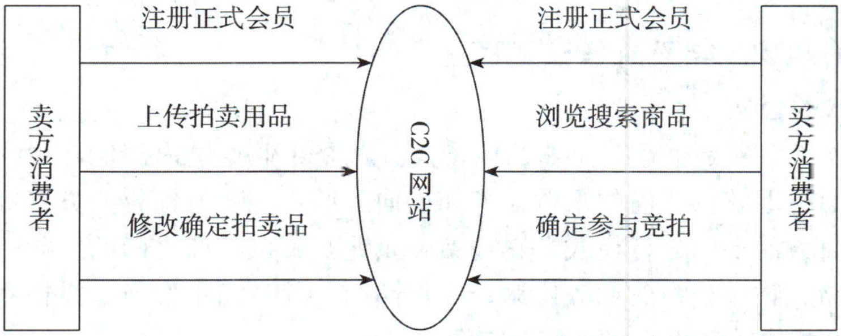

图2-6 C2C电子商务交易流程

（1）交易者登录C2C网站。

（2）卖方发布拍卖商品的信息，确定起拍价和竞价阶梯、截止日期等信息。

（3）买方查询商品信息，参与网上竞拍。

（4）买卖双方成交，买方付款，卖方交货，交易完成。

小案例2-1　闲鱼“云古玩城计划”圈住年轻用户

2022年11月，“闲鱼文玩云古玩城发布会暨第七届文玩品鉴交流会”在宜兴陶都古玩城举办。会上，阿里巴巴旗下闲鱼平台文玩行业负责人珺瑕公布了全新的“云古玩城计划”。

“一直以来，闲鱼作为消费者以兴趣和生活方式为目的的集散平台，从创立伊始就把文玩行业作为非常重要的业务板块。”珺瑕介绍道，“今年平台更是将文玩行业作为闲鱼三大重点行业之一，投入了大量的资源扶持发展，旨在与业内各方共建互联网多生态文玩社区。”

闲鱼文玩行业是一个具有庞大人群规模和巨大发展潜力的市场，有超过2 500万的在线商品，覆盖了钱币、陶瓷、紫砂、铜杂等上百个品类，每天有超过200万人访问这些文玩类的宝贝。珺瑕表示，“云古玩城计划”初期重点针对古玩城、评级公司、收藏协会、博物馆等产业类型建立半开放生态，通过半开放生态系统个性化打造适配不同角色合作伙伴的经营场域，为用户提供多样化、全面的服务。

截至2021年12月，闲鱼月活跃用户数达1.15亿，在闲置交易行业App月活榜单中高居首位，作为闲置交易平台鼻祖，如今已稳居C2C赛道第一的“宝座”。公开数据显示，闲鱼上95后用户占比超过35%，其中每天超过450万次的线上互动来自年轻藏家，而闲鱼全新“云古玩城计划”将为平台上的藏家们带去更有深度和更加优质的互动体验。

资料来源　王会霞．闲鱼启动“云古玩城计划”，四大玩法撬动百亿细分市场［EB/OL］．［2023-01-30］．http：//m.idstxw.com/b2c/1184.html．

2.3 B2B电子商务模式

2.3.1 B2B电子商务模式概述

1.B2B的含义

B2B电子商务是企业对企业的电子商务，是企业通过内部信息系统平台与外部网站将面向上游供应商的采购业务和面向下游代理商的销售业务有机地联系在一起开展商务活动的运行模式。它包括：企业与其供应商之间的采购；物料管理人员与仓储、物流公司的业务协调；销售部门与其产品批发商、零售商之间的协调等。B2B结构的基本组成如图2-7所示。

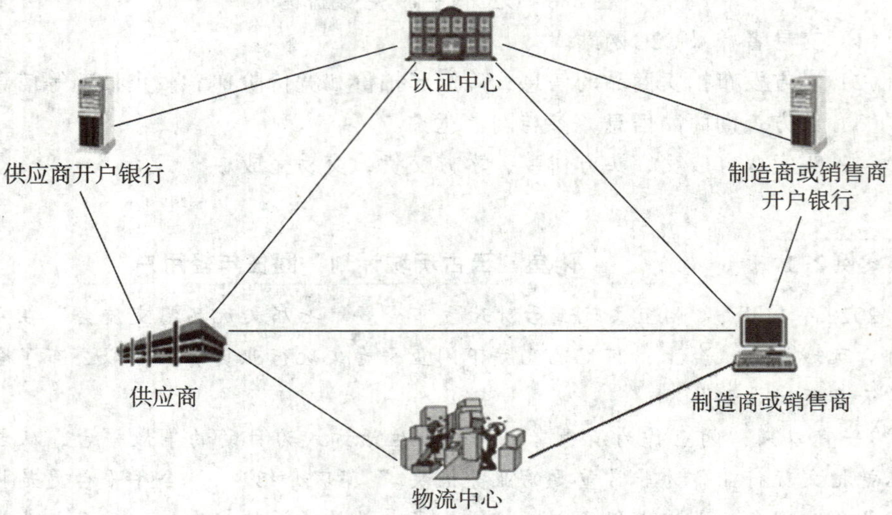

图2-7 B2B结构的基本组成

相比B2C和C2C面向数亿网民而言，B2B只针对企业和商家服务，这一特性决定了大多数网民并不容易直接感受到B2B的魅力，但是在目前的电子商务模式中，B2B电子商务模式创造的经济效益是最主要的（如图2-8所示）。

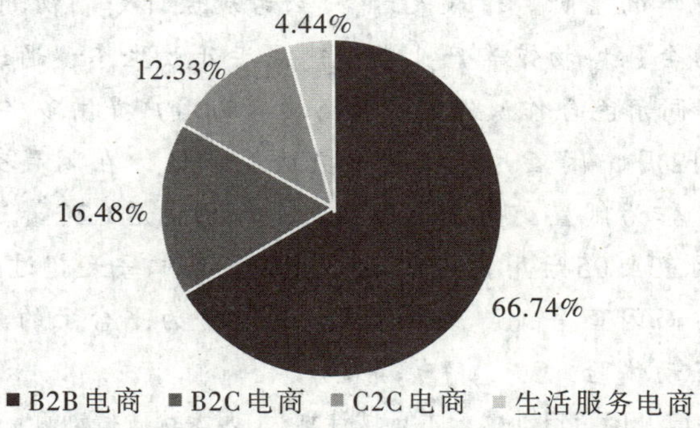

图2-8 2019年我国电子商务主要细分市场结构图

资料来源 前瞻产业研究院.

目前我国主要的B2B电子商务服务商格局基本稳定，阿里巴巴仍占据较大份额，而其他服务商也在各自领域有不同幅度的增长。从各主要服务商的发展情况来看，其虽然采取了差异化的市场策略，但竞争态势仍然激烈。表2-3简要介绍了中国主要的B2B电商企业。

微视频2-1

阿里巴巴20年里程

表2-3　**中国主要的B2B电商企业简介**

企业	简介	主要服务领域
阿里巴巴	成立于1999年，公司经营多元化的互联网业务，包括促进B2B国际和中国国内贸易的网上交易市场、网上零售和支付平台、网上购物搜索引擎，以及以数据为中心的云计算服务，业务包括核心商业、云计算、数字媒体及娱乐、创新业务，以及非并表关联方蚂蚁金服	中国、跨境及全球零售商业和批发商业，物流服务，生活服务
上海钢联	成立于2000年，公司围绕建设大宗商品电子商务生态体系的发展战略，逐步打造了以大数据为基础的网络综合咨询、上下游行业研究、专家团队咨询，电商交易平台，智能化云仓储、信息化物流、供应链服务为一体的互联网大宗商品闭环生态圈，并形成了以黑色金属为龙头，覆盖有色金属、能源化工等多领域的大宗商品产业链	专为钢铁、有色金属、能源化工等大宗商品提供商业咨询服务、数据研究服务、电子商务服务及其增值服务
卓尔智联	成立于2010年，是立足于湖北省武汉市的中国领先的大型消费品批发市场物业和商务空间提供商及运营商，面向专注于中国内需市场的供货商、生产商、经销商及其他本地中小批发企业，为客户提供批发市场物业、全方位综合物流与交易设施及服务	在中国开发和运营大型消费品批发商场，并向线上及线下客户提供供应链管理和贸易业务，电子商贸、金融、仓储和物流服务
怡亚通	成立于1997年，是中国目前重要的流通快消品分销服务平台，以供应链服务为载体，实践“供应链+”战略（供应链+互联网，供应链+科技公司，供应链-品牌孵化，供应链+营销，供应链+智能零售），构筑共融共生的供应链商业生态	承接企业各环节供应链外包服务，包括采购与销售执行服务，“分销+营销”服务，品牌孵化服务，赋能新零售服务等。服务行业涵盖快速消费品（母婴、日化、食品、酒饮）、家电、通信，信息技术、医疗、终端零售等
冠福股份	成立于2002年，公司主营业务是日用陶瓷等家用品的开发、生产和销售，经过多年发展，先后开发了日用彩瓷、耐热瓷、骨锂瓷、轻质瓷、半瓷、青古瓷和高档瓷七大瓷种，年产日用陶瓷产品9 000余万件。在国内市场上，日用陶瓷产品占有率居于行业领先地位	陶瓷产品、玻璃制品、不锈钢制品的加工、制造、销售

续表

企业	简介	主要服务领域
慧聪集团	成立于2000年，是中国领先的内贸B2B电子商务运营商之一，凭借专业的信息服务与先进的互联网技术，为中小企业搭建可靠的供需平台，提供全面的商务解决方案	以采用互联网技术为基础的产品买卖通为中小企业提供全面的营销解决方案，还通过集团传统的营销产品《中国信息大全》为客户提供多渠道、线上与线下相互配合的全方位服务
摩贝	成立于2018年，是中国最大的化学电子商务平台。该平台建立在其核心知识引擎的基础上，通过人工智能（AI）引擎和软件即服务（SaaS）套件为整个化学价值链上的所有参与者提供电子商务解决方案、财务解决方案以及仓储和物流解决方案	化学工业中领先的技术驱动平台，通过其集成解决方案将化学价值链中的参与者连接起来
宝尊电商	成立于2013年，是国内领先的数字服务和电子商务服务商，助力于品牌方和零售商在中国电商市场上的成功。提供从前端到后端的全套电商服务，包括网站搭建、更新及托管，IT设施搭建，客户服务，仓储物流服务以及数字营销等	提供以品牌电子商务为核心的全链路一站式商业解决方案，涉及店站运营、数字营销、IT解决方案、仓储配送、客户服务等五大内容
国联股份	成立于2002年，主营B2B电子商务和产业互联网平台，以工业电子商务为基础，以互联网大数据为支撑，为相关行业提供网上商品交易平台、产业信息服务和产业科技服务。主要业务板块有：B2B信息服务平台——区联资源网；B2B垂直电商平台——涂多多、卫多多、玻多多等多多平台；产业科技服务（行业软件、金融科技）	提供网上商品交易平台、产业信息服务和产业科技服务
科通芯城	成立于2012年，是中国领先的电商公司，专注服务电子制造业，通过电商平台，包括自营平台、第三方平台以及专责的技术顾问和专业的销售代表团队，在售前、售中以及售后阶段为客户提供周全的在线及线下服务	面向中小企业的IC元器件自营电商
焦点科技	成立于1996年，始终致力于将传统行业与互联网深度融合，先后将互联网引入外贸、保险、企业采购、教育、医疗等多个领域，研发并运营了中国制造网（Made-in-China.com）、百卓采购网（abiz.com）、新一站保险网（xyz.cn）三大电子商务平台，以及移动医疗等互联网项目。其中，中国制造网已成为全球采购商寻找中国供应商和贸易伙伴的重要网络渠道	外贸B2B企业商务平台及跨境贸易综合服务，互联网保险B2B/B2C电子商务平台及互联网保险综合服务，内贸B2B电子商务平台及企业采购供应链管理服务，以及各类互联网及电子商务相关的创新孵化业务

续表

企业	简介	主要服务领域
生意宝	成立于2000年，是一家专业从事互联网信息服务、电子商务、专业搜索引擎和企业应用软件开发的高新企业，目前已发展成为国内较大的行业电子商务运营商和领先的综合B2B运营商，已形成遍布全国、辐射全球的市场营销与服务体系，是当今国内屈指可数的大型互联网企业	从事互联网信息服务、电子商务和企业应用软件开发
欧浦智网	2005年成立，是一家集智能化物流、综合电商平台和供应链金融为一体的综合服务提供商，业务范围涉及钢铁、家居、金融等行业，实施“智慧物流+电商平台+供应链金融+智能产品研发制造+大数据服务”共融的智慧供应链服务战略，利用大数据和物联网等技术，实现基于传统业务的互联网化和智能化。同时，公司以“研判市场+客户需求”为中心，借力互联网技术改善和优化商业模式和客户服务，不断提升线下业务能力和客户体验，积极寻求多方合作，打造多方参与的互联网化产业新生态。该公司是国内第三方钢铁物流行业的领先型企业	提供“智慧物流+电商平台+供应链金融+智能产品研发制造+大数据服务”共融的智慧供应链服务
汇茂科技	成立于2007年，是一家触控显示产品及其系统解决方案的提供商，集触控显示产品研发、生产、销售与配套服务于一体的高新技术企业，主要产品可分为两大类：一类为触控显示设备；另一类为触控收银系统	提供触控显示产品及其系统解决方案

资料来源　共研网.

2.B2B的特征

（1）改善供应链管理。依靠电子商务技术，企业可以通过互联网动态维系与供货、制造、分销、运输企业以及其他贸易合作伙伴之间的关系，真正建立高效的全球供应链系统，使企业的供应链成本维持在低水平。

（2）增加商业机会和开拓新的市场。互联网的无国界和无时限的特点为企业提供了理想的和低成本的信息发布渠道，商业机会因此大大增加。

（3）改善过程质量。企业通过信息化管理可以更好地记录跟踪业务流程，减少错误的发生，缩短处理时间，降低对人力资源的占用，以及减少非生产用的时间。

（4）缩短订货周期。企业通过信息化流程可以更快、更准确地处理订单，降低安全库存量，提高库存补充自动化程度和客户满意度。

（5）降低交易成本。信息化管理实现了办公无纸化、贸易过程无纸化，大大减少了流程成本，使企业交易成本得到有效降低。

(6) 改善信息管理和决策水平。准确的信息和对交易的审计跟踪有助于创造更好的决策支持环境，协助企业发现潜在的大市场，掌握不断改进和降低成本的规律。

2.3.2 B2B电子商务的经营模式

目前B2B电子商务平台主要有三种经营模式：

1.第三方电子市场

这是一种由第三方投资建立起来的撮合买卖双方达成交易的网上交易平台。这种独立的市场交易中枢的角色是非常特别的，它既不偏向买家也不偏向卖家。根据第三方电子市场涉及的行业特点，我们可以将第三方电子市场分为水平电子市场和垂直电子市场。水平电子市场是将各个行业中相近的交易过程集中到一个场所，为企业的采购方或供应方提供发布和查询供求信息、与潜在客户进行在线交流和商务洽谈、达成交易的机会，如阿里巴巴、环球资源网、ECVV等。垂直电子市场针对特定行业，为这一行业上下游企业达成交易提供机会，如中国化工网、我的钢铁网等。第三方电子市场是目前我国B2B电子商务平台最常见的细分类型。

2.自建B2B模式

这种模式一般是大型行业龙头企业基于自身的信息化建设程度，搭建以自身产品供应链为核心的行业化电子商务平台。行业龙头企业通过自身的电子商务平台，串联起行业整条产业链，供应链上下游企业通过该平台实现资讯共享、沟通、交易，如戴尔建立的面向上游芯片和主板供应商的B2B电子商务平台，但此类电子商务平台过于封闭，缺少对产业链的深度整合。

3.关联行业B2B模式

这种模式是相关行业为了提升电子商务交易信息的广泛程度和准确性，整合水平B2B模式和垂直B2B模式而建立起来的跨行业电子商务平台。

2.3.3 B2B电子商务的盈利模式

大型企业通过自建B2B电子商务网站来开展电子商务，可降低成本、提升销量，如海尔、联想等企业推出的网上采购与网上分销平台。企业实施B2B电子商务还有助于提升管理水平及提供更有效率的客户服务。然而，大型企业毕竟是少数，我国的4 800多万家中小微企业中，有能力建立自身网站并持续运营网站的不到1/4，绝大部分需要通过第三方电子商务平台进行营销。中介型B2B网站的盈利模式主要包括以下几种：

1.会员费

企业通过第三方电子商务平台参与交易，必须注册为B2B网站的会员，每年交纳一定的会员费，才能享受网站提供的各种服务。目前会员费已成为我国B2B网站最主要的收入来源。例如，阿里巴巴国际站的出口通年费为29 800元，金品诚企年费为80 000元，1688平台诚信通的年费为6 688元；中国化工网每个会员第一年的费用为12 000元，以后每年的综合服务费用为6 000元。

2.广告费

网络广告费是门户网站的主要盈利来源，同时也是B2B网站的主要收入来源。阿里巴巴网站根据广告在首页的位置及类型来收费。中国化工网有弹出广告、漂浮广告、公告板广告、文字广告等多种表现形式供用户选择。

3.竞价排名

企业为促进产品的销售，都希望在B2B网站的信息搜索结果中自己的排名能够靠前，而网站在确保信息准确的基础上，根据会员交费的不同对其排名顺序做相应的调整。阿里巴巴的竞价排名是诚信通会员专享的搜索排名服务，当买家在阿里巴巴搜索供应信息时，竞价企业的信息将排在搜索结果的前三位，被买家第一时间找到。

4.增值服务

B2B网站通常除了为企业提供贸易供求信息以外，还会提供一些独特的增值服务，包括企业认证、独立域名、行业数据分析报告、搜索引擎优化等。比如，现货认证是针对电子行业提供的一项特殊的增值服务，因为电子采购商通常比较重视库存。B2B网站可以根据行业的特殊性去深挖客户的需求，然后提供具有针对性的增值服务。

5.线下服务

线下服务主要包括展会、期刊、研讨会等。通过参加展会，供应商和采购商可以面对面地交流，一般的中小企业都比较青睐这种方式。期刊主要是可以提供行业资讯等信息，期刊里也可以植入广告。环球资源网举办的展会已成为其重要的盈利模式，占其收入的1/3左右。

6.佣金

B2B网站可通过提供交易平台促使买卖双方达成交易后收取费用，即佣金。比如敦煌网，它采取佣金制，免注册费，但佣金比例一般为2%~7%。

7.询盘付费

区别于传统的会员包年付费模式，询盘付费模式是指从事国际贸易的企业不是按照时间来付费，而是按照海外推广带来的实际效果，也就是海外买家实际的有效询盘来付费。成功获得有效询盘，并辨认询盘的真实性和有效性后，供应商只需在线支付单条询盘价格，就可以获得与海外买家直接谈判成单的机会，主动权完全掌握在自己手里。这种模式适用范围广、效果容易测评，越来越受到像ECVV等B2B电子商务企业的青睐。

2.4 B2G电子商务模式

2.4.1 B2G电子商务的含义

B2G电子商务是企业与政府之间的电子商务，是企业与政府之间通过网络进行交易活动的运作模式，主要指政府通过互联网发布采购清单，企业可以以电子化方式来完成对政府采购的响应。

一方面，政府作为采购者，可以通过网络发布自己的采购清单，公开、透明、高效、廉洁地完成物品的采购；另一方面，政府对电子商务的推动、管理和规范作用可以通过网络更充分、及时地发挥。借助于网络及其他信息技术，政府职能部门能及时全面地获取信息、快速反应、正确决策，迅速、直接地将政策法规及调控信息传达于企业，起到管理与服务的作用。

2.4.2 B2G的经营模式

1.网络采购

政府采购是指各级国家机关、事业单位和团体组织，使用财政性资金采购依法制定的集中采购目录以内的或者采购限额标准以上的货物、工程和服务的行为。随着互联网的广泛应用，越来越多的政府逐渐通过网络来实现采购。

网络采购就是使与采购相关的数据、信息、过程实现电子化，它所要达到的最终目标与传统的采购相同，只不过是充分利用网络来完成采购各环节的任务，这样能够更好地利用互联网所带来的便利。利用网络采购可以大大避免传统采购的不足，更有利于企业、政府进行采购与管理，更好地完成采购目标任务。

政府可以自行建立网络采购平台或者利用公共采购平台进行网络采购。

2.信息服务

B2G电子商务提供的信息服务包括以下内容：

（1）电子采购与招标。政府通过网络公布采购与招标信息，为企业特别是中小企业参与政府采购提供必要的帮助，向它们说明政府采购的有关政策和程序，使政府采购成为阳光工程，杜绝徇私舞弊和暗箱操作，降低企业的交易成本，节约政府采购支出。

（2）电子税务。企业通过政府的税务网络系统，随时随地可以完成税务登记、税务申报、税款划拨、查询税收公报、了解税收政策等业务，既方便了企业，也减少了政府的开支。

（3）电子证照办理。企业通过互联网申请办理各种证件和执照，如企业营业执照的申请、受理、审核、发放、年检、登记项目变更，环境评估报告等审批事项的办理，可以缩短办证周期，减轻企业负担。

（4）信息咨询服务。政府将拥有的各种数据库信息对企业开放，方便企业利用，如法律法规规章政策数据库、政府经济白皮书、国际贸易统计资料等信息。

（5）中小企业电子服务。政府利用宏观管理优势和集合优势，为提高中小企业国际竞争力和知名度提供各种帮助，包括为中小企业提供统一政府网站入口，帮助中小企业同电子商务技术供应商争取有利的电子商务应用解决方案等。

2.4.3 B2G电子商务的优势

1.提供更广泛、更深入的政府采购咨询专家的支持

结合使用电子政务系统的专家库，政府采购部门能跨越地域、行业的障碍，获得各个领域大量专家实时的具体指导。利用便利的网络沟通渠道，这些专家可以跨越地域、时间的障碍，全程参与整个项目实施过程如项目的前期准备、中期市场分析和项目审定评标后的执行监督等；对于部分特殊项目，还可以继续参与项目完成后的使用、维护咨询工作。另外，专家库容量巨大，可以在每次咨询时都随机产生不同的咨询专家小组，从而杜绝投标商与个别专家私下交易的情况。

2.扩大供应商的选择面，突破地方保护主义障碍

网上采购面对的是为数众多、不受地域限制的供应商，形成了最大的竞争范围。而竞争范围的扩大，最直接的效果就是有利于采购到质优价廉的产品和服务。实行网上采购，在全国甚至全世界选择供应商，将打破传统政府采购的时空限制，加快采购信息的交流速度，方便广大供应商及时获取采购信息，而且可以充分体现政府采购公开、公正、公平的原则，增加政府采购的透明度，有效突破地方保护主义和行业保护主义的障碍，同时也有利于政府采购资料的收集、统计和管理。

3.为参与政府采购的各方提供安全、畅通的沟通渠道

依托电子政务平台实施电子商务，可以利用强大的网络沟通功能为各方提供安全、畅通的沟通渠道，极大地增强参与政府采购的各方的沟通能力。通过网上采购，可以达到加快采购速度、缩短成交时间的目的，同时也可以将信息沟通不充分造成的误解和错误降到最低。

4.利于监督，真正达到“阳光工程”的目的

传统的交易方式存在诸多中间环节，实际交易价格无从查起。而网络不但能提供强大的功能和资源，而且各种信息发布一目了然，具有很强的公开性。政府采购通过网上进行，形式是公开的，可以接受各方面的网上监督。采购过程、采购标准、成交原则和成交结果是公开的，减少了人为的干扰因素，使采购更加公平和公正，既可以降低企业的交易成本，又利于节约政府采购支出。

5.利用集中采购，形成规模经济

集中采购的一个重要优势就是能够形成规模经济，大大降低采购成本。电子商务系统强大的网络沟通能力和统一管理能力，有助于打破地区和部门限制，建立地区性乃至全国性的政府采购大市场，实现全局性集中采购，进而获得规模经济效益，缩短采购周期，达到降低采购成本的目的。

2.5 新型电子商务模式

2.5.1 O2O电子商务模式

1.O2O电子商务的含义

O2O（Online to Offline）即“线上到线下”，将实体经济与线上资源融合，使网络成为实体经济延伸到虚拟世界的“前台”，线下商家可以到线上挖掘和吸引客源，而消费者可以在线上筛选商品和服务，再到实体店购买和消费，或者在线上预订线下的商品和服务，再到线下去享受商品和服务。

O2O的概念最早来源于美国，它适合必须到店消费的商品和服务，比如餐饮、健身、看电影和演出、美容美发等。这些线下的服务不能装箱运送，更重要的是快递本身无法传递社交体验所带来的快乐。正是由于消费者大部分的消费仍然是在实体店实现的，把线上的消费者吸引到线下实体店进行消费这种模式有很大的发展空间，如美团网的本地餐饮消费。

生活服务O2O市场按照服务交付场景可以分为到店服务和到家服务。到店服务是指在店铺进行服务交付的消费形式，一般是通过线上平台购买、预订，线下体验、消费完成交易，如美容美发、团购、优惠卡券、闪惠等；到家服务是指线上交易、上门服务、同城配送等，主要包括餐饮外卖、家政、跑腿、上门维修等各类服务。表2-4比较了O2O与B2C的异同。

表2-4　O2O与B2C比较

相同点	不同点
消费者与服务者的第一交互面在网上（特别包括手机）	O2O更侧重服务性消费（包括餐饮、电影、美容、SPA、旅游、健身、租车、租房等）；B2C更侧重购物（实物商品，如电器、服饰等）
主流程是闭合的，且都是在网上，如网上支付、客服等	O2O的消费者到现场获得服务，涉及客流；B2C的消费者待在办公室或家里等货上门，涉及物流
需求预测管理在后台，供需链管理是O2O和B2C成功的核心	O2O中库存是服务，B2C中库存是商品

新型零售业态近年来快速兴起，对传统行业产生巨大的冲击，传统零售纷纷寻求转型，而其中O2O整体市场凭借其模式能打通线上线下、提高传统商业运营效率的优势获得众多企业的青睐，市场飞速扩容，2021年O2O市场规模超过3.3万亿元。

在新冠肺炎疫情期间，线下消费的风险阻碍了相当一部分消费者到店消费，而与此同时消费者对于O2O到家业务的接受程度逐渐提高，此消彼长之下O2O到家业务开始领跑整体市场，2016—2021年间年均复合增长率达到64%，市场成熟度快速提高，2022年中国O2O市场总体规模约为4.9万亿元，其中到家业务市场规模超过3.4万亿元（如图2-9所示）。

思政链接2-1

抗击疫情，电商企业在行动

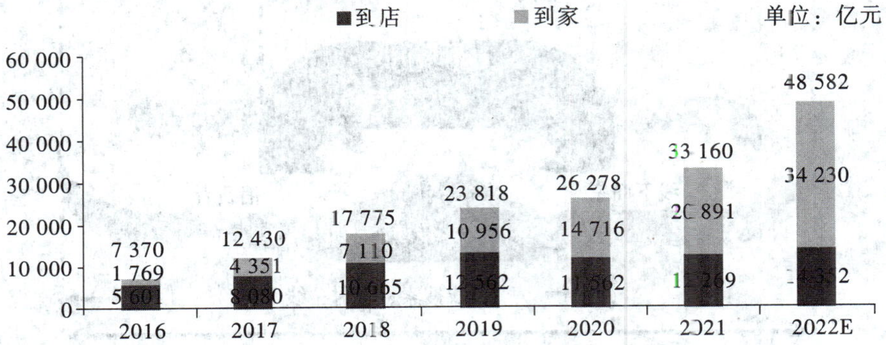

图2-9　2016—2022年中国O2O市场规模

资料来源　根据中国连锁经营协会、中商产业研究院相关资料整理.

2.O2O电子商务的优势

O2O电子商务的优势在于把线上和线下的优势完美结合，通过网络导购，使互联网与实体店完美对接，实现互联网落地，让消费者在享受线上优惠价格的同时，又可享受线下贴心的服务。同时，O2O电子商务还可实现不同商家的联盟。

（1）O2O电子商务充分利用了互联网跨地域、无边界、海量信息、海量用户的优势，同时充分挖掘线下资源，进而促成线上用户对线下商品与服务的交易。

（2）O2O电子商务可以对商家的营销效果进行直观的统计和追踪评估，规避了传统营销模式的推广效果的不可预测性。O2O电子商务将线上订单和线下消费结合，所有的消费行为均可以准确统计，进而吸引更多的商家进来，为消费者提供更多优质的产品和服务。

（3）O2O电子商务在服务业中具有优势，价格便宜，购买方便，折扣信息等能及时被客户获知。

（4）O2O电子商务将拓宽电子商务的发展方向，由规模化走向多元化。

（5）O2O电子商务打通了线上线下的信息和体验环节，让线下消费者避免因信息不对称而遭受“价格蒙蔽”，同时实现线上消费者“售前体验”。

3.O2O电子商务消费流程

在O2O电子商务中整个消费过程由线上和线下两部分构成（如图2-10所示）。线上平台为消费者提供消费指南、优惠信息、便利服务（预订、在线支付、地图等）和分享平台，而线下商家则专注于提供服务。在O2O电子商务中，消费者的消费流程可以分解为五个阶段。

（1）引流。线上平台作为线下消费决策的入口，可以汇聚大量有消费需求的消费者，或者引发消费者的线下消费需求。常见的O2O平台引流入口包括：消费点评网站，如大众点评；电子地图，如百度地图；社交类网站或应用，如微信。

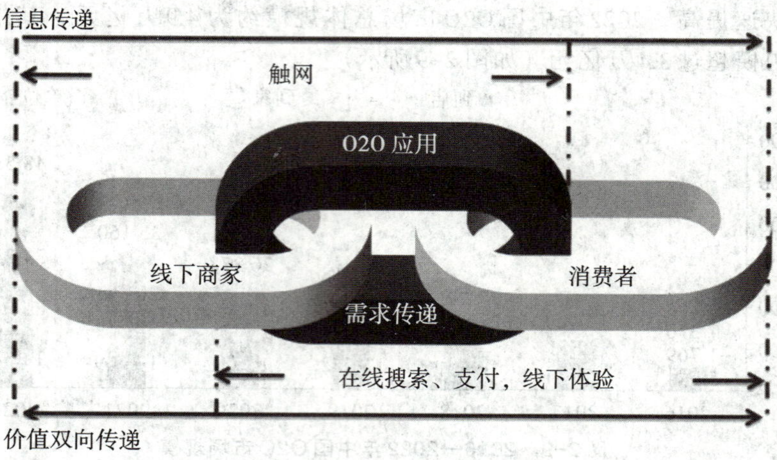

图2-10 O2O电子商务的基本构成

(2) 转化。线上平台向消费者提供商铺的详细信息、优惠政策（如团购、优惠券）、便利服务，方便消费者搜索、对比商铺，并最终帮助消费者选择线下商家，做出消费决策。

(3) 消费。消费者利用线上获得的信息到线下商家接受服务、完成消费。

(4) 反馈。消费者将自己的消费体验反馈到线上平台，有助于其他消费者做出消费决策。线上平台通过梳理和分析消费者的反馈，形成更加完整的本地商铺信息库，可以吸引更多的消费者使用线上平台。

(5) 存留。线上平台为消费者和本地商家建立沟通渠道，可以帮助本地商家维护消费者关系，使消费者重复消费，成为商家的回头客。

只有整合这五个阶段来进行整体布局，O2O平台才能最有效地形成正向循环，实现快速滚动增长。

2.5.2 C2B电子商务模式

C2B（Customer to Business）电子商务，指消费者聚集起来进行集体议价，把价格主导权从厂商转移到自身，以便同厂商进行讨价还价的电子商务模式。这种模式充分利用互联网的特点，把分散的消费者及其购买需求聚合起来，形成类似于集团购买的大订单。在采购过程中，消费者凭借数量优势同厂商进行价格谈判，把价格主导权从厂商转移到自身，争取最优惠的折扣。个体消费者可享受到以批发商价格购买单件商品的实际利益，从而增强了其参与感与成就感。

在C2B电子商务模式下，必须先有消费者的需求才会有企业的生产，即先有消费者提出需求，后有生产企业按需求组织生产。通常情况为消费者根据自身需求定制产品和价格，或主动参与产品设计、生产和定价，产品、价格等彰显消费者的个性化需求，生产企业进行定制化生产。

长期以来由于定制生产成本很高，产销双方在交易过程中又存在时空障碍、金融支付障碍和沟通障碍等导致交易成本很高，因此消费者和生产企业退而求其次，牺牲个性化以获得工业化生产的低成本，这就是以生产企业为中心、少品种大批量的B2C模式。进入21世纪，互联网技术为产销双方提供低成本、快捷、双向的沟通手段，现代物流畅达，金融支付手段便捷，以模块化、延迟生产为代表的柔性生产技术日益成熟，使交易成本和生产成本大幅降低，为发展C2B创造了条件。

C2B的鼻祖是美国人Jay Walker于1998年创立的网站Priceline，该网站采用的“Name your own price”（客户自我定价）系统独树一帜，被认为是网络时代营销模式的一场变革。该模式让消费者在网上自行标出自己愿意支付的机票、酒店价格，然后Priceline在自己的电脑数据库中搜索愿意接受该报价的航空公司或酒店。简单地说，由买方先出价，然后看有没有卖方，一旦找到卖方并成交，Priceline便向买方收取手续费和从卖方处获得佣金，如果供应商提供的实际价格比消费者报价还低，该笔差价也一并被Priceline赚取。如今，C2B在商业社会中已经无处不在，并发展出多种实现形式。

1. 聚合需求模式

数量庞大的用户群体通过聚合需求形成强大的购买能力，从而改变在B2C模式中的弱势地位，获得以大厂商、批发商的价格购买产品的资格，如聚划算推出的反向团购就是这种形式。

2. 要约模式

这种方式又称为逆向拍卖模式，由用户发布自己需求的产品和大致价格，然后由商家决定是否接受用户要约。倘若商家接受要约，则交易成功，若不接受，则交易失败，如Priceline网站。

3. 商家认购模式

该模式的电子商务平台让用户个人提供原创数码内容，如视频、图片、动画、设计等，然后企业根据用户标价来认购这些原创数码内容。当前越来越多的企业使用开源软件，这也为个人为企业开发应用软件（包括客户关系管理、内容管理、数据库等应用）创造了机会，如微图网站Fotolia就是这种形式。

2.5.3 C2M电子商务模式

小案例2-2　菜鸟C2M供应链升级，部分淘工厂享受“入仓即回款”服务

2020年4月22日，菜鸟供应链宣布对淘宝C2M产业带上的淘工厂进行供应链升级：入驻产地仓的淘工厂，在享受基础的供应链服务以外，还能享受全托管服务，有机会优先获得“入仓即回款”等仓储融资福利。

2019年，菜鸟供应链开始为淘宝C2M产业带厂家提供稳定的供应链服务，通过在有小家电产业集群的广东中山、有“全球最大的小商品批发市场”之称的浙江义乌等产业带开设产地仓，帮助入仓的淘工厂降低物流成本，大大缩短了从工厂生产到消费者收货的时间。菜鸟C2M产地仓以快递分拨中心为基础，与快递公司联手打造“楼上打包、楼下发货”的极致发货速度，实现了仓配一体的高效联动。从菜鸟C2M产地仓发出的快递，有80%能做到隔日达。

长期以来，工厂习惯于向B端经销商发货，菜鸟C2M产地仓为工厂解决了向C端消费者发货的难题，也让C端消费者的网购体验更有确定性。

淘工厂是连接淘宝卖家与工厂的平台，是阿里巴巴旗下1688事业部的一个平台。淘工厂实质上是将淘宝商家的生产需求（如订单件数、工期等）以及工厂有能力接单的产品类型、剩余产量等信息同时发布在网络平台上，让供需双方双向选择。淘工厂入驻菜鸟C2M产地仓后，只需要专心做好产品研发和生产。菜鸟将通过大数据结合平台流量权益、市场淡旺季等因素，为淘工厂提供生产、销售及入仓备货的预测服务，从而降低供应链履约成本、提升库存周转速度、改善有货率。而在此之前，淘工厂的厂长们只能自己凭经验进行生产和销售预测，营销活动也缺乏精确计划，导致经常出现滞销和断货问题。

此外，淘工厂通过入驻菜鸟C2M产地仓获得稳定的隔日达签收率后，能够提升自身在淘宝C2M平台的商家等级，一旦成为金牌、银牌、铜牌厂家，即可享受“入仓即回款”、备货贷、利息优惠等仓储融资服务，从而缓解现金流压力。

资料来源　亿欧. 菜鸟C2M供应链升级，淘工厂入菜鸟仓优先“入仓即回款”［EB/OL］.［2022-12-22］. https：//www.iyiou.com/news/202004221002240.

思考：菜鸟供应链是如何对淘宝C2M产业带上的淘工厂进行供应链升级的？

1.C2M电子商务模式的定义

C2M是英文Customer to Manufactory的缩写，中文翻译为“顾客对工厂”，是一种新型的工业互联网电子商务的商业模式。这种模式基于社区的社交网络平台以及B2C模式，让用户直连制造商，即消费者直达工厂，强调的是制造业与消费者的衔接。

在C2M模式下，消费者直接通过平台下单，工厂接受消费者的个性化需求订单，然后根据订单设计、采购、生产、发货，主要包括纯柔性生产、小批量多批次的快速供应链反应。C2M模式砍掉了库存、物流、总销、分销等中间环节，砍掉了包括库存在内的所有不必要的成本，让用户以超低价格买到超高品质的产品，同时让中国高端制造业直接面对用户需求。

2.C2M模式的产生与发展

C2M模式是在工业互联网背景下产生的，源于德国政府在2011年汉诺威工业博览会上提出的“工业4.0”概念，是指现代工业的自动化、智能化、网络化、定制化和节能化，是现代制造业中由用户驱动生产的反向生产模式。它的终极目标是通过互联网将不同的生产线连接在一起，运用庞大的计算机系统随时进行数据交换，按照客户的产品订单要求设定供应商和生产工序，最终生产出个性化产品。

必要商城的创始人及CEO毕胜率先在国内实践C2M电子商务模式。2015年7月，全球首家C2M电子商务平台必要商城上线。相较于传统模式，必要商城以消费者需求为开端，用互联网用户数据驱动生产制造，去除所有中间流通环节，不再设置库存，将消费者与设计师、制造商直接连接，为用户提供顶级品质，利用柔性生产线，等用户下单才生产，最大程度降低产品成本，让消费者以低廉的价格买到超高性价比的产品。必要商城扮演的角色很简单：以抽取佣金为盈利点，一方面确保生产厂商能够在每单中稳定获利，另一方面为消费者提供高性价比的商品，实现三方共赢。直白点说，也就是将“奢侈品”卖出“白菜价”。

此后，各大电子商务平台开始试水C2M。2018年9月，阿里巴巴提出“新制造”概念后不久首先在淘宝内部启动了C2M举措，淘宝升级了“天天特卖”，“天天工厂”项目也随之启动。2019年3月，阿里巴巴重启了“聚划算”，并将其与“天天特卖”整合，构建了C2M的整体布局。2019年底，阿里巴巴又在淘宝事业群下面专门成立了C2M事业群，正式将C2M上升到了公司战略的层面，同时推出淘宝特价版App，并公布“超级工厂计划”和“双百目标”，这三大举措并称为淘宝C2M战略三大支柱。

2018年12月，拼多多也开启了C2M的全面布局，启动了“新品牌计划”，采用C2M模式与制造商共同打造爆款产品。一年后，拼多多将“新品牌计划”升级为“新品牌联盟”。应该说，加注C2M的举措对于拼多多改变人们心中“质次价低”的印象、重塑信誉起到了极为关键的作用。

京东、苏宁易购等大型电子商务平台也陆续涌入了C2M市场。2019年8月，京东旗下的“京东京造”启动C2M个性定制服务。2019年9月，京东将原有的“京东拼购”升级为“京喜”，在这一平台内置了具有C2M模式的工厂直供专属频道。2019年10月，苏宁正式发布苏宁C2M生态。2020年1月，“苏宁拼购”和首批20家企业签订C2M招商合作协议。

3.C2M模式的优缺点

（1）C2M模式的优点

C2M实现了用户到工厂的直连，去除所有中间流通加价环节，连接设计师、制造商，为用户提供顶级品质、平民价格、有个性且专属的商品。C2M模式还颠覆了从工厂到用户的传统零售思维，由用户需求驱动生产制造，通过电子商务平台反向订购，用户订多少，工厂就生产多少，彻底砍掉了工厂的库存成本，工厂的成本降低，用户购买产品的成本自然也随之下降。

随着经济的发展和消费水平的提高，人们更注重个性化。C2M模式恰恰迎合了消费者对个性化、差异化产品的需求。

（2）C2M模式的缺点

C2M模式目前存在的一个最大的问题是，由于没有中间商的监管，产品质量不能得到有效的保证。

C2M模式直接对接厂商，所以商品不可能样样都齐全，有一定的局限性。

C2M毕竟是新的电子商务模式，在品质价格类似的情况下，消费者往往倾向于选择自己熟悉的电子商务平台。

定制商品预售时间长，而消费者都希望赶快收到心仪的产品，对时效要求很高。C2M模式的制造商接到预售订单后需要一定时间生产产品，在时效方面存在短板。

4.C2M模式的适用条件

（1）消费者对商品的个性化有较高的要求

只有对那些消费者更重视其个性和品质的商品，例如服装、家具等，C2M的优势才能很好地被发挥出来；反之，如果标品已经可以很好地满足大部分消费者的要求，那么制造商再推行定制化将会无利可图，C2M模式也就不会再有竞争力。同时，C2M的个性化必须是可行的，即在根据消费者要求实施了定制后产品的质量、安全、使用体验等属性不会受到影响。

（2）通过C2M模式砍掉的成本足够高

从根本上讲，制造商是否选择C2M，其实是一个成本收益的权衡过程。通过C2M模式，制造商固然可以砍掉产品出厂后在流通环节的巨大成本，但它也会产生很多额外的成本。例如，为平台提供的服务付费、根据消费者要求重新规划生产，这些都会产生不小的费用。因此，要让C2M模式在整体上有利可图，就要求通过C2M模式可以砍掉的成本足够高。以家具为例，在传统的产销模式下，家具在生产出来之后将会产生巨大的仓储成本，而在C2M模式下，这笔巨大的成本可以被有效地节约，C2M模式也就因此有了很强的竞争力。反之，如果一个产品从制造到销售并不需要太多的环节，产生的成本也不算高，那么企业选择C2M就可能是得不偿失的。

2.5.4 社交电子商务模式

社交电子商务（Social Commerce）又称为社会化电子商务，是电子商务的一种新的衍生模式。它借助社交网站、社交网络软件（Social Network Software，SNS）、社交媒介、网络媒介的传播途径，通过社交互动、用户自生内容等手段来辅助商品的购买和销售行为。在Web2.0时代，越来越多的内容和行为是由终端用户，比如微信、博客、微博用户来产生和主导的。

社交电商发展迅速，目前主要有三大模式，分别是以拼多多为代表的拼团模式、以云集为代表的社交零售电商模式和以小红书为代表的社交内容电商模式。

1.以拼多多为代表的拼团模式

这种模式非常巧妙地利用了用户对价格较为敏感的心理特点，采用用户砍价等方式，借助社交力量来吸引下沉用户。在玩法方面，主要有直接拼团、邀请助力、邀请参与拼单与分享互惠等，利用社交平台如微信的系统化工具，设计具有激励性的政策激励用户分享，达到商品的裂变式交易或者传播。这种模式最大的优势在于成本较低，便于获得三线及以下城市和农村的用户。

2.以云集为代表的社交零售电商模式

这种模式指用户基于自己的社交工具和场景，通过商品销售实现社交圈人脉的变现，主要分为分销和直销两种。分销是平台直接面向A用户，再通过A用户面向B用户；直销是指线下的相关实体店搭建商城，将商品直接推向消费者，平台承担所有的服务，例如挑选、品控、物流、售后等一系列服务。云集就是将社交媒体作为其重要分销渠道的会员制电商。这种模式的渠道体量更加庞大，商品的流动成本相对较低，用户的黏性较高。

3.以小红书为代表的社交内容电商模式

这种模式指的是通过高质量的内容吸引拥有共同兴趣爱好的用户，并将其集合为一个社群，再根据该群体的特定爱好和需求，引导用户进行裂变式的传播或者交易。小红书以图文分享为主体，除了体验感之外，还会分析产品的成分以及科技含量等，提高用户的信任度。主要玩法有明星KOL（Key Opinion Leader，关键意见领袖）爆款推荐、红人种草测评和网红联动霸屏等，并且邀请明星、网络红人入驻，进一步提升其影响力和知名度。2022年小红书商业生态大会公布的数据显示，小红书月活跃用户数达到了2亿，72%的用户为90后，一二线城市用户为50%，分享者达到了4 300多万。随着内容的多元化发展，男性用户比例升至30%。这种模式的用户群体基于内容形成，往往具有同样的需求，利于传播，互动性强，忠诚度高，重复购买率较高。与此同时，这种模式对商品的质量及商家运营能力的要求都非常高，商家需要充分了解垂直品类用户的需求，并且及时根据用户的反馈不断调整。

不同于传统的电商平台通过广告、竞价等方式获得流量，社交电商平台是利用微信等社交媒体的关系网实现裂变式的传播，用较低的成本就可以获取大量的用户，因此，未来电子商务的社交化仍然是一个重要的发展趋势，会吸引更多的资本进入。

2.5.5 新零售模式

微视频2-2 万物互联时代

“新零售”这一概念由马云首先提出，是融“线上销售”“线下体验”“快速物流”三大要素为一体的新型零售模式。它通过大数据分析精准掌握不同消费者的个性化需求，是一种消费者需要什么就卖什么，建立以消费者良好体验为宗旨的数据驱动的电子商务商业模式。

1.新零售平台的五个“新”

（1）新角色。新角色是指新零售平台在下游洞悉消费者需求，并向上游供应商提供消费者需求大数据资源，进而成为供应商的生产研发活动和市场推广活动的服务者。

（2）新内容。新内容是指平台由商品销售者变为“商品和服务”的提供者，如天猫等平台通过商品数字化、会员数字化为生产企业、供应商提供新型的数据服务。

（3）新形态。新形态是指新零售平台通过清晰洞察消费者痛点，对零售业态的各要素再次进行边际调整，组成新型经营业态。

（4）新关系。新关系是指电子商务平台为供应商赋能，与消费者实现互动和交流，构建平台与消费者之间深度互动的社群关系。

（5）新理念。新理念是指新零售平台需要适应消费者主权时代的新理念、新模式，通过零售变革更精准地满足消费者需求，为消费者不断创造价值。

2.新零售的主要特征

（1）线上线下融合，渠道一体化。真正的新零售应是计算机网店、移动App、微信商城、直营门店、加盟门店等多种线上线下渠道的全面打通与深度融合，商品、库存、会员、服务等环节组成一个整体。零售商不仅要打造多种形态的销售场所，还要实现多渠道销售场景的深度融合，这样才能满足消费者的需求。

（2）经营数字化。商业变革的目标是通过数字化把各种行为和场景搬到线上去，然后再实现线上线下的融合。零售行业的数字化是依托IT技术实现顾客数字化、商品数字化、营销数字化、交易数字化等经营数字化，其中，顾客数字化是经营数字化的基础和前提。

（3）门店智能化。大数据时代，“一切皆智能”成为可能。门店依托物联网等新兴技术进行智能化改造，应用智能货架与智能硬件延展店铺时空，构建丰富多样的全新零售场景。门店智能化可以提升顾客互动体验和购物效率，增加多维度的零售数据，很好地把大数据分析结果应用到实际零售场景中。对于零售行业，在商家数字化改造之后，门店的智能化进程会逐步加快，但脱离数字化基础去追求智能化，可能只会打造出“花瓶工程”。

（4）物流智能化。首先，新零售能够让顾客全天候、全渠道、全时段买到商品，并能实现到店自提、同城配送、快递配送等，这就需要对接第三方智能配送、物流体系，以此缩短配送周期，实现去库存化。其次，新零售能够实现库存共享，改变传统门店大量铺陈与囤积商品的现状，引导顾客线下体验、线上购买，实现门店去库存化。最后，新零售从消费需求出发倒推至商品生产，零售企业按需备货，供应链按需生产，真正实现零售去库存化。

3.新零售的本质

新零售的本质是对人、货、场三者关系的重构。“人”对应消费者画像数据；“货”对应供应链组织关系和品牌关系；“场”是场景，对应商场表现形式。“场”是新零售前端表象，“人”“货”是后端实质变化。

线上线下关联紧密，优势互补，合作共赢。消费者的购买行为呈现线上线下融合的明显趋势，线上了解、线下购买，线下体验、线上购买的行为十分常见。电子商务的优势在于数据，体验是其软肋，而实体店的优势恰恰在于体验，数据是其弱项。

在线上流量红利结束、消费升级的大背景下，线上企业比拼的不再是低价，而是服务和体验，因此，阿里巴巴等线上巨头纷纷拥抱线下企业，致力于打造线上线下消费闭环。线下实体店作为流量新入口，弥补了传统电子商务高端用户群体数据缺失的不足，可助力线上企业描绘多维清晰的消费者画像。线下门店依托线上数据，有利于提高营销精准率和经营效率。

新零售重构商家与消费者的关系，打破传统B2C模式僵化、沟通不顺畅的商客关系，通过三位一体的营销方式构建稳定的客户关系，积累稳固的受众流量。

在市场竞争愈加激烈的当下，新零售可以同时在线上及线下二维市场进行战略规划，全渠道铺货，扩大自己的客户群体，拓宽营销渠道；通过数据化管理商品销量、客户信息，进行营销模块化管理，依据数据反馈及时调整营销策略，为客户打造个性化、精细化、智能化三位一体的场景体验；对线上线下人、货、场进行深度融合，线上销售、线下体验并结合物联网实现物流仓库的革新，更为便捷地为客户服务，满足消费者的个性化需求；线下体验商店与电商平台通过移动互联网实现无缝衔接，弥补传统线上交易无法体验的缺陷，促进电子商务交易市场的繁荣。

伴随着电子商务向各个行业、各个领域的渗透及商务运作流程的变化，电子商务模式将不断得到创新和变革，推进电子商务更快、更好地发展。

本章小结

本章首先介绍了电子商务商业模式的基本内容，包括商业模式的定义和设计要素、电子商务商业模式的含义，继而分别对网络零售商业模式（包括B2C和C2C），以及B2B和B2G这两种电子商务模式的含义、经营模式和盈利模式进行了具体阐述，最后对新型电子商务模式如O2O、C2B、C2M、社交电商、新零售等模式进行了介绍。随着时代的发展和技术的进步，电子商务会不断出现新的模式。

复习思考题

1. 什么是电子商务商业模式？其内涵有哪些？
2. 举出几个有代表性的B2B、B2C、C2C的网站，并理解其经营特点。
3. 简述B2C电子商务的盈利模式。
4. 简述B2B电子商务的特征。
5. 简述C2B电子商务的实现形式。
6. 目前电子商务创新模式还有哪些？

第2章
即测即评

拓展阅读2-1

我国生鲜果蔬电子商务模式发展研究

第3章 电子商务技术基础

对于企业来说，我们根本不存在互联网公司，因为每一个公司都是互联网公司。

——李彦宏

本章要点

◇ 计算机网络
◇ 互联网技术
◇ Web技术
◇ 数据库技术
◇ 大数据、云计算

引例　2022年“双11”阿里巴巴开启技术红利时代

第14个“双11”：从“被倒逼”到从容应对

2022年的“双11”是阿里巴巴第14个“双11”。在以往的“双11”实战中，整个天猫商业系统需要在极短的时间内承受相当于平时数百倍的数据高峰，即使在今天，天猫“双11”依旧是全球最大、最火热的购物节之一。这就给阿里巴巴带来了巨大的技术压力。

没有压力就没有动力，正是这海量的交易数据和庞大的技术压强，帮助阿里巴巴“压”出了能够处理海量交易的数字商业系统。值得一提的是，阿里巴巴技术的核心底座——阿里云，也是在“双11”的压力下诞生的。

从2022年开始，“双11”带给人的感觉变了，在压力面前，阿里巴巴呈现出的姿态是弹性和从容。因为在13年的技术重压下，许多基础性的技术难题已经被一步步破解，处理海量交易数据对现在的阿里巴巴来说不再是难题。在消费者端，一些新体验的技术升级也几乎“无感”，整个系统在使用体验上，限制越来越少，越来越顺畅。而用户对技术的“无感”，并不意味着技术攻坚停滞了，反倒凸显出平台的实力。

具体来说，2022年天猫“双11”首次把三个数据高峰合并在一起：将现货付款、尾款支付、退款的峰值统一放在晚8点。三个核心功能同时开启，原本“割裂”的用户体验变得更为顺畅，同时也对技术系统提出了新的挑战。

更值得一提的是购物车的扩容与多地址合并下单的体验革新。以往淘宝、天猫的购物车容量限制在120个，2022年阿里巴巴将购物车的商品容量扩充至300个，并且对购物车进行精细化分类，消费者可以将300个心仪产品分类归纳，还可以多地址合并下单，不用再苦苦找寻，可以说用户体验在技术上的限制渐渐被破除。

一个小小的购物车扩容背后，其实是“牵一发而动全身”的技术攻关。当购物车容量从120个扩大到300个时，背后的数据处理量也将成倍上涨，对于淘宝和天猫来说，这绝对是一场巨大的算力考验。然而，在2022年的实际体验过程中，消费者端并没有感受到何种异样，说扩容就扩了，添加产品到300个也十分顺畅。数据显示，在扩容之后平台上已经有超过3 000万用户的购物车产品数量超过120个，有3 000万订单已经使用了多地址合并下单的功能。

用一句话来概括这个场景就是：一场巨大的算力攻坚战被轻松化解。2022年“双11”，阿里巴巴采用了阿里云自研的高性能云原生内存数据库Tair，单集群访问流量可高达100GB/秒，轻松应对海量数据处理。

在过去13年的技术探索中，“双11”的淬炼帮阿里巴巴沉淀了深厚的“内功”。从容不迫的阿里巴巴正通过技术上的攻坚克难，给消费者和商家创造更多便利。

沉浸式电商，由阿里巴巴开启

技术红利的释放正指向未来，指向更优越的购物体验。具体来看，2022年“双11”的赛场上已经展现出很多阿里巴巴对未来购物新体验的探索，一个典型的方向是“沉浸式购物模式”。

所谓沉浸式购物，就是通过各种技术手段，帮用户在手机App中享受到和实体店一样的购物体验。为此，天猫依托底层3D引擎（AceNNR）、AI引擎（MNN）、AR引擎、多媒体等技术，让用户通过AR应用、3D展示等各种方法，看到各种产品的形态。用户不仅可以在线上进行口红试色，还能实时观看产品的3D模型，比如在购买电视等大件家电时，利用3D建模与AR技术可以直接展示产品的尺寸和效果，我们甚至可以想象坐在沙发上看这个电视的感觉。2022年爆火的露营生活方式吸引了很多消费者关注，而在天猫，消费者可以在仿真环境中体验“云露营”，感受露营帐篷的大小、形状，降低决策门槛。

沉浸式购物体验的背后，是阿里巴巴对3D建模和渲染的巨大投入。随着阿里巴巴在NeRF神经建模计算上的投入加大，2022年终于实现将3D建模和渲染的成本缩减70%。由此，真正让天猫“双11”在各个场域将3D商品的渗透率大幅提升。

在成本降低后，除了前文提到的3D产品建模之外，数字人、数字商品、数字场域如何有机结合，创造新的购物体验，也成为天猫“双11”探索的方向。具体来说，2022年“双11”就有大批消费者第一次在手机天猫上体验了3D逛街、看展，甚至“试驾”汽车，遇到心仪的商品，更可360度查看细节，试穿试戴，预览真实效果。

在这些沉浸式探索的背后，展现出巨大的空间和机会，“体验电商”时代的大门正在慢慢开启。而未来的购物不仅包括沉浸式购物，还有更加方便高效的物流配送系统和收货体验。

2022年“双11”，阿里巴巴继续推动小蛮驴送货自动化、智能化。在“双11”前半程，小蛮驴配送包裹近200万件，较去年同期翻番。整个“双11”周期内，无人车配送总量达去年两倍，小蛮驴在多所高校承包了超过1/3的配送任务。

值得注意的是，小蛮驴还推出一项新功能——并行取件，它能让两名用户同时开柜门拿包裹，让取件队伍一分为二。同时，技术团队还为小蛮驴配置“分批通知”技能，分时段通知用户取件，平均为每个包裹缩短10秒，大大提升了配送效率。

2022年天猫“双11”通过全面上云和深度用云，为阿里业务的敏捷创新及消费体验的变革奠定了坚实基础，同时，阿里巴巴的技术架构不断向serverless（无服务器）的方向演进，持续降低算力的使用门槛。也正是“双11”大促对算力资源和配置的巨大压力和苛刻要求，催生了阿里云的算力大爆发。

综合来看，当技术的攻坚克难发展到一定阶段后，技术红利的释放将带领整个电商行业探索更新颖的购物体验。从容不迫的阿里巴巴正在开启一个沉浸式互联网新时代。

资料来源　老电. 第14个天猫双11，透过技术看到了未来［Z］. 电商头条（微信公众号），2022-11-14.

案例思考：

技术变革会对电子商务带来哪些影响？

电子商务的基础是电子商务系统，当代电子商务系统是在计算机技术、数据库技术和网络技术基础上构筑的。电子商务系统中的技术主要有计算机网络、互联网技术、Web技术、数据库技术以及大数据、云计算等新技术。可以说，电子商务是在互联网的发展和推动下产生和发展的。本章主要介绍电子商务系统中应用的各种信息技术。

3.1　计算机网络

3.1.1　计算机网络的发展

计算机网络从产生到发展，总体来说可以分成四个阶段。

第一阶段：20世纪60年代末到20世纪70年代初为计算机网络发展的萌芽阶段。其主要特征是：为了增加系统的计算能力和实现资源共享，把小型计算机连成实验性的网络。第一个远程分组交换网叫阿帕网（ARPANET），是由美国国防部于1969年建成的，第一次实现了由通信网络和资源网络复合构成的计算机网络系统。这标志着计算机网络的真正产生，阿帕网是这一阶段的典型代表。

第二阶段：20世纪70年代中后期是局域网（Local Area Network，LAN）发展的重要阶段。其主要特征为：局域网作为一种新型的计算机体系结构开始进入产业部门。局域网技术是从远程分组交换通信网络和I/O总线结构计算机系统派生出来的。1976年，美国施乐（Xerox）公司的帕罗奥多（Palo Alto）研究中心推出以太网（Ethernet），它成功地采用了夏威夷大学ALOHA无线电网络系统的基本原理，使之发展成为第一个总线竞争式局域网络。1974年，英国剑桥大学计算机研究所开发了著名的剑桥环（Cambridge Ring）局域网。一方面，这些网络的成功实现标志着局域网的产生；另一方面，它们形成的以太网及环网对以后局域网的发展起到了导航的作用。

第三阶段：整个20世纪80年代是计算机局域网飞速发展的阶段。其主要特征是：局域网完全从硬件上实现了国际标准化组织（ISO）的开放系统互联通信模式协议要求的能力。计算机局域网及其互联产品的集成，使得局域网与局域网互联、局域网与各类主机互联、局域网与广域网互联的技术越来越成熟。综合业务数字网络（Integrated Services Digital Network，ISDN）和智能化网络（Intelligent Network，IN）的发展，标志着局域网的飞速发展。1980年2月，IEEE（美国电气和电子工程师学会）下属的802局域网标准委员会宣告成立。它相继提出IEEE 801.5～802.6等局域网标准草案，其中的绝大部分内容被ISO正式认可。这些国际标准标志着局域网协议及其标准化文件的确定，为局域网的进一步发展奠定了基础。作为全球公认的局域网权威，IEEE 802系列标准在局域网领域内独领风骚。截至2020年，IEEE 802标准家族包括71个已发布的标准和54个正在开发中的标准，如以太网、无线局域网（WLAN）及蓝牙等，为万物互联铺平了道路。

第四阶段：20世纪90年代初至今是计算机网络飞速发展的阶段。其主要特征是：计算机网络化、协同计算能力的发展以及全球互联网的盛行。随着局域网技术的发展成熟，光纤及高速网络技术、多媒体网络和智能网络相继出现，整个网络就像一个对用户透明的大的计算机系统，并发展为以Internet为代表的互联网。

小案例3-1　互联网究竟是怎么诞生的

1957年10月4日，苏联发射了人类第一颗人造卫星——斯普特尼克一号。这颗卫星的升空，轰动了整个世界，也让当时的美国政府震惊不已。他们认为，在日趋激烈的冷战对抗中，自己已经全面落后于苏联。

为了扭转这一局面，美国国防部很快于1958年2月组建了一个神秘的科研部门——高级研究计划局（Advanced Research Projects Agency，ARPA）。这个部门的主要工作就是研究如何将那些具有潜在军事价值、风险大、投资大的“黑科技”应用于军事领域。

进入20世纪60年代，冷战持续升级，美苏双方拼命扩充自己的核武库。为了保证自己能在苏联的第一轮核打击下具备一定的生存和反击能力，美国国防部决定研究一种分散的指挥系统。它由无数的节点组成，当若干节点被摧毁后，其他节点仍能相互通信。

最早接到该任务的是ARPA信息处理技术办公室（Information Processing Techniques Office，IPTO）的第一任主管，约瑟夫·利克莱德（Joseph C.R. Licklider）。早在1960年，利克莱德就在自己的论文《人与电脑》中提出了一个激进的构想，即人类的思维将与计算机深度结合，实现“人机共生”。在他的任期内，美国70%的计算机科学研究都是由ARPA资助的。

1964年，利克莱德没来得及实现自己的构想，就离开了ARPA，接替他的是伊凡·苏泽兰（Ivan Sutherland）。两年后，来自NASA（美国航空航天局）的罗伯特·泰勒（Robert Taylor）成为IPTO的第三任主管。

罗伯特·泰勒仔细观察了IPTO内的一个小型通信网络（由三个电传打字机和三台计算机组成）后，认为不兼容的计算机通信没有任何意义，应该建立一个兼容的协议，允许所有终端之间互相通信。

当时ARPA的负责人查尔斯·赫茨菲尔德（Charles Herzfeld）非常支持罗伯特·泰勒的计划。为了完成计划，罗伯特·泰勒到处搜罗科技精英加入自己的新通信网络项目，包括麻省理工学院林肯实验室的计算机天才拉里·罗伯茨（Larry Roberts）、提出“分布式通信理论”的兰德公司科学家保罗·巴兰（Paul Baran）、美国加州大学洛杉矶分校（UCLA）的分组交换理论专家伦纳德·克兰罗克（Leonard Kleinrock）等。拉里·罗伯茨被任命为新通信网络项目的项目经理和首席架构师。

1966年，新通信网络项目完成内部立项，ARPA将其命名为“ARPANET”（阿帕网）。

1968年夏天，美国国防部正式启动了“ARPANET”项目的招标工作。1969年1月，来自马萨诸塞州坎布里奇市的BBN（Bolt Beranek and Newman Inc.）公司赢得了这份价值100万美元的合同。

项目的第一阶段，拉里·罗伯茨计划在美国西南部建立一个四节点的网络。节点分别是加州大学洛杉矶分校、斯坦福大学研究学院、加州大学圣巴巴拉分校和犹他州大学的四台大型计算机。四个节点之间采用分组交换技术，通过专门的IMP设备和通信线路（由AT&T公司提供，速率为50kbps）进行连接。IMP全名叫Interface Message Processor（接口消息处理机）。它的基础硬件其实是配有12K存储器的Honeywell DDP-516小型计算机。

IMP的作用是连接、调度和管理。有了它，大型主机就不必“亲自”参与联网，从根本上解决了计算机系统不兼容的问题。后来，人们普遍将IMP视为路由器的雏形。

1969年8月30日，来自BBN公司的第一台IMP运抵加州大学洛杉矶分校。伦纳德·克兰罗克教授带着40多名工程技术人员和研究生进行安装和调试。10月初，第二台IMP运抵斯坦福大学研究院。10月29日晚，伦纳德·克兰罗克教授安排他的助理查理·克莱恩（Charley Kline）坐在IMP终端前，与SRI终端操作员进行对接。遗憾的是，传输系统崩溃，通信中断。数小时后，工作人员修复了系统，查理·克莱恩不仅传出了“LOGIN”五个字母，而且传送了其他资料和数据。

1969年11月，第三台IMP抵达加州大学圣巴巴拉分校。12月，最后一台IMP在第四节点犹他大学安装成功。

至此，ARPANET正式启用，人类社会开始进入“网络时代”。

资料来源 中科院物理所．互联网究竟是怎么诞生的？[EB/OL]．[2022-12-17]．https://baijiahao.baidu.com/s?id=1692284725111765729&wfr=spider&for=pc.

3.1.2 计算机网络的类型

站在不同的角度，对计算机网络会有不同的划分，以下是几种常见的类型：

1.按地理覆盖范围分类

（1）局域网（Local Area Network，LAN）。局域网是一种在小范围内实现的计算机网络，一般在一个建筑物或一个单位内部，为单位独有。

（2）城域网（Metropolis Area Network，MAN）。城域网是在一个城市内部组建的计算机信息网络，提供全市的信息服务。我国逐步完善的城市宽带城域网已经给我们的生活带来了许多便利，高速上网、视频点播、视频通话、网络电视、远程教育、远程会议等这些我们正在使用的互联网应用，背后正是城域网在发挥巨大的作用。

（3）广域网（Wide Area Network，WAN）。广域网的范围很广，可以分布在一个省、一个国家或多个国家。互联网是广域网的典型应用。

2.按传输介质分类

（1）有线网。有线网是采用同轴电缆和双绞线来连接的计算机网络。同轴电缆网是常见的一种联网方式。它价格便宜，安装方便，但易受干扰，传输率较低，传输距离比双绞线网要短。双绞线网是目前最常见的联网方式之一。

（2）光纤网。光纤网也是有线网的一种，但由于其特殊性而单独列出。光纤网采用光导纤维作传输介质。光纤传输距离长，传输率高，可达数千兆bps，抗干扰性强，不会受到电子监听设备的监听，是高安全性网络的理想选择。随着我国“光纤到户”（FTTH）建设的推进，“宽带中国”战略的进一步部署以及国内4G网络的普及，我国光纤光缆行业快速发展，光缆线路长度屡创新高。

（3）无线网。无线网采用空气作为传输介质，用电磁波作为载体来传输数据。无线网联网方式灵活方便，是一种前景广阔的网络类型。中国已经成为世界上Wi-Fi家庭网络用户最多的国家，而且我国网民使用手机上网的比例达到了99.6%。

3.按网络使用目的分类

（1）共享资源网。使用者可共享网络中的各种资源，如文件、扫描仪、绘图仪、打印机以及各种服务。互联网是典型的共享资源网。

（2）数据处理网。数据处理网是用于处理数据的网络，如科学计算网络、企业经营管理用的网络。

（3）数据传输网。数据传输网是用来收集、交换、传输数据的网络，如情报检索网络等。

目前，各种网络的使用目的都不是唯一的。

4.按服务方式分类

（1）客户机/服务器网络。它由客户机、服务器和连接支持部分组成。服务器是指专门提供服务的高性能计算机或专用设备，客户机是用户计算机。这是客户机向服务器发出请求并获得服务的一种网络形式，多台客户机可以共享服务器提供的各种资源，也是最常用、最重要的一种网络类型。这种网络的安全性易于保证，计算机的权限、优先级易于控制，监控容易实现，网络管理能够规范化。银行、证券公司都采用这种类型的网络。

（2）对等网。对等网不要求安装服务器，每台客户机都可以与其他客户机对话，共享彼此的信息资源和硬件资源，组网的计算机一般类型相同。这种联网方式灵活方便，但是较难实现集中管理与监控，安全性也低，较适合于部门内部协同工作的小型网络。

另外，还有一些非正规的分类方法，如企业网、校园网等，根据名称便可理解。

3.1.3 计算机网络的组成

计算机网络由硬件系统和软件系统组成。

1.硬件系统

（1）服务器。服务器在网络操作系统的控制下，将与其相连的硬盘、磁带机、打印机、调制解调器（Modem）及昂贵的专用通信设备提供给网络上的客户站点共享，也能为网络用户提供集中计算、信息发表及数据管理等服务。按照提供的服务不同，服务器可分为WWW服务器、域名解析服务器、邮件服务器、文件服务器、数据库服务器和视频服务器等。

（2）网络连接设备。

①网卡。网卡也叫“网络适配器”（Network Interface Card，NIC），它是连接计算机与网络的硬件设备。无论是双绞线连接、同轴电缆连接还是光纤连接，都必须借助网卡才能实现数据的通信。

②中继器。中继器（Repeater）是连接网络线路的一种装置，常用于两个网络节点之间物理信号的双向转发工作。中继器是最简单的网络互联设备，主要完成物理层的功能，负责在两个节点的物理层上按位传递信息，发挥信号的复制、调整和放大功能，以此来延长网络的通信距离。

③集线器。集线器的英文为“Hub”。“Hub”是“中心”的意思，集线器的主要功能是对接收到的信号进行再生整形放大，以扩大网络的传输范围，同时把所有节点集中在以它为中心的节点上。

④交换机。广义的交换机（Switching）是按照通信两端传输信息的需要，用人工或设备自动完成的方法，把要传输的信息送到符合要求的相应路由上的技术的统称。狭义的交换机就是一种在通信系统中完成信息交换功能的设备。

⑤路由器。路由器（Router）的作用是连接多个逻辑上分开的网络。逻辑网络代表一个单独的网络或者一个子网。当数据从一个子网传输到另一个子网时，可通过路由器来完成。因此，路由器具有判断网络地址和选择路径的功能，它能在多网络互联环境中建立灵活的连接，可用完全不同的数据分组和介质访问方法连接各种子网。

⑥网关。网关（Gateway）不能完全被定义为一种网络硬件。用概括性的术语来讲，它们应该是能够连接不同网络的软件和硬件的结合产品。特别地，它们可以使用不同的格式、通信协议或结构连接起两个系统。

⑦防火墙。防火墙是指设置在不同网络（如可信的企业内部网和不可信的公共网）或网络安全域之间的一系列部件的组合，它是在内部网和互联网之间构筑的一道屏障，是在内外有别及需要区分处设置有条件的隔离设备，用以保护内部网中的信息、资源等不受来自互联网中非法用户的侵犯。

2.软件系统

计算机网络的软件系统分为网络协议和网络软件两个部分。

（1）网络协议。网络协议，如TCP/IP和OSI/RM，是网络通信的各方必须共同遵守的约定和规则，包括通信双方信息表达、组织和传输的格式，信息的校验和纠错，信息传输的方法和路径控制等。TCP/IP是最重要的互联网协议，也是世界上计算机网络使用最广泛的互联网协议。

（2）网络软件。网络软件是帮助人们控制、使用或者管理计算机网络的计算机软件。根据软件的功能，网络软件又分为网络系统软件（如UNIX、Windows等）和网络应用软件（如杀毒软件、游戏软件等）。

3.2 互联网技术

3.2.1 互联网概述

1.互联网（Internet）的含义

Internet（又名国际互联网、互联网、因特网）通常是指全球最大的、开放的、基于TCP/IP协议的、由众多网络相互连接而成的计算机网络。因此，互联网也可以说是网络之间的网，是全球计算机网络的互联系统。我们可以从网络互联、网络通信、信息资源、网络管理等不同的角度来认识它。

（1）从网络互联的角度看，互联网可以说是成千上万台具有特殊功能的专用计算机通过各种通信线路，把分散在各地的网络在物理上连接起来。

（2）从网络通信的角度看，互联网是一个用TCP/IP协议把各个国家、各个部门、各种机构的内部网络连接起来而形成的数据通信网。

（3）从提供信息资源的角度看，互联网是将各个国家、各个部门、各个领域的不同信息资源连为一个整体的超级信息资源网。凡是接入互联网的用户，都可以通过各种信息查询工具访问所有的信息资源，查询各种信息库、数据库，获取所需的各种信息资料。

（4）从网络管理的角度看，互联网是一个不受任何政府或某一个机构管理和约束的，由用户互相协作的组织和集合体。从某种程度上讲，互联网处于无政府状态之中，每一个接入互联网的用户都自愿承担网络的管理和控制责任，自觉遵守网络道德标准，并且共同遵守TCP/IP协议的一切规定。

（5）从信息服务的提供上看，互联网是能够提供广泛的、多层次的、从文本信息到声音图像信息的综合信息网络。它为现代社会的信息交流提供了全新的空间和途径。

2.互联网的基本服务功能

互联网不同于传统网络之处在于它提供了丰富的信息资源和最先进的信息交流手段，也提供了各种各样的服务方式。最常用的服务有电子邮件、万维网、文件传输（File Transfer Protocol，FTP）、远程登录（Telnet）、电子公告板、新闻组、即时通信等。

（1）电子邮件。电子邮件采用电子化的方式收发消息，是网上最基本，也是使用最早、最多的一种服务。使用电子邮件的条件是必须有E-mail地址，它是由提供电子邮件的服务机构分配的，实质上是在该机构与互联网联网的计算机（电子邮件服务器）上为用户分配一个专门用于存放往来邮件的磁盘存储区域。用户通过电子邮件不仅可以发送文本文字，而且可以将图形、图像和声音等多媒体数据信息作为邮件传送。电子邮件为人们提供了一种快速、便捷、高效、经济的现代化通信手段。

（2）万维网。万维网即WWW服务，是一种基于超文本的多媒体信息查询工具。万维网将位于全球互联网上不同地区的相关信息有机地编辑在一起，通过浏览器（Browser）提供一种友好的查询界面；用户只需使用鼠标，选择超文本或输入搜索关键字，万维网就会按照信息链提供的线索，为用户寻找所需的信息。另外，万维网仍可提供传统的互联网服务：Telnet、FTP、Gopher（信息检索）、News、E-mail等。通过浏览器，一个不熟悉网络的用户可以很快成为使用互联网查询信息的行家。

（3）文件传输。文件传输的功能是在互联网上的两台计算机之间进行文件的传输。它可以方便地将文件从一台计算机传送到另一台计算机上。我们通常所说的“从网上下载”或“Download”实际使用的就是文件传输服务。

（4）远程登录。远程登录是在网络通信协议Telnet的支持下使自己的计算机暂时成为远程计算机仿真终端的过程。用户要实现远程登录，首先应成为该远程计算机系统的合法用户并拥有相应的账号和口令；其次应给出远程计算机的域名或IP地址。一旦登录成功，用户就可以与远程计算机交互，实时使用远程计算机对外开放的功能和资源，如执行各种命令、编制程序等。

（5）电子公告板。电子公告板（BBS）是一种在网络上进行信息交流和讨论的方式。BBS允许用户将自己的作品放入BBS站点，供别人使用，也允许用户在BBS上发表自己的观点，针对预定的讨论话题进行讨论。目前，BBS一般用于网络论坛、电子会议等。

（6）新闻组。新闻组是由有共同兴趣爱好的网络用户为了交换意见组成的一种无形的用户网络，它是按照不同的专题组织的。志趣相投的用户借助网络在一些被称为新闻服务器的计算机上展开各种类型的专题讨论。新闻组允许用户自由参加，用户的计算机只要具备一种名为“新闻阅读器”的程序，就可以通过新闻服务器阅读和发送信息。

（7）即时通信。即时通信是一种以计算机网络为媒介的实时对话服务。用户登录后通过终端和键盘可以在网上与世界各地的朋友互通信息、讨论问题、交流思想，如微信、QQ、阿里旺旺等。

小案例3-2　　全民公敌——垃圾邮件

垃圾邮件（Spam）是滥发电子消息中最常见的一种，指的就是“不请自来，未经用户许可就塞入信箱的电子邮件”。

垃圾邮件的主要特性包括：未经消费者的同意；与消费者需求不相关；以诈欺的方式骗取邮件地址；攻击性的广告，例如夸张不实，包括情色、钓鱼网站；散布的数量庞大。

在垃圾邮件出现之前，美国一位名为桑福德·华莱士的人成立了一家公司，专门为其他公司客户提供收费广告传真服务。因为引起接收者的反感，以及浪费纸张，所以美国立法禁止未经同意的传真广告。后来桑福德把广告转到电子邮件上，垃圾邮件便顺理成章地出现了。

垃圾邮件一般具有批量发送的特征。其内容包括赚钱信息、成人广告、商业或个人网站广告、电子杂志、连环邮件等。垃圾邮件可以分为良性和恶性的。良性垃圾邮件是各种宣传广告等对收件人影响不大的信息邮件。恶性垃圾邮件是指具有破坏性的电子邮件。

一些人会从网上多个BBS论坛、新闻组等收集网民的邮箱地址，再销售给广告商，广告商会发送垃圾邮件到这些地址。在这些邮件里，往往可找到“从收信人的清单移除”的链接。当使用者依照链接指示去做时，广告商便知道该地址有效，使用者便会收到更多的垃圾邮件。

随着垃圾邮件的问题日趋严重，多家软件商也各自推出反垃圾邮件的软件。但“道高一尺，魔高一丈”，垃圾邮件的格式日新月异，力求避过此类软件的侦测。

现在，多个国家已立法，试图杜绝垃圾邮件。不少互联网服务供应商（ISP）的服务政策也包含反垃圾邮件的内容，并设立接收用户投诉的电邮地址。也有一些网上团体提供邮件分析及代用户将邮件送往相关的互联网服务供应商进行投诉的服务。

资料来源 佚名. 垃圾邮件［EB/OL］.［2023-01-15］. https://wiki.mbalib.com/wiki/垃圾邮件.

3.2.2 IP地址与域名系统

1.IP地址

人们为了通信的方便给每一台计算机都事先分配一个类似于我们日常生活中的电话号码的标识地址，该标识地址就是IP地址。互联网上的每个主机都有唯一的IP地址。IP地址由专门的互联网管理机构来分配。

当前使用的IP地址主要由4个字节、共32位二进制数组成，即第四版的编码方式——IPv4。每个IP地址包含两部分：网络号和主机号。网络号用于区分不同的网络，它的长度决定了互联网中可以容纳多少个网络。主机号用来标识网络中的主机，它的长度决定了一个网络中可以容纳多少个主机。由于记忆32位二进制数比较困难，4个字节的IP地址通常用小数点来分隔，每个字节用十进制数来表示，如172.16.10.1，其中172.16是网络号，10.1是主机号。

根据网络号部分的长度，IP地址被分为A、B、C、D、E5类。

A类地址第一位是0，前8位是网络号，后24位是主机号。它用于少量的大型网络，最多可以有2^7个网络，每个A类网络可容纳2^{24}个主机。

B类地址前两位是10，前16位是网络号，后16位是主机号。它用于一些中型网络，最多可以有2^{14}个网络，每个B类网络可容纳2^{16}个主机。

C类地址前三位是110，前24位是网络号，后8位是主机号。它用于大量的主机数少于2^8个的小型网络。C类网络最多可以有2^{21}个。

D类地址为多目地址（Multicast Address），用于定义一组主机，进行一点到多点的数据传送。

E类地址保留用于将来的扩展。

这样，实际由互联网管理机构分配使用的只有A、B、C 3类地址。原则上，不同规模的网络，可以获得不同类型的IP地址。可是，一般来说，网络千差万别，某一类地址很难恰好得到充分利用，特别是A类和B类地址。于是，出现了子网（Subnet）的概念，进一步把现有分类中的主机号部分划分为子网和主机部分，这样分配的IP地址通过与前面全为1、后面全为0的4字节的掩码（Mask）进行运算，来区分不同的网络。如一个B类网络172.16.0.0可以用掩码255.255.255.0分为254个包含2^8个主机的子网络（172.16.1.0 ~ 172.16.254.0）。

IPv4最大的问题在于网络地址资源有限，严重制约了互联网的应用和发展。为了使互联网能容纳足够多的计算机，有必要增加IP地址的长度，于是出现了IPv6。互联网数字分配机构（IANA）在2016年已向国际互联网工程任务组（IETF）提出建议，要求新制定的国际互联网标准只支持IPv6，不再兼容IPv4。2019年11月26日，全球所有43亿个IPv4地址已分配完毕，这意味着没有更多的IPv4地址可以分配给互联网服务提供商和其他大型网络基础设施提供商。

IPv6采用128位地址长度，几乎可以不受限制地提供地址。按保守方法估算，IPv6实际可分配的地址相当于整个地球每平方米面积上可分配1 000多个地址。IPv6的主要优势体现在以下几方面：扩大地址空间；提高网络的整体吞吐量；改善服务质量；更好地保证安全性；支持即插即用和移动；更好地实现多播功能。

2017年11月26日，中共中央办公厅、国务院办公厅印发《推进互联网协议第六版（IPv6）规模部署行动计划》。2018年6月，三大运营商联合阿里云宣布，将全面对外提供IPv6服务，并计划在2025年前助推中国互联网真正实现“IPv6 Only”。2019年4月16日，工业和信息化部发布《关于开展2019年IPv6网络就绪专项行动的通知》，计划于2019年末完成13个互联网骨干直联点IPv6的改造。2021年7月，工业和信息化部联合中央网信办发布《IPv6流量提升三年专项行动计划（2021—2023年）》，围绕IPv6流量提升总体目标，明确了未来三年的重点发展任务，这标志着我国IPv6发展经过网络就绪、端到端贯通等关键阶段后，正式步入“流量提升”时代。截至2022年8月，我国IPv6活跃用户数达7.137亿，占网民总数的67.9%，同比增长29.5%，超过了全球的平均增长水平。而在5年前，IPv6用户普及率还不到0.3%。历经5年的蓬勃发展，IPv6不断“生长”，取得了累累硕果。

2.域名系统

（1）域名的含义。

由于IP地址是数字型的，表达方式比较抽象，不容易记忆，因此人们又发明了另一套字符型的地址方案，即“域名”地址，来代替数字型的IP地址。域名由几个英文单词组成，如www.hbut.edu.cn具有一定的意义。其中“cn”代表中国（China），“edu”代表教育网（education），“hbut”代表湖北工业大学，“www”代表全球网（或称万维网），整个域名合起来就代表中国教育网上的湖北工业大学站点。

用户在访问一个站点的时候，可以输入这个站点用数字表示的IP地址，也可以输入它的域名地址，这里就存在一个域名地址和对应的IP地址相互转换的问题。这些信息实际上是存放在ISP中名为域名服务器（DNS）的计算机上，当输入一个域名地址时，域名服务器就会搜索其对应的IP地址，然后访问到该地址所表示的站点。域名的格式如下：

<主机名>.<n级域名>.<…>.<二级域名>.<一级域名>，一般2<n<5，如图3-1所示。

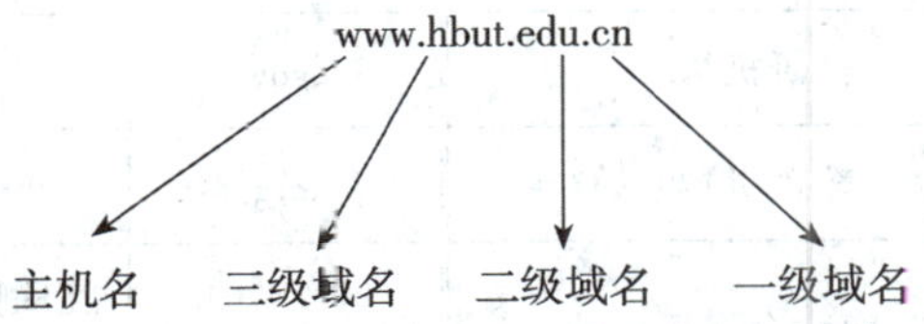

图3-1 域名的组成

其中，一级域名又称为顶级域名，它可以分为两类：一类表示国家或行政区，见表3-1；另一类表示机构类别，见表3-2。

表3-1　　一级域名按国家或行政区分类（部分）

域名	国家或行政区	域名	国家或行政区	域名	国家或行政区
.cn	中国	.mx	墨西哥	.in	印度
.uk	英国	.au	澳大利亚	.fr	法国
.ca	加拿大	.ch	瑞士	.jp	日本
.de	德国	.sg	新加坡	.ru	俄罗斯
.it	意大利	.us	美国	.hk	中国香港特别行政区

表3-2　　一级域名按机构类别分类

域名	机构类别	域名	机构类别
.com	工、商、金融等企业	.biz	工商企业
.edu	教育机构	.int	国际组织
.gov	政府组织	.org	非营利组织
.mil	军事部门	.info	信息相关机构
.net	网络相关机构	.name	个人网站
.coop	合作组织	.aero	航空运输
.pro	医生、律师、会计专用	.museum	博物馆

中国的域名管理机构为中国互联网络信息中心（CNNIC），成立于1997年，行使国家互联网络信息中心的职责。中国科学院计算机网络信息中心承担CNNIC的运行和管理工作。中国互联网络的二级域名分为“类别域名”和“行政区域名”两类。其中“类别域名”有6个，见表3-3，“行政区域名”有30多个，见表3-4。

表3-3　　中国按类别分类的二级域名

域名	类别	域名	类别
.ac	科研机构	.gov	政府部门
.edu	教育机构	.org	各种非营利组织
.com	工、商、金融等企业	.net	互联网络、接入网络的信息中心和运作中心

表3-4　　中国按行政区分类的二级域名（不含港澳台信息

域名	行政区	域名	行政区	域名	行政区
.bj	北京市	.nx	宁夏回族自治区	.xj	新疆维吾尔自治区
.sh	上海市	.ah	安徽省	.sc	四川省
.tj	天津市	.fj	福建省	.gz	贵州省
.cq	重庆市	.jx	江西省	.yn	云南省
.he	河北省	.sd	山东省	.xz	西藏自治区
.sx	山西省	.ha	河南省	.sn	陕西省
.nm	内蒙古自治区	.hb	湖北省	.gs	甘肃省
.ln	辽宁省	.hn	湖南省	.qh	青海省
.jl	吉林省	.gd	广东省	.zj	浙江省
.hl	黑龙江省	.gx	广西壮族自治区		
.js	江苏省	.hi	海南省		

CNNIC在新的中文域名系统中，为用户提供了“中国”“公司”“网络”后缀的纯中文域名注册服务。其中，注册“中国”的用户将自动获得“.cn”的中文域名，如注册“湖北工业大学.中国”，将自动获得“湖北工业大学.cn”的域名。

（2）域名解析。

人们习惯记忆域名，但机器间只认IP地址，域名与IP地址之间是一一对应的，它们之间的转换工作称为域名解析。在使用域名时还需要一种系统实时地把它翻译成IP地址，这就是域名系统（Domain Name System，DNS）。

微视频3-1

中文域名

DNS用于命名组织到域层次结构中的计算机和网络服务，通过用户名称友好地查找计算机和服务。当用户在应用程序中输入DNS名称时，DNS服务可以将此名称解析为与之相关的其他信息，如IP地址。用户输入的网址，要通过域名系统解析找到相对应的IP地址，才能上网。其实，域名的最终指向是IP地址。把一个域名翻译成IP地址的过程，称为域名解析；反过来，则称为逆向域名解析。装有域名系统的主机称为域名服务器，负责管理域名-IP地址映射数据库，供客户机双向查询。

（3）域名的申请步骤。

①准备申请资料。申请“.com”域名无须提供身份证、营业执照等资料。2012年6月3日起，“.cn”域名开放个人注册申请，申请时需要提供身份证或营业执照。

②寻找域名注册网站。由于“.com”“.cn”等不同后缀的域名属于不同的注册管理机构，如要注册不同后缀域名，则需要从注册管理机构寻找经过其授权的

顶级域名注册查询服务机构。如“.com”域名的管理机构为互联网名称与数字地址分配机构（ICANN），“.cn”域名的管理机构为CNNIC。如果顶级域名注册查询服务机构已经通过ICANN、CNNIC双重认证，则无须分别到其他注册服务机构申请域名。

③查询域名。在注册商网站注册成功后查询域名：选择你要注册的域名，并单击“域名注册查询”。

④正式申请。查到想要注册的域名，并且确认域名为可申请的状态后，提交注册申请并交纳年费。

⑤申请成功。正式申请成功后，即可开始进行域名解析管理、设置解析记录等。

3.2.3 互联网接入方式

互联网由一系列互相连接的网络组成，一个企业或个人连入一个局域网、内部网或建立了拨号连接，就成为互联网的一部分。为其他企业提供互联网接入服务的企业叫作互联网接入服务商（IAP）或互联网服务供应商（ISP），它们可以为顾客提供多种接入服务。目前我国的三大ISP是中国移动、中国联通和中国电信。

1.拨号上网（PSTN+Modem）

“拨号上网”就是通过计算机拨入ISP提供的电话号码来上网，通过公共交换电话网络（Public Switched Telephone Network，PSTN）和上网专用设备（如调制解调器、终端适配器等）与电脑配合来实现接入国际互联网络的目的。

普通电话拨号上网速率受调制解调器限制，最快为56Kbps。可见，速度慢是PSTN最主要的缺点，不能够满足视频信号的传输要求。其次，它独占电话线，Modem与电话不能同时使用，每次通过Modem建立连接的时间也较长。另外，这种方式传输数据的可靠性也较低。这些缺点都表明它不是理想的互联网接入方式。

2.ISDN

综合业务数字网（ISDN）由电话综合数字网（Integrated Digital Network，IDN）发展而来。ISDN是数字交换和数字传输的结合，它以迅速、准确、经济、有效的方式支持各种通信网络中现有的业务，而且将通信和数据处理结合起来，开创了很多前所未有的新业务。利用一条ISDN线路，用户在上网的同时可以打电话、发传真等。ISDN是一个全数字的网络，也就是说，不论原始信号是语音、文字、数据还是图像，只要可以转换成数字信号，都能在ISDN网络中进行传输。传统的电话网络实现了网络内部的数字化，但信号在用户和电话局之间仍采用模拟传输，很容易由于沿途噪声的积累引起失真，而ISDN实现了用户线的数字化，提供端到端的数字连接，传输质量大大提高。

由于ISDN实现了端到端的数字连接，它可以支持语音、数据、图像等各种传输业务。随着电子通信范围在全球不断扩大，人们需要和不同地区的用户交换信息，对通信的要求不仅是简单的声音交换，还需要共享各种格式的不同信息。

3.ADSL

ADSL（Asymmetric Digital Subscriber Line）是一种新的数据传输方式，它提供的上行和下行带宽不对称，因此称为非对称数字用户线路。它采用频分复用技术把普通的电话线分成电话、上行和下行三个相对独立的信道，从而避免了相互之间的干扰。即使用户边打电话边上网，也不会发生上网速率和通话质量下降的情况。通常ADSL在不影响正常电话通信的情况下可以提供最高3.5Mbps的上行速度和最高24Mbps的下行速度。

4.专线接入（DDN）

DDN（Digital Data Network，数字数据网）由数字传输电路和相应的数字交叉连接复用设备组成，其中，数字传输电路主要以光缆传输为主，数字交叉连接复用设备对数字传输电路进行半固定交叉连接和子速率的复用。一般情况下，为了网络的下沉运行和上延维护管理，需要配置网络管理系统。

DDN利用数字信道而不是模拟信道传输数据信号。具体来说，DDN主要由6个部分组成：光纤或数字微波通信系统；智能节点或集线器设备；网络管理系统；数据电路终端设备；用户环路；用户端计算机或终端设备。

我国公用DDN由国家骨干网和省内网组成。省内网可以进一步划分为省内干线网和本地网。骨干网由全国各省、自治区的中心城市和直辖市的交叉连接中心组成。全网有3个国际出入口局，分别位于北京、上海、广州，负责与国际DDN的连接，并按行政大区设8个枢纽局，分别位于北京、上海、沈阳、广州、武汉、成都、南京、西安。

它的主要作用是向用户提供永久性和半永久性连接的数字传输信道，既可用于计算机之间的通信，也可用于传送数字化传真、数字化语音、数字化图像信号或其他数字化信号。

5.局域网接入

（1）使用代理方式上网。这种方式比较灵活、方便，局域网中只要有一台电脑能够上网访问即可。该电脑作为局域网上其他电脑访问互联网的代理服务器，其上网方式可以是拨号上网、ISDN、DDN或是ADSL等。只要在该电脑上安装相应的代理软件，并配置好IP地址，所有局域网上的电脑均可以通过这台代理服务器上网。

具体方法：在IE浏览器中选择菜单“工具—Internet选项”，点击“连接”标签项中的“局域网设置”按钮，选中代理服务器，输入代理服务器的地址及端口号（通常是80），再单击“确定”即可。

（2）独立IP地址连接访问互联网。在专线连接上网的方式下，若申请到较多的合法IP地址，则只需将局域网上的电脑配置好相应的IP地址、网关及DNS，这些电脑就可以直接通过路由器上网了。

具体方法：在IE浏览器中选择菜单“工具—Internet选项”，点击“连接”标签项中的“局域网设置”按钮，不要选代理服务器。

6.有线电视电缆接入

有线电视网是一个城市非常宝贵的资源。通过双向化和数字化的发展，有线电视系统除了能够提供更多、更丰富、质量更好的电视节目外，还有着足够的频带资源来开展其他非广播业务。数字通信是其重要业务之一。有线电视网络的数字通信系统是通过Cable Modem（线缆调制解调器）系统实现的，它可以实现互联网的高速接入，由窄带向宽带过渡。

Cable Modem是一种超高速调制解调器，它利用现有的有线电视网进行数据传输。使用Cable Modem传输数据时，具体利用的是有线电缆中的某个频道。目前使用较多的是同轴电缆，它可将整个电缆划分为三个宽带，分别用于数字信号上传、数字信号下传及电视节目模拟信号下传。一般同轴电缆的带宽为5~750MHz，其中数字信号上传带宽为5~42MHz，模拟信号下传带宽为50~550MHz，数字信号下传带宽是550~750MHz。这样一来，数字数据和模拟数据就不会互相冲突，也就可以同时传送了。

2018年11月，国家广播电视总局发布的《全国有线电视发展情况专项统计调查分析报告》指出，近年来，全国有线电视用户情况具体体现出如下5个特点：覆盖用户规模继续扩大，公共服务能力稳步提升；有线电视实际用户有所下降，数字用户、双向用户占比继续提高；高清、超高清和智能终端用户规模快速扩大，节目传输质量和终端智能化水平大幅提高；各类有线电视新业务用户总体保持高速增长，用户体验好、高质量的服务具备较强吸引力；有线电视互联网实际用户规模大幅增加，光纤入户工作发展势头良好。

7.光纤接入

光纤由于其容量大、保密性好、不怕干扰和雷击、重量轻等诸多优点，得到迅速发展和应用，主干网线路迅速光纤化。光纤在接入网中的广泛应用也是一种必然趋势。光纤接入技术实际上是在接入网中全部或部分采用光纤传输介质，构成光纤用户环路（Fiber in the Loop，FITL），或称光纤接入网（Optical Access Network，OAN），实现用户高性能宽带接入的一种方案。根据光网络单元（Optical Network Unit，ONU）所设置的位置，光纤接入网分为光纤到户（Fiber to the Home，FTTH）、光纤到路边（Fiber to the Curb，FTTC）、光纤到大楼（Fiber to the Building，FTTB）、光纤到办公室（Fiber to the Office，FTTO）、光纤到楼层（Fiber to the Floor，FTTF）、光纤到小区（Fiber to the Zone，FTTZ）等几种类型，其中FTTH将是未来宽带接入互联网发展的最终形式。

光纤接入由于采用光纤作为传输介质，具有传输距离远、带宽大、维护费用低等特点，是有线宽带接入技术的理想方案，代表了宽带接入网的发展方向。

8.无线接入

伴随着互联网的蓬勃发展和人们对宽带需求的不断增长，原来羁绊人们手脚的电缆和网线接入已经无法满足人们的需求。这时，无线接入技术走入了人们的视线。借助无线接入技术，无论何时、何地，人们都可以轻松地接入互联网。

无线接入技术分为两种：一种为固定接入方式，包括微波、卫星和UHF（Ultra High Frequency，超高频）等；另一种为移动接入方式，包括GSM（Global System for Mobile Communication，全球移动通信系统）接入技术、CDMA（Code Division Multiple Access，码分多址）接入技术、GPRS（General Packet Radio Service，通用分组无线服务）接入技术、CDPD（Cellular Digital Packet Data，蜂窝数字式分组数据）接入技术、LMDS（Local Multipoint Distribution Services，固定无线宽带）接入技术、DBS（Direct Broadcasting Satellite，直播卫星）接入技术、蓝牙技术、Home RF（家庭射频）技术、WCDMA（Wideband Code Division Multiple Access，宽带码分多址）接入技术、3G（4G、5G）移动通信技术等。固定无线接入主要是为固定位置的用户（如住宅用户、企业用户）或仅在小范围区域内（如大楼内、厂区内、无须越区切换的区域）移动的用户提供通信服务。其用户终端包括电话机、传真机、计算机等。最常用的固定接入方式是微波接入，它的优点是不受地域的限制，缺点是极易受到天气的影响。CDPD是目前最佳的移动接入方式，因为CDPD系统是基于TCP/IP的开放系统，可以很方便地接入互联网，所有基于TCP/IP协议的应用软件都可以直接使用，无须修改。5G技术是最新一代蜂窝移动通信技术，5G的性能目标是传输速率高、减少延迟、节省能源、降低成本、提高系统容量和大规模设备连接。2019年6月6日，工信部正式向中国电信、中国移动、中国联通、中国广电发放5G商用牌照，中国正式进入5G商用元年。

3.3 Web技术

Web技术通常指在网络上利用各种技术实现各种服务功能和客户浏览的开发技术。目前Web技术在实现电子商务方面发展迅速，国外和国内大公司都推出了自己的基于Web的电子商务平台，力图在中国市场上占有一定份额。Web技术的应用主要有两大方面：基于互联网的各种应用，如信息发布和搜集、网上交易（商品、货币等）、其他应用；基于局域网的各种应用，如资源共享、企事业单位内部的资料传递和处理、财务和会议等办公类应用。

3.3.1 Web概述

1. 网站的基本概念

网站就是互联网上一个固定的面向全世界发布消息的地方。它由域名和网站空间构成。网站也称Web站点，通常将许多网页有机地组织在一起，以达到某种目的。例如，电子商务网站主要用于宣传某个公司的软硬件情况、发布产品信息、提供在线服务、进行网上销售和售后服务等；电子政务网站主要用于发布政府信息、提升政府形象、提供公众服务等。衡量一个网站的性能通常从网站空间大小、网站位置、网站连接速度、网站软件配置、网站提供服务等几方面考虑。

从技术层面看，网站架构的精华有三处：一是用超文本技术（HTML）实现信息与信息的连接；二是用统一资源定位技术实现全球信息的精确定位，每个Web站点对应一个单独的统一资源定位符（URL），它是Web站点的地址；三是用新的应用层协议（HTTP）实现分布式的信息共享。这三个特点无一不与信息的分发、获取和利用有关。作为互联网上的一种应用架构，Web的首要任务就是向人们提供信息和相关服务。

2.Web应用的拓扑模型

Web应用的拓扑模型中的主体是客户机和服务器，如图3-2所示。

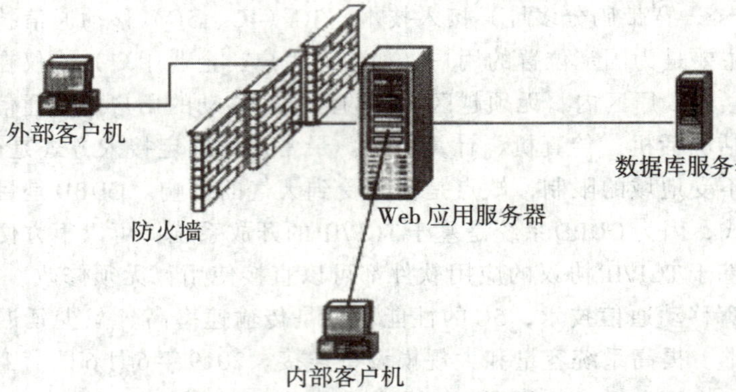

图3-2　Web应用拓扑模型

（1）客户机。客户机使用互联网技术标准（如TCP/IP、HTTP、HTML和XML）与Web应用服务器通信来存取信息。客户端的基本功能是接受并验证用户输入，显示从Web应用服务器到用户的返回结果。客户端可以是互联网、企业内部网和企业外部网中的客户机。

（2）服务器。客户机首先是与Web服务器进行通信的。在一些小型系统中，Web服务器还集成了其他的功能，如文件服务、邮件服务、数据库服务等，而对于中、大型系统，服务器通常根据不同的功能需求进行专门分工，如数据库服务器、邮件服务器、文件服务器等。

Web应用服务器是Web应用拓扑模型的核心，它为Web应用提供了广泛的程序设计、数据存取和应用集成等服务。一个Web应用可以看成一个客户端与Web站点之间一系列的交互作用。整个交互过程从显示在Web浏览器中的一个页面开始，当用户单击该页面上的一个链接时便产生了一个请求，该请求被送到Web应用服务器，Web应用服务器对这个请求进行处理，产生新的页面，并送回到客户端。在Web浏览器中显示的新页面就是这一次请求的结果，可能也是下一次请求的开始。

3.Web的工作模式

在网络环境下有多种工作模式，常见的有终端/主机（Terminal/Mainframe，T/M）工作模式、客户机/服务器（Client/Server，C/S）工作模式和浏览器/服务器（Browser/Server，B/S）工作模式。Web主要是采用浏览器/服务器工作模式。

在浏览器/服务器工作模式下，基于HTML的浏览器主要作为用户与计算机的交互界面，用来完成数据转换和应用服务。对于静态网页，当用户浏览器通过URL或包含URL的超链接元素向Web服务器请求网页内容时，Web服务器将原设计好的静态HTML文档传送给用户浏览器。而对于动态网页，当用户浏览器通过URL或包含URL的超链接元素向Web服务器请求网页内容时，在Web服务器上要运行嵌入在网页中的脚本程序，脚本程序通过SQL查询调用数据库服务器中存储的数据，数据库服务器执行这些操作，将结果返回到Web服务器，产生特定格式的HTML文件，再由Web服务器将这个特定格式的HTML文件传送给用户浏览器。

3.3.2 Web编程语言

1.HTML语言及相关技术

HTML意为超文本标记语言（Hyper Text Markup Language），是一种描述文档结构的语言，专门用于编写网页。主要语法是元素和标签。组成HTML文件的元素有许多种，例如TITLE（文档标题）、IMG（图像）、TABLE（表格）等，用于组织文件的内容和指导文件的输出格式。绝大多数元素是“容器”，即它有起始标记和结尾标记。元素的起始标记叫作起始链接签，结束标记叫作结尾链接签。HTML用标签来规定元素的属性和它在文档中的位置。标签是HTML中的主要语法，分单独标签和成对标签两种。大多数标签是成对出现的，由首标签和尾标签组成。成对标签用于界定元素的范围。

一个网页必须有<HTML>和</HTML>这样一对标签元素作为HTML超文本文档的开头和结尾，这表示标签内的内容是HTML超文本内容。这对元素之间还包含两个元素，即HEAD（文件头）和BODY（文件体）。HEAD包含有关文档的信息，但不会在网页中显示出来，HEAD中的主要元素是<TITLE>即主题。任何HTML文档都必须包含HTML、HEAD、BODY这三种元素。

2.XML语言及相关技术

XML意为可扩展的标记语言（Extensible Markup Language），是一套定义语义标记的规则，这些标记将文档分成许多部件并对这些部件加以标识。XML中第一个单词的意思是“可扩展的”，这正是XML具有强大的功能和弹性的原因。在HTML里，有许多固定的标记，你必须记住然后使用它们，你不能使用HTML规范里没有的标记。而在XML中，你能建立任何你需要的标记。你可以充分发挥你的想象力，给你的文档起一些好记的标记名称。比如，你的文档里包含一些游戏的攻略，你可以建立一个名为<GAME>的标记，然后在<GAME>下再根据游戏类别建立<RPG>、<SLG>等标记。只要清晰，易于理解，你可以建立任何数量的标记。

随着计算机与互联网等技术的广泛普及，企业的计算机系统存储的业务数据越来越多，适当地分析、挖掘、参考、使用和在企业间共享这些数据资料，不仅可以为企业节约成本，减少工作量，提高企业的服务水平，为各类企业或用户提供实时的联机数据查询和信息处理服务，还可以为企业决策者进行正确的决策提供必要的数据支持。

EDI是一系列通过预定义的标准结构化了的能被机器自动处理的电子文档。传统EDI系统建立在封闭的增值网上，需要专有的硬件、软件和专用线路，既有经济投入较大，只能存储转发批量文件，而无法在两个系统之间进行数据的实时交互，且文档必须采用通用格式。这些弱点和不足阻碍了EDI技术的普及，以及商务电子化的发展。因此，传统EDI的架构不可避免地要进行部分调整和满足相关条件。

XML是互联网联合组织创建的一组规范，便于软件人员和内容创作者在网页上组织信息，其目的不仅是满足不断增长的网络应用需求，还要确保通过网络开展贸易时，具有良好的可靠性和互操作性。XML是专门为互联网通信设计的，通过一套统一的数据格式可以使数据管理和交换成本更低，也更易于管理。

XML定义了结构化表达数据的标准格式，克服了HTML对信息内在含义表达的局限性。HTML是一套定义数据外部表现格式的标记集，尽管人们可以通过上下文理解HTML文档的含义，但计算机无法自动通过HTML标记知道其数据所要表达的内容并加以处理。

用户利用标准通用标记语言（Standard Generalized Markup Language，SGML），可以将来源不同的原始资料组装在同一个文件中，利用文件格式定义（Document Type Definition，DTD）可以自由定义文件结构、添加标记或验证电子文件是否遵循DTD所定义的结构。

通过用来定义XML文件的语法、句法和数据结构标准的DTD规范和XML-schema，用户很容易将文件的属性映射到数据结构或分级结构中，使客户端的浏览器和数据库之间来回传输文件变得更加可靠。利用结构化的XML文件作为中介体，异构数据库之间的数据可灵活转移。因而，XML是对EDI的有益补充，使得EDI得以迅速普及。

3.ASP

ASP即Active Server Pages（动态服务器网页）的缩写，它是微软公司开发的代替CGI（通用网关接口）脚本程序的一种应用，是一种服务器端的脚本运行环境，通过它可以建立并运行动态、交互、高性能的WWW服务器应用程序。ASP页面是一种嵌入了用某种脚本语言（如VBScript和JavaScript）书写的程序代码的HTML页面。和一般的带有脚本程序的HTML页面不同，ASP页面中的脚本程序代码不发送至客户浏览器解释执行，而是由IIS（Internet Information Services，互联网信息服务）解释，在WWW服务器中运行，并将结果生成HTML语句，与ASP页面中非脚本代码的HTML部分合并成一个完整的网页，返回至浏览器，这样浏览器端看到的就是动态生成的网页。

ASP脚本可以利用本地服务器或远程服务器上运行的组件对象来存取数据库，运行应用程序与处理信息。用户可以利用ASP来直观、简易地实现强大的

WWW应用程序。用于书写程序代码的VBScript和JavaScript脚本语言书写灵活，同时也易学易用。

与一般的程序不同，ASP程序无须编译，ASP程序的控制部分是使用VBScript、JavaScript等脚本语言来设计的，当执行ASP程序时，脚本程序将一整套命令发送给脚本解释器（即脚本引擎），由脚本解释器进行翻译并将其转换成服务器所能执行的命令。当然，同其他编程语言一样，ASP程序的编写也遵循一定的规则，如果你想使用你所喜爱的脚本语言编写ASP程序，那么你的服务器上必须有能解释这种脚本语言的脚本解释器。当你安装ASP时，系统提供了两种脚本语言：VBScript和JavaScript。VBScript是系统默认的脚本语言。编程者在了解了VBScript的基本语法后，只需要清楚各个组件的用途、属性、方法，就可以轻松编写出自己的ASP文件。ASP的网页文件的格式是“.asp”。

4.JSP

JSP（Java Server Pages）是由Sun Microsystems公司倡导、许多公司参与建立的一种动态网页技术标准，在传统的网页HTML文件（.html）中加入Java程序片段（Scriptlet）和JSP标记（Tag），就构成了JSP网页（*.jsp）。Web服务器在遇到访问JSP网页的请求时，首先执行其中的程序片段，然后将执行结果以HTML格式返回给客户。程序片段可以操作数据库、重新定向网页以及发送E-mail等，这就是建立动态网站所需要的功能。所有程序操作都在服务器端执行，网络上传送给客户端的仅是得到的结果，对客户浏览器的要求最低，可以实现无Plugin（插件），无ActiveX，无Java Applet（Java小应用程序）。

JSP与微软的ASP技术非常相似。两者都有在HTML代码中混合某种程序代码、由语言引擎解释执行程序代码的能力。在ASP或JSP环境下，HTML代码主要负责描述信息的显示样式，而程序代码则用来描述处理逻辑。普通的HTML页面只依赖于Web服务器，而ASP和JSP页面需要附加语言引擎分析和执行程序代码。程序代码的执行结果被重新嵌入到HTML代码中，然后一起发送给浏览器。ASP和JSP都是面向Web服务器的技术，客户端浏览器不需要任何附加的软件支持。

ASP的编程语言是VBScript之类的脚本语言，JSP使用的是Java，这是两者最明显的区别。此外，ASP与JSP还有一个更为本质的区别：两种语言引擎用完全不同的方式处理页面中嵌入的程序代码。在ASP下，VBScript代码被ASP引擎解释执行；在JSP下，代码被编译成Servlet（用Java编写的Server端程序）并由Java虚拟机执行，这种编译操作仅在对JSP页面的第一次请求时发生。

5.Java

（1）Java的定义。Java是一种简单的、面向对象的、分布式的、安全的、结构中立的、可移植的、性能优异的、多线程的、动态的编程语言。

Java的开发环境有不同的版本，如Sun Microsystems公司的Java Developers Kit，简称JDK。后来微软公司推出了支持Java规范的Microsoft Visual J++开发环

境，简称VJ++。

（2）Java的特点。Java是一种广泛使用的网络编程语言，是一种新的计算概念。首先，作为一种程序设计语言，它简单、面向对象、不依赖于机器的结构，具有可移植性、可靠性、安全性，并且提供了并发的机制，具有很高的性能。其次，它最大限度地利用了网络。Java的小应用程序（Applet）可以在网络上传输而不受CPU和环境的限制。另外，Java还提供了丰富的类库，使程序设计者可以很方便地建立自己的系统。下面我们分别从五个方面来介绍Java的特点：

①简单。Java语言是一种面向对象的语言，它通过提供最基本的方法来完成指定的任务，程序设计者只需理解一些基本的概念，就可以用它编写出适合于各种情况的应用程序。Java略去了运算符重载、多重继承等模糊的概念，并且通过实现自动垃圾收集大大简化了程序设计者的内存管理工作。另外，Java也适合于在小型机上运行，它的基本解释器及类的支持只有40KB左右，加上标准类库和线程的支持也只有215KB左右。

②面向对象。Java语言的设计集中于对象及其接口，它提供了简单的类机制以及动态的接口模型。对象中封装了它的状态变量以及相应的方法，实现了模块化和信息隐藏；而类则提供了一类对象的原型，并且通过继承机制，子类可以使用父类所提供的方法，实现了代码的复用。

③分布性。Java是面向网络的语言。通过它提供的类库可以处理TCP/IP协议，用户可以通过URL地址在网络上很方便地访问其他对象。

④可靠性。Java在编译和运行程序时，都要对可能出现的问题进行检查，以消除错误。它提供自动垃圾收集功能来进行内存管理，防止程序员在管理内存时出现错误。通过集成的面向对象的例外处理机制，在编译时，Java会提示可能出现但未被处理的例外，帮助程序设计者做出正确的选择以防止系统崩溃。另外，Java在编译时还可捕获类型声明中的许多常见错误，防止动态运行时出现不匹配问题。

⑤安全性。用于网络、分布环境下的Java必须防止病毒的入侵。Java不支持指针，一切对内存的访问都必须通过对象的实例变量来实现，这样可防止程序设计者使用“特洛伊”木马等欺骗手段访问对象的私有成员，同时也避免了指针操作中容易产生的错误。

3.4 数据库技术

3.4.1 数据库的产生与发展

数据库系统并不是在计算机产生的同时出现的，而是随着计算机技术的不断发展，在特定的历史时期、特定的需求环境下出现的。人类在1946年发明了世界上的第一台计算机，到20世纪60年代，计算机操作系统还主要局限于文件的操作，同样，对数据的管理也主要是通过文件系统来实现。进行计算所需要的各种数据存放在不同的文件里面，要使用这些数据的时候，将文件打开，将文件中的数据读取到内存中，计算完毕后，将计算结果仍旧写入文件中去。

虽然这种在文件中存放数据的方式目前在很多系统中还在使用，但是这样的数据存放方式在几十年前就已经显现出了非常明显的不足。这些不足主要集中在无法对数据进行有效的统一管理。

针对文件系统的重要缺点，人们逐步发展了以统一管理数据和共享数据为主要特征的系统，这就是数据库系统。1964年，美国通用电气公司成功开发了世界上第一个数据库系统——IDS（Integrated Data Store）。IDS奠定了网状数据库的基础，并且得到了广泛的发行和应用，成为数据库系统发展史上的一座丰碑。1969年，美国国际商业机器公司（IBM）推出了世界上第一个层次数据库系统IMS（Information Management System），同样它在数据库系统发展史上占有重要的地位。

20世纪70年代初，科德（E. F. Codd）在总结前面的网状、层次数据库优缺点的基础上，提出了关系数据模型、关系代数和关系演算的概念（直到今天，科德的这些基本理论还在左右着数据库系统的发展，也依然是高校计算机专业课堂上所要讲述的重要内容）。在整个70年代，关系数据库系统无论是在理论上还是在实践上都取得了丰硕的成果。在理论上，确立了完整的关系模型理论、数据依赖理论和关系数据库的设计理论；在实践上，世界上出现了很多著名的关系数据库系统，比较著名的如System R、Ingres、Oracle等。

和文件系统相比，数据库系统有一系列的特点，具体表现在以下几个方面：

1.数据库系统向用户提供高级的接口

在文件系统中，用户要访问数据，必须了解文件的存储格式、记录的结构等。而在数据库系统中，这一切都不需要了。数据库系统为用户处理了这些具体的细节，向用户提供非过程化的数据库语言（通常所说的SQL语言），用户只要提出需要什么数据，而不必关心如何获得这些数据，对数据的管理完全由数据库管理系统（Database Management System，DBMS）来实现。

2.查询的处理和优化

查询通常指用户向数据库系统提交的一些对数据操作的请求。由于数据库系统向用户提供了非过程化的数据操作语言，因此用户的查询请求就由DBMS来完成，查询的优化处理就成了DBMS的重要任务。

3.并发控制

文件系统一般不支持并发操作，较大地限制了系统资源的有效利用。在数据库系统中，情况就不一样了。现代的数据库系统都有很强的并发操作机制，多个用户可以同时访问数据库，甚至可以同时访问同一个表中的不同记录。这样极大地提高了计算机系统资源的使用效率。

4.数据的完整性约束

凡是数据都要遵守一定的约束，最简单的一个例子就是数据类型，例如定义成整型的数据就不能是浮点型数据。由于数据库中的数据是持久的和共享的，因此对于使用这些数据的单位来说，数据的正确性显得非常重要。在关系数据库系统中，比较重要的完整性约束有实体完整性、域完整性、参照完整性和用户自定义的完整性等。

进入20世纪80年代之后，计算机技术飞速进步，促使计算机应用不断深入，产生了许多新的应用领域，例如计算机辅助设计、计算机辅助制造、计算机辅助教学、办公自动化、智能信息处理、决策支持等。这些新的领域对数据库系统提出了新的要求。但是，由于应用的多元化，不能设计出一个统一的数据模型来表示这些新型的数据及其相互关系，因而出现了百家争鸣的局面，产生了演绎数据库、面向对象数据库、分布式数据库、工程数据库、时态数据库、模糊数据库等新型数据库。

到目前为止，在世界范围内占主流的还是经典的关系数据库系统，比较知名的有Sybase、Oracle、Informix、SQL Server、DB2等。

3.4.2 主要的Web数据库访问技术

自WWW建立以来，Web就与数据库有着极其紧密的关系。可以说，整个互联网就是一个大的数据库。随着计算机网络技术的发展，WWW已成为互联网上最受欢迎、最为流行的，采用超文本、超媒体范式进行信息存储与传递的工具。

1.通用网关接口

通用网关接口（Common Gateway Interface，CGI）是Web服务器将用户请求提交给应用程序并从用户处接收和返回数据的标准方法。使用CGI脚本允许用户通过浏览器与服务器上的数据库进行交互，完成对数据库的各种操作。我们使用的服务器软件几乎都支持CGI，开发者可以使用任何一种Web服务器内置语言编写CGI，包括Perl、C、C++、VB和Delphi等。

CGI的缺点是执行速度较慢，Web服务器每启动一个数据查询服务，就必须启动一个新的CGI进程，相对服务器资源而言代价比较高。

2.动态服务器网页

动态服务器网页（ASP）是一种开放的连接技术，可以将HTML脚本及可重用的Active Server组件结合在一起以建立高效的、动态的、基于Web的应用程序环境。利用ASP，可以增加运行在服务器端的脚本的新特性，如访问数据库。

3.应用程序编程接口

鉴于CGI的一些缺陷，微软公司和网景公司开发了专用的Web服务器中的程序代码（如动态链接库DLL），其一般与Web服务器软件处在内存的同一地址空间中，因此每次调用时是在内存中运行相应的程序段，而不是像CGI那样需要启动新的进程，因而效率要比CGI高得多。

这种应用程序编程接口（Application Programming Interface，API）技术的主要缺点是开发难度大，可移植性差，开发出的应用程序只能在相应的Web服务器上运行，缺乏通用性。

为了减轻开发应用程序的困难，网景公司和微软公司在其各自的服务器中提供了基于API的编程接口。网景提供了基于NSAPI（Network Service Access Point Identifier，网络服务接入点标识符）的Livewire，它是专门设计的全面开发方案，开发人员可以开发和管理WWW界面、WWW网点，并且可以利用SQL语言或ODBC（Open Database Connectivity，开放数据库互联）直接访问数据库。微软则提供了基于ISAPI（Internet Script Application Program Interface，网络脚本应用程序接口）的IDC（Internet Data Center，互联网数据中心）模块，它是IIS的一个动态链接库（httpodbc.dll），并且通过ODBC访问各类数据库。

4.Java数据库连接技术

Java具有简单、面向对象、易传送、稳固安全、多线程执行控制及3D空间设计的特点，为互联网注入了交互性。Java之所以支持数据库的访问，是因为Sun Microsystems公司提供了一种标准的SQL访问数据库的Java语言应用程序编程接口即JDBC（Java Data Base Connectivity，Java数据库连接）。构成Java语言的基础是一系列类库，而JDBC定义了Java与数据库之间的接口类库（Java.sql包）。它是Java语言中执行SQL语句的API，由一系列类和接口组成，这些类和接口均由Java语言写成，通过它一个程序开发者可以在Java语言中建立与数据库的连接，执行SQL语句和处理SQL语句返回的结果。

采用JDBC很容易实现用SQL语句访问异构数据库，只需编写一个JDBC API，就可以把SQL查询语句送往Sybase，Oracle或Informix数据库。此外，采用Java语言编写应用程序，具有平台无关性，不需要为不同的平台编写不同的应用程序。

3.4.3 数据仓库与数据挖掘技术

1.数据仓库技术

数据仓库（Data Warehouse）是面向主题的、集成的、随时间变化的、信息本身又相对稳定的数据集合，用以支持决策过程。数据仓库作为一个集成的数据库，把数据从各个数据源中提取出来，按照数据仓库的公共数据模型进行相应变换，并与仓库中现有数据集成在一起。在数据仓库中，由于数据模型和语法等方面的差异已被消除，数据库可直接被访问，因此查询和分析处理的速度都很快。

客户在与电子商务网站的每一次交互中，都将通过页面访问与点击产生大量的数据。分散在不同系统中的这些数据需要经过清洗、整理、过滤、排序、合并等各种技术手段的综合处理，才能转变成有意义的业务信息与知识，从而帮助企业更好地洞察与了解客户行为。实现这种处理的最有效方法就是引入数据仓库技术。

2.数据挖掘技术

数据挖掘（Data Mining）就是从大量的、不完全的、有噪声的、模糊的、随机的数据中，提取隐含在其中的、人们事先不知道的，但又是潜在有用的信息和知识的过程。特别要指出的是，数据挖掘技术从一开始就是面向应用的。它不仅是面向特定数据库的简单检索、查询、调用，而且要对这些数据进行微观乃至宏观的统计、分析、综合和推理，以指导实际问题的求解，力图发现事件间的相互关联，甚至利用已有的数据对未来的活动进行预测。

数据挖掘技术源于商业的直接需求，因此它在各种商业领域都存在很高的使用价值。业务应用中常见的具体例子有：客户细分、客户获得、客户保持、客户拓展、目标营销、交叉销售、增量销售、购物分析、个性服务、信用评估、欺诈检测、客户盈利能力分析、投资组合管理、利润分析、销售预测、收入预测、需求预测、安全管理、资源优化、活动分析、业绩分析、商店选址、库存控制、质量控制、故障分析等。当电子商务在企业中得到应用时，企业信息系统将产生大量数据，海量数据使数据挖掘有了丰富的数据基础，同时高性能计算机和高传输速率网络的使用也给数据挖掘提供了坚实的保障。因此，以上业务应用在电子商务活动中有了更大的用武之地。

3.5 电子商务新技术

3.5.1 大数据

思政链接3-1

一组数字看中国网络强国建设成就

1. 大数据的定义

大数据（Big Data），或称巨量资料，指的是所涉及的资料量规模巨大以至无法通过目前的主流软件工具，在合理时间内进行撷取、管理、处理并整理成为帮助企业经营决策的资讯。

最早引用“大数据”这个术语的是“Apache.org”的开源项目“Nutch”。当时，大数据用来描述为更新网络搜索索引需要同时进行批量处理或分析的大量数据集。随着谷歌Map-Reduce和Google File System（GFS）的发布，大数据不再仅用来描述大量的数据，还涵盖了处理数据的速度。

早在1980年，著名未来学家阿尔文·托夫勒便在《第三次浪潮》一书中，将大数据热情地赞颂为“第三次浪潮的华彩乐章”。不过，大约从2009年开始，“163大数据”才成为互联网信息技术行业的流行语。美国互联网数据中心指出，互联网上的数据每年将增长50%，每两年便将翻一番，而目前世界上90%以上的数据是最近几年才产生的。此外，数据又并非单纯指人们在互联网上发布的信息，全世界的工业设备、汽车、电表上有着无数的数码传感器，随时测量和传递有关位置、运动、震动、温度、湿度乃至空气中化学物质的变化信息，也产生了海量的数据。

2. 大数据的特点

对于大数据的特点，业界通常用Volume（大量）、Velocity（高速）、Variety（多样）、Value（价值）这4个“V”开头的单词来概括。

（1）数据体量巨大，从TB级别跃升到PB乃至EB级别。要想知道目前的数据量有多大，我们先来看一组公式：1 024GB=1TB；1 024TB=1PB；1 024PB=

1EB；1 024 EB=1ZB；1 024ZB=1YB。到目前为止，人类生产的所有印刷材料的数据量是200PB，而历史上全人类说过的所有的话的数据量大约是5EB。

（2）处理速度快。这是大数据区别于传统数据挖掘的最显著的特征。国际数据公司（IDC）白皮书显示，全球数据总量到2025年将达到175ZB，金融服务、制造、医疗保健以及媒体娱乐等行业是数据增长的主要推动力。在如此海量的数据面前，处理数据的效率就是企业的生命。

（3）数据类型繁多。这种类型的多样性也让数据被分为结构化数据和非结构化数据。相对于以往便于存储的以文本为主的结构化数据，越来越多的非结构化数据的产生给所有厂商都提出了挑战。拜互联网和通信技术近年来迅猛发展所赐，如今的数据类型早已不是单一的文本形式，网络日志、音频、视频、图片、地理位置信息等多类型的数据对数据的处理能力提出了更高的要求。

（4）价值密度低。价值密度的高低与数据总量的大小成反比。以视频为例，一部一小时的视频，在不间断的监控过程中，有用的数据可能只有一两秒。如何通过强大的机器算法更迅速地完成数据的价值"提纯"是目前在大数据汹涌袭来的背景下亟待解决的难题。

3.大数据的处理过程

（1）采集。大数据的采集是指利用多个数据库来接收发自客户端（Web、App或者传感器形式等）的数据，并且用户可以通过这些数据库来进行简单的查询和处理工作。比如，电商会使用传统的关系型数据库如MySQL和Oracle等来存储每一笔事务数据。除此之外，Redis和MongoDB这样的NoSQL（非关系型）数据库也常用于数据的采集。

大数据采集的主要特点和挑战是并发数高，因为同时可能有成千上万的用户进行访问和操作，比如12306购票网站和淘宝网，它们并发的访问量在峰值时可达到几百万甚至上千万，所以需要在采集端部署大量数据库才能支撑。如何在这些数据库之间实现负载均衡和分片？这需要进行深入的思考和设计。

（2）导入/预处理。虽然采集端本身会有很多数据库，但是如果要对海量数据进行有效的分析，还是应该将这些来自前端的数据导入到一个集中的大型分布式数据库或者分布式存储集群，并且可以在导入基础上做一些简单的清洗和预处理工作。也有一些用户会在导入时使用来自Twitter的Storm对数据进行流式计算，来满足部分业务的实时计算需求。导入与预处理过程的特点和挑战主要是导入的数据量大，每秒钟的导入量经常会达到百兆甚至千兆级别。

（3）统计/分析。统计与分析过程主要利用分布式数据库或者分布式计算集群来对存储于其内的海量数据进行普通的分析和分类汇总等，以满足常见的分析需求。在这方面，一些实时性需求会用到EMC公司的Greenplum、Oracle公司的Exadata，以及基于MySQL的列式存储Infobright等，而一些批处理或者基于半结构化数据的需求可以使用Hadoop。统计与分析这部分的主要特点和挑战是分析涉及的数据量大，对系统资源特别是I/O会有极大的占用。

（4）挖掘。与前面的统计和分析过程不同的是，数据挖掘一般没有预先设定好的主题，主要基于现有数据用各种算法进行计算，从而起到预测的作用，实现一些高级别数据分析的需求。比较典型的算法有用于聚类的K-means、用于统计学习的SVM和用于分类的Naive Bayes，使用的工具主要有Hadoop的Mahout等。

该过程的特点和挑战主要是用于挖掘的算法很复杂，并且计算涉及的数据量和计算量都很大，常用的数据挖掘算法都以单线程为主。

大数据处理的整个流程至少应该包含以上4个步骤，才算得上是一个比较完整的大数据处理过程。

4.大数据的行业应用及案例分析①

（1）零售业。

①一家领先的专业时装零售商，通过当地的百货商店、网络及邮购目录业务为客户提供服务。该公司希望向客户提供差异化服务。如何定位服务的差异化？公司的管理者通过从Twitter和Facebook上收集社交信息，更深入地理解了化妆品的营销模式，随后他们认识到必须保留两类有价值的客户：高消费者和高影响者。他们希望通过提供免费化妆服务让用户进行口碑宣传，这是交易数据与交互数据的完美结合，为应对业务挑战提供了解决方案。Informatica公司采用自身的技术帮助这家零售商用社交平台充实了客户主数据，使其业务服务更具有针对性。

②零售企业也监控客户的店内走动情况以及客户与商品的互动情况。它们将这些数据与交易记录结合起来展开分析，从而在销售哪些商品、如何摆放货品以及何时调整售价上给出意见，此类方法已经帮助某领先零售企业减少了17%的存货，同时在保持市场份额的前提下，增加了高利润率自有品牌商品的比例。

（2）医疗行业。

①Seton Healthcare是采用IBM最新的沃森技术对医疗保健内容进行分析预测的首个客户。该技术允许企业找到大量与病人相关的临床医疗信息，通过大数据处理，更好地分析病人的信息。

②在加拿大多伦多的一家医院，针对早产婴儿，每秒钟有超过3 000次的数据读取。通过分析这些数据，医院能够预判哪些早产婴儿可能出现问题并且有针对性地采取措施，避免早产婴儿夭折。

③大数据让更多的创业者更方便地开发产品，比如通过社交网络来收集数据的健康类App。也许数年后，它们收集的数据能使医生的诊断更为精确，例如不是简单地告诉你“成人每日三次，一次一片”，而是检测到你的血液中药剂已经代谢完成，自动提醒你再次服药。

（3）能源行业。

①智能电网在欧洲已经做到了终端，如智能电表。在德国，为了鼓励人们利用太阳能，在居民家庭安装太阳能发电设备，当某个家庭有多余电量的时候还可

① 张宇鑫. 13个大数据应用案例，告诉你最真实的大数据故事［EB/OL］.［2023-01-08］. http://www.thebigdata.cn/yingyonganli/10905.html.

以销售出去。智能电网每隔5分钟或10分钟收集一次数据，这些数据可以用来预测客户的用电习惯等，从而推断出在未来2～3个月时间里，整个电网大概需要多少电。有了这个预测数据后，客户就可以提前向发电或者供电企业购买一定数量的电，从而降低采购成本，因为提前购买比较便宜，买现货则比较贵。

②维斯塔斯风力系统公司依靠Big Insights软件和IBM超级计算机对气象数据进行分析，找出安装风力涡轮机和建设风电场最佳的地点。利用大数据，以往需要数周才能完成的分析工作，现在不足1小时便可完成。

（4）通信行业。

①XO Communications公司通过使用SPSS预测分析软件，使客户流失率降低了将近一半。XO Communications公司现在可以预测客户的行为趋势，并找出公司业务中存在缺陷的环节，从而及时采取措施留住客户。此外，IBM公司的Netezza网络分析加速器，可以提供实现端到端网络服务、客户分析视图的可扩展平台，帮助通信企业制定更科学、合理的决策。

②电信企业基于数以千万计的客户资料，能分析出多种消费者行为和趋势，然后将分析结果卖给需要的企业，这是全新的数据经济。

③中国移动通过大数据分析，对其运营的全部业务进行有针对性的监控、预警、跟踪。系统在第一时间自动捕捉市场变化信息，再以最快捷的方式推送给指定负责人，使他在最短时间内获知市场行情。

④日本NTT DOCOMO公司把手机位置信息和互联网上的信息结合起来，为顾客提供附近的餐饮店信息以及末班车信息。

3.5.2 云计算

1.云计算的定义

云计算（Cloud Computing）是基于互联网的相关服务的增加、使用和交付模式，通常涉及通过互联网来提供动态易扩展且经常是虚拟化的资源。“云”是对互联网的一种比喻的说法，过去常用来表示电信网，后来也用来表示互联网和底层基础设施。云计算可以让你体验每秒10万亿次的运算能力，这么强大的运算能力可以模拟核爆炸、预测气候变化和市场发展趋势。用户通过电脑、手机等方式接入数据中心，按自己的需求进行运算。

2.云计算的特点

云计算使计算分布在大量的分布式计算机上，而非本地计算机或远程服务器中，企业数据中心的运行与互联网相似。这使得企业能够将资源切换到需要的应用上，根据需求访问计算机和存储系统。这好比是从古老的单台发电机模式转向了电厂集中供电的模式。它意味着计算能力也可以作为一种商品进行流通，就像天然气、水、电一样，取用方便，费用低廉，其最大的不同在于，前者是通过互联网进行传输的。

云计算的特点主要体现在以下几个方面：

（1）超大规模。“云”具有相当大的规模，谷歌云计算已经拥有100多万台服务器，亚马逊、IBM、微软、Yahoo等的“云”均拥有几十万台服务器。企业私有云一般拥有数百甚至上千台服务器。“云”能赋予用户前所未有的计算能力。

（2）虚拟化。云计算支持用户在任意位置、使用各种终端获取应用服务。用户所请求的资源来自“云”，而不是固定的有形的实体。应用在“云”中某处运行，但实际上用户无须了解也不用担心应用运行的具体位置。我们只需要一台笔记本电脑或者一部手机，就可以通过网络服务来获得我们需要的一切，甚至包括超级计算这样的任务。

（3）高可靠性。“云”采用数据多副本容错、计算节点同构可互换等措施来保障服务的高可靠性，使用云计算比使用本地计算机可靠。

（4）通用性。云计算不针对特定的应用，在“云”的支撑下可以构造出千变万化的应用，同一个“云”可以同时支撑不同的应用运行。

（5）高可扩展性。“云”的规模可以动态伸缩，满足应用和用户规模增长的需要。

（6）按需服务。“云”是一个庞大的资源池，用户可按需购买，可以像水、电、天然气那样计费。

（7）极其廉价。由于“云”的特殊容错措施可以由极其廉价的节点来构成，“云”的自动化集中式管理使大量企业无须负担日益高昂的数据中心管理成本，“云”的通用性使资源的利用率较之传统系统大幅提升，因此用户可以充分享受“云”的低成本优势，经常只要花费几百美元、几天时间就能完成以前需要数万美元、数月时间才能完成的任务。

（8）潜在的危险性。云计算服务当前由私人机构（企业）垄断。云计算服务除了提供计算服务外，还提供了存储服务。云计算中的数据对于数据所有者以外的其他云计算用户是保密的，但是对于提供云计算的商业机构而言毫无秘密可言。这种潜在的危险，是商业机构和政府机构选择云计算服务，特别是国外机构提供的云计算服务时，不得不考虑的一个重要的前提。

3.云计算平台介绍

目前，各大IT企业和电子商务企业都已经推出或正在酝酿推出自己的云计算服务，较为成熟和应用较为广泛的主要包括谷歌的云计算平台和亚马逊的弹性计算云（Amazon EC2）等。

（1）谷歌的云计算平台。

谷歌是目前世界上最大的云计算服务使用者和提供商。谷歌能够成为全球最大的搜索引擎和云计算服务提供商，是因为它拥有在全球200多个地点的200多万台服务器这一强大的基础设施作为支撑，而且这些基础设施还在不断增长。

谷歌的云计算平台是针对谷歌的核心商业模式定制的。谷歌的内部网络数据规模巨大，为了处理这些数据，谷歌提出了一整套基于分布式并行集群方式的基础架构，通过软件程序模块监视系统的动态运行状况，侦测错误，并且将容错、负载均衡、自动恢复集成在系统中。谷歌使用的基础架构包括四个相互独立又紧密结合在一起的组件：谷歌建立在集群之上的文件系统Google File System，针对谷歌应用程序特点提出的Map-Reduce编程方式，分布式锁服务Chubby，以及谷歌开发的模型简化的大规模分布式数据Big Table。基于这一系列的组件，谷歌将其基础架构合成为统一的云计算平台，主要提供平台API、大规模数据处理、应用程序平台以及一系列的网络应用服务。

（2）亚马逊的弹性计算云。

亚马逊向用户提供的云计算服务多种多样，存储空间、CPU计算能力、带宽等都作为服务资源提供给用户使用。其典型的云计算服务包括EC2（弹性云计算）和S3（简单存储服务），两者主要为企业提供计算资源和存储服务。在两年时间内，亚马逊就把云计算做成了一个拥有44万注册用户的大项目，这些用户多为企业用户，所以它在商业化路上比谷歌的云计算平台走得远很多。

从技术架构上来说，EC2提供了一个真正完全虚拟化的计算环境，只要用户申请资源，EC2就可以提供符合多种系统需求的计算环境以及相关资源，其申请亚马逊启动服务实例的时间达到分钟级别，这意味着亚马逊提供的EC2服务可以迅速满足用户的请求。EC2的主要技术是在虚拟化层面，它利用虚拟化技术提供基础设施服务资源，如存储、虚拟机等，并通过监控管理软件细粒度分析用户的使用情况，无论是扩展规模还是减少规模，系统都可以迅速满足。

因此，从用户使用平台的角度来看，亚马逊更偏向提供底层基础设施平台、资源服务，而谷歌是提供上层的编程API，底层对编程人员不可见。

3.5.3 物联网技术

微视频3-2

物联网将从万物互联走向智慧互联

物联网（Internet of Things，IoT）是新一代信息技术的重要组成部分。顾名思义，物联网就是“物物相连的互联网”，它有两层含义：第一，物联网的核心和基础仍然是互联网，它是在互联网基础上延伸和扩展的网络；第二，其应用场景延伸和扩展到了任何物体与物体之间的联通。

1.物联网的概念与基本特征

“物联网”一词最早出现于比尔·盖茨1995年所著的《未来之路》（The Road Ahead）一书中。1999年，美国自动识别（Auto-ID）中心首先提出了“物联网”的概念，它主要建立在物品编码、射频识别技术和互联网的基础上。2005年11月17日，在突尼斯举行的信息社会世界峰会（WSIS）上，国际电信联盟（ITU）发布《ITU互联网报告2005：物联网》，正式提出“物联网”的概念。根据ITU的描述，物联网是指通过为各种日常用品嵌入一种短距离的移动收发器，使人类在信息与通信世界里获得一个新的沟通维度，从任何时间、任何地点的人与人之间的沟通连接扩展到人与物和物与物之间的沟通连接。

物联网具有网络化、物联化、自动化、感知化、智能化等基本特征①。

① 白东芯，岳云康．电子商务导论［M］．北京：人民邮电出版社，2022

（1）网络化。机器到机器（Machine to Machine，M2M）的连接无论是无线形式还是有线形式，都必须形成网络。不管是什么形态的网络，最终都必须与互联网相连接，从而形成真正意义上的物联网（泛在性）。

（2）物联化。人物相连、物物相连是物联网的基本要求之一。计算机和计算机连接成互联网，可以实现人与人之间的交流。而物联网就是在物体上安装传感器、植入芯片，然后借助无线或有线网络，让人和物体“对话”，让物体和物体“交流”。

（3）自动化。自动化指通过数字传感设备自动采集数据，根据事先设定的运算逻辑，利用软件自动处理采集到的信息，一般不需要人为干预。按照设定的逻辑条件，如时间、地点、压力、温度、湿度、光照等，系统的各个设备之间可以自动进行数据交换或通信，对物体的监控和管理实现自动按指令执行。

（4）感知化。各种物体都能被植入微型感应芯片，这样，任何物体都可以变得有“感觉”、有“知觉”。这主要是依靠射频识别设备、红外线感应器、定位系统、激光扫描器等信息传感设备来实现的。

（5）智能化。通过安装在各类物体上的电子标签、传感器和二维码等经由接口与网络相连，配以人工智能软件，可实现人与物体的沟通和对话、物体与物体的沟通和对话。

2. 物联网的体系结构

物联网应用广泛，被称为继计算机、互联网之后的世界信息产业的第三次浪潮。物联网的体系结构大致可分为感知层、网络层和应用层三个层次。典型的物联网体系结构如图 3-3 所示。

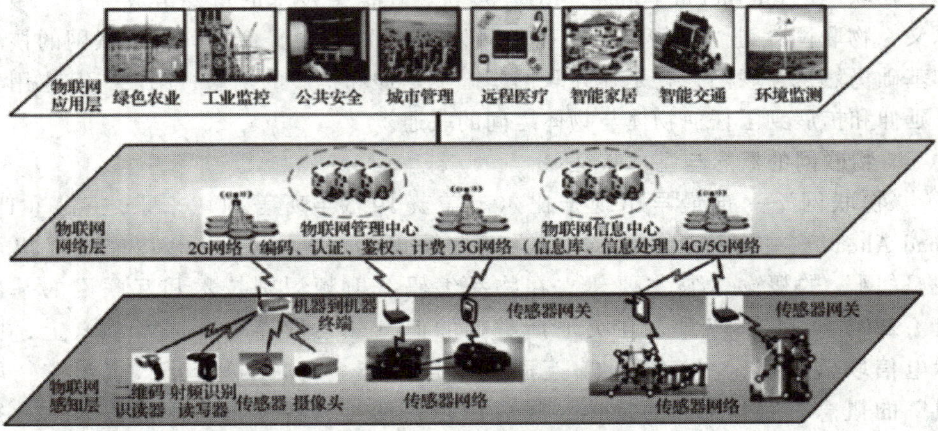

图 3-3 典型的物联网体系结构

物联网感知层的主要功能是信息感知与采集。感知层主要包括二维码识读器、射频识别读写器、传感器、摄像头等装置和设备。传感器主要有温度感应器、声音感应器、震动感应器、压力感应器等。感知层可完成物联网应用数据的采集和设备控制工作。

物联网的网络层是在现有通信网和互联网的基础上建立起来的，综合使用了

3G/4G/5G网络、有线宽带、无线通信技术，实现了有线与无线的结合、感知层与通信网的结合。

物联网的应用层由各种应用服务器（包括数据库服务器）组成，可利用经过分析、处理的感知数据为用户提供丰富的特定服务。应用层服务可分为监控型（工业监控、环境监测等）、查询型（智能检索、远程抄表等）、控制型（智能交通、智能家居、路灯控制等）、扫描型（手机钱包、高速公路不停车收费系统）等。

3.物联网在电子商务中的应用

目前，我国的物联网行业处于稳步发展阶段，初步具备了一定的技术、产业和应用基础，呈现出良好的发展态势。物联网的应用主要包括智能家居、智能穿戴、智能交通、智能医疗和智慧城市等。

在电子商务活动中，物联网的应用也非常广泛。现在的电子商务中，产品的生产、仓储、物流配送等各个环节都存在较大的改进空间，物联网技术可以有效地解决电子商务在运营和管理中出现的各种问题。利用物联网，电商企业不仅可以实现对每一件产品的实时监控，对物流体系的管理，还可以对产品在供应链各环节的信息进行分析和预测。在电子商务的库存层面，物联网技术通过对库存物品信息的实时感知，可以实现自动化库存管理，并和网上零售营销体系实现数据共享。在电子商务配送领域，物体标识和定位技术可将配送包裹模块化，让消费者、网上零售商户和物流公司三方实时获悉货物的位置。

4.物联网给电子商务带来的新变化

（1）业务的可定制化。就物联网而言，用户侧的业务实现定制、按需下载是现实的。就家电而言，传统的方式和汽车类似，所有的业务功能都随着物理产品的销售到达用户手中，很多业务的使用频次很低，甚至对用户的日常使用造成了困扰。一般提到定制，就会认为厂商按需生产，用户按需消费。然而，在此场景下，定制在厂商侧和用户侧不是对等的，厂商侧是传统的批量生产，而用户侧则是按需消费。实现业务的可定制化，厂商侧是将所有的功能开发好，用户侧是按需下载，企业节省了将功能与具体产品型号匹配的人工成本、系统成本与管理成本。更值得期待的是，这种可定制的业务模式，可以和纯粹的互联网业务相结合，例如用户可以按需下载自己喜爱的菜式的制作方法，导入智能厨具自动进行操作，而这种消费模式，是单纯的物联网产品和单纯的互联网产品所不能实现的。目前，传统家电市场已经有智能烹饪机器出现。

（2）打通消费信息链条，丰富用户业务生态。以健康医疗而言，目前互联网的医疗主要是各种方式的医疗咨询，或者是在线购买药品等，两者在传统电子商务的模式下，也就是没有物联网的情况下，可以实现融合，但是没有打通完整的消费信息链条。在有物联网的情况下，用户具体的病理或者健康特征能够作为更精准的数据，进一步提供给有关的诊疗咨询部门，实现准确诊疗。所以，有物联网的参与，医疗健康的整个消费信息价值链条就被打通了，用户的体验和价值得到提升，企业也就能够进一步提高用户黏性，稳定市场。而传统电商的用户黏性主要依靠平台规模、用户身份绑定或者类似会员制的营销手段，可持续性较差。

（3）线上线下融合，线上企业和线下企业的界限开始模糊。物联网在大多数场景下，本身就是线下的，而电子商务则具有天然的线上特征，两者的融合就是线上线下融合的一种表现。就已有的企业实践来看，其具体的业务运营，可以使线上线下的各种商业资源得到有效的融合和配置，如智能汽车可以根据车辆故障自动匹配零部件及线下门店。线上线下融合的途径，还可以表现为物联网企业主体的线上线下融合。一类是以小米和华为为代表的IT企业，把物联网作为联系纽带，塑造自己的产品生态或者产业链生态。其本身的业务具有线上特征，现在通过物联网向家电家居行业渗透，实现线上向线下的融合。另一类是汽车制造企业、家电制造企业等线下企业，依靠传统的实体产品，以物联网为依托，深度融合电子商务、互联网等，实现线下向线上的融合，如上汽车享家、海尔智家。两者的路线相反，但是都达到了线上线下融合，即在某些领域，线上企业和线下企业已经不再泾渭分明。

（4）电子商务活动的参与主体泛化。在物联网的影响之下，中小厂商开展电子商务活动，可以不依赖于传统的电商大厂。例如智能净水机厂商，可以由内嵌的传感器获知滤芯的情况，在需要更换的时候提醒用户，并连接到厂家的后台，实现型号匹配和在线购买。这种泛化的主体，使电子商务的活动在一定程度上出现了去中心化的特征，也使得更多的传统企业有机会进入这一领域。

@ 本章小结

本章主要介绍了与电子商务相关的基本技术。首先，介绍了计算机网络的发展历史、类型、组成；其次，对互联网技术比如域名系统、网络接入方式做了深入分析；再次，对Web技术中的网站概况、编程语言做了介绍，重点介绍了编程语言，比如HTML、XML、ASP、JSP、Java等，还介绍了数据库技术相关知识，包括主要的Web数据库访问技术、数据仓库及数据挖掘技术；最后，对电子商务中的新型技术——大数据、云计算和物联网技术——做了简单阐述。

第3章即测即评

@ 复习思考题

1.简述计算机网络的发展历程。

2.简述互联网的主要功能。

3.简述主要的Web数据库访问技术。

4.什么是大数据？目前它主要的应用领域有哪些？

拓展阅读3-1

艾瑞咨询《2022年基础云服务行业数据报告》

第4章
电子商务系统建设

21世纪世界上只有两种生意，就是拥有网站的企业和将被收盘的生意。

——比尔·盖茨

本章要点

◇电子商务系统的含义、构成及实现方式

◇电子商务网站的定义、优势、功能组成

◇电子商务网站建设流程

◇手机App开发技术及开发过程

引例

某公司电子商务网站规划建设方案

1　项目概况

公司建设电子商务平台，实施电子商务项目，符合公司及××科技园的需求，顺应中国互联网经济发展趋势，而且公司具备开展电子商务的良好基础，可以通过电子商务整合公司产品、物流和营销资源，盘活闲置资产，充分利用富余的人力资源实现公司电子商务的健康、持续发展，打造公司新的业务增长点。

2　电子商务平台的定位

2.1　定位

所建平台是面向公众的开放平台。我们的网站是一个信息服务的网站，既要面向个人，又要面向企业。通过建设电子商务平台，我们将成为软件开发、服务外包、人才培训外包等行业优秀的平台提供商，为相关行业和企业之间搭建一座方便的桥梁。

2.2　目标

打响网站品牌，使我们网站在业界有较高的声誉，为园区乃至以后新建园区的企业服务。

2.3　任务

提高网站的访问流量，增加企业入驻数量，提高网站以及企业用户的知名度。

2.4　模式

以B2B模式为主，兼容B2C模式。

3 电子商务平台的建设

3.1 域名注册

域名应符合我公司文化，以容易被企业或个人记住的字母、数字组合为佳。经过前期的测试，××××.com等域名目前还没有被注册，可以使用这些域名。域名服务可以放在比较大的公司，比如万网（www.net.cn）或上海贝锐（www.oray.com）或郑州景安（www.zzidc.com），以便于得到更稳定的解析和更优质的服务。

后期随着电子商务平台业务量的逐渐增多，可以考虑启用双域名运营模式，双域名同时运行，实现业务流量的负载均衡，进一步提高电子商务平台的安全性和稳定性。

3.2 服务器的选择

3.2.1 租用服务器（推荐）

3.2.2 自建机房

3.3 网站系统的开发

3.3.1 选用平台模式

选用B2B平台，在此基础上增加B2C的模块进行调剂。

3.3.2 网站编码

选用简体中文（GB2312）。

3.3.3 网站标题

设立主页标题，其他页面标题根据页面内容设定。

3.3.4 网站关键字

设立主关键字，每个页面的主关键字不要超过3个，可以围绕主关键字再扩展几个相关的。注意关键字密度，用其他栏目分担关键字。

3.3.5 网站描述

用连贯的一句话描述，不超过100字为佳。

3.3.6 网站的导航系统

网站采用全局导航系统，访问者可以清楚地了解网站的内部结构，方便他们在不同部门之间跳转。文字链接最佳。

3.4 功能模块

3.4.1 信息发布模块（网站最主要的模块）

（1）供求信息模块：会员发布供求信息。会员首先选择发布信息的类型（供应、求购、代理、合作、二手等），然后填入基本信息（标题、分类），再填写详细信息。网站支持图片上传（有收费会员和普通会员限制，图片需要设置缩略图水印功能）和网页代码编辑器，会员编辑确定后提交（预览功能）。系统构造供求内容页面，自动生成页面的供求链接，同时产生历史供求列表，自动存入数据库，等待管理员审核。管理员审核通过后发布到网站上并向后台提供页面的管理界面，若审核没通过则告知其原因（需要设置管理状态功能）。

（2）公司信息模块：主要是会员公司信息。编写会员公司简介、详细信息字段（列表形式）、联系方式（用来生成公司名片），便于搜索数据。

3.4.2 行业信息模块

(1) 官方发布信息：管理员或编辑发布行业相关信息、行情动态等。功能按管理员等级分配，类别可以添加、修改；编辑新闻功能简单易行，自动生成相关新闻列表，并有审核功能；可设首页、焦点、热门、新闻等生成静态html（便于搜索引擎蜘蛛爬行）页面。

(2) 会员发布公司动态或行业信息：会员发布自己公司的动态或公告信息。收费会员发布的公司信息经过管理员审核后，管理员可以以收费或者增值服务形式将信息展示在“看行情”栏目中。普通会员发布的公司信息展示在自己的二级域名站中。

3.4.3 展会模块

其基本功能是发布展会文字资讯、图片相册、相应的论坛模块、展会计划信息、杂志发行情况等。展会信息可以按月份查询，也可以按展会举办地点查询。网上展会（二次开发）的主要功能有：举办网络博览会，由会员提出申请，官方主办，其他会员报名参加；提供时间和平台，供会员统一展示、洽谈。

3.4.4 招聘模块

个人可以发布简历，企业可以发布招聘信息。招聘信息按招聘地区、招聘行业、职位类别划分。会员在后台可以管理职位信息（需要经过审核），按地区、行业、职务、关键字、人才基本信息字段（如年龄、性别、月薪要求等）查询人才信息，查看职位申请信息，收藏、管理应聘人才信息。

3.4.5 论坛模块

采用网络中比较流行的论坛程序，经过修改，整合到整个系统中，主要与会员系统合并，统一后台管理。论坛栏目可以和网站栏目对应。

3.4.6 搜索模块

网站提供方便、高效的查询服务，查询可以按照分类、关键词等进行，也可以是基于全文内容的全文检索；支持对任意字段的复杂组合检索；支持中英文混合检索；支持智能化模糊检索。具备热门关键词搜索功能。

管理后台有可控功能，控制收费会员排位，包括供求信息排位、公司信息排位、其他相关信息搜索排位。

搜索列表中，右侧应该设置黄金位，展示收费会员信息。

设计搜索统计功能：统计出搜索最多的行业、产品、地区、价位区间等。

3.4.7 会员模块

详细展示查看会员功能框架设计。

4 电子商务平台的运营

4.1 经营目标

平台的运营基本上要经历以下4个阶段：

第一阶段，网站建设完善（2～3个月）：确定网站的定位，明确网站的盈利模式，完成网站的流程建设及页面建设，收集前期信息，保证网站上线时有基本的信息量。

第二阶段，网站试运营（2个月）：网站功能进一步完善，并进行初步推广，有部分公司入驻，有初步的流量和用户，通过网站试运营数据制订更完善的推广计划。

第三阶段，网站正式运营（3个月）：由于前期的初步推广，有了一定的流量，该阶段着重于增加公司的入驻量及用户行为转化，形成公司与用户的初步互动，同时开始网络推广，通过一定的网络广告、线上线下活动等提高网站知名度。

第四阶段，网站成长期：该阶段着重提升网站的品牌价值，在前期的运营中积累了一定的流量和用户资源，网站的营销和推广是重中之重，同时大力开拓市场，提高市场占有率。

4.2 网站盈利模式

通过向入驻企业收取会员费、广告费等，同时开展网上商品贸易赚取差价、佣金等方式盈利。

4.2.1 入驻费用（保证金）

4.2.2 会员费

普通会员免费，会员交纳会费可升级为高级会员、黄金会员、钻石会员，享受相应权利。

4.2.3 广告费

（1）商品展示：按照竞价的方式在相关栏目页面轮播。

（2）推荐品牌：按照竞价的方式在相关栏目页面轮播。

（3）页面通栏：按周、月收费。

（4）页面广告：按周、月收费。

4.2.4 其他

4.3 会员制度

4.3.1 商户会员

商户会员分为高级会员、黄金会员、钻石会员，不同的会员享受不同的页面展示位置、展示时长等。

4.3.2 用户会员

用户会员可以通过购物、推广链接等途径获得积分，可以参加积分兑换活动、享受打折优惠等。

4.4 网站栏目操作

4.4.1 首页

首页包括供求信息、新品展示、人气产品、团购活动等的最新内容。

（1）供求信息：主要为商户及会员发布产品和服务的供求信息，商户和会员通过审核后，可以在网站后台操作。

（2）新品展示：展示商户发布的最新商品，前期按照发布时间顺序自动抓取，后期通过商户竞价方式展示。

（3）人气产品：商户发布的销量最高的商品，前期按照商品交易量等自动抓取，后期通过商户竞价方式展示。

（4）团购活动：由商户参加的团购频道，活动由平台联合商户发起。

4.4.2 新闻资讯频道

发布行业资讯、实用经验等，需要由专人负责文章的采集、发布工作。

4.4.3 软件开发社区频道

商户、用户发布各类信息，需要人工审核。

4.5 团队建设、人员配置

（1）网站运营主管1名：负责统筹，团队管理，策划、组织、执行运营方案。

（2）编辑1名：负责专业文章撰写、抓取，软文发布。

（3）美工1名：负责网站图片设计、Flash设计等。

（4）电子商务人员2名：运营专员1名，负责网站数据录入、产品上下架、价格更新、网站推广；网站策划1名，负责站内活动策划执行。

（5）论坛版主若干：负责论坛内容更新、帖子管理、会员招募。

（6）网站客服2名：负责网站产品咨询、相关服务答疑等。

（7）技术人员1名：负责网站的图片、广告修改，程序修改，二次开发，网站代码优化等技术工作。

4.6 运营计划

4.6.1 日常运营

（1）根据当前销售计划定期策划、组织网站活动，网站美工、编辑配合制作专题，提高用户黏度。

（2）网站编辑每日进行线上内容的更新，要求图文结合、标题新颖，对每日访问量最高和最低的文章资讯进行统计，形成文字说明，以供决策。

（3）运营专员每日负责网站数据的录入、产品上下架、价格更新。

（4）运营专员每周收集推广数据，分析推广效果，形成文字总结，以供调整推广策略。

（5）论坛版主负责收集论坛板块数据，分析板块活跃度，为网站整体运营以及招募会员提供数据支持。

（6）网站客服负责对网站入驻企业及用户的答疑工作，形成具体的文字记录，为本公司决策以及寻找相关的目标企业入驻提供数据支持。

（7）技术人员通过各类网站分析工具获取网站运行数据，对网站运营推广计划进行补充改进。

4.6.2 运营指标

（1）Alexa网站排名和3个月变化曲线。

（2）重点关键字排名。

（3）访问量。

（4）注册会员数。

（5）入驻商家数。

4.7 网站推广

4.7.1 日常推广

网络推广的核心是花最少的钱获得最大的传播效果，只有进行全方位持续的推广，才能获得稳定的效果。

（1）网站关键字分析和选择：进行站内搜索引擎优化（SEO），设置网站及各子栏目的主关键字和长尾关键字。

（2）在百度的竞价排名中，购买网站的主关键字进行推广，按竞价点击付费。

（3）寻找与公司网站互补的网站建立友情链接。

（4）到流量大的行业论坛、博客等发布软文，与公司网站巧妙结合。

（5）加入行业QQ群、社区，发布推广信息。

（6）利用邮件列表进行网站推广，定期给注册会员发送电子邮件、电子杂志。

（7）把网站提交到网站导航站、网站收录站。

（8）印发宣传单线下推广，可以和入驻企业联合进行。

（9）采用网站会员推广链接换取积分的方式推广。

（10）微博推广。

（11）登录搜索引擎等。

4.7.2 管理重点

（1）按照公司的规章制度制定部门的工作流程和制度，提高工作质量和效率。

（2）配合公司各部门工作，执行公司决策，配合销售计划和营销策略制订推广计划，有条理、有分工地执行计划。

（3）运营专员对各项网站数据（如IP数、访问量（PV）等）进行统计分析，形成文字总结。

（4）每周针对推广反馈的数据，对推广计划进行总结、补充，及时调整。

5 存在的风险与对策

5.1 经营风险

5.1.1 行业周期风险

网络信息产业本身具有较大的不确定性。

5.1.2 产品周期风险

根据公司产品的市场战略，此项目属于新产品的市场开发行为，因此有开发失败的可能。

5.1.3 经营生产费用上升的风险

公司经营生产费用主要涉及服务器托管费、数字数据网（DDN）专线租用费和公司运营费用，其中任何一项费用的上升都有可能降低利润。

5.1.4 技术安全性风险

公司是利用互联网这一新兴技术开展业务活动的，而互联网上众多黑客的存在对数据库的安全构成了威胁，因此，当数据库受到攻击时，有可能造成重大损失。

5.2 行业风险

行业内部激烈竞争带来的风险：互联网的优越性已被社会所认识，大量实力雄厚的机构乃至上市公司纷纷投资于网络市场，业内竞争将非常激烈，同时，网络平台同传统媒体的竞争有可能使市场利润率降低。因此，竞争风险有可能会给公司带来严重的威胁。

行业发展存在的其他限制因素包括：网络信息产业尚处于发展阶段，行业标准及行业法规尚不健全，当前物理网络传输速度不快，这些都有可能面临其他可替代行业的竞争。

5.3 市场风险

销售市场尚待开发的风险：利用网络技术向传统商品市场传播经济情报这一服务形式尚未得到商界的普遍认同，首先进入市场者必须承担开发市场的投入。

密切相关行业的影响：商界获取经济情报的途径多种多样，传统媒体及各行业的内部业务关系都对本行业构成了潜在的威胁。

5.4 对策

针对上述风险因素，我们将采取积极、有效的措施，最大限度地降低风险。

(1) 经营风险对策：针对行业周期风险，采取试制一种服务（逐渐完善的服务）的方式进行分期投入。针对产品周期风险，尽快建立起数据库，占领某行业的交易市场及经济情报市场。针对经营生产费用上升风险，加强核算，控制成本。针对安全性风险，由技术部门紧密跟踪网络安全技术的发展，及时配置安全手段。

(2) 行业风险对策：针对市场竞争风险，我们将在数据库专业化方面下功夫，获得对相关行业的经济情报的独占优势。针对本行业所独有的其他风险，我们将在数据库的检索技术上加强开发，以弥补当前物理网络传输速度慢的缺点。

(3) 市场风险对策：针对市场开发风险，我们将一如既往地加强公关工作，加大宣传力度，扩大社会影响，以降低开发市场的投入；同时，实现传统媒体与网络并进，通过资本运作完成与传统媒体的合并，并利用网络技术改造传统专业媒体。

(4) 其他风险对策：针对政策风险，我们将加强与同行业的联系，通过行业协会等相关部门影响同行业公司，增强本行业服务社会、服务国家、服务民族的意识，以减少政策对本行业的约束和增强社会对本行业的信任。针对项目投资风险，我们将组织具有丰富的经营经验的专业人员成立专门小组进行严格的项目管理，以确保所有工作保质、保量、按期完成，尽快产生经济效益。

6 平台的预算

6.1 开发预算

平台系统开发预算为10万元。

6.2　硬件配套

（1）域名费用：一年为75元，5年共计375元。

（2）自建机房费用：机房建设3万元；服务器1.8万元；防火墙3万元；双线接入联通1 000M光纤1 800元/年，电信1 000M光纤1 600元/年，合计3 400/年；机柜2 500元。总计8.39万元。此为建设费，以后每年仅需光纤接入费3 400元。

（3）租用服务器费用7 000元/年，或自己购买服务器托管，托管费为5 800元/年。

6.3　人员工资

（1）网络编辑，7 500×12=90 000（元）。

（2）美工人员，8 000×12=96 000（元）。

（3）电商人员，7 500×2×12=180 000（元）。

（4）客服人员，7 500×2×12=180 000（元）。

6.4　其他费用

其他费用主要是不可预见的费用，包括营业执照办理费用、办公费、后期维护费用等。

这样，建设电子商务平台的第一年的基本总费用不超过70万元。

资料来源　佚名. 电子商务网站建设规划方案［EB/OL］.［2022-12-17］. http：//wenku.baidu.com/view/56aa6ced551810a6f52486ae.html.

案例思考：

建设电子商务网站要考虑哪些因素？

4.1　电子商务系统概述

4.1.1　电子商务系统的含义

电子商务系统是保证以电子商务为基础的网上交易得以实现的体系，有广义和狭义之分。

广义的电子商务系统是指支持电子商务活动的电子技术手段的集合。狭义的电子商务系统是指在互联网和其他网络的基础上，以实现企业电子商务活动为目标，满足企业生产、销售、服务等需要，支持企业的对外业务协作，从运作、管理和决策等层面全面提高企业信息化水平，为企业提供商业智能的计算机系统。

4.1.2　电子商务系统的构成

电子商务系统的整体结构分为企业内部信息管理系统层、电子商务应用层和支持应用实现的基础层。基础层包括三个层次和两个支柱：三个层次自下而上分别为网络层、消息/信息发布层、一般业务服务层；两个支柱分别是技术标准及网络协议、国家政策及法律法规。三个层次之上是各种特定的电子商务应用以及企业内部信息管理系统，三个层次和两个支柱是电子商务应用的条件。电子商务系统的一般框架如图4-1所示。

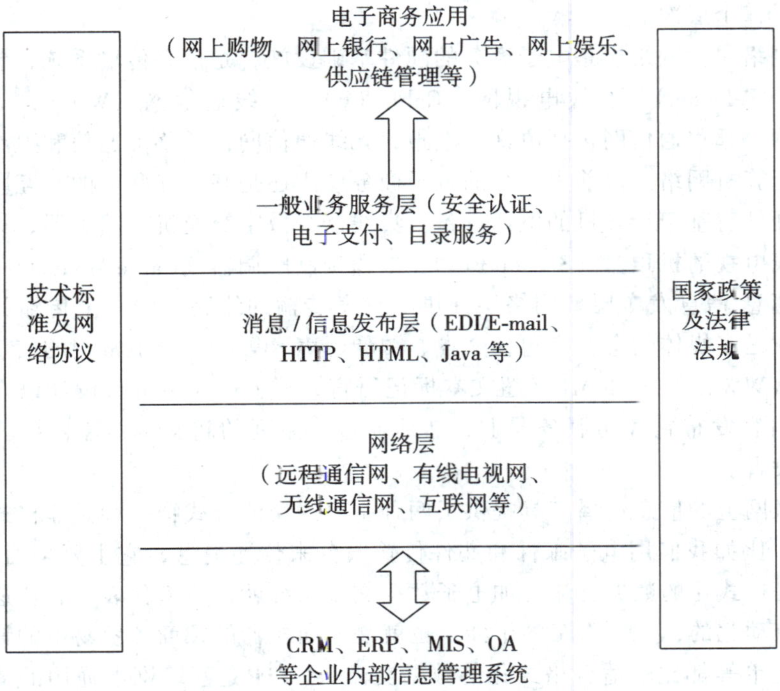

图4-1 电子商务系统的一般框架

1.支持应用实现的基础层

（1）两个支柱。

①技术标准及网络协议。技术标准是信息发布、传递的基础，是在网络上实现信息一致性的保证。它定义了用户接口、通信协议、信息发布标准、安全协议等技术细节。如果没有统一的技术标准，就如同不同的国家使用不同的电压传输电流，用不同的制式传输视频信号，很难实现顺畅的对接，那么就会限制许多产品或服务的使用范围。EDI标准就是一个典型的电子商务技术标准。网络安全是实现电子商务系统的基础，一个通用性强、安全可靠的网络协议则是实现电子商务安全交易的关键技术，它会对电子商务系统的整体性能产生很大的影响。由美国网景公司开发和倡导的SSL（Secure Sockets Layer，安全套接层）是目前电子商务交易中使用最多的协议之一，其内容主要包括协议简介、记录协议、握手协议、协议安全性分析及应用等。

②国家政策及法律法规。国家政策包括政府围绕电子商务的税收制度、信息定价（围绕谁花钱来进行信息高速公路建设）、信息访问的收费、信息传输成本、保护隐私等制定的相关政策。

法律法规维系着商务活动的正常运行，违规行为必须受到法律制裁。网上商务活动有其独特性，买卖双方很可能因为地域的差异产生纠纷。如果没有一个成熟的、统一的法律体系进行规范，纠纷就不可能解决。法律法规的完善与否直接关系到电子商务活动能否顺利开展。

(2) 三个层次。

①网络层。网络层是电子商务的硬件基础设施，是信息传输系统，包括远程通信网（Telecom）、有线电视网（Cable TV）、无线通信网（Wireless Network）和互联网。远程通信网包括电话、电报，无线通信网包括移动通信和卫星网，互联网是计算机网络。目前大部分的电子商务应用还是基于互联网的。互联网包括的主要硬件有基于计算机的电话设备、集线器、数字交换机、路由器、调制解调器、有线电视的机顶盒（Set-top Box）、电缆调制解调器（Cable Modem）等。

②消息/信息发布层。网络层提供了信息传输的线路，线路上传输的最复杂的信息就是多媒体信息，它包含文本、图像、声音等内容。最常用的信息发布方式就是WWW：使用HTML（超文本标记语言）或Java（跨平台设计语言）等将多媒体内容发布到Web服务器上，然后通过一系列的超文本传输协议将信息发送给接收者。

互联网上的信息传播工具提供了两种主要的交流方式：一种是非格式化的数据交流，比如我们用电子邮件和文件传输服务来传递消息，它主要是面向人的；另一种是格式化的数据交流，如电子数据交换系统就是典型代表，它传递和处理信息是自动化的，无须人工的干涉，也就是面向机器的，商务贸易中的订单、发票、装运单等都比较适合格式化的数据交流。HTTP是互联网上通用的消息传播工具，它以统一的显示方式在多种环境下显示非格式化的多媒体信息。目前，大量网民在各种终端和操作系统下通过HTTP使用统一资源定位器（URL）查到所需要的信息。

③一般业务服务层。一般业务服务层实现标准的网络商务活动服务以方便交易，如建立标准的商品目录/价目表、开发电子支付工具、保证商业信息安全传送、认证买卖双方的合法性。为保证商务活动的持续进行，必须保证交易安全有效地进行。目前的做法是采用信息加密技术、安全认证技术和安全交易协议来提供端到端的安全保障。

2.电子商务应用层

在两个支柱和三个层次这样的环境平台上，可以开展网上购物、网上银行、网络广告和网上娱乐等电子商务活动。

3.企业内部信息管理系统层

在电子商务环境下，企业信息化建设的目的不仅是管理企业内部的资源，还要建立一个统一的平台，将客户、供应商和其他伙伴纳入企业信息化管理系统中，以获得整条价值链的协同效应，创建企业持续的竞争优势。随着信息技术的发展，现代企业形成了对内以企业资源计划（Enterprise Resource Planning，ERP）为核心、对外以客户关系管理（Customer Relationship Management，CRM）为依托的发展趋势。在这种情况下，ERP与CRM的集成成为企业信息化的关键。

4.1.3 电子商务系统的建设类别

根据上面的分析，我们可以将整合后的电子商务系统分为两部分：前台系统和后台系统。前台系统主要是企业电子商务采购平台和电子商务销售平台与供应商和客户之间进行的物流、信息流和资金流的交换；后台系统主要是企业内部自身物流和信息流的交换，即ERP系统和CRM系统。

电子商务系统的建设可以分为两类：第一类，在企业现有的ERP、CRM等信息系统和已积累的数据资源之上构建电子商务网站；第二类，直接开展电子商务网站的建设，包括后台数据信息管理系统的建设，通过网站的运营逐步积累相关数据资源。

ERP、CRM系统和电子商务平台实现整合的前提是业务流程重组，对原有供应链体系进行一次彻底的重新设计。这将涉及对企业原有岗位和职能的重新定位以及工作流程的重新设计。对企业而言，系统集成是一项浩大的系统工程，它涵盖了从供应商到客户的整个流程。因此，系统集成需要按照“统一规划、分步实施”的原则，合理设立目标，全面规划，从本企业的实际情况出发，分阶段展开，逐步构建企业的信息化管理模式。企业应该先进行电子商务平台的搭建，再根据实际情况对企业的业务流程进行全面的分析，选择符合企业发展需求的ERP、CRM系统。

小案例4-1　　海尔是如何搭建B2C电子商务平台的

国际化战略是海尔集团的重要发展战略，海尔进军电子商务既是其国际化战略调整的必然结果，也是其走向国际化的必经之路。张瑞敏先生曾表示，海尔全面进军电子商务的目的是：在集团现有的IT设施的基础上建立完善的、高可视化的、个性化的电子商务平台，提高企业在国际市场的竞争力；通过电子商务不但实现海尔产品的网上销售，而且拓展其他增值服务。

1.海尔集团的电子商务目标

海尔集团在2000年3月10日开始筹建海尔集团电子商务有限公司。作为国内第一家搭建电子商务平台的家电企业，海尔面向供应商与个人消费者分别搭建了B2B与B2C两个电子商务平台。

（1）B2B：降低采购成本，创造新的利润源。

海尔搭建的B2B平台是一个面对供应商的采购平台，以便降低采购成本、优化分供方。利用海尔自身的品牌优势和采购价格优势，该平台还成为一个为所有采购商和供应商服务的公用的平台，成为物料的采购和分销中心。

首先，海尔通过B2B平台可与供应商建立协同合作的关系，在平台上实现网上招标、投标、供应商自我维护、订单状态跟踪等业务过程，与供应商紧密联系在一起。这样可以降低采购成本和缩短采购周期，提高采购业务的效率，减少不必要的人工联络及传递误差。海尔当时一年的采购费用是100多亿元人民币，采用网上采购后，采购费用大幅下降。优化分供方是海尔利用该B2B平台实现的另一目标，例如，海尔采购的零部件约有15 000种，那么就一个小螺丝钉而言到底世界上哪家企业提供的产品性价比最高？通过网上采购马上就会知道。这不只是降低价格那么简单，关键是找到了最好的分供方。

（2）B2C：以“一名两网”为基础，与用户保持零距离，快速满足用户的个性化需求。

海尔进军电子商务的优势可以总结为“一名两网”，一靠海尔自己的品牌，二靠健全的配送网络和支付网络。这一时期，海尔在各大城市设立的电话服务中心有30多个，营销网点有10 000多个，并深入到60 000多个村。可以说，海尔从一级市场、特大型城市到乡镇、建制村，建立起庞大的销售网络，构成了电子商务的基础。

在电子商务时代如何在强手如林的市场竞争中胜出？关键的一点就是快速满足用户的个性化需求，能够提供比别人更好地满足用户需求的产品。例如，用户提出要三角形的冰箱，海尔能不能提供？这就是消费的个性化需求。因此，这一方面要求海尔的电子商务网站必须满足个性化需求；另一方面，个性化反过来要求整个企业的生产能力、产能布局、组织结构全都要适应它。生产必须是柔性的，生产技术、产能布局、工艺设计以及准备结构都要围绕个性化转。有了这一条，再有了电子商务基本要素——配送网络和品牌，二者加起来才能将电子商务做好。

2.B2C总体方案设计

海尔公司于2000年3月10日就建设B2C电子商务平台向各大公司公开招标，并对电子商务集成厂商提出了如下要求：拥有相应的系统集成经验；拥有先进的电子商务解决方案及实施经验；拥有专业的技术服务队伍。3月20日，CA公司中标海尔电子商务B2C系统总集成项目，并提出了该项目的设计目标：采用面向对象的技术、开放的系统结构、模块化程序设计等技术，实现个性化、智能化、可视化、多媒体的目标，实现电子商务的P2P（Profit to Profit）。CA公司之所以能够中标，一方面是由于它有项目经验，在国内有很多成功的案例，并有专业的技术服务人员；另一方面得益于它的Jasmine ii和Neugents技术。

Jasmine ii为建立、测试和部署智能化电子商务应用提供了完整的解决方案。它将应用服务器、对象业务监控、企业应用、动态个性化和门户技术集成到同一个平台上。Jasmine ii是一个开放的集成化平台，不仅支持所有的互联网标准，还能通过对XML、EJB、COM/COM+和CORBA的支持确保与其他产品的互操作性。同时，它具有语言绑定和集成开发工具，开发人员可以利用任何一种熟悉的工具进行开发，例如Java、XML、C++、VB等。Jasmine ii可方便地实现对现有系统的集成，它利用了底层数据源技术属性，因而用户既可以利用属性的功能，又能在开发环境中像本地Jasmine ii对象一样揭示数据的逻辑关系。因此，Jasmine ii可以利用广泛的企业应用数据源，如ERP系统、数据库、电子商务系统和传统应用系统等。Neugents技术是CA公司的另一特有技术，它利用神经网络技术可通过对大量数据的分析预测未来的结果，例如通过对客户偏好的分析预测客户的需求，从而建立实时、个性化的应用，扩大销售机会。

海尔B2C系统的Web Server、数据库Server采用了IBM Netfity7000，操作系统为NT4.0+IIS。海尔电子商务的最大特点就是个性化，Jasmine ii智能平台使多媒体技术、对象数据库技术和Web技术相结合，构成了一个含有大量文字、图片、视频信息，并可与三维虚拟场景交互的面向互联网的多媒体数据库应用系统，实现了基于Web的产品定制与导购功能。用户可以方便地在网上按照个人需要实现各种产品的自行组配、定制，而且充分考虑了各种情况，例如甲地订货、乙地付款、丙地收货等，从而使海尔与用户保持零距离，最大限度地满足用户的个性化需求。Jasmine ii集成化和可视化的新特点，使系统不仅拥有强大的电子商务功能，而且具有使电子商务向智能化、个性化、定制化方向发展的巨大潜力。

安全是实施电子商务的另一关键问题。海尔电子商务平台从三个方面保证系统的安全：网络安全、系统安全、支付安全。在网络安全方面，采用防火墙、网络会话检测防护（Session Wall）技术。在系统安全方面，采用由eTrust Access Control、Unicenter TNG/NSO及eTrust Intrusion Protection组成的系统安全解决方案。支付安全主要通过银行支付网关，采用SET、SSL协议保证，实现与中国建设银行、招商银行、中国银行、中国工商银行等金融机构的网上结算。

3.阶段实施效果

海尔电子商务B2C平台分两个阶段实施：第一阶段，单点系统实施，从2000年4月18日起，首先开通北京和青岛地区的网上销售业务。海尔首先推出13类、456种产品在网上直接销售，网上订购的用户可以在两天内收到自己需要的产品和服务。第二阶段，在全国主要城市推广海尔B2C系统，使网上销售范围覆盖全国，并进一步使海尔B2C走出国界。同时，进一步对现有的Call Center资源进行分析、挖掘，扩大商机，建立E-CRM，并与传统CRM相结合，推动海尔的发展。

经过近40年的发展，海尔已经成为全球领先的美好生活和数字化转型解决方案服务商。海尔始终以用户为中心，在全球设立了10个研发中心、71个研究院、33个工业园、133个制造中心和23万个销售网络，连续4年作为全球唯一物联网生态品牌蝉联“BrandZ最具价值全球品牌100强”，连续14年稳居“欧睿国际全球大型家电零售量”第一名，2022年全球营业收入达3 506亿元，品牌价值达4 739.65亿元。

海尔作为实体经济的代表，持续聚焦实业，布局智慧住居和产业互联网两大赛道，建设高端品牌、场景品牌与生态品牌，以科技创新为全球用户定制个性化智慧生活，助推企业实现数字化转型，助力经济社会高质量发展、可持续发展。

资料来源 [1] 王建荣. 海尔e化之路——Jasmine ii为海尔搭建B2C电子商务平台 [J]. 计算机周刊，2001 (46). [2] 海尔集团网站.

4.1.4 电子商务系统的实现方式

电子商务系统有多种实现方式，其各有优缺点。下面主要介绍常见的电子商务系统开发方式。

1.自主开发

自主开发是指企业依靠自己的力量独立完成电子商务系统建设的各项任务。其主要优点是：

（1）适用性强。自主开发的系统可以满足企业的独特需求，实现许多外购软件难以实现的功能。

（2）匹配度高。与现有的业务流程匹配度高，实施成功的可能性也更高。

（3）灵活性强。能较快满足不断变动的流程的需要，更符合业务要求。

同时，自主开发电子商务系统也面临技术人才缺乏、系统升级换代难、与其他软件系统接口匹配度不高等问题。

2.委托开发

委托开发方式是企业委托具有丰富开发经验的机构或专业开发人员按照自己的需求来开发系统。其主要优点是：

（1）费用低。委托企业提前介入，所需研究费用大大降低。

（2）风险小。委托企业参与研发全程，切实了解研究细节，可避免开发失败的风险。

（3）效益好。企业自主立项、量身定做，符合企业自身发展需求，与既定经营方针和销售渠道相吻合。

同时，委托开发方式存在对开发商过于依赖、后期系统维护难、商业机密易泄露等缺点。

3.合作开发

合作开发是指企业和具有丰富开发经验的机构或者专业开发人员共同完成系统开发任务。其主要优点是：需求明确，能够为企业量身定做，同时为企业培养较多优秀的技术人才，为系统的后续开发与维护服务。

合作开发的缺点是：开发风险较大，投入也很大，培养的大量人才在系统交付使用后会发生空置现象，浪费人力资源。

4.购置集成应用软件

购置集成应用软件是企业根据自身要求，在系统分析的基础上，选择并购买市场上符合要求的集成商品化应用软件。其主要优点是：

（1）由于购买的是现成的通用、标准化套装系统，因而省去了大量的开发时间，上线速度快。

（2）产品专业化程度高，经过了充分的验证和测试，系统安全性能好，功能相对齐全，上线风险最小。

（3）套装系统的开发商已将整体开发成本分摊，因而价格往往比较适中。

（4）系统接口的开放性、集成性较好，能够满足企业未来信息化不断发展的要求。

（5）售后服务较为专业，产品能够不断升级，一般可以根据企业要求对产品进行适当调整定制。

购置集成应用软件也存在企业个性化需求无法满足，软件实施、服务、升级等受制于人等缺点。

表4-1对常见的电子商务系统的实现方式进行了对比。

表4-1 电子商务系统常见实现方式对比

实现方式 对比项目	自主开发	委托开发	合作开发	购置集成应用软件
需求明确	好	较好	好	较好
开发投入	大	中等	大	大
项目可控	好	较好	较好	好
用户适应	好	好	好	一般
人才培养	好	差	好	差
系统质量	一般	好	较好	好
开发周期	长	中	中	短
推动变革	不利	较有利	较有利	有利
风险程度	较大	小	较大	小
外界依赖	很少依赖	较依赖	较少依赖	唯一依赖

4.1.5 电子商务系统的运行管理与评价

1.电子商务系统的运行与管理

（1）系统日常运行管理。管理人员对基本经营活动和交易进行跟踪和记录，对销售、现金流动、工资、原材料进出等数据进行管理。系统日常运行管理的主要原则是记录日常交易活动，解决常见业务问题，如销售系统中当天销售多少、库存多少等基本问题。

（2）系统文档的管理。电子商务系统涉及的文档内容包括技术文档和供应链管理文档。其中，技术文档包括电子商务系统开发、运行、维护的内容；供应链管理文档包括供应、生产作业、物流、需求等文档。

（3）系统的安全与保密。电子商务系统的“不确定性”是影响消费者网上购物兴趣的显著因素。不确定性会提高交易成本，进而降低消费者网上购物的兴趣。因此，需要建立一个安全、便利并且令人信赖的信息安全体系来降低不确定性。信息安全体系涉及一些保密机制，如身份识别、加密技术、数字签名与电子证书、防火墙等。

2.电子商务系统的评价

电子商务系统的评价包括技术评价与应用评价。对电子商务系统进行技术评价应该关注技术开发水平、系统的功能、系统的可靠性、系统的效率、系统的适应性和扩展性、安全保密性等。对它进行应用评价应该关注直接经济效益、企业业务流程的合理性、管理水平和效益、企业内部用户满意度、客户和商业伙伴满意度、信息服务的质量、社会效益等。

4.2 电子商务网站建设

微视频 4-1

电子商务带动秦巴山区走上致富路

电子商务系统是基于互联网并支持企业价值链增值的信息系统，而网站是这一系统的重要组成部分或者技术手段。没有网站的电子商务系统是不完整的，当然，将企业电子商务系统等同于企业的网站也是不全面的，这将无法达到优化企业生产、销售等一系列作业流程和降低企业成本、提高生产效率等效果。

4.2.1 电子商务网站的定义

电子商务网站是指一个企业、机构在互联网上建立的站点，是企业、机构开展电子商务的基础设施和信息平台，是实施电子商务的企业或机构与客户之间的交互界面，是电子商务系统运行的承担者和表现者。

按照网站的商务目的和业务功能，我们可以将电子商务网站分为宣传型电子商务网站（如南极人官网，www.nanjiren.com.cn）、客户服务型电子商务网站（如用友软件官网，www.yonyou.com）、完全运作型电子商务网站（如天猫，www.tmall.com）、基本型电子商务网站（如阿里巴巴，www.alibaba.com）四类。

4.2.2 电子商务网站的优势

1.降低单位产品宣传费用

电子商务网站为企业开拓市场创造了良好条件。信息革命把生产企业和消费者带入了一个网络经济和数字化的世界，解除了传统贸易活动中物质、时间、空间的限制，实现了资源的传递和信息共享，一些企业在传统贸易环境下难以克服的区位劣势和竞争劣势得以克服。企业通过网络发布广告和信息，减少了宣传成本。

2.加强与客户联系，提高用户忠诚度

在电子商务时代，客户可以通过网站直接向厂商咨询产品信息、投诉、反馈意见、发表看法。厂商也可以直接通过网站了解客户意见、市场需求，从而加快信息传递，缩短销售周期。可以说，在一定程度上，电子商务网站给企业与客户提供了一种新的沟通渠道和方式，也正是这种高效的沟通渠道使得电子商务的发展如此旺盛和充满活力。电子商务网站通过客户管理系统和个性化推荐系统等不断强化客户关系，最终建立客户对网络的忠诚，从而实现长期稳定的客户重复购买行为。

3.提供商务信息

电子商务网站使公司内部、供应商、客户和合作伙伴之间可以实时共享商务信息。一个电子商务网站要想发挥更大的作用，吸引更多的浏览者，壮大自己的客户群，就必须研究和跟踪最新的变化情况，及时发布企业最新的产品、价格、服务等信息，保持网站内容的时效性。

4.提供全程客户服务

电子商务网站的客户服务针对消费者的购物过程分为售前服务、售中服务和售后服务，对消费者购物过程的每一步都给予关注和引导，提高消费者的满意度和忠诚度。

5.建立24小时服务

电子商务完善的销售模式为客户提供全天候开放、服务更好、响应更快的商务活动空间，实现网上交易的基本功能。

4.2.3 电子商务网站的功能组成

1.客户管理

客户是企业最重要的战略性资源，企业的一切经营活动、营销策略都是围绕“发现、保持和留住客户”而开展的。

客户管理的功能主要包括客户信息（基本信息、动态信息、交易信息、需求信息、客户价值、客户信誉度、客户满意度等）收集、客户状态管理（客户处于生命周期的什么阶段）、客户资源状况分析和客户分类等功能。

客户分类中的重要客户是众多电子商务网站关注的焦点，重要客户（大客户）是指对产品（或服务）消费频率高、消费量大、客户利润率高并且对企业经营业绩能产生一定影响的关键客户，而除此之外的客户群则可划分入中小客户范畴。重要客户对企业具有战略意义，并且能对企业盈利做出重大贡献。经典的重要客户范畴包括企事业单位、政府机构、分销商、经销商、批发商和代理商等。

2.新闻发布

电子商务网站还可以提供新闻浏览服务，包括时政新闻、社会新闻、经济新闻、娱乐新闻、体育新闻等多种类型的新闻。新闻是人们关注的焦点，也是网站中不可缺少的元素，无论是企业网站还是信息类门户网站，新闻的出现都给网站带来了勃勃生机。

3.广告发布

广告系统是一个非常重要的系统，随着规模的扩大，网站可以通过发布和获取广告信息来创造更多的收入、增加盈利。此外，广告可以传播网站现有的信息以达到宣传网站的目的。在通常情况下，广告有文字广告、图片广告、图文广告、视频广告等多种展现方式。

4.销售管理（购物车）

电子商务网站的购物车相当于现实中超市的购物车，不同的是前者是虚拟车，后者是实体车。用户可以在电子商务网站的不同页面之间跳转，选择自己喜爱的商品并加到购物车中，多次选购后，将购物车中的所有商品统一付款，这也是尽量让客户体验到现实生活中购物的感觉。服务器通过追踪每个用户的行动，以保证在结账时每件商品都物有其主。

购物车的功能包括：添加商品至购物车；从购物车中删除商品；修改购物车

中某件商品的订购数量；清空购物车；显示购物车中的商品清单、数量和价格。

5.产品管理

产品管理是指一个电商企业从分析顾客需求入手，对商品组合、定价方法、促销活动、资金使用、库存商品和其他经营性指标做出全面的分析和计划，通过高效的运营系统，保证在最佳时间按最合适的数量、正确的价格向顾客提供商品，同时达到既定的经济效益指标。

6.友情链接

友情链接，也称网站交换链接、互惠链接、互换链接、联盟链接等，是具有一定资源互补优势的网站之间的简单合作形式，即分别在自己的网站上放置对方网站的Logo（标志）图片或文字，并设置对方网站的超链接（单击后，切换或弹出另一个新的页面），使得用户可以从合作网站中发现自己的网站，达到互相推广的目的，因此常作为一种网站推广的基本手段。

7.论坛

论坛是互联网诞生之初就存在的形式，历经多年洗礼，它已经成为用户交流见解、共享资源的平台。人气高的论坛可以为电商企业提供营销传播服务，而由于论坛话题的开放性，企业所有营销诉求几乎都可以通过论坛传播实现。论坛营销就是企业利用论坛这种网络交流的平台，通过文字、图片、视频等方式发布企业的产品和服务信息，从而让目标客户更加深刻地了解企业的产品和服务，最终达到宣传企业品牌、提高市场认知度的目的。

8.客户服务

网站客服，也称网上前台，是一种以网站为媒介，向互联网访客与网站内部员工提供即时沟通渠道的页面通信技术。网站客服人员通过和浏览者沟通，首先可以让用户了解企业的产品优势和实力等方面的内容，最终促成交易；其次可以拿到用户的联系方式（电话、QQ、邮箱）供后期跟踪回访使用，促成以后的销售。

网站客服一般包含以下几部分内容：

（1）网上调查。客服承担着网上调查的部分工作，利用互联网分析工具对客户信息进行整理与分析。其主要作用是协助企业在网上开展调查，了解客户的消费心理，从而更好地改善服务，并且能通过调查结果及时地掌握客户的需求和市场走向。

（2）FAQ。FAQ即Frequently Asked Questions，中文意思就是“经常问到的问题”。FAQ设计的问题和解答都必须是客户经常问到和遇到的。为保证FAQ的有效性，首先要经常更新问题，回答客户提出的一些热点问题；其次是问题要短小精悍，对于提问频率高的常见的简单问题，不宜用很长的文字描述，这样会浪费客户的在线时间，而对于一些重要问题，在保证精准的前提下也要尽可能简短。为方便客户使用，第一，FAQ应该提供搜索功能，客户通过输入关键字可以直接找到有关问题；第二，问题较多时，可以采用分层目录式的结构组织问题的解答，但目录层次不能太多，最好不要超过四层；第三，将客户经常提问的问题放到前面，对于其他问题可以按一定规律排列，常用方法是按字典顺序排列；第四，对于一些复杂问题，可以在问题之间设计链接，便于客户快捷地找到相关问题的答案。

(3) 即时通信（IM）。在电子商务领域，即时通信的代表有阿里旺旺、QQ等。IM可以实现以下功能：寻找客户资源或便于商务联系；以低成本实现商务交流或工作交流，这以中小企业、个人实现交易，企业员工跨地域工作交流的应用为主。

(4) 连接客户关系管理（CRM）系统。客服将其搜集到的客户信息与后台CRM系统连接，由系统自动地分析销售、服务以及应用支持等业务，可以缩减销售周期和销售成本，增加收入，寻找扩展业务所需的新的市场和渠道，提高客户价值、满意度、盈利性和忠诚度。

4.2.4 电子商务网站的建设流程

电子商务网站的建设一般有网站规划、搭建网站、部署服务器、注册域名、许可备案、网站推广与维护等几个阶段，如图4-2所示。

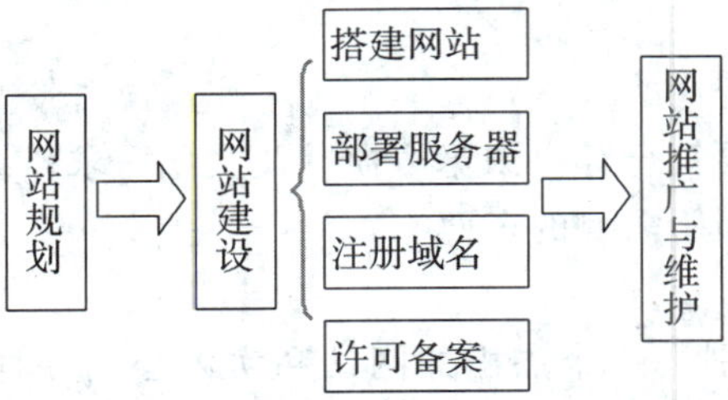

图4-2 电子商务网站的建设流程

1. 网站规划

电子商务网站规划是指在网站建设前对市场进行分析，确定网站的目的和功能，并根据需要对网站建设中的技术、内容、费用、测试、维护等方面做出规划。网站规划对网站建设起到计划和指导作用，对网站的内容和维护起到定位作用。

电子商务网站规划的主要内容一般包括：网站建设目的；网站商务模式及盈利模式；网站目标客户、市场定位分析；网站风格设定；技术、经济及人员可行性分析；运行环境、技术及工具的选择等。

(1) 网站建设目的

企业网站是企业在互联网上展示形象的门户，是企业开展电子交易的基地，是企业在网上的“家”。设计制作一个优秀的网站是建站企业成功迈向互联网的重要步骤。

一般来讲，企业建设网站的目的有以下几种：提升企业形象、加强网络沟通、全面详细介绍公司及产品、实现电子商务功能、密切联系客户、与潜在客户建立商业联系、降低通信费用、及时得到客户的反馈信息等。

网站建设目的直接决定网站功能和界面风格的设置，所以在建设网站之初必须先确定网站建设目的。

（2）网站商务模式及盈利模式

网站商务模式可细分为B2B、B2C、C2C等多种模式，每一种商务模式的盈利模式都是不一样的，详见本书第2章。网站建设之初还应确定电子商务网站的商务模式，不同的商务模式会对网站的功能设置提出不同的要求，如B2B网站会对会员提出更高的身份认证要求，需要在网站功能设置上纳入认证体系。

（3）网站目标客户、市场定位分析

调查与分析目标客户，了解网站可能的业务对象和他们的需求，规划与设计符合目标客户群的商务网站，为他们提供所需的产品和服务，以及满足他们的兴趣与爱好，吸引他们对网站的注意力，使企业的网站不致停留在企业形象宣传、信息发布与信息浏览的简单层面上，而是真正成为满足客户需求的商务网站。

在生产和制造产品之前，企业往往会对自己的产品在市场上处于何种位置、竞争对手的情况以及消费者心理做出全面的了解和分析，这样才能更好地吸引和留住消费者，电子商务网站也是如此。盲目地建立一个网站并发布在互联网上，只能徒增企业的成本。因此，市场定位分析对电子商务网站的建设是必要而又行之有效的。

（4）网站风格设定

企业的网站风格要符合客户浏览习惯以及文化需求，结合行业特点，让客户能够从网站中迅速找到所需要的东西。

①网站的CI设计。

CI是企业形象识别，一个杰出的网站和实体公司一样，也需要整体的形象设计和包装。准确、有创意的CI设计，对网站的宣传推广有事半功倍的效果。网站主题和名称确定后，需要思考的就是网站的CI设计。

网站的CI设计一般包含网站Logo的设计、网站标准色彩的确定、网站标准字体的设计以及网站宣传标语的设计等。

②网页页面内容的编排。

网页页面内容的编排要力求做到布局合理化、有序化和整体化，充分利用有限的屏幕空间。在编排页面内容时，主要应考虑以下方面：主次分明，中心突出；大小搭配，相互呼应；图文并茂，相得益彰；适当留空，清晰易读。

③网页布局的设计。

网页布局就是把网页的基本组成部分在页面内进行合理的安排。互联网上的网页多种多样，内容千差万别，形式各异，但常见的网页布局主要有“国”字形布局、“T”形布局、标题正文型布局、POP布局、Flash布局等。

第一，“国”字形布局。页面的上方放置网站的标志和导航栏或条幅（Banner）广告，中间放置网页的主要内容，下方放置网站的版权信息和联系方式等，如图4-3所示。我们常见的这类电子商务门户网站有京东、天猫、亚马逊等。

页头横条：网站Logo+导航栏+Banner广告		
左侧：导航菜单+其他	网页主要内容	右侧：友情链接+其他
页脚横条：版权信息+联系方式+其他		

图4-3　“国”字形布局的简化示意图

第二，“T”形布局。页面顶部放置网站的标志和导航栏或条幅广告，下方左侧是导航菜单，下方右侧放置网页的主要内容，如图4-4所示。

页头横条：网站Logo+导航栏+Banner广告	
左侧：导航菜单+其他	网页主要内容

图4-4　“T”形布局简化示意图

第三，标题正文型布局。用于显示文章页面、新闻页面和一些注册页面。

第四，POP布局。它是一种颇具艺术和时尚感的网页布局方式。页面设计通常以一张精美的海报画面为布局的主体。

第五，Flash布局。它是指网页页面以一个或多个Flash作为主体的布局方式，如雪佛兰官网首页。

另外，还有左右框架布局、上下框架布局、综合框架布局等。

（5）技术、经济及人员可行性分析

技术可行性分析主要是指构建与运行电子商务网站所必需的硬件、软件及相关技术对电子商务业务流程的支撑作用分析；经济可行性分析主要是指构建与运行网站的投入产出效益分析；人员可行性分析主要是指保证网站构建与运行所需要的人力资源、组织设计和管理制度的分析。

（6）运行环境、技术及工具的选择

选择运行环境要考虑良好的扩充性、高效的处理能力、强大的管理工具、良好的容错性能、与企业已有资源（ERP、CBM、MIS、OA等）整合、7×24小时服务、支持多种客户端、安全性等方面。

在技术选择上要分析是否能满足网站建设需要，是否符合主流技术标准，是否符合未来的技术发展方向，是否满足开放性和可扩充性要求，是否与现有的系统兼容，是否具有成功案例等。

工具的选择一般包括对网页设计工具、图片处理工具、动画设计工具、代码开发工具等的选择。

2.搭建网站

确定了一个适合企业的建设方向后，接下来就是搭建开展电子商务所必需的网站平台。一般有两种选择：一种是采用自己熟悉的网站开发技术，聘请网站开发人员搭建电子商务网站平台；另一种是采用开发好的通用网站系统或者委托专业的网络公司来搭建电子商务网站平台。两种方式各有优势，我们已在4.1.4节中详细阐述。

3.部署服务器

一个好的电子商务网站，不仅要保障大量的访问者正常访问，还要尽量让访问者更容易从无数的网站中找到并访问它。选择不同的服务器或不同的服务器安置位置，将影响网站的域名，一般来说成功的域名就是成功网站的代名词。服务器的形式有虚拟主机、托管主机、自建主机三种。

（1）虚拟主机

这是指使用特定的软硬件技术，把一台运行在互联网上的服务器主机分为若干台虚拟主机（有些专业服务商将一台主机分为数百台甚至上千台虚拟主机）。每个虚拟主机都可以是一个独立的网站，具有独立的域名和完整的互联网服务器功能（WWW、FTP、E-mail等），同一台服务器主机上划分出的虚拟主机之间是完全独立的，可由用户自行管理。从网站访问者的角度来看，一台虚拟主机和一台独立的服务器主机（采用服务器托管、专线上网等方式建立的服务器）完全一样。

用虚拟主机建设网站具有以下优点：

第一，降低硬件采购、网络维护等方面的成本。

第二，管理维护简便，既不必采用烦琐的系统配置，也不必进行用户账号开辟、权限分配和其他的培训指导。

第三，拥有更加稳定的性能。大多数的虚拟主机服务商不会只依赖一家网络通信供应商，这样可以保证系统不会因为一家网络服务供应商的服务质量问题而陷入瘫痪。

第四，网站建设效率大幅提高。现在主要的服务商都已经实现了整个业务流程的电子商务化，选择符合需要的虚拟主机，在线付款之后马上就可以进行网站的建设。

虚拟主机有一定的适用范围，在以下方面也存在缺点：

第一，某些功能的使用受到服务商的限制，如可能耗用系统资源的论坛程序、流量统计功能等。

第二，网站设计服务商提供的功能支持受到限制，如数据库类型、操作系统等。

第三，由于主机提供商将一台主机出租给过多的网站，或者服务器配置等原因，某些虚拟主机网站的访问速度过慢，但网站自己无法改善这种状况。

第四，如果一个用户的网站内容违法或违规，通信运营商将IP停用，那么其他没有违规的用户也无法正常使用。

采用虚拟主机建设网站的步骤大致分为：注册域名、开通虚拟主机、进行域名解析和主机绑定、安装建站程序直至最终完成网站建设。

（2）托管主机

托管主机是指在具有与互联网实时相连的网络环境的公司放置一台服务器，

或向其租用一台服务器，用户可以通过远程监控，将服务器配置成WWW、Mail、DB服务器。

如果企业在拥有独立的Web服务器的同时，不想进行通信线路、网络环境、机房环境等方面的投资，不想投入人力每天进行24小时的网络维护，则可以尝试托管主机。托管主机的特点是投资少，周期短，无线路拥塞的问题。

使用这种方式的建站过程和使用虚拟主机类似，差别就在于服务器的选择：对于网站的访问量比较稳定的一般企业，推荐使用虚拟主机，因为它有足够的空间，费用不高，只需要定期进行网站维护；对于网站具有较高访问量的企业，建议选择托管主机，因为它能够保证足够的带宽和流量，服务器整体性能也更好。

（3）自建主机

自建主机是指企业自己购置硬件设备，自己安装服务软件，自行维护主机运行。这就要求有水平较高的专业技术人员，投入较大的资金购置性能较好的服务器，日常维护工作量也非常大。其完整的构建流程包括：申请互联网接入线路、注册域名、购置网站服务器、安排专门的技术人员管理与维护。这种方式的投入成本很高。

成熟的大中型企业可以采用这种网站建设方式。其完整的网站管理环境可让企业更好地利用互联网为自己服务，同时加强企业自身的建设。

如果企业选择了自建主机的方式，就要根据需求购买服务器、数据库产品、网络操作系统、防火墙等设备和软件，对机房进行简单装修，接入宽带，还要对维护人员进行操作培训等。

4.注册域名

企业可以在国际域名网、万网等国际互联网中心（Inter NIC）认证的国际域名注册服务机构、中国互联网络信息中心（CNNIC）认证的cn域名注册服务机构进行域名注册。现以万网（www.net.cn）为例介绍域名注册的流程，如图4–5所示。

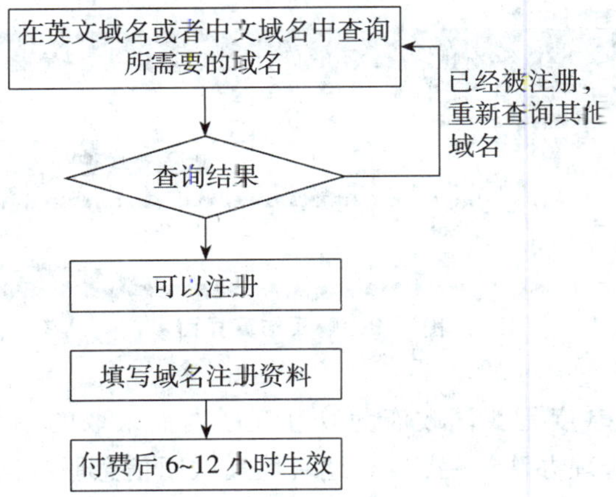

图4–5　域名注册流程

①注册会员并登录。

②进行域名查询，选择需要的域名。

③点击网站左上角的“注册域名”进入域名查询页面，如图4-6所示。

图4-6 域名查询页面

④输入需要查询的域名，如“bingbing123”，然后选择“.com”后缀。

⑤单击“查询”按钮，即显示查询结果，如图4-7所示。

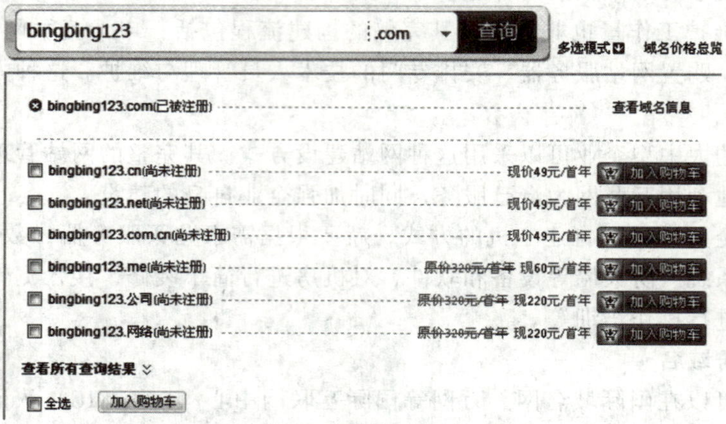

图4-7 查询结果

⑥将选择的域名加入购物车，进入购物车对域名注册年限、所有者类型进行设置，设置完毕后支付款项，如图4-8所示。

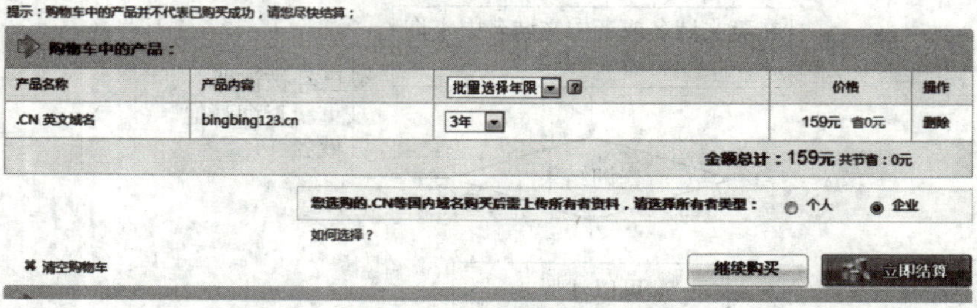

图4-8 购买结算界面

5.许可备案

网站许可备案制度是我国政府为管理互联网而采取的一种规范措施。根据《互联网信息服务管理办法》，我国对经营性互联网信息服务网站实行许可制度，对非经营性互联网信息服务网站实行备案制度。

自2005年3月开始，工业和信息化部开展互联网备案登记，有独立域名的网站都要进行备案，不进行备案的网站将根据主管部门的有关规定予以关闭。网站备案是免费的，由用户登录接入服务商企业侧系统自行备案或由接入服务商代为备案。备案的具体流程如图4-9所示。

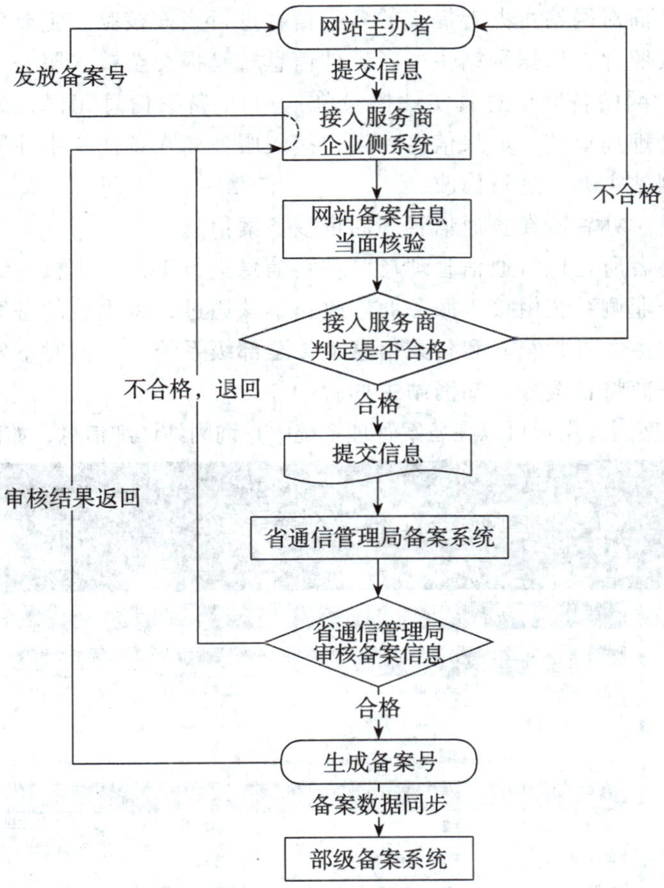

图4-9　网站备案流程

（1）网站主办者登录接入服务商企业侧系统

网站主办者进行网站备案时可有三种供选择的登录方式：

方式一：网站主办者登录部级系统，通过主页面“自行备案导航”栏目获取为其网站提供接入服务的企业名单（只能选择一个接入服务商），并进入企业侧备案系统办理网站备案业务。

方式二：网站主办者登录住所所在地省局系统，通过主页面“自行备案导航”栏目获取为其网站提供接入服务的企业名单（只能选择一个接入服务商），并进入企业侧备案系统办理网站备案业务。

方式三：网站主办者直接登录接入服务商企业侧系统办理网站备案业务。

（2）网站主办者自主报备信息或由接入服务商代为提交信息

①网站主办者通过上述三种登录方式登录到企业侧系统，注册用户→填写备

案信息→接入服务商校验所填信息，并反馈给网站主办者。

②网站主办者委托接入服务商代为报备网站的全部备案信息并核实信息真伪→接入服务商核实备案信息→将备案信息提交到省通信管理局系统。

（3）接入服务商核实备案信息

接入服务商对网站主办者提交的备案信息进行当面核验，主要包括：当面采集网站负责人照片；依据网站主办者证件信息核验提交至接入服务商系统的备案信息；填写“网站备案信息真实性核验单”。如果备案信息无误，接入服务商提交给省通信管理局审核；如果信息有误，接入服务商在备注栏中注明错误信息提示后退回给网站主办者进行修改。

（4）网站主办者所在省通信管理局审核备案信息

网站主办者所在地省通信管理局对备案信息进行审核，审核不通过，则退回接入服务商企业侧系统由接入服务商修改；审核通过，将生成的备案号、备案密码（发往网站主办者邮箱）和备案信息上传至部级系统，并同时下发到企业侧系统，接入服务商将备案号告知网站主办者。

在网站备案后，用户可以在备案管理系统中查询网站详细信息，如图4-10所示。

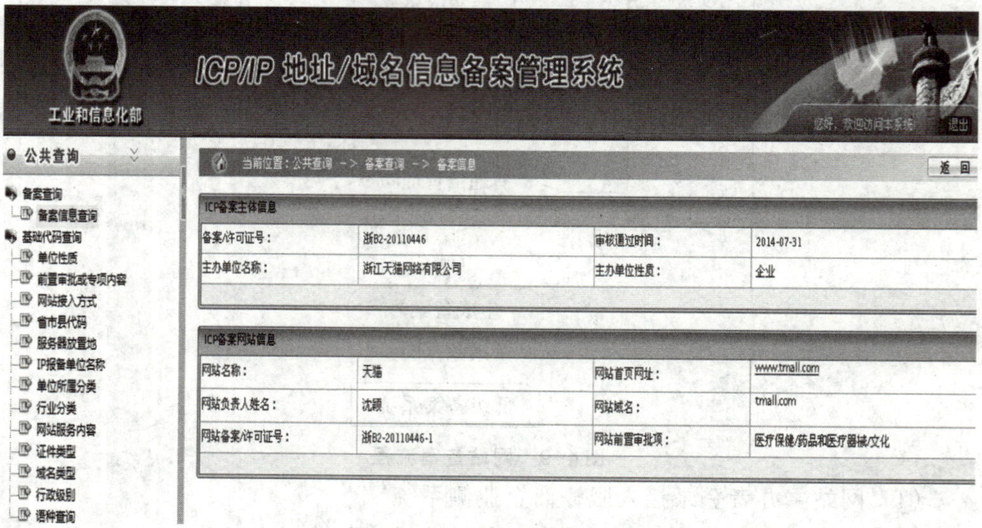

图4-10 天猫备案信息

6.网站推广与维护

网站在上传到服务器之后，就可以正式开放了。为了让发布的内容有新鲜感并吸引访客浏览，企业要经常对网站中的信息进行更新，对站内的链接进行检查。如果想提高网站的知名度和访问量，就要对网站进行宣传推广。

推广网站的方法最常用的有两种：一种是以交换友情链接或交换广告等方式进行宣传和推广；另一种是在搜索引擎中进行推广。注册搜索引擎是目前最为成熟的网络营销方法，具体措施为网站建成后工作人员到搜索引擎上注册中英文加注和有效的关键字搜索。此外，还有邮件推广、论坛推广、网络活动宣传、网络广告等方法。

推广网站的方法很多，不同的方法各有优缺点，企业应综合运用多种方法。至于哪些方法的组合更适合自己、更有效，则需要进行长期的测试，找到最佳组合以后可以加大投资，增强效果。

网站维护是指一切与网站后期运作有关的维护工作，包括服务器软件维护、服务器硬件维护、网站安全维护、网站内容维护等方面。与其他媒体一样，网站也需要经常更新维护才会达到预期的商业效果。网站运营维护的好坏在很大程度上会直接影响访客对企业的印象，以及能否成为企业的客户。为了让网站长期稳定地运行，企业要及时调整和更新网站内容，在瞬息万变的信息社会抓住更多的网络商机。

4.3 手机App建设

随着5G互联网的应用、消费电子市场的飞速发展以及智能手机的普及，App（应用程序）开发市场快速发展。

4.3.1 手机操作系统

目前，智能手机操作系统主要包括Symbian OS、Android OS、Windows Phone、iOS、Blackberry等几种。按照源代码、内核和应用环境等的开放程度划分，智能手机操作系统可分为开放型平台（基于Linux内核）和封闭型平台（基于UNIX和Windows内核）两大类。

1996年，微软发布Windows CE操作系统，正式进入手机操作系统领域。2001年6月，塞班公司发布S60的开山之作——Symbian S60操作系统，把智能手机提高了一个档次，塞班系统以其庞大的客户群和终端占有率称霸世界智能手机中低端市场。2007年6月，苹果公司的iOS登上历史舞台，手指触控的概念进入人们的生活，iOS将创新的移动电话、可触摸宽屏、网页浏览、手机游戏、手机地图等几种功能完美地融合为一体。2008年9月，当苹果和诺基亚还沉溺于彼此的争斗之时，Android OS（安卓系统）这个由Google研发团队设计的小机器人悄然出现在世人面前，良好的用户体验和开放性的设计让Android OS很快打入了智能手机市场。

数据分析机构StockApps提供的一份资料显示，截至2022年4月，安卓系统的市场份额从2018年7月的77.32%逐渐下滑至69.74%，苹果系统的市场份额则从19.4%增长到25.49%。

4.3.2 手机App的定义与开发技术

1. 手机App的定义

App是英文Application的缩写，指智能手机的第三方应用程序。我们日常可以使用的各种不同的手机软件被称为手机App或者手机客户端。正是智能手机和移动互联网的迅速普及，带来了App的繁荣。App作为移动设备功能的扩展，受到越来越多用户的关注，甚至有将移动互联网App化的趋势。App在一定程度上将碎片化信息和时间高效整合，忽略了空间地域的差异和阻隔，具有便携性、实时性、定向性、定制性，使受众与媒体在接近零成本的互动中得到信息的传播。

伴随着智能手机的普及，手机App大量出现并悄然改变着人们的休闲方式、阅读方式、生活习惯甚至创业模式等。而手机App的创新思维开发，始终是用户的关注焦点。同时，商用手机App的开发目的更多是获得诸多用户的一致关注与赞许。商用手机App把广告、互联网整合升级为移动互联网，企业和用户之间可以非常方便地建立一个良性的闭合环，用户通过手机可以看到企业、了解企业、记住企业。这正是企业营销最理想的状态，也是移动互联网发展到目前所存在的最大的价值，将影响越来越多的用户和企业。

2.手机App开发技术WeX5

WeX5是当前普遍采用的一种手机App开发技术，它遵循Apache开源协议，完全免费，上百个组件框架全部开放。对于可视化的组件框架，开发者可自定义组件，集成第三方组件，采用MVC（数据模型层、视图层和控制层）设计模式，将数据和视图分离，页面描述和代码逻辑分离，支持浏览器调试、真机调试、原生调试等多种调试模式，开发者可掌握每一行代码①。

WeX5支持主流的技术和标准。WeX5前端采用HTML5+CSS3+JS标准，使用AMD规范的RequireJS、bootstrap、jQuery等技术，一次开发，多端任意部署，确保开发者成果始终通用、不受限制。WeX5手机App基于PhoneGap（cordova）采用混合应用（hybrid App）开发模式，能轻松调用手机设备，如相机、地图、通讯录等，让开发者轻松应对各类复杂数据的应用，代码量减少80%，同时使开发出的应用能够媲美原生的运行体验。

WeX5支持多种类型的后端，包括Java、PHP和.NET等，同时支持云API。WeX5支持拖曳式页面设计，易学易用，拖曳组件、设置属性即可完成复杂技术能力，为开发者提供良好的开发体验。

WeX5框架如图4-11所示。

3.WeX5技术App开发过程

WeX5技术App开发过程主要分为以下3步：

（1）功能开发

功能开发主要包括前端页面开发、后端服务调用与原生插件调用。

（2）运行及调试

运行及调试阶段主要分为以下3步：

①使用Chrome浏览器运行及调试。

②生成调试App，在手机中运行，在计算机上进行真机调试。

① 董志良. 电子商务概论［M］. 北京：清华大学出版社，2021.

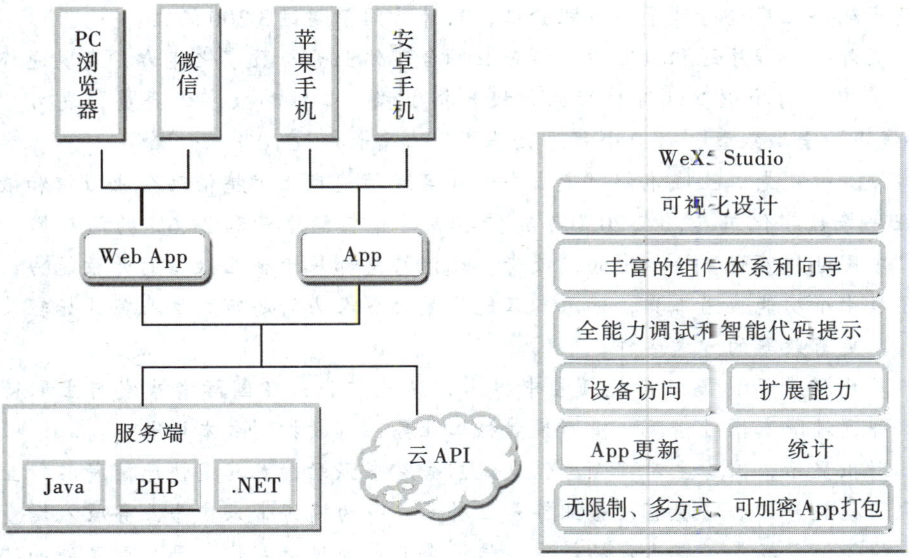

图4-11 WeX5框架

③使用开发工具中的模拟器或BlueStacks运行及调试。

（3）打包及部署

该阶段主要分为以下3个步骤：

①设置欢迎页、介绍页、App图标。

②获取证书，生成、发布App。

③对该App进行打包与部署。

4.3.3 典型的电子商务平台App

小案例4-2　　腾讯持续助力线下产业数字化

2022年11月16日，腾讯公布的2022年第三季度财报显示，微信月活跃用户数达到13.09亿，同比增长3.7%。小程序日活跃用户数突破6亿，同比增长超30%，日均使用次数同比增长超50%。

此外，随着食品杂货、餐饮服务及交通出行行业的显著增长，微信的商业支付金额于2022年第三季度获得双位数同比增长。金融科技及企业服务业务的收入增长6%至448亿元人民币，这主要是由于商业支付活动有所改善，拉动金融科技收入环比增长。

腾讯董事会主席兼首席执行官马化腾表示，借助广泛的用户触达，以及小程序和腾讯会议等产品，腾讯持续助力线下产业数字化。

财报显示，小程序服务了更多商业与民生服务应用场景，微信加深了小程序在食品饮料、服装、商场百货等主要行业的应用，越来越多的线下商户与品牌方将其会员和积分系统与小程序结合，并通过小程序建立多渠道零售体系。用户借助健康码小程序进行健康与行程验证，累计访问量超过3 200亿次。

此外，小程序还积极助力零售企业融合实体业务与数字化能力，实现逆势增长。其中，购物中心、百货行业积极开拓小程序收银和数字化会员，发力“线上+线下”全域经营，行业小程序交易额同比增长超过70%。

例如，从老工业城市鹤岗走出去的知名连锁超市比优特借助企业微信和微信小程序等数字化工具，在2020年凭借40%的销售额增量和21.6%的门店增量成为“中国连锁百强”榜单中的佼佼者。比优特总部基于企业微信的开放能力，开发了数十个功能应用工具，让原本只能依赖大量人力的超市零售业务开始轻装上阵，以更有效率的方式运作。

马化腾表示，腾讯在视频号中推出信息流广告，在国际游戏发行上取得突破，并通过降本增效措施，重新聚焦核心业务，有效控制成本增长。

财报显示，广告主对视频号信息流广告需求强劲，尤其是快速消费品行业广告主。视频号广告与现有广告业务是互补的，并为腾讯带来广告业务收入增量。

除了消费场景，在生产场景中，传统企业也通过数字化工具找到了新的“加速”方式。景旺电子、浔兴拉链厂等传统制造业企业也通过企业微信实现了内部管理、生产及外部上下游的数字化协同，在降本的同时还能提升效率。企业微信已经服务1 000多万家真实的企业和组织，活跃用户数超过1.8亿，企业通过企业微信服务的微信活跃用户数超过5亿。同时，越来越多的医院、学校等公共部门组织使用腾讯核心SaaS工具，促进高效协作及远程教育。

资料来源　王丹阳. 微信活跃用户超13亿！马化腾：持续助力线下产业数字化［EB/OL］.［2022-12-28］. https：//new.qq.com/rain/a/20221116A08QPJ00.html.

1.微信、微信公众号、微信小程序

（1）微信

思政链接4-1

数字中国发展“成绩单”

微信（WeChat）是腾讯公司于2011年1月21日推出的一个为智能终端提供即时通信服务的免费应用程序，由张小龙所带领的腾讯广州研发中心产品团队打造。微信支持跨通信运营商、跨操作系统平台通过网络快速发送免费语音短信、视频、图片和文字，也可以使用通过共享流媒体内容的资料和基于位置的社交插件“摇一摇”“朋友圈”“公众平台”“语音记事本”等。

微信提供公众号平台、朋友圈、消息推送等功能，用户可以通过“摇一摇”“搜索号码”“附近的人”“扫二维码”方式添加好友和关注公众平台，在微信上将内容分享给好友以及将看到的精彩内容分享到微信朋友圈。

（2）微信公众号

微信公众号是开发者或商家在微信公众平台上申请的应用账号，该账号与QQ账号互通，可在平台上实现和特定群体的文字、图片、语音、视频的全方位沟通、互动，已经成为一种主流的线上线下微信互动营销方式。

微信公众号开通流程包括以下几个步骤：

①搜索微信公众平台，找到微信公众号官网并打开。

②点击网站上的“立即注册”按钮，填写个人基本资料。

③系统会发送激活邮件，去你填写的邮箱点击“激活”即可。

④激活后，继续填写下一步的资料，选择要建立的账号类型，如图4-12所示。

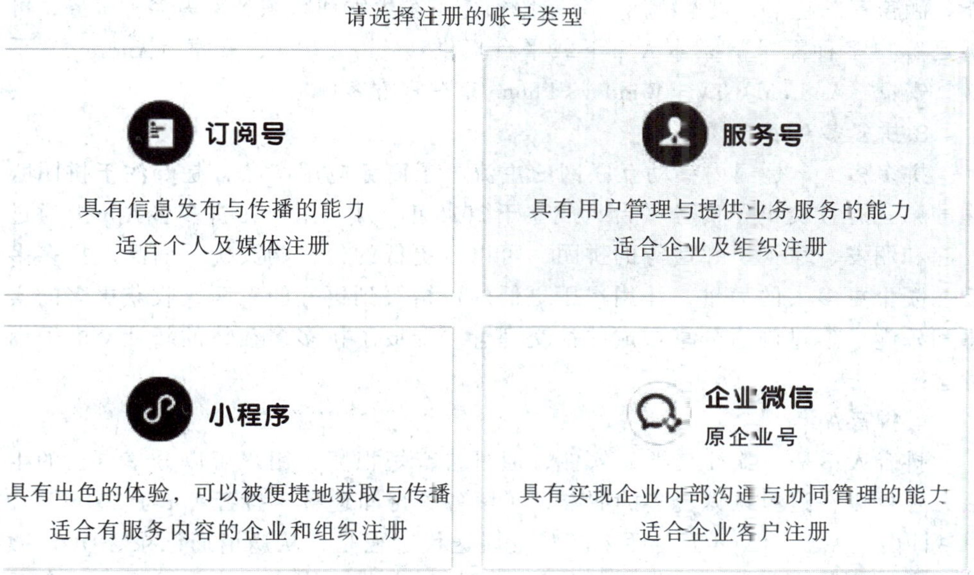

图4-12　微信公众号账号类型

⑤选择类型后，需要登记个人信息，填写自己的名字及身份证信息。

⑥信息全部填写完毕后，公众号就创建完成了。

（3）微信小程序

微信小程序（WeChat Mini Program）是一种不需要下载安装即可使用的应用，它实现了应用“触手可及”的梦想，用户扫一扫或搜一下即可打开应用。

全面开放申请后，主体类型为企业、政府、媒体、其他组织或个人的开发者，均可申请注册小程序。微信小程序、微信订阅号、微信服务号、微信企业号是并行的体系。

作为一种新的电子商务交易平台，微信小程序电子商务对商家来说是不可错失的开拓市场的手段，微信本身所具备的用户群体就是一个很可观的潜在消费者群体，这一点也使得人们对微信小程序电子商务活动的开展有了很多的期待。微信小程序在不断的发展中完善自身的功能，商家可以在微信小程序平台上更好地开展电子商务活动，让商家和客户获得更好的销售和购物体验[①]。

2.京东App

京东是中国的综合网络零售商，是中国电子商务领域受消费者欢迎和具有影响力的电子商务网站之一，在线销售家电、数码通信、计算机、家居百货、服装服饰、母婴、图书、食品、在线旅游等12个大类、数万个品牌、百万种优质商

① 邱家玉．微信小程序电商发展现状和对策探讨［J］．现代商业2019（23）：26-27.

品。京东已经建立华北、华东、华南、西南、华中、东北六大物流中心，同时在全国超过360座城市建立核心城市配送站。

京东App是一款移动购物软件，具有商品搜索、浏览、评论查阅、商品购买、在线支付/货到付款、订单查询、物流跟踪、晒单/评价、返修退换货等功能，涵盖京东超市、机票酒店、京东服饰、京东生鲜和京东到家等多种服务，可满足客户多种需求。京东App下载平台提供iPhone、iPad、安卓（Android）手机、安卓（Android）TV、Windows Phone京东官方客户端下载。

3. 拼多多App

拼多多App是国内移动互联网的主流电子商务应用产品，是专注于拼团购物的第三方社交电子商务平台，成立于2015年9月。用户在拼多多App上通过发起和朋友、家人、邻居等的拼团，可以以更低的价格购买优质商品。拼多多旨在凝聚更多人的力量，让用户用更低的价格买到更好的东西，收获更多的实惠和乐趣。通过沟通分享形成的社交理念，形成了拼多多独特的新社交电子商务思维。

4. 抖音App

抖音App是一款社交类的软件，通过抖音短视频，用户可以分享自己的生活，也可以在这里认识更多的朋友，了解各种奇闻趣事。抖音App于2016年12月9日由“A.me”App更名而来。其发展迭代过程是，从邀请通讯录、QQ、微博好友等到发布视频和评论@好友，形成社区文化，快速获取大量用户，之后的重心是在音乐、视频等内容上做精致化处理和交互的精简化，优化用户体验。

2018年，抖音App接入淘宝链接，用户看到商品推荐后，可直接点击跳转淘宝下单。随后抖音App相继与京东、拼多多等电商平台达成合作，抖音扮演的是为外部电商平台导流的“中间人”角色。2019年，抖音App上线“抖音小店”功能，开始在内部构建闭环电商。2020年，抖音App逐步切断直播间内第三方来源的商品外链，并加大对抖音自有商家的扶持力度。2021年12月，抖音正式上线“抖音盒子”App，这标志着抖音走出迈向专业电商的重要一步。

@本章小结

本章针对电子商务系统开发及建设相关问题进行了阐述，首先介绍电子商务系统的建设内容和实现方式，并对各种方式的优缺点进行对比，接着阐述了电子商务网站的定义、优势和功能组成，继而对电子商务网站建设流程进行了详细分析，使学生在了解网站建设知识的基础上，能够掌握编写网站规划书、域名注册、网站备案等实际操作，最后阐述了手机App开发相关技术、开发流程及典型的电子商务平台App，为企业开发电子商务系统提供借鉴。

复习思考题

1. 电子商务网站和一般意义上的网站有何区别与联系？
2. 一般电子商务网站建设要经过哪几个阶段？
3. 电子商务系统的实现方式有哪些？各有什么特点？
4. 手机App开发流程有哪些？

第4章
即测即评

拓展阅读4-1

搭建电商商城系统的几大步骤

第5章 电子商务安全

如果错过互联网，与你擦肩而过的不仅是机会，还是整整一个时代。

——王峻涛

本章要点

◇ 电子商务安全风险的类型、电子商务安全需求及保障体系
◇ 加密技术
◇ 认证技术
◇ 数字签名原理
◇ 电子商务安全交易协议

引例

知名化妆品牌的危机公关

2022年11月4日凌晨，资生堂官方旗舰店直播间开卖的一款悦薇水乳套装只需888元，比李佳琦直播间的同款商品到手价便宜300多元。

李佳琦直播间一直被冠以“全网最低价”的美誉，如今神话打破了？其实，这次是资生堂“错了”——标错价。

对于此事，资生堂旗舰店回应：888元的价格缘于系统故障，将对异常订单统一做退款处理，并给以适当补偿。李佳琦也表示，品牌将为异常订单统一做退款处理。

那资生堂所说的“补偿”是什么？据自称拍下888元套装的消费者表示，这个补偿是“全部赠予”。这个操作真的是“666”，不能低价卖出，但可以赠送。不过，这当然也会引致部分没有“低价”买到的消费者的不满，在李佳琦的直播间，依然有人要求资生堂和李佳琦方面给出进一步回应和解决方案。

其实“标错价”现象时常发生。此前，SK-Ⅱ天猫官方旗舰店也曾“标错价”，原本价格近2 000元的330ml的神仙水套装的标价仅为590元，当天产品遭疯抢，SK-Ⅱ客服回应称，故障已修复，产品已发出。

但是，这种捡漏也不一定是好事，可能会被商家告。2021年，上海的王某与凌某某夫妻二人在周大福天猫旗舰店共花费约4万元买下12件黄金首饰，这些首饰与日常销售价格相差约20.91万元。次日，周大福与二人沟通并告知价格错误，要求撤销订单遭拒绝。之后，周大福公司起诉，认为合同订立存在重大误

解，且合同履行显失公平，造成原告极大损失，请求法院解除双方合同。最终裁判结果为，撤销双方订立的网络购物合同。

资料来源 兔儿爷财经. 周大福！看看李佳琦卖贵了的资生堂和标错价的SK-Ⅱ怎么危机公关［EB/OL］.［2022-12-28］. https://www.163.com/dy/article/HLLK9EVT0552ZJ9Z.html.

案例思考：

电子商务中有哪些安全风险？

随着电子商务在全球范围的发展，它所涉及的信息流、资金流、物流的安全问题也引起了人们越来越多的关注。“黑客攻击”“网络病毒暴发”“网上诈骗”的新闻时常出现，安全问题已经成为制约电子商务进一步发展的瓶颈，如何建立一个安全、便捷的电子商务应用环境，对信息数据提供足够的保护，已经成为影响电子商务健康发展的关键性课题。

思政链接5-1

为何法律不支持如此捡漏

5.1 电子商务安全概述

5.1.1 电子商务安全风险的类型

电子商务的一个重要技术特征是利用计算机网络来传输和处理商务信息。因此，电子商务安全从整体上可分为两大部分：计算机网络安全和商务交易安全。在互联网上的电子商务交易过程中，最核心和最关键的问题是商务交易的安全。这里我们主要从商务交易安全方面分析电子商务的安全风险，它具体存在信息传输风险、信用风险、管理风险以及法律风险等四类风险。

微课5-1

电子商务安全概述

1.信息传输风险

信息传输风险是指进行网上交易时，因传输的信息失真或者信息被非法窃取、篡改和丢失，而遭受损失的风险。从技术上看，网上交易的信息传输风险主要来自五个方面：

（1）冒名偷窃。例如，黑客为了获取重要的商业秘密、资源和信息，常采用源IP地址欺骗攻击。

（2）篡改数据。攻击者未经授权进入网络交易系统，使用非法手段删除、修改、重发某些重要信息，破坏数据的完整性，损害他人的经济利益，或干扰对方的正确决策，造成网上交易的信息传输风险。

（3）信息丢失。交易信息的丢失可能有三种情况：一是因为线路问题造成信息丢失；二是因为安全措施不当而丢失信息；三是因为在不同的操作平台上转换操作不当而丢失信息。

（4）信息在传递过程中遭到破坏。信息在网络上传递时，要经过多个环节和渠道。由于计算机技术发展迅速，原有的病毒防范技术、加密技术、防火墙技术等始终存在被新技术攻击的可能性。计算机病毒侵袭、黑客非法侵入、线路窃听等很容易使重要数据在传递过程中被泄露，威胁电子商务交易的安全。此外，各种外界的物理性干扰，如通信线路质量较差、地理位置复杂、自然灾害等，都可能影响到数据的真实性和完整性。

（5）虚假信息。从买卖双方自身的角度观察，网上交易中的信息传输风险还可能来源于用户以合法身份进入系统后，在网上发布虚假的供求信息，或以过期的信息冒充现在的信息，以骗取对方的钱款或货物。现在还没有很好的信息鉴别的办法。

与传统交易不同的是，网上交易的信息传输风险更大。传统交易中的信息传递和保存主要通过有形的单证进行，信息接触面比较窄，容易保护和控制。即使信息在传递过程中出现丢失、被篡改等情况，也可以通过留下的痕迹查找出现偏差的原因。而网上交易信息的传递是在开放的网络上进行的，信息的接触面比较广，而且信息被篡改时可以不留下痕迹，因此面临的信息传输风险更大。

2. 信用风险

信用风险主要来自三个方面：第一，来自买方的信用风险。个人消费者在网络上使用信用卡进行支付时可能恶意透支，或使用伪造的信用卡骗取卖方的货物；集团购买者存在拖延货款的可能，而卖方需要为此承担风险。第二，来自卖方的信用风险。卖方不能按质、按量、按时寄送消费者购买的货物，或者不能完全履行与集团购买者签订的合同，造成买方的损失风险。第三，买卖双方都存在抵赖的情况。

在传统交易中，双方可以直接面对面进行交易，信用风险比较容易控制。在网上交易中，物流与资金流在空间上和时间上是分离的，再加上交易双方很难面对面交流，对信用风险很难控制。这就要求网上交易双方必须有良好的信用，而且有一套有效的信用机制降低信用风险。

3. 管理风险

网上交易的管理风险是指由交易流程管理、人员管理、交易技术管理的不完善所带来的风险。首先，交易流程管理风险。在基于中介平台的网络商品交易过程中，买卖双方进入交易中心并签订合同，交易中心不仅要监督买方按时付款，还要监督卖方按时提供符合合同要求的货物。这些环节都存在大量的管理问题，如果管理不善势必造成巨大的风险。为防止此类风险需要设计完善的制度，形成一套相互关联、相互制约的制度体系。

其次，人员管理风险。人员管理常常是网上交易安全管理中最薄弱的环节。近年来我国计算机犯罪呈现出内部犯罪的趋势，其原因主要是工作人员职业道德修养不高，企业安全教育和管理松懈。一些竞争对手还利用企业招募新人的时机派人潜入该企业，或利用不正当的方式收买企业网络交易管理人员，窃取企业的用户识别码、密码、信息传递方式以及相关的机密文件资料。

最后，网络交易技术管理上的漏洞也会带来较大的交易风险。有些操作系统中的某些用户是无口令的，它们允许被信任用户无须口令就可以进入系统，如匿名FTP。若入侵者利用远程登录（Telnet）命令登录这些无口令用户的系统，然后把自己升级为超级用户，将造成严重的威胁。

4.法律风险

一方面，企业在网上交易可能会承担由于法律滞后而无法保证合法交易的权益所造成的风险，如通过网络达成交易合同，但因为法律条文还没有承认数字化合同的法律效力而面临失去法律保护的危险。另一方面，企业在网上交易可能会承担由法律的事后完善所带来的风险，即在原来法律条文没有明确规定的情况下进行的网上交易，被后来颁布的法律条文判定为违法经营所造成的损失，如一些电子商务公司在开通网上证券交易服务一段时间后，国家颁布新的法律条文规定只有证券公司才可以从事证券交易服务，从而取消了电子商务公司提供网上证券交易服务的资格，使这些公司面临巨大损失。

5.1.2 电子商务安全需求

电子商务存在的风险引发人们对电子商务安全的需求，主要包括有效性、保密性、完整性、认证性、不可抵赖性、即需性，这些也是真正实现一个安全电子商务系统所要做到的。

1.有效性

电子商务作为贸易的一种形式，其信息的有效性将直接关系到个人、企业或国家的经济利益和声誉。因此，要对网络故障、操作错误、应用程序错误、硬件故障、系统软件错误及计算机病毒所产生的潜在威胁加以控制和预防，以保证贸易数据在确定的时刻、确定的地点是有效的。

2.保密性

电子商务作为贸易的一种形式，其信息直接代表着个人、企业或国家的商业机密。电子商务系统是建立在一个较为开放的网络环境中的，维护商业机密是电子商务全面推广应用的重要保障。保密性一般通过密码技术对传输的信息进行加密处理来实现。

3.完整性

电子商务简化了贸易过程，减少了人为的干预，也带来了如何维护贸易各方商业信息的完整性、统一性的问题。贸易各方信息的完整性将影响到贸易各方的交易和经营策略，保持信息的完整性是电子商务应用的基础。完整性一般可通过提取信息摘要的方式来获得。

4.认证性

认证指交易双方可以相互确认彼此的真实身份，确认对方就是本次交易中真正的交易方。这一过程为授权和审计所必需，也是实现授权、审计的访问控制过程运行的前提，是计算机网络安全系统不可缺少的组成部分。认证性一般通过认证中心（CA）及其发放的数字证书来实现。

5.不可抵赖性

如何确定要进行交易的贸易方是真实的且认可交易内容是能否保证电子商务顺利进行的关键，因此要在交易信息的传输过程中为参与交易的个人、企业或国家提供可靠的标识以确保电子商务交易的可靠性。不可抵赖性一般通过对发送的消息进行数字签名来实现。

6. 即需性

即需性是指防止延迟或拒绝服务。即需性方面的危险就在于破坏计算机系统的正常运行或完全拒绝服务。在电子商务中，延迟一个消息或拒绝服务可能会带来灾难性的后果。

5.1.3 电子商务安全的保障体系

1. 电子商务安全保障的特殊性

除了具有一般信息安全的含义外，电子商务安全保障还具有金融安全和商业信息安全的特征。电子商务系统的复杂性以及风险、威胁来源的多样性使其安全保障也具有复杂性，而且电子商务涉及的信息资产的价值和敏感性较高，涉及对象众多，导致管理难度十分大，因此逐步完善电子商务安全的保障体系是一个随电子商务交易的变化而相应提高电子商务系统安全性的过程。

2. 电子商务安全保障的正确理念

首先，电子商务安全是系统性问题，要综合考虑人、技术、管理、法规、制度等多项要素。其次，电子商务安全是整体性问题，指望几项分散的安全产品或技术手段解决所有安全问题是不现实的。再次，安全保障是动态发展的过程，安全保障建设不会是一劳永逸的。最后，安全是相对的，安全保障建设投资是可度量的。

3. 管理上的安全保障

在管理方面，首先，高层管理者要对电子商务安全足够重视，促成管理人员同相关的技术人员一起制定企业内部、外部网络安全规划和标准。在规划中应该指出企业信息安全在近期和未来一段时间内要达到的级别和标准，准备投入的资源等。

其次，在规划和标准的指导下要制定详细的安全行为规范，包括各种软硬件设备使用和维护权限的管理办法、网络系统登录和使用的安全保障管理办法、数据维护和备份的管理规定等。

最后，要特别注意安全条例的执行保障，即有了规定就一定要按照规定去执行。只有在管理上具备明确的目标和标准，技术人员才能更好地为其提供安全上的技术支持。

4. 法律上的安全保障

不同于传统商务在纸面上完成交易、有据可查的特点，电子商务中，如何认证电子交易、如何避免和惩治电子欺诈不仅是技术问题，也涉及法律领域。电子商务就像在现实世界之外又建立了一个虚拟世界，在这个虚拟世界里，更需要完善的法律体系来维持秩序。目前很多国家和地区已经制定电子商务法律法规。

仅靠单一的技术手段来保证电子商务的安全是不会奏效的，必须依靠法律手段、行政手段和技术手段的完美结合来最终保护参与电子商务各方的利益。这就需要在企业和企业之间、政府和企业之间、企业和消费者之间、政府和政府之间明确各自需要遵守的法律义务和责任。其主要涉及的法律要素有：

（1）有关电子商务交易各方合法身份认证的法律。电子身份认证中心是电子商务中的核心角色，它担负着保证电子商务公正、安全进行的任务，因而必须由国家法律来规定认证中心的设立程序和资格以及必须承担的法律义务和责任，同时要由法律规定对认证中心进行监管的部门、监管方法以及违规后的处罚措施。

（2）有关保护交易者个人及交易数据的法律。本着最小限度收集个人数据、最大限度保护个人隐私的原则来制定法律，以消除人们对泄露个人隐私以及重要个人信息的担忧，从而吸引更多的人上网参与电子商务。

（3）有关电子商务中电子合同合法性及如何进行认证的法律。需要制定有关法律对电子合同的法律效力，数字签名、电子商务凭证的合法性予以确认；需要对伪造、变更、涂销电子商务凭证、电子支付数据的行为做出相应的法律规定。

（4）有关网络知识产权保护的法律。网络对知识产权的保护提出了新的挑战，因此在研究技术保护措施时，还必须建立适当的法律框架，以便侦测仿冒或欺诈行为，并在上述行为发生时提供有效的法律援助。

5.技术上的安全保障

电子商务涉及的安全技术很多，其中有一些已经获得了广泛的应用和认可。维护企业内部网安全的技术包括用户密码和权限管理技术、防火墙技术、虚拟私人网（VPN）技术和网络杀毒技术等；维护交易数据在互联网上安全传输的技术包括数据加密和数字签名等，其中对用户在现实世界中的真实身份的识别还涉及认证中心。另外，为了维护电子交易中最为关键的资金流动，特别是信用卡支付的安全，还要涉及两个应用广泛的协议：SSL和SET。

总之，网上交易安全保障应当跳出单纯从技术角度寻求解决办法的圈子，采用综合防范的思路，从技术、管理、法律等方面去思考。建立一个完整的网络交易安全体系，至少要从三个方面考虑，并且三者缺一不可：一是技术方面的考虑，如防火墙、网络防病毒、信息加密存储通信、身份认证、授权等，但只有技术措施并不能完全保证网上交易的安全。二是必须加强监管，建立各种有关的合理制度，并严格执行，如建立交易的安全制度、确保对交易安全的实时监控、提供实时改变安全策略的能力、对现有的系统安全漏洞的检查以及安全教育等。在这方面，主要应充分发挥政府有关部门、企业的主要领导、信息服务商的作用。三是通过健全法律制度和完善法律体系来保证合法网上交易的权益，同时对侵犯合法网上交易权益的行为进行严惩，如尽快出台电子证据法、网上消费者权益保护法等。这方面主要应发挥立法部门和执法部门的作用。

5.2 加密技术

5.2.1 加密的定义

加密是指对原来为明文（未经过加密）的文件或数据按某种算法进行处理，

使其成为不可读的一段代码（通常称为“密文”），只有在输入相应的密钥之后才能显示出本来内容的过程，以达到保护数据不被非法窃取、阅读的目的。该过程的逆过程为解密，即将该编码信息转化为其原来数据的过程。

5.2.2 具体的加密技术

数据加密技术通过变换编码，将机密的敏感信息变换成黑客难以读懂的乱码，以此达到两个目的：一是使不知道如何解密的黑客无法从其截获的乱码中得到任何有意义的信息；二是使黑客无法伪造任何乱码型的信息。密钥是数据加密技术的关键，是为了有效控制加密和解密算法的实现，要求通信双方都掌握的专门信息。根据密钥的不同，可以将数据加密技术分为对称加密技术、非对称加密技术、混合加密技术。

1.对称加密技术

对称加密技术指的是加密密钥能够从解密密钥中推算出来，同时解密密钥也可以从加密密钥中推算出来，而且在大多数的对称算法中，加密密钥和解密密钥是相同的。

这种技术要求发送方和接收方在安全通信之前商定一个密钥，这样双方可以使用相同的密钥对信息进行加密和解密，如图5-1所示。

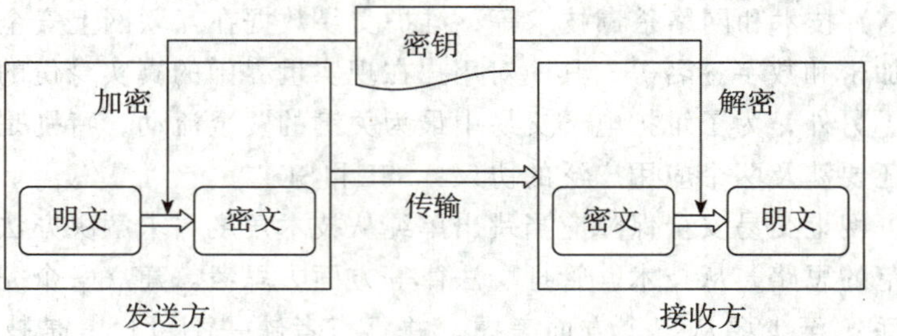

图5-1 对称加密流程

由于双方拥有相同的密钥，对称加密技术具有易于实现和速度快的优点，所以广泛应用于通信和存储数据的加密和解密。但是，如果有N个用户相互通信并使用对称加密技术，就要存在N×（N-1）/2个不同的密钥才能保证双方收发密文时第三者无法了解他们所使用的密钥和密文内容，当N很大时，记住如此多的密钥是不可能的，而保存起来又容易引起密钥泄露。另外，对称加密技术的安全性依赖于密钥，如何安全地将加密解密所使用的密钥传送给对方，也是一个必须考虑的问题。泄露密钥就意味着任何人都可以对发送或接收的消息解密，所以密钥的保密性对通信安全至关重要。

现阶段在电子商务中常用的对称加密算法是数据加密标准（Data Encryption Standard，DES）。DES是对称的，既可用于加密，又可用于解密，它是一种典型的按分组方式工作的密码，是两种基本的加密组块替代和换位组成的细致而复杂的结构。它将明文按64位二进制数据进行分组，然后使用64位的密钥组进行加密，通过反复依次应用组块替代和换位技术来提高加密的强度。明文总共要经过

16次替代和交换后才能获得密文。解密时的过程和加密时相似，但密钥的顺序正好相反。对于这种加密技术，除了使用穷举法尝试所有可能的密钥外，已知技术还无法求得所使用的密钥。DES的安全性只依赖于密钥的安全性，不依赖于算法的安全性。

对称加密技术具有加密速度快、保密度高等优点。其缺点有：

（1）密钥是确保通信安全的关键，发信方如何才能把密钥安全地送到收信方，是对称加密技术面临的突出问题。

（2）多人通信时密钥和组合的数量会出现爆炸性增长，使密钥分发更加复杂。

（3）通信双方必须统一密钥才能发送保密的信息。如果发信方与收信方素不相识，就无法向对方发送秘密信息了。

因此，此方法的密钥分发过程十分复杂，所花代价高。

2.非对称加密技术

顾名思义，非对称加密技术采用的加密密钥和解密密钥是不同的，也不可以相互推算（至少在合理假定的长时间内）。这种技术也可以称为公开密钥加密技术，这是由于加密密钥可以公开，即陌生人可以得到它并用来加密信息，但只有相应的解密密钥才能解密信息。在这种加密技术中，加密密钥叫公开密钥，而解密密钥叫私有密钥。公开密钥和私有密钥成对出现，而且两个密钥之间存在数学关系；用一个密钥加密过的密文只能用对应的另一个密钥来解密，并且不能由一个密钥推算出另一个密钥。

这种技术要求发送方在发送信息之前通过网络查询或其他方式得到接收方的公开密钥，然后使用公开密钥对明文进行加密得到密文，接收方收到密文后，用自己的私有密钥进行解密，恢复明文，如图5-2所示。

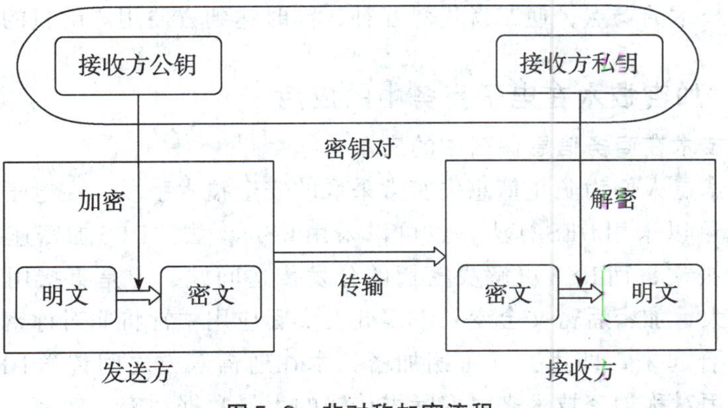

图5-2 非对称加密流程

非对称加密技术使用户不必记忆大量的提前商定好的密钥，因为发送方和接收方事先根本不必商定密钥，发放方只要得到可靠的接收方的公开密钥就可以给对方发送信息了，即使双方互不相识。这样使得密钥的管理更加简单，只需保管一对密钥就可以了。如果有N个用户使用非对称加密技术相互通信，则只需N对密钥就可以保证双方收发密文时第三者无法了解密文内容。公开密钥的发放和保管十分方便，但为了保证可靠性，非对称加密技术需要一种与之配合使用的公开密钥管理机制。例如，增加公开密钥的位数来增强可靠性等。所以，使用非对称加密技术对用户来讲，算法更为复杂，花费的时间长，速度比较慢，不太适合对文件进行加密。

现阶段在电子商务中常用的非对称加密算法是RSA编码法，这种算法由发明者的名字Rivest、Shamir、Adelman而得名。它是一种支持长密钥的公开密钥加密算法，利用两个很大的质数相乘所产生的积来加密。这两个质数无论哪一个先与原文件编码相乘对文件加密，均可由另一个质数再与文件编码相乘来解密，但要用一个质数来求出另一个质数则是十分困难的，因此将这一对质数称为密钥对。RSA的安全性取决于从公开密钥计算出私有密钥的困难程度。公开密钥加密技术的优点是：

（1）密钥少，便于管理。

（2）密钥分配简单。公开密钥分发给发送方，而私有密钥则由接收方自己保管。

（3）不需要秘密的通道和复杂的协议来传送密钥。

（4）可以实现数字签名和数字鉴别。

公开密钥加密技术的缺点是加、解密速度慢。

3.混合加密技术

混合加密技术不是一种单一的加密技术，而是一个结合体，是上述两种数据加密技术相互结合的产物。通信双方的通信过程分为两个部分：双方先利用非对称加密技术传送本次通信所用的对称密钥，然后用对称加密技术加密传送文件。

混合加密技术是用户在实际应用中总结出来的，它可以弥补对称加密技术和非对称加密技术的弱点，使二者优势互补，同时达到方便用户的目的。

5.2.3　加密技术在电子商务中的应用

1.加密技术在商务信息保密中的应用

加密技术是人们为防止信息失密常采取的安全技术手段，在电子商务中实现数据加密既可以采用DES算法，也可以采用RSA算法。DES加密速度快，适合加密较长的报文，而RSA可解决密钥的分发传送问题，但是直接用公钥加密明文的代价很大，加密后密文会变长，因此在实际应用中常将非对称密钥和对称密钥的优点结合起来，即用公开密钥加密技术在通信双方之间传送DES算法中的密钥，而采用对称加密技术来对实际需传输的大量数据加密、解密。具体实施过程是：发送方用对称密钥加密明文，用接收方的公钥加密对称密钥，并将被加密的对称密钥连同被加密的明文一起发送出去；接收方首先用自己的私钥解密被加密的对称密钥，然后用得到的对称密钥解密被加密的明文。这种方法较好地解决了信息加密及密钥传送的问题。

2.加密技术在身份认证及确定信息内容真实性中的应用

在网络环境下开展商务活动的前提是识别交易双方的身份，如果不进行身份识别，第三方就有可能假冒交易一方的身份，破坏交易或盗取交易成果；身份识别还能使交易双方无法否认自己所发送的信息，防止抵赖。数字签名技术是确定交易信息内容的真实性（信息确实来源于期望的发送方）的主要鉴别手段，其基础是数据加密中的公开密钥加密技术。

5.3 认证技术

认证技术是解决电子商务活动中的安全风险的重要技术。认证采用对称加密、公钥加密、散列算法等技术，为保证电子商务活动中的信息完整性和不可抵赖性以及电子商务实体的身份真实性提供了技术支持。

认证技术主要分为两类：一为身份认证，用于鉴别交易参与各方身份，包括识别和验证；二为信息认证，用于保证信息的可靠性、完整性和不可抵赖性。

5.3.1 认证中心

1.认证中心的定义

认证中心（Certification Authority，CA）也称数字证书认证中心，是基于互联网平台建立的一个公正的、有权威性的、独立的（第三方的）和广受信赖的组织机构，主要负责数字证书的发行、管理以及认证服务，以保证网上业务安全可靠地进行。

一项完整、安全的电子商务活动，如网上支付结算，必须有CA的参与。参与电子商务的各方实体（客户、商家、银行、政府机构等）必须上网注册，加入已有的认证中心，由认证中心确保所有网上支付与结算过程以及各方的安全性，从而开展安全的网上支付。

2.CA的功能

CA在整个公钥加密体系以及安全的网上支付过程中的地位是至关重要的。其主要功能可以表述为如下八个方面：

（1）生成密钥对及数字证书。CA要向交易各方颁发证书，必须生成公钥体系中自己的密钥对，并对私钥进行有效的保护，以支持数字签名的使用。自成体系的、封闭的CA系统必须生成自己的根密钥对，且在此基础上生成根证书，从而为各级CA以及客户生成证书，保证证书持有者有不同的密钥对。已经建立的或正在建立的CA系统，很多都是自成体系的，这样的CA系统不仅做根CA，还做品牌CA、持卡人CA、商家CA和网关CA。网上交易的各方都由这一家CA机构颁发证书。

（2）验证申请人身份。网上支付的交易各方，如持卡人、商家、支付网关等，在向CA申请数字证书时，CA必须对其真实的身份进行认证，防止数字证书被冒领，因此CA必须建立一套严密的身份认证流程。

(3) 颁发数字证书。CA的主要任务就是向网上交易各方颁发数字证书。CA必须能在互联网上接收交易各方的证书申请，在验证申请者的真实身份并且进行资格检查后，将有CA签名的申请者的数字证书发送给申请者。

数字证书可以在线发送，也可以通过离线方式发放，比如CA将申请者的数字证书加密后放入光盘或IC卡等载体，由证书申请者亲自到CA机构领取，再用特定的方法将数字证书装入自己的计算机应用系统中，如招商银行的网上企业银行采用的USB-Key证书。

(4) 证书以及持有者身份认证查询。借助CA服务器，用户可在线查询证书的生成情况，也可在线认证证书持有者，CA必须提供24（小时）×365（天）的跨区域服务，且需拥有足够的带宽，以保证较快的查询速度。

(5) 证书管理及更新。及时记录所有颁发的证书以及所有被吊销的证书；在交易各方的证书失效以后，及时更新数字证书。

(6) 吊销证书。CA根据证书持有者的应用情况，可在数字证书有效期内使其无效，并且公布于众。CA系统必须具有证书黑名单的生成与管理功能，证书黑名单中只包括各级CA和网关已经废除的数字证书。这些证书黑名单和黑名单管理文件通过各级CA及网关，在与商家及客户交换消息时分发出去。

(7) 制定相关政策。CA的政策越公开越好，信息发布越及时越好。普通用户之所以信任CA，一个因素是CA拥有先进的技术和雄厚的实力，另一个更为重要的因素就是CA的政策。CA必须对信任它的交易各方负责，它的责任大部分体现在政策的制定和实施上。

(8) 保护数字证书服务器的安全。CA应当采取相应措施保证数字证书服务器的安全，如加强对系统管理员的管理，加强对防火墙的保护等；否则，连CA都不安全了，由其提供的数字证书服务的安全性就无从说起。

3.CA的组成框架

证书的发放过程实际上由两大部分组成：一部分是证书的申请、制作、发放；另一部分是用户的身份认证。这两部分工作实际上是由CA中两个不同的部门来完成的，这样就将CA分成了CA（证书服务中心）和RA（审核受理处）两部分，由CA完成接收证书请求及发证的工作，而由RA完成身份认定工作，CA与RA之间一般通过专线连接。

RA一般由能够认定用户身份的单位来担任（如持卡人RA由发卡银行担任，商家RA由收单银行担任）。CA收到用户的证书请求后，向RA要求证明用户的合法与真实性；得到证明后，CA向用户颁发证书。用户也可以先到RA当面填表申请，RA批准后，将信息传送到CA；CA在收到用户的证书请求后，就能立即给予答复。

CA还能进一步分成RS（证书业务受理中心）与CP（证书制作中心）两部分。RS负责接收用户的证书申请、发放证书等与用户打交道的工作，CP则进行证书的制作、记录等内部工作。为获得数字证书，用户必须登录CA网站，实际上就是进入了RS网站，向RS申请证书；RS与用户对话后，可以获得用户的申请信息，然后传送给CP；CP与RA进行联系，从RA处获得用户的身份认证信息后，为用户制作证书，并交给RS；当用户再次上网要求获取证书时，RS就将制作好的证书传送给用户。

在基于SET的网上支付中，参与的每家银行都要建立自己的RA。面对众多的用户，光有一个RA是无法完成任务的。RA下必须设立许多业务受理点，接待用户并进行申请登记工作。RA作为身份认证与审核部门，通过专线与各业务受理点连接。各业务受理点接收用户的申请，审查用户的身份证件，通过专线与RA交换信息，完成用户的身份认证工作。

基于以上的业务过程，一个功能较为完整的CA组成框架如图5-3所示。借助各地的业务受理点以及互联网，CA可以跨区域为用户提供数字证书服务。例如，CA收到外地用户的证书请求后，通过网络专线从当地的RA获得身份认证，就可以向申请用户颁发数字证书。当然，CA本身还可作为世界上更具权威性的CA中心如DigiCert/Symantec的分支CA，这时CA本身需要一个由上级CA颁发的数字证书。例如，天威诚信电子商务服务公司是中国唯一由DigiCert/Symantec直接授权且由工业和信息化部批准的CA机构，拥有最高的行业准入标准。天威诚信电子商务服务公司与DigiCert/Symantec在中国积累了长达17年的战略合作经验，是DigiCert/Symantec认证业务全球最大的合作伙伴。

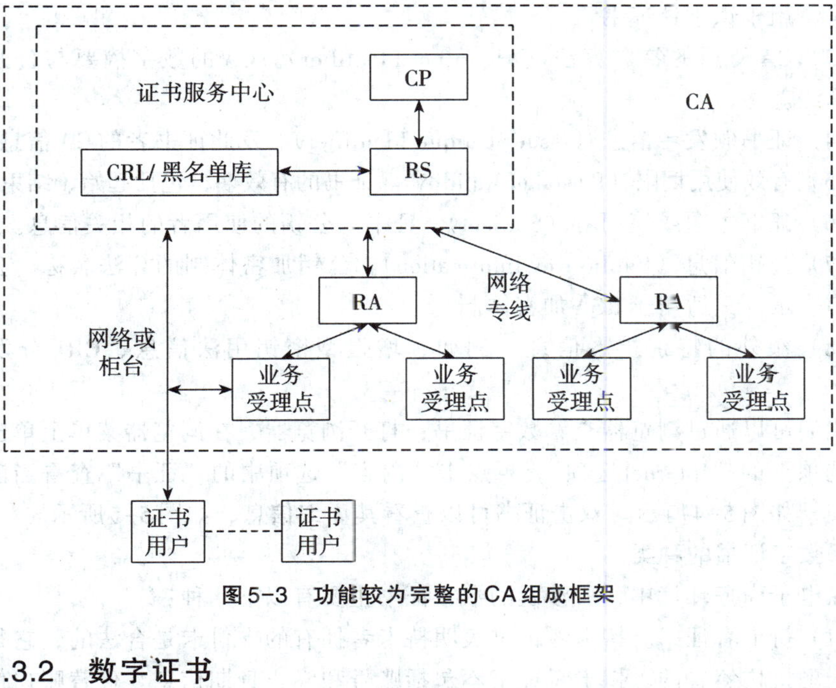

图5-3 功能较为完整的CA组成框架

5.3.2 数字证书

1. 数字证书的定义

所谓数字证书（Digital Certification），是指利用信息技术手段，确认、鉴定、认证互联网上信息交流参与者的身份或服务器的身份，并且发布加密算法类别、公开密钥及其所有权的电子文档。

在传统商务中，个人或企业身份证明往往可以通过政府相关部门发放的证照或印章来识别，如个人身份证、企业营业执照等。在电子商务中，交易双方的身份必须由网络上双方都信任的第三方机构（CA）发行的类似个人身份证的数字证书来认证。可以说，数字证书是模拟传统证书（如个人身份证、企业营业执照等）的特殊数字信息文档。客户的数字证书可以证实该客户拥有一个特别的公钥，服务器证书则可以证实某个特定的公钥属于这个服务器。

数字证书的工作原理，就是信息接收方在网上收到发送方发来的业务信息的同时，还收到发送方的数字证书，这时通过对其数字证书的验证，可以确认发送方的真实身份。在发送方与接收方交换数字证书的同时，双方得到对方的公开密钥。由于公开密钥是包含在数字证书中的，因此借助对证书上数字摘要的验证，可以确信收到的公开密钥肯定是对方的。通过这个公开密钥，双方就可完成数据传送中的加/解密工作。

2.数字证书的内容

数字证书的具体内容与格式遵循国际流行的ITU Trec.X.509标准，其基本数据信息主要包括：

（1）版本信息（Version）。用来区分X.509证书格式的版本。

（2）证书序列号（Serial Number）。每个由CA发行的数字证书必须有唯一的序列号，用于识别该证书。

（3）CA使用的签名算法（Algorithm Identifier）。CA的数字摘要与公开密钥加密算法。

（4）证书颁发者信息（Issuer Unique Identifier）。发此证书者的CA信息。

（5）有效使用期限（Period of Validity）。证书的有效期，包括起始、结束日期。

（6）证书主题或使用者（Subject）。证书与公钥的使用者的相关信息。

（7）公钥信息（Public Key Information）。公钥加密体制的算法名称、公钥的字符串表示（只适用于RSA加密体制）。

（8）额外的特别扩展信息。例如，增强型密钥用法信息、CRL分发点信息等。

我们可以通过浏览器查看数字证书：打开浏览器，在浏览器菜单上单击“工具”选项下的“Internet选项”，再点击“内容”选项中的“证书”查看当前证书的列表，如图5-4所示。双击证书可以查看其详细信息，如图5-5所示。

3.数字证书的种类

在电子商务环境中，所涉及的数字证书主要有以下几种：

（1）持卡者证书。持卡者证书表明持卡者拥有的支付卡是合法的，它是由权威的金融机构签署的。持卡者证书不包括账号和终止日期信息。代替账户信息的仅是由持卡者软件知道、使用单向散列（Hash）算法产生的一个秘密值。在SET协议中，持卡者向支付网关提供用于验证身份的账户信息和该Hash值，发卡金融机构只有在验证持卡者的身份后，才向持卡者发布一个证书，这是能够最低限度验证该持卡者的、可靠有效的证书。

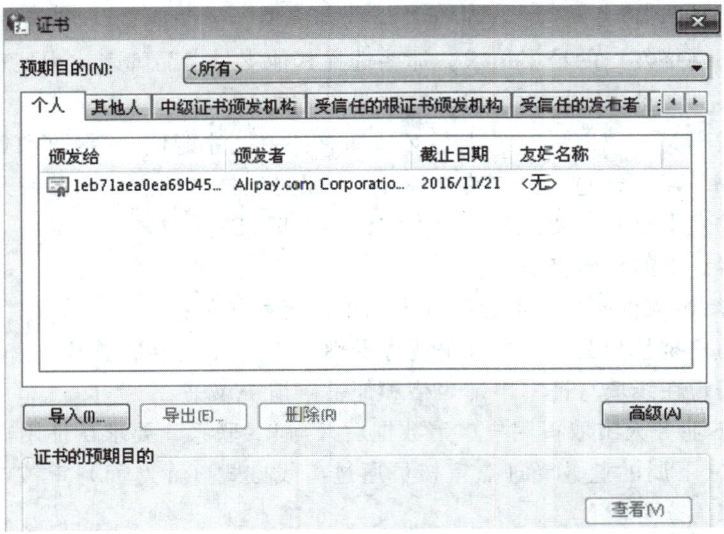

图5-4 浏览器中的数字证书列表

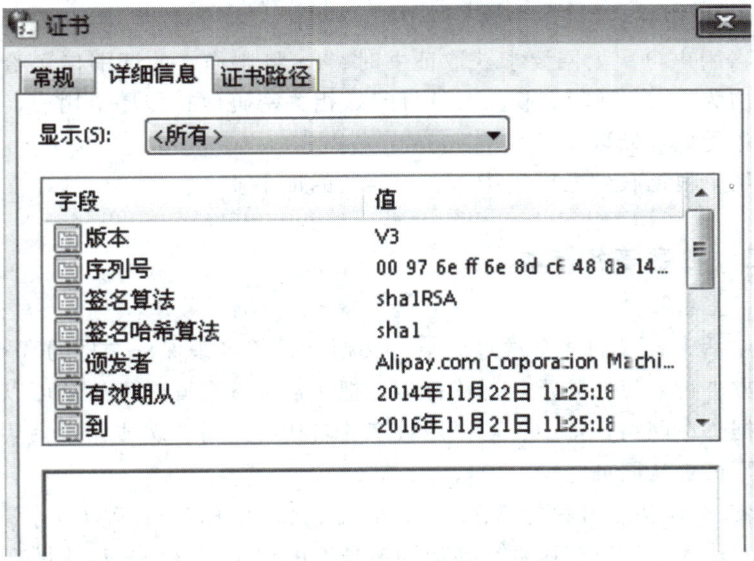

图5-5 支付宝证书的详细信息

（2）商家证书。一个商家可以只有一个商家证书，也可以有多个商家证书。商家证书也是由权威的金融机构签署的，不能由其他第三方非法发行，它表示商家能够接收该支付卡的消费。这些证书由收单行金融机构认证，说明商家与收单行已经达成协议。在SET协议中，对应于每个支付卡品牌，一个商家都拥有一个证书。

（3）支付网关证书。支付网关的证书是由支付网关CA发行的，由收单行或收单行的处理系统拥有。持卡者使用支付网关的公钥来加密对称密钥，持卡者系统需要验证支付网关。商家向持卡者提供支付网关的加密证书，持卡者系统验证这个证书，确认该支付网关是合法的，以保证持卡者的支付指示的机密性。

（4）收单行证书。一个收单行必须拥有证书，才能使CA接收和处理商家从公共和专用网络发出的证书请求。那些选择其他支付卡品牌来代为处理证书请求的收单行不需要证书，因为它们不处理SET消息。

（5）发卡行证书。一个发卡行必须拥有证书，才能使CA接收和处理来自持卡者的证书请求（通过公共或专用网络）。那些选择其他支付卡品牌来代为处理证书请求的发卡行不需要证书，因为它们不处理SET消息。

4.数字证书的申请流程

基于CA组成框架，一般数字证书的申请流程如下：

（1）用户携带相关证明到证书业务受理中心（RS）申请证书。

（2）用户在线填写证书申请表格和证书申请协议书。

（3）RS业务人员取得用户申请数据后，与RA联系，要求认证用户身份。

（4）RA下属的业务受理点审核员通过离线方式（面对面）审核申请者的身份、能力和信誉等。

（5）审核通过后，RA向CA转发证书申请。

（6）CA响应RA的证书申请，为该用户制作、签发证书，并且交给RS。

（7）当用户再次上网要求获取证书时，RS将制作好的证书传送给用户；如果证书介质为IC卡，则RS业务人员打印好相关密码信封传递给用户，通知用户到相关业务受理点领取。

（8）用户根据收到的应用指南进行相关的证书业务。

5.3.3 数字签名技术

1.数字签名简介

日常生活中，人们通常通过对某一文档进行签名来保证文档的真实有效性，并对签字方进行约束，防止其抵赖行为，把文档与签名同时发送还可以作为日后查证的依据。在网络环境中，可以用数字签名代替手写签名或印章，从而为电子商务提供不可否认服务。

数字签名中很常用的是散列（Hash）函数，也称哈希函数或杂凑函数等。任意长度的输入通过散列函数变换成固定长度的输出，该输出称为散列值（或报文摘要）。报文摘要被加密后就形成了数字签名。

把散列函数和公钥算法结合起来可以在数学上保证，只要改动报文的任何一个数字，重新计算出的报文摘要就会与原先值不符，从而保证数据的完整性和真实性。完整性保证传输的数据没有被修改，而真实性则保证数据是由确定的合法者产生的散列值，而不是由其他人假冒的。

微视频5-1

什么是数字签名?

数字签名相对于手写签名安全性更高，它不仅与签名者的私有密钥有关，而且与报文的内容有关，因此不能将签名者对一份报文的签名复制到另一份报文上，同时也能防止报文的内容被篡改。

2.数字签名形成及检验流程

数字签名是由数字签名软件在计算机上自动完成的。其形成及检验流程如

图5-6所示。

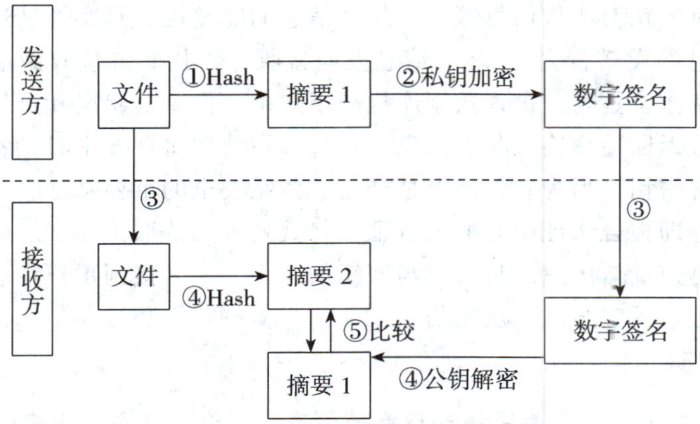

图5-6 数字签名形成及检验流程图

（1）发送方将原文用Hash函数生成摘要1。

（2）发送方用自己的私有密钥将摘要1加密成为数字签名。

（3）发送方发送附有数字签名的原文给对方。

（4）接收方将收到的原文利用同样的Hash函数生成摘要2，用发送方公开密钥解密数字签名恢复原文的摘要1。

（5）比较摘要1和摘要2，如果两者相同，说明文件是完整的；否则，说明文件在传送过程中曾被修改或发生错误。根据公开密钥加密体系中密钥的加密与解密的相依特性，接收方只要能用发送方的公开密钥对其数字签名进行解密，就可证实该文件来自真实的发送方。

3.数字签名功能

数字签名可以解决否认、伪造、篡改及冒充等问题。它的具体要求是：发送方事后不能否认发送的报文签名；接收方能够核实发送方发送的报文签名；接收方不能伪造发送方的报文签名；接收方不能对发送方的报文进行部分篡改；网络中的某一用户不能冒充另一用户作为发送方或接收方。

数字签名的应用范围十分广泛。在保障电子数据交换（EDI）的安全性上，数字签名是一个突破性的进展，凡是需要对用户的身份进行判断的情况都可以使用数字签名，比如加密信件、商务信函、订货购买系统、远程金融交易、自动模式处理等。

4.数字签名的实施

实现数字签名有很多方法，目前采用较多的是非对称加密技术和对称加密技术。虽然这两种技术的实施步骤不尽相同，但大体的工作程序是一样的。用户首先下载或者购买数字签名软件，然后安装在个人电脑上。在产生密钥对后，软件自动向外界传送公开密钥。由于公开密钥需要存储，因此需要建立一个认证中心完成个人信息及其密钥的确定工作。

用户在获取公开密钥时，首先向认证中心请求数字确认，认证中心确认用户身份后，发出数字确认，同时认证中心向数据库发送确认信息；然后用户（发送方）使用私有密钥对所传信息签名，保证信息的完整性、真实性（这也使发送方无法否认信息的发送行为），之后信息发向接收方；接收方接收到信息后，使用公开密钥确认数字签名，进入数据库检查用户确认信息的状况和可信度；最后数据库向接收方返回用户确认状态信息。不过，在使用这种技术时，签名者必须注意保护好私有密钥，因为它是确保公开密钥体系安全的重要基础。如果私有密钥丢失，应该立即报告认证中心取消认证，将其列入确认取消列表之中。同时，认证中心必须迅速确认用户的身份及与密钥的关系。一旦接到用户请求，认证中心要立即认证信息的安全性并反馈信息。

小案例5-1　　数字藏品成春节贺岁“新宠”　多家机构试水

数字藏品是一种存在于区块链中，可确权、可验证、不可篡改、拥有唯一数字标记的非同质化通证（Non-Fungible Token，NTF）。它本身具备极高的版权保护能力，用户将数字内容上传，铸造为数字藏品之后，便会生成专属的数字签名，在进行传播的过程中，无论“转手”多少次，它都会记录最初的发行者，并提供版权认证。

当前，数字藏品领域正在吸引更多机构入场。2023年1月11日，中国银联“纳百福”系列数字藏品上线申领。稍早前，支付宝启动“集福”活动，也引入数字藏品玩法。业界普遍认为，数字藏品容易吸引年轻客群的关注，目前金融服务同质化现象凸显，数字藏品是机构找寻差异化的创新路径。

据中国银联介绍，“用银联　纳百福”系列数字藏品分多期发行，共有100款福字设计，每款福字发行1万份数字藏品，每位用户每款福字限领1份，在1月11日10时开启的“纳百福”数字藏品中，共有30款数字藏品可领。截至1月12日15时，多款数字藏品显示已领完。后续两期于1月16日、1月21日上线。

1月10日，支付宝官宣春节期间集五福方法。今年支付宝开启了多种集福方式，包括新增“AI画年画”得福卡，用户画年画、分享年画都能得到福卡，自己画的年画还能作为数字藏品留作永久纪念。

艾瑞咨询发布的《2022年中国数字藏品行业研究报告》显示，2021年中国数字藏品市场规模达2.8亿元。从每月发行的数字藏品数量来看，自2022年2月份开始，单月发行数量突破百万件级别。其中，5月份发行数量最高，达496.9万件。

整体来看，国内数字藏品领域已汇集互联网平台、上市公司、金融机构等各路“兵马”，并呈现不同特点。据《证券日报》记者梳理，仅2022年就有9家银行入局数字藏品。

谈及春节期间数字藏品“受宠”的原因，博通分析金融行业资深分析师王蓬博对《证券日报》记者表示：“金融机构入局数字藏品，是多元化商业布局的一项重要举措。目前数字藏品在年轻人群体中关注度颇高，其成本低且自带礼品属性。另外，数字藏品因其唯一性也受到很多年轻人‘追捧’，成为机构与用户交互的新途径和桥梁，同时可以增加客户黏性，所以颇受公司‘青睐’。”

易观分析金融行业高级咨询顾问苏筱芮告诉《证券日报》记者：“借助新春佳节进行获客营销是传统，金融机构在此期间开展数字藏品业务，一方面能够让数字藏品获得更多市场关注，效果相较于平时更佳；另一方面能拓展数字藏品业务范围，增加客户黏性，起到‘四两拨千斤’的效果。”

“金融机构会通过特定主题或节日，发布数字藏品来进行客户营销，提升用户品牌黏性。”零壹研究院院长于百程对记者表示，目前金融机构发行数字藏品呈现三方面特征：一是合规性强，机构方推出的数字藏品均不涉及二次交易，以营销和增加客户黏性为目的；二是数字藏品种类和规模持续增加，较多结合自身品牌形象标签和特色业务；三是目前还停留在初级阶段，大多为免费式发放，仅具有收藏价值。

资料来源　李冰. 数字藏品成春节贺岁“新宠” 多家机构试水 [N]. 证券日报，2023-01-13 (B1).

5.4 电子商务安全交易协议

小案例5-2　如何保障“双11”安全支付

“双11”大促，人们沉浸在疯狂“剁手”的快乐之中时，也需注意支付过程中的各种隐患。中国人民银行广州分行发布提醒，攻击网购平台、盗取个人信息、盗刷信用卡等犯罪行为再起。消费者除了提高网购安全意识，对手机支付安全同样要注意！

北京商报记者了解到，趁着“双11”，骗子身份不断变样，他们通过非法途径获得受害人网购订单数据，冒充电商客服以各种理由主动提出“退货退款”及“理赔”，受害人在骗子提供了自己准确的身份信息后，产生了初步信任，骗子则进一步提出需要通过平台认证等才可退款，诱导受害人提供银行卡号、密码等个人信息，利用受害人填写的个人信息及手机验证码完成盗刷转账。

还有不法分子通常冒充花呗或银行客服，谎称可以提升信用额度。一旦有人联系，便以支付“服务费”为由，诱导网友扫其二维码支付，从而实施诈骗。

除了“虚假客服来电”的诈骗典型案例外，另据中国人民银行广州分行披露，还有“窃取账户密码”“二维码盗刷银行卡”“公共无线潜藏病毒”等多类诈骗套路。

例如，目前部分网站安全防护能力较弱，较易遭到黑客攻击，从而导致注册用户的信息泄露，若用户的支付账户设置了相同的用户名和密码，则极易被盗用。对此，用户应养成定期更改密码的习惯。此外，网络支付相对POS消费等交易场景虚拟化，验证强度相对较弱，因此建议用户根据自身情况设置合理的单笔与单日限额，防止被大额盗刷。

除此之外，北京商报记者了解到，目前还有伪红包骗局、预售骗局、刷单返利骗局、信用提额骗局、中奖诈骗、信用卡申请诈骗等多种方式。

易观高级分析师苏筱芮告诉记者，“双11”诈骗高发，主要有两方面原因：一是“双11”期间会产生大量资金交易，金额大、笔数多，不法分子企图趁机浑水摸鱼；二是“双11”参与人数众多，且在购物期间容易降低防范心理，不法分子试图“广撒网”来实施诈骗。对此，消费者首先应当树立警惕意识，不轻易泄露自己的个人隐私信息，不轻信陌生短信或来电；其次应当通过官方渠道与商家取得联系或核实情况；最后也可以下载政府部门开发的反诈App，及时知晓最新骗局。

资料来源　刘四红. 如何保障“双11”安全支付？这些高发诈骗案例要远离！[EB/OL]. [2022-12-23]. https：//www.bbtnews.com.cn/2021/1110/418552.shtml.

如何通过电子支付安全地完成整个交易过程，是人们在选择网上交易时所必须面对的而且是首先要考虑的问题。就目前而言，虽然电子支付的安全问题还没有形成一个公认成熟的解决办法，但人们还是不断通过各种途径进行大量的探索，SSL协议和SET协议就是这种探索的两项重要结果，它们已经在很多国家的电子支付中广泛使用。

5.4.1　SSL协议

由美国网景（Netscape）公司于1995年开发和倡导的安全套接层（SSL）协议，是目前电子商务交易中使用最多的安全协议之一。SSL协议主要用于提高应用程序之间的数据的安全系数。SSL协议的实现属于Socket层，它在互联网网络层次中处于应用层和传输层之间。SSL协议是国际上最早应用于电子商务的一种网络安全协议，至今仍然有很多网上商店使用。它得到了许多世界知名厂商的Intranet和Internet网络产品的支持，其中包括Netscape、Microsoft、IBM、Open Market等公司提供的支持SSL协议的客户机和服务器产品，如IE和Netscape浏览器，IIS、Lotus Domino Go Webserver、Netscape Enterprise Server和Apache HTTP Server等Web服务器。

1.SSL协议提供的安全服务

SSL协议对计算机之间的各种通信如HTTP、FTP、Telnet等都提供安全保护。SSL协议主要提供如下三方面的服务：

（1）客户机和服务器的合法性认证。认证客户机和服务器的合法性，使得发送方能够确信数据将被发送到正确的客户机和服务器上。客户机和服务器都有各自的识别号，这些识别号由公开密钥进行编号，为了验证其是否合法，SSL协议要求在双方握手交换数据时进行数字认证。

（2）加密数据以隐藏被传送的数据。SSL协议所采用的加密技术既有对称密钥技术，也有公开密钥技术。客户机与服务器在进行数据交换之前，交换SSL初始握手信息，SSL握手协议采用了各种加密技术对信息加密，以保证数据的机密性和完整性，并且用数字证书进行鉴别，以防止非法用户进行破译。

（3）保护数据的完整性。SSL协议采用Hash函数和机密共享的方法来保护信息的完整性，建立客户机与服务器之间的安全通道，使所有经过SSL协议处理的业务在传输过程中能全部准确无误地到达目的地。

SSL协议是在互联网基础上提供的一种保证私密性的安全协议。它能使客户机/服务器应用之间的通信不被攻击者窃听，并且始终对服务器进行认证，还可选择对客户机进行认证。SSL协议要求建立在可靠的传输层协议（如TCP）之上。SSL协议的优势在于它是与应用层协议独立无关的。高层的应用层协议（如HTTP、FTP、Telnet等）能透明地建立于SSL协议之上。SSL协议在应用层协议通信之前就已经完成加密算法、通信密钥的协商以及服务器认证工作。在此之后应用层协议所传送的数据都会被加密，从而保证通信的安全性。

2.SSL协议的运行步骤

SSL协议的运行步骤包括：

（1）接通阶段。客户机通过网络向服务器打招呼，服务器回应。

（2）密钥交换阶段。客户机与服务器之间交换双方认可的密钥，一般选用RSA算法，也有的选用Diffie-Hellman和Fortezza-KEA算法。

（3）协商密钥阶段。客户机与服务器间产生彼此交谈的会话密钥。

（4）检验阶段。检验服务器取得的密钥。

（5）客户机认证阶段。验证客户机的可信度。

（6）结束阶段。客户机与服务器之间相互交换结束的信息。

当上述步骤完成之后，两者间的资料传送就会加密，一方收到资料后，再将密文资料还原。即使盗窃者在网络上取得密文资料，如果没有原先编制的加密算法，也不能获得可读的有用资料。

发送信息时，信息用对称密钥加密，对称密钥用非对称密钥加密，再把两个包绑在一起传送过去。接收的过程与发送的过程正好相反，先打开有非对称密钥的加密包，再用对称密钥解密。

在电子商务交易过程中，由于有银行参与，按照SSL协议，客户的购买信息首先发往商家，商家再将信息转发给银行，银行验证客户信息的合法性后，通知商家付款成功，商家再通知客户购买成功，并将商品寄送给客户。

SSL协议运行的基础是商家对客户信息保密的承诺，但在上述流程中我们也可以注意到，SSL协议有利于商家而不利于客户。客户的信息首先传到商家，商家阅读后再传至银行，这样客户信息的安全性便受到威胁。商家认证客户的合法性是必要的，但在整个过程中缺少了客户对商家合法性的认证。在电子商务的开始阶段，由于参与电子商务的公司都是一些大公司，信誉度较高，所以这个问题没有引起人们的足够重视。随着参与电子商务的厂商迅速增加，对厂商的认证问题越来越突出，SSL协议的缺点便完全暴露出来。

3.SSL协议的体系结构

SSL协议不是单个协议，而是由套接层SSL记录协议、应用层SSL握手协议、更改密文规范协议（Change Cipher Spec Protocol）和告警协议组成的协议族。

（1）SSL记录协议。在SSL协议中，所有的传输数据都被封装在记录中。记录是由记录头和长度不为0的记录数据组成的。所有的SSL通信包括握手消息、安全空白记录和应用数据都使用SSL记录层。SSL记录协议包括对记录头和记录数据格式的规定。

（2）SSL握手协议。SSL握手协议包含两个阶段四个步骤：第一阶段的两个步骤用于建立秘密信道，第二阶段的两个步骤用于客户认证。第一阶段是通信的初始化阶段，通信双方都发出“Hello”消息。当双方都接收到“Hello”消息时，就有足够的信息确定是否需要一个新的密钥。若不需要新的密钥，双方立即进入握手协议的第二阶段；否则，此时服务器方的“Server Hello”消息将包含足够的信息，使客户方产生一个新的密钥。这些信息包括服务器所持有的证书、加密规约和连接标识。若密钥产生成功，客户方发出“Client Master Key”消息；否则，发出错误消息。最终，当密钥确定以后，服务器方向客户方发出“Server Verify”消息，因为只有拥有合适的公钥的服务器才能解开密钥。需要注意的是，每一通信方向上都需要一对密钥，所以一个连接需要四个密钥，分别为客户方的公开密钥、客户方的私有密钥、服务器方的公开密钥、服务器方的私有密钥。第二阶段的主要任务是对客户进行认证，此时服务器已经被认证了。服务器方向客户方发出认证请求消息“Request Certificate”。当客户方收到服务器方的认证请求消息时，发出自己的证书，并且监听对方回送的认证结果。当服务器方收到客户方的证书并认证成功后，返回“Server Finish”消息，否则返回错误消息，至此，握手协议全部结束。

（3）更改密文规范协议。更改密文规范协议是使用SSL记录协议的最简单的SSL相关协议之一。这个协议由单个报文组成，该报文由值为1的单个字节组成。这个报文的唯一目的就是使得挂起状态被复制到当前状态，改变这个连接将要使用的密文族。

（4）告警协议。告警协议将SSL协议有关的告警报文传送给对方实体。和其他使用SSL协议的应用一样，告警报文按照当前状态说明被压缩和加密。

告警协议的报文由两个字节组成：第一个字节的值是“警告”（Warning，值为1）或“致命的”（Fatal，值为2），用来传送报文的严重级别。如果级别是“致命的”，SSL协议就立刻终止该连接。同一个会话的其他连接可以继续，但是这个会话不可以再建立新的连接。第二个字节包含特定告警的代码。

4.SSL协议的安全措施

SSL协议结合对称加密技术和公开密钥加密技术，采用密钥和证书保护通信数据的完整性、认证性等。其安全措施如下：

（1）加密算法和会话密钥。加密算法和会话密钥是在握手协议中协商并由Cipher-Choice指定的。现有的SSL版本所用到的加密算法包括RC4、RC2、IDEA

和DES，而加密算法所用的密钥由消息散列函数MD5产生。RC4、RC2是由RSA定义的，其中RC2适用于块加密，RC4适用于流加密。

（2）认证算法。认证算法采用X.509电子证书标准，通过使用RSA算法进行数字签名来实现。SSL认证包括服务器的认证和客户的认证两种。

①服务器的认证。在上述两对密钥中，对服务器进行认证时，只有用正确的服务器方私有密钥加密“Client Hello”消息形成的数字签名才能被客户正确地解密，从而验证服务器的身份。若通信双方不需要新的密钥，则它们各自所拥有的密钥已经符合上述条件。若通信双方需要新的密钥，首先服务器方在“Server Hello”消息中的服务器证书中提供服务器的公有密钥，客户方产生并使用服务器的公有密钥加密“Client Master Key”，服务器方用其私有密钥正确地解密，从而使客户方获得服务器方的读密钥和写密钥。

②客户的认证。同上，只有用正确的客户方私有密钥，加密的内容才能被服务器方正确地解开。当客户方收到服务器方发出的“Request Certificate”消息时，客户方首先使用MD5消息散列函数获得服务器方信息的摘要。服务器方的信息包括Key Material 0、Key Material 1、Key Material 2、Certificate Challenge Data（Request Certificate消息）和服务器所赋予的证书（Server Hello消息）。其中，Key Material 1、Key Material 2是可选的，与具体的加密算法有关。然后，客户使用自己的私有密钥加密摘要形成数字签名，从而被服务器认证。

另外，SSL协议在“重传攻击”上有它独到的解决办法。SSL协议为每一次安全连接产生了一个128Bit长的随机数——连接序号。理论上，攻击者事先无法预测此连接序号，因此不能对服务器的请求做出正确的应答。然而，计算机产生的随机数是伪随机数，它的实际周期远比128Bit要小，更大危险的是其有规律性，所以SSL协议并不能从根本上解决信息重传这种攻击方法。有效的解决方法是采用“时间戳”，但是这需要解决网络上所有节点的时间同步问题。

SSL更新到3.0版本时，互联网工程任务组（IETF）对它进行了标准化，添加了少数机制（几乎和SSL3.0无差异），并将其更名为TLS（Transport Layer Security，安全传输层协议）1.0。TLS与SSL连接过程无任何差异，两个协议（记录协议和握手协议）的工作方式也是一样的，但两者所使用的算法是不同的。

5.4.2 SET协议

安全电子交易规范（Secure Electronic Transaction，SET）是VISA和MasterCard于1997年5月联合开发的一个加密的安全规范，它具有很强的安全性。该规范由STT（VISA/Microsoft）、SEPP（MasterCard）和iKP协议族（IBM）形成。它得到了IBM、HP、Microsoft、Netscape、VeriFone和VeriSign等大公司的支持，已成为事实上的工业标准，并获得IETF的认可。1998年，第一个兼容SET的产品开始应用。SET1.0版可应用于任何银行支付服务。SET协议其实是一组安全协议和格式的集合，使得用户可以用一种安全的方式将已经存在的信用卡支付基础设施配置在开放网络上，如互联网。

1.SET协议的安全目标和安全服务

（1）SET协议的主要安全目标。

①信息在互联网上安全传输，保证网上传输的数据不被黑客窃取；

②隔离订单信息和个人账号信息，当包含持卡人账号信息的订单送到商家时，商家只能看到订货信息，而看不到持卡人的账户信息；

③持卡人和商家相互认证，以确定通信双方的身份，一般由第三方机构负责为在线通信双方提供信用担保；

④要求软件遵循相同协议和报文格式，使不同厂家开发的软件具有兼容性和互操作功能，并且可以在不同的硬件和操作系统平台上运行。

（2）SET协议提供的安全服务。

①确保支付系统中支付信息和订购信息的安全性；

②确保数据在传输过程中的完整性，即确保数据在传输过程中不被破坏；

③对持卡者身份的合法性进行检查；

④对支付接收方的身份（商家的身份）的合法性进行检查；

⑤提供最优的安全系统，以保护电子贸易中的合法用户；

⑥确保该标准不依赖于传输安全技术，也不限定任何安全技术的使用；

⑦使通过网络和相应的软件所进行的交互作业简便易行。

2.SET协议的运行步骤

电子商务的整个流程，从顾客通过浏览器或应用程序进入在线商店开始，一直到所订货物送上门或所订服务完成，以及账户上的资金转移，都是通过互联网完成的。如何保证网上传输数据的安全和确认交易对方的身份是电子商务能否安全开展的关键。这正是SET所要解决的最主要的问题。一个包括完整的购物处理流程的SET协议的工作过程如图5-7所示。

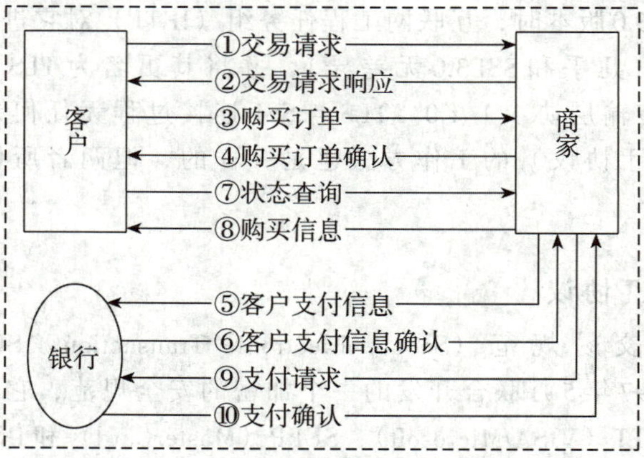

图5-7　SET协议工作过程

图5-7中，消息①、消息②是交易初始设置，客户与商家相互交换身份证书，建立一个交易ID号；在消息③的客户购买订单中，包含商品或服务名、客户签名、加密的客户信用卡信息；消息④是商家对客户购买订单的确认；消息

⑤、⑥是商家对客户支付信息合法性的验证，在商家与银行（或其代理）间进行；消息⑦、消息⑧使客户对交易内容、状态有查询的能力；消息⑨、消息⑩是商家与银行间的兑现和平账的过程。

前三步与SET无关，从第四步开始SET起作用，一直到第九步。在处理过程中，对通信协议、请求信息的格式、数据类型的定义等，SET都有明确的规定。在操作的每一步，持卡人、商家和支付网关都通过认证机构（CA）来验证通信主体的身份，以确保通信的对方不是冒名顶替的。

3.SET协议的体系结构

SET向基于信用卡进行电子化交易的应用提供了实施安全措施的规则。SET主要由三个文件组成，分别是SET业务描述、SET程序员指南和SET协议描述。SET规范涉及的范围包括：加密算法的应用（如RSA和DES）；证书信息和对象格式；购买信息和对象格式；确认信息和对象格式；划账信息和对象格式；对话实体之间消息的传输协议。

SET支付系统的主要参与方有：

（1）持卡人，即消费者：通过Web浏览器或客户端软件购物。

（2）商家：面向消费者提供在线商店。

（3）发卡人：是一个金融机构，为持卡人开立账户，并且发放支付卡。

（4）收款银行：为商家建立账户，并且处理支付卡的认证和支付事宜。

（5）支付网关：是由收款银行或指定的第三方操纵的设备，处理商家的支付指令和来自消费者的支付信息。

SET支付系统还涉及认证机构（CA），但是它不参与SET的支付流程。它给各参与方颁发证书，各参与方可以通过查看对方的证书来确定对方的真实身份。

在实际运作中，CA也可由大家都信任的一方担当。例如，在客户、商家、银行三角关系中，客户使用的是由某个银行发的卡，而商家又与此银行有业务关系（有账号）。在此情况下，客户和商家都信任该银行，可由该银行担当CA角色，接收、处理客户证书和商家证书的验证请求。

4.SET协议的安全措施

SET协议采用的安全措施几乎全部以数据加密技术为基础。可以说，没有加密技术就没有安全的电子交易。SET协议把对称密钥体制和公开密钥体制完美地结合起来，充分利用了DES效率高、速度快和RSA安全性高、密钥管理简便的优点。下面从数据的机密性、认证性和完整性等方面讨论SET协议所采用的安全措施。

（1）通过加密保证信息的机密性。

在一个不安全的网络环境中，要保证数据的机密性，就需要采用加密技术和相关的密钥管理。SET在一个数字信封（Digital Envelope）中使用对称和非对称两种加密技术来保证数据的机密性。发送方将消息用DES加密，并将DES对称密钥用接收方的公钥加密，形成消息的“数字信封”，再将数字信封与用DES加密后的消息一起发给接收方。接收方收到消息后，先用其密钥打开数字信封，得到发送方的DES对称密钥，再用此对称密钥去解开数据。接收方只有用自己的RSA密钥才能够打开此数字信封，从而确保了接收方的身份。

SET既要保证支付数据的机密性，也要保证非支付数据的机密性，这些数据包含实际数据的提示。例如，SET不交换订购说明，但在购买请求中包含订购描述的Hash值。虽然非支付数据不在SET范围内，但是必须采取措施以保护数据。

（2）应用数字签名技术进行鉴别。

签名技术在SET中有两种应用形式，一个最重要的革新就是双重签名。

①数字签名。SET中，数字签名采用RSA算法，数据发送方采用自己的私钥加密数据，接收方用发送方的公钥解密。私钥和公钥之间的严格对应性保证了发送方不能抵赖发送过的数据，完全模拟了现实生活中的签名。

②双重签名。数字签名在SET协议中一个重要的应用就是双重签名。在交易中，持卡人发往银行的支付指令是通过商家转发的，为了避免在此过程中商家窃取持卡人的信用卡信息，以及避免银行跟踪持卡人的行为，侵犯持卡人隐私，同时又不影响商家和银行对持卡人所发信息的合理的验证，只有当商家同意持卡人的购买请求后，才会让银行给商家付费。SET协议采用双重签名来解决这一问题。

（3）使用X.509v3数字证书为各方提供信任支持。

SET协议中主要的证书是持卡人证书和商家证书。持卡人证书是支付卡的一种电子化的表示。它不包括账号和截止日期信息，而是用单向Hash算法根据账号和截止日期生成的一个码。只有知道账号、截止日期、密码值，才能导出这个码；反之则不行。商家证书就像是贴在商家收款台上的付款卡贴纸，以表示它可以用什么卡来结算。在SET环境中，一个商家至少应有一对证书，与一个银行打交道；一个商家也可以有多对证书，表示它与多个银行有合作关系，可以接受多种付款方式。除了持卡人证书和商家证书外，SET协议中还有支付网关证书、银行证书、发卡机构证书。双方在通信时，通过出示由某个CA签发的证书来证明自己的身份。如果双方对签发证书的CA本身不信任，则可验证CA的身份。以此类推，一直到公认的权威CA处，就可确信证书的有效性。每一个证书与签发证书的实体的签名证书相关联。SET证书正是通过信任层次来逐级验证的。例如，C的证书是由B的CA签发的，而B的证书又是由A的CA签发的，A的CA是权威的机构，通常称为根CA。验证到了根CA处，就可确信C的证书是合法的。

在网上购物中，持卡人的证书与发卡机构的证书相关联，而发卡机构的证书通过不同品牌卡的证书连接到根CA，而根CA的公开密钥对所有的SET软件都是已知的，可以校验每一个证书。

持卡人可从公开媒体上获得商家的公开密钥，但持卡人无法确定商家是不是冒充的（有信誉），于是持卡人请求CA对商家认证。CA对商家进行调查、验证和鉴别后，将包含商家公开密钥的证书经过数字签名传给持卡人。同样，商家也可对持卡人进行验证。

（4）应用散列函数保证数据完整性。

数据完整性是指接收到的是实际发出的所有数据。SET协议采用从传输数据产生的完整性数值（Hash值）来实现这一目标，即数据的完整性数值从发送方传输到接收方，接收方通过比较完整性数值来验证数据是否经过篡改。

SET协议将散列函数和数字签名结合起来使用，允许数据单元的接收方验证数据的来源和完整性，防止数据被伪造和篡改。在SET结构中，一个数字签名是采用发送方私有密钥加密的Hash值，该Hash值能够保证消息内数据的完整性。如果支付数据被修改，则其Hash值不同，接收方接到消息后重新计算Hash值，可发现数据被修改。该Hash值被加密后保证第三方无法改变，因为没有发送方的私人密钥，无法将新Hash值加入到消息中。

总的来讲，SSL（TLS）协议比较简单，因而其应用比较广泛；SET协议比较复杂，这在某种程度上阻碍了其推广的进程。从安全性角度看，SSL（TLS）协议不如SET协议安全，对于使用信用卡支付的系统来说，SET协议则是最好的选择，SET协议是专门针对信用卡支付而设计的协议。

本章小结

电子商务安全是电子商务健康发展的保证。本章主要从电子商务安全风险的四种类型即信息传输风险、信用风险、管理风险以及法律风险进行了阐述并提出了保障体系，对电子商务的加密技术分别从对称加密和非对称加密两个方面进行了介绍；最后从认证技术、数字签名原理和电子商务安全交易协议方面进行了分析。

第5章
即测即评

复习思考题

1. 电子商务安全风险有哪些？
2. 简述电子商务的安全保障体系的特殊性。
3. 什么是数字证书？
4. 简述数字签名的含义及产生与检验过程。

拓展阅读5-1

网络支付十大安全案例分析

第6章 网络营销

"营销"这两个字强调既要追求结果，也要注重过程，既要"销"，更要"营"。

——马云

本章要点

◇ 网络营销的定义、特点、功能

◇ 网络营销与传统营销的关系

◇ 网络营销的各种策略

◇ 常用的网络营销方法

引例 小米的战略生态营销

2022年3月22日，小米集团公布年度业绩，2021年总收入达3 283亿元，同比增长33.5%，净利润达220亿元，同比增长69.5%，其中智能手机全球出货量达1.9亿台，同比增长30.0%，境外市场收入为1 636亿元，同比增长33.7%，占总收入的49.8%，小米IoT（物联网）与生活消费产品业务收入为850亿元，同比增长26.1%。

上述数据说明小米的整体业绩呈现出稳健性增长的大好形势，小米第11年的成绩单是优异的。是什么原因促使小米一路高歌？

纵横捭阖，拓展生态大空间

小米生态的布局似乎源于其顶层设计。早在2013年，雷军基于自身多年的投资经验，以及对小米活塞耳机突然放量的直觉，开始布局小米生态链。现在看来，这一抉择具有极高的战略位势与时代意义，这是超越一般核心竞争力的跨越式战略思维，它营造的是一种多层梯度结构的生态优势。

事实证明，这种生态布局具有巨大的竞争势能，它在短期内可能显得和风细雨，但时机成熟后会爆发出碾压级的力量，围绕核心用户与核心产品纵横捭阖所形成的生态，其隐性价值将大大超过显性价值。

小米8年投资500家生态链公司，其中近30家成功上市，多家排队等待IPO（首次公开募股），充分体现出竹林生态的产业力量。面对苹果营造多年的生态优势，2020年，雷军提出将"手机+AIoT（人工智能物联网）"战略升级为"手机×AIoT”战略，并将此战略确定为小米未来10年的方向。从加号到乘号的变化，反映的是作为小米AIoT排头兵的小米生态链部所承担的责任发生了巨大转变，乘法代表了手机与AIoT互为放大器，一荣俱荣，一损俱损，生态链作为乘数的战略价值与意义再次凸显。

收放有度，促使生态新繁荣

小米生态链狂奔6年后，到2019年也出现了新问题，竹林中的多家公司为了争取更多增长机会，开始横向恶意竞争，忽视爆品、过分压价、严重内卷。

小米基于整体战略的考虑，对生态链部立下了新规矩：重回三大铁律，即“技术为本、性价比为纲、做最酷的产品”；明晰三大方向——一是和手机主业相关，二是围绕全屋智能，三是酷玩类。其中，酷玩类或许当下不赚钱，但有整合技术的价值，例如，小米机器人铁蛋就凝聚了小米手机部、生态链部、人工智能部等多部门联合研发的成果，代表了用户需求的未来趋势。此后，小米生态链的SKU（库存量单位）从1 500多个砍到了600多个。另外，小米根据产品质量把公司划分为A、B、C、D等不同级别，分类约束与管理，这表明小米生态链逐渐从原来的欲擒故纵的散养模式，走向规范有节、收放有度的组织化与体系化管理模式。这是小米持续创造生态繁荣需要坚守的底层逻辑。

快慢有序，引领生态再进化

2021年3月，雷军宣布正式进军智能电动汽车行业，这是小米未来10年的全新战略布局。这一重大战略的自信源于何方？是源于市场趋势与忠实粉丝的数量、质量？还是源于对未来汽车复合技术的透视？或是源于时代企业家的基因与使命？

当前似乎还不得而知。小米手机有相匹配的生态链，那小米汽车会不会也有相匹配的生态链？

“怎么打造以车为中心的生态链？”雷军给生态链提了一个新问题，而相关生态链企业则是闻风而动。对于中国大量中小企业来说，帮小米造车未必不是下一个机会点。

小米生态链的负责人屈恒说：“在未来3~5年，生态链销售额将突破千亿元。”该目标一旦达到，小米AIoT将成为在网设备超7亿、月活家庭超1亿的平台。坐拥如此庞大的家庭基数，可能才是雷军推出汽车的最大底气吧。

资料来源　吴越舟，张志新. 战略生态营销：华为与小米都在用的模式［J］. 企业家信息，2022（11）：64-66.

案例思考：

互联网时代，企业如何创新营销策略？

随着互联网的快速发展以及向各行各业的不断渗透，网络营销对企业的重要性不断显现，大中小企业纷纷在网上开展营销活动。网络营销作为一种信息时代的营销方式，对传统经营观念产生了巨大的影响，使企业营销手段和内容发生了重大的变革。随着电子商务的蓬勃发展，网络营销不仅成为企业建立竞争优势的有力工具，还是企业谋求生存的基本条件，并成为电子商务时期市场营销发展的大趋势。

6.1 网络营销概述

6.1.1 网络营销的定义

网络营销（Online Marketing或E-Marketing）就是以互联网为基础，利用数字化的信息和网络媒体的交互性来辅助营销目标实现的一种新型的市场营销方式。简单地说，网络营销就是以互联网为主要手段、为达到一定营销目的进行的营销活动。

根据我国网络营销专家冯英健的研究，对网络营销的理解要注意以下几个方面：

1.网络营销是手段而不是目的

网络营销具有明确的目的和手段，但网络营销本身并不是目的。网络营销是营造网上经营环境的过程，也就是综合利用各种网络营销方法、工具、条件并协调其间的相互关系，从而更有效地实现企业营销目的的手段。

2.网络营销不是孤立的

网络营销是企业整体营销战略的一个组成部分，网络营销活动不可能脱离一般营销环境而独立存在。在很多情况下网络营销理论是传统营销理论在互联网环境中的应用和发展，由此也确立了网络营销在企业战略中的地位。无论网络营销处于主导地位还是辅助地位，都是互联网时代市场营销中必不可少的内容。

3.网络营销不是网上销售

网上销售是网络营销发展到一定阶段产生的结果，网络营销是为实现产品销售目的而进行的一项基本活动，网络营销本身并不等于网上销售。这可以从三个方面来说明：

（1）网络营销的效果表现在多个方面。例如，提升企业品牌价值，加强与客户之间的沟通，拓展对外信息发布的渠道，改善对顾客的服务等。

（2）网站的推广通常不仅靠网络营销，还要采取许多传统的方式，如在传统媒体上做广告、召开新闻发布会、印发宣传册等。

（3）网络营销的目的并不只是促进网上销售，在很多情况下，网络营销活动不一定能实现网上直接销售的目的，但是可能促进线下销售，并且提高顾客的忠诚度。

4.网络营销不是电子商务

网络营销和电子商务是一对紧密相关又具有明显区别的概念。网络营销是企业整体营销战略的一个组成部分，无论是传统企业还是互联网企业，都需要网络营销，但网络营销本身并不是一个完整的商业交易过程，而只是促进商业交易的一种手段。电子商务主要是指交易方式的电子化，也可以将电子商务简单地理解为电子交易，电子商务强调的是交易行为和方式。所以，可以说网络营销是电子商务的基础，开展电子商务离不开网络营销，但网络营销并不等于电子商务。

5.网络营销不是“虚拟营销”

网络营销不是独立于现实世界的“虚拟营销”，而是传统营销的一种扩展，即传统营销向互联网上的延伸，所有的网络营销活动都是实实在在的。网络营销的手段并不局限于线上，而是注重线上和线下相结合，线上营销和线下营销并不是相互独立的，而是一个相辅相成、互相促进的营销体系。因此，一项完整的网络营销活动，除了在网上做推广之外，还很有必要利用传统营销方法进行线下推广。

有必要说明的是，网络营销的内涵和手段都在不断发展、演变，关于网络营销的定义和理解也只能适用于一定时期，随着时间的推移，这种定义可能显得不够全面，或者不能够反映新时期的实际状况。因此，不要把网络营销理解为僵化的概念，需要在具体实践中根据企业实际状况灵活运用。

6.1.2 网络营销的特点

随着网络技术的发展成熟、网络成本的大幅降低，以及网络用户的日渐普及，不论近在咫尺，还是远在天涯，有着潜在交换需求与欲望的组织和个人都能通过网络跨时空地连接起来，获得更多的交换机会。网络营销区别于传统的市场营销，呈现出以下特点：

1.虚拟性

虚拟性表现在网络营销本身依附于虚拟空间，是在一种虚拟的网络环境中，在没有实物和现场环境的气氛下进行的商业活动。

2.高信息性

网络空间上的产品不具有触摸性、试用性、亲和性，因此网络营销要向接收者输出信息、提供服务，使产品更加真实可信、更具亲和力。

3.国际性

网络营销采用电子方式传递电子数据，使营销者无论身在何处，均可与世界各地的商品生产商、销售商、消费者实现快速、准确、双向式信息交流。网络营销是全球化的营销，网络延伸到哪里，信息就会被传递到哪里，它没有地域限制，除了语言文字的一些局限外，它比以往任何传统营销更具国际性。

4.互动性

网络营销表现为信息交流的互动性、产品交易的互动性和服务的互动性。

5.服务性

这首先表现为全天候的营销服务。网络营销服务每周7×24小时运转，没有下班，没有节假日，更能体现随时随地服务的优势。其次表现为全方位的营销服务。网络营销可在产品的研发、设计、生产、销售、使用各个环节提供服务，并可在订购者的网络监控下进行操作。最后表现为广泛化的营销服务。无论是顾客，还是一般的浏览者，都是网络营销服务的对象。

6.技术性

网络营销的信息传递及服务是依托强大的技术支持来完成的，网络营销的成熟与否，在很大程度上取决于其支持技术的使用范围和先进程度。

7.针对性

网络营销的信息传递是针对搜寻者的主动查询进行的一对一式的信息传递，对其他上网者没有信息干扰。同时，它还针对服务对象的个性化要求来提供帮助。

8.参与性

顾客可以通过网络参与产品的设计、生产、推广，参与服务和咨询，对问题展开讨论等。

9.低成本性

首先，网络营销无店面租金成本。传统的店面租金一般比较高，特别是黄金地段，可谓寸土寸金，而商家开展网络营销需要的是一台连接网络的服务器，或租用部分网络服务器的空间。其次，网络营销有助于实现产品直销，减轻企业库存压力。传统经营者为了降低进货成本往往大量进货，这带来很大的资金压力和经营风险，而且商品的库存盘点和存放也会耗费大量的人力和财力，而开展网络营销的商家如果经营得好，甚至可以做到“零库存”，无须承担任何库存的压力，实现信息时代商品流通的“Just in time”，什么时候卖出货，什么时候才进货。最后，网络营销的促销成本较低。网络营销具有极好的促销能力，其“货架”上的商品同时又是广告宣传的样品，经营者不需要再负担广告促销费用，而且可以利用服务器将多媒体的商品信息动态存储起来，既可以主动散发，又可以随时接受需求者的查询。

6.1.3 网络营销的功能

认识和理解网络营销的功能，是开展网络营销实战的基础与前提。网络营销主要有八大功能。

1.信息搜索功能

信息搜索功能是网络营销进击能力的一种反映。在网络营销中，用户可利用多种搜索方法，主动获取有用的信息和商机；可主动进行价格比较，了解对手的竞争态势；基于获取的商业情报，进行决策研究。搜索功能是营销主体能动性的一种表现，是一种提升网络经营能力的进击手段和竞争手段。

2.信息发布功能

发布信息是网络营销的主要方法之一，也是网络营销的又一种基本功能。无论哪种营销方式，都要将一定的信息传递给目标人群，而网络营销所具有的强大的信息发布功能，是古往今来任何一种营销方式所无法比拟的。

网络营销可以把信息发布到全球任何一个地点，既可以实现信息的广覆盖，又可以形成地毯式的信息发布链，既可以创造信息的轰动效应，又可以发布隐含信息。其信息的扩散范围、停留时间、表现形式、延伸效果、公关能力、穿透能力，都是最佳的。

更加值得提出的是，在网络营销中，网上信息发布以后，发布者可以能动地进行跟踪，获得反馈，根据反馈进行再交流和再沟通。因此，信息发布的效果明显。

3.商情调查功能

网络营销中的商情调查具有重要的商业价值，是现代商战中对市场态势和竞争对手情况的一种电子侦察。

在激烈的市场竞争条件下，主动了解商情、研究趋势、分析顾客心理、窥探竞争对手动态是确定竞争战略的基础和前提。采用在线调查或者电子问卷调查表等方式，不仅可以省去大量人力、物力，而且可以在线生成调研分析报告、趋势分析图表和综合调查报告。其效率之高、成本之低、节奏之快、范围之大，都是以往其他任何调查形式做不到的。这就为广大商家提供了一种快速的市场反应能力，为企业的科学决策奠定了坚实的基础。

4.销售渠道开拓功能

网络具有极强的进击力和穿透力。在开放的网络环境下，传统经济时代的经济壁垒、地区封锁、人为屏障、交通阻隔、资金限制、语言障碍、信息封闭等，都阻挡不住网络营销信息的传播和扩散。新技术的诱惑力，新产品的展示力，多媒体广告的昭示力，网上路演的亲和力，信息发布的覆盖力，整合为一种综合的信息进击能力，帮助企业快速疏通渠道，打开进击路线，完成开拓市场的使命。这种快速、坚定、神奇、生动的效果是任何传统媒体、任何其他手段都无法比拟的。

5.品牌价值扩展和延伸功能

美国广告专家莱利·莱特曾预言：未来的营销是品牌的战争；拥有市场比拥有工厂更重要；拥有市场的唯一办法，就是拥有占市场主导地位的品牌。

互联网的出现，不仅给品牌带来了新的生机和活力，而且扩展和延伸了品牌的价值。实践证明：互联网不仅拥有品牌、承认品牌，而且对于重塑品牌形象、提升品牌的核心竞争力、打造品牌资产，具有其他媒体不可替代的效果和作用。

6.特色服务功能

网络营销具有特色服务功能，服务的内涵和外延都得到了扩展和延伸。

顾客不仅可以获得形式最简单的FAQ（常见问题解答）、邮件列表、在线客服等即时信息服务，还可以获取在线收听、收视、订购、支付等选择性服务，信息跟踪、信息定制、智能化的信息转移服务，以及送货上门服务等。这些服务能极大地提高顾客满意度，使顾客成为商家的一种重要的战略资源。

7.客户关系管理功能

客户关系管理（Customer Relationship Management，CRM）源于以客户为中心的管理思想，是一种旨在改善企业与客户之间关系的新型管理模式，是网络营销取得成效的必要条件。

在传统营销模式下，由于认识不足或自身条件的局限，企业在管理客户资源方面存在较为严重的缺陷。针对上述情况，在网络营销中，企业通过客户关系管理系统，将客户资源管理、销售管理、市场管理、服务管理、决策管理集于一体，将原本疏于管理、各自为战的销售、市场、售前和售后服务与业务统筹协调起来，既可以跟踪订单，有序地监控订单的执行过程，规范销售行为，了解新老客户的需求，提高客户资源的整体价值，又可以避免销售隔阂，调整营销策略，收集、整理、分析客户反馈信息，全面提升企业的核心竞争力。客户关系管理系统还具有强大的统计分析功能，可以为企业提供决策建议，以避免决策失误，从而为企业带来可观的经济效益。

8. 经济效益增值功能

网络营销有助于提高营销者的获利能力，使营销主体获取增值效益。这种增值效益，不仅来自网络营销效率的提高、营销成本的下降、商业机会的增多，还来自新信息量的累加使原有信息实现增值。这种无形资产促成价值增值的观念是前瞻的，效果又是明显的。网络营销强大的资源整合能力恰恰为这种信息的累加提供了实现的可能性。这是传统营销根本不具备且无法想象的一种战略能力。

开展网络营销需要用全面的观点，充分发挥各种职能的作用，实现整体效益最大化。

6.1.4 网络营销与传统营销的关系

美国市场营销协会（AMA）对市场营销所下的定义是："市场营销是对构思、产品及服务进行设计、定价、促销及分销的计划与实施过程，其目的是产生满足个人和组织目的的交换。"通过网络进行营销活动并不是要取代传统的营销，传统营销的许多思想、内容同样是适合网络营销的，但网络营销又不是简单地把传统营销原封不动地搬到网络环境中。

1. 网络营销与传统营销的相同点

（1）两者都是一种营销活动。

（2）两者都是为了实现企业的既定目标。企业作为营利性经济实体，开展营销活动必须具有追求盈利的动机。企业的盈利是满足消费者需求的报酬。

（3）两者都把满足消费者的需求（潜在需求和现实需求）作为一切活动的出发点。

（4）两者在活动过程中都会使用各种策略和手段。

2. 网络营销和传统营销的区别

（1）在产品上：网络营销更能满足消费者个性化的需求。科学技术的发展使企业开展多品种、小批量生产成为可能，而网络环境又能及时地在消费者的个性化需求和企业生产能力之间架起桥梁。

（2）在价格上：网络营销的价格更具竞争力。

（3）在销售上：网络营销可以采取直接销售模式，实现零库存、无分销商的高效运作。

（4）在促销上：网络营销可以采取更丰富的实现方式。传统营销依赖层层严密的渠道，以大量的人力和广告投入市场，这在网络时代将成为无法负荷的奢侈品。

（5）在经营上：网络营销可以降低成本，提高工作效率。

3. 网络营销与传统营销的整合

网络营销伴随着电子商务的发展而产生，是传统营销在网络时代的延伸和发展。依托互联网的环境和优越特性而产生的网络营销，有许多与生俱来的优势，但是，网络营销也不可能完全取代传统营销。在很长一段时间内，网络营销和传统营销将相互影响、互相补充和互相促进，只有这样，企业的营销管理才能提高到一个较高的水平。

（1）各种营销要素和手段的整合。为增强营销的有效性，传统营销要素，如市场调研、目标营销、人员推销、广告促销等应与网络营销相结合，充分利用网络的优势，实现企业的营销目标。网络营销围绕“以消费者为中心”的宗旨，运用和协调各种传播手段，最终在企业和消费者之间建立长期的、双向的、稳定的关系。

（2）各种营销策略的整合。网络使得企业实施各种营销策略的环境发生了变化，企业的选择更为广泛和丰富，网络营销既包括在网上针对虚拟市场开展的营销活动，也包括在网上开展的服务于传统有形市场的营销活动，以及以传统手段开展的服务于网络虚拟市场的营销活动。基于网站的网络营销是网络营销的主体，它包括网站的规划、建设、维护、推广以及与其他营销方法的整合。若是电子商务型的网站，基于网站的网络营销还会涉及产品、价格、渠道和促销等传统营销策略要考虑的各种问题。总之，网络不是唯一的解决方案，而是整体方案的一部分，网络营销必须与企业的整体战略相互匹配和相互支撑。

6.2 网络营销策略

网络营销策略是企业根据自身在市场中所处地位而采取的一系列网络营销组合策略，它涉及产品、定价、渠道、促销、服务五个方面。

6.2.1 网络营销的产品策略

同传统营销一样，网络营销也必须向市场提供各种满足消费者需要的产品以实现其销售目标。

1. 注重产品整体概念

在电子商务中，企业主要通过基于互联网的虚拟市场开展营销活动，与传统营销方式下的市场相比，在这种网络虚拟市场中，企业与顾客之间的互动性大大增强了，顾客的多样化和个性化需求得到了很好的满足。为充分发挥网络环境下产品营销的作用，网络营销产品的层次在传统营销产品的基础上进一步扩展，除了传统营销产品整体概念中已有的三个层次（核心产品、形式产品、延伸产品），又扩展出期望产品和潜在产品这两个层次。因此在网络营销中，产品的整体概念可分为五个层次，如图6-1所示。

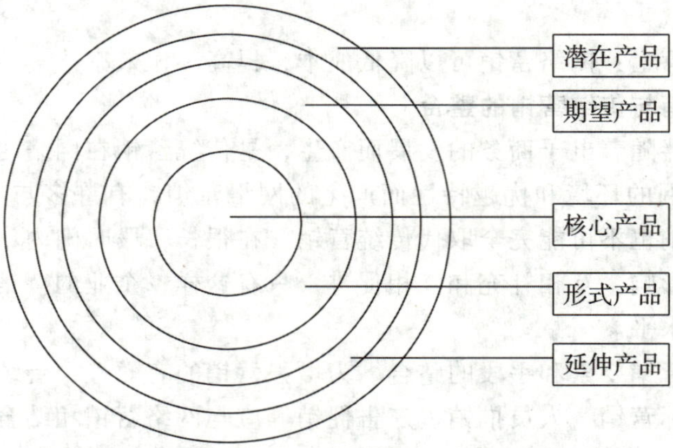

图6-1　网络营销产品整体概念层次

（1）核心产品。它是指产品或服务所能提供给顾客的最基本的效用或利益。例如，女人购买化妆品，并不是为了获得产品本身，而是为了通过使用产品让自已更漂亮。网络营销的突出特点是互动性，通过网络充分地了解顾客的需求、更好地为顾客服务是网络营销的一大优势。因此，从事网络营销的企业，在进行新产品的开发和设计时，要以顾客为中心，使产品提供的基本效用符合顾客的需求。同时，不同类型的顾客对同种产品的核心需求存在差异，在营销过程中也应注意识别。

（2）形式产品。核心产品是抽象的，企业必须以一定的形式向顾客展示，它包括品牌、包装、质量、外观式样等。形式产品是核心产品的物质载体，产品的基本效用通过形式产品的物质形态反映并体现出来。

（3）期望产品。在网络营销中，顾客处于主导地位，消费呈现个性化的特征，不同的消费者对产品的要求可能不一样，因此产品的设计和开发必须满足顾客这种个性化的消费需求。这种顾客在购买产品前对所购产品的质量、使用方便程度、特点等方面的期望值，就是期望产品。为满足这种需求，对于物质类产品，企业在设计、生产和供应等环节必须实现柔性化；对于无形产品，如服务、软件等，企业必须根据顾客的需要来提供。

（4）延伸产品。它是指顾客在购买产品时，从产品的生产者或经营者那里得到的附加服务。产品的这一层次的主要作用是协助顾客更充分、更好地享受核心产品带来的基本效用。在网络营销中，延伸产品包括售后服务、送货、质量保证、信贷等。

（5）潜在产品。它是在延伸产品层次之外，由企业提供的能满足顾客潜在需求的产品层次，它主要是产品的一种增值服务，不影响顾客享受其需要的产品的核心利益和服务。在高新技术发展日益迅猛的时代，有许多潜在需求和利益还没有被顾客认识到，这就需要企业通过引导和支持更好地满足顾客的潜在需求。

2.选择适合在网上营销的产品

随着网络技术的发展和其他科学技术的进步，有越来越多的产品在网上销售。网络营销的产品按照其形态的不同可以分为两大类，即有形产品和无形产品。

(1) 有形产品。

有形产品是指具有具体物理形状的物质产品。在网络上销售有形产品的过程与传统的线下销售方式有所不同。在这里已没有传统的面对面的买卖方式，消费者或客户通过卖方的主页考察其产品，通过填写表格表达自己对品种、质量、价格、数量的选择，而卖方则将面对面的交货改为邮寄产品或送货上门，这一点与邮购产品颇为相似。因此，网络销售也是直销方式的一种。

通过网络进行销售的有形产品按照购买性质不同又可以分为以下三大类：

①便利产品。顾客购买这类产品的频率较高，在购买时不会花费太多的时间和精力，同时此类产品的价值都比较低廉，如洗发水等。便利产品还可以依据顾客购买方式的不同细分为日用品、冲动品和应急品。日用品是顾客日常消费需要购买的产品，属于习惯性购买的产品；冲动品是顾客本来没有计划购买，因为一时冲动偶然购买的产品，一般来说，这种产品价格低廉；应急品是在紧急情况下购买的产品，如药品。

②选购产品。在购买这类产品的时候，顾客对产品的质量、样式、价格等要进行反复比较。通常这类产品的使用时间都比较长，不需要高频率地购买，如高档护肤品等。

③特殊产品。特殊产品是指具有特殊效益的产品。通常这类产品的销售渠道有限，也只有特定的顾客群体热衷于购买该类产品，如打印机等。

(2) 无形产品。

无形产品一般是无形的，即使表现出一定的形态也是通过其载体体现出来。网络上的无形产品可以分为两大类：软件商品和在线服务。

软件商品包括各种软件游戏、电子图书、电子报刊等。获得此类产品的方式有两种：一种是由顾客直接从网上下载该产品；另一种是与有形产品类似，将无形的数字类产品通过一定的介质（如光盘等）进行有形化，通过送货上门的方式送达网络订购者。一般来说，软件销售企业会设置一定的免费使用期限，让消费者试用，用得好消费者自然会购买。

在线服务又可以分为信息咨询服务、互助式服务和网络预约服务，如股市行情分析、金融信息、远程医疗、法律救助、机票火车票预订等。

6.2.2 网络营销的定价策略

定价策略是企业营销策略中最富有灵活性和艺术性的策略，是企业的一种非常重要的竞争手段，也是营销组合策略的重要组成部分。它直接关系着市场对产品的接受程度，影响着市场需求量即产品销售量的大小和企业利润的多少。因此，在网络营销活动中，企业应该特别重视对定价策略的运用，以巩固企业在市场中的地位，增强企业的竞争能力。

1.网络营销产品定价的目标

定价目标是指企业通过制定产品价格所要达到的目的。企业在为产品定价时，首先必须有明确的目标。不同企业、不同产品、不同市场、不同时期有不同的营销目标，因而也就要求采取不同的定价策略。同时，企业定价目标不是单一的，而是一个多元的结合体。在网络营销中，企业定价目标主要有以下几种：

（1）以维持企业生存为目标。当企业经营管理不善，或市场竞争激烈、顾客的需求偏好突然发生变化等造成产品销路不畅、大量积压、资金周转不灵，甚至濒临破产时，企业只能为其积压了的产品定低价，以求迅速出清存货，收回资金，但这种目标只能是企业面临困难时的短期目标，长期目标还是要获得发展，否则企业终将破产。

（2）以获取当前理想的利润为目标，即追求目前利润的最大化，而不考虑长期效益。选择此目标，必须具备一定的条件，即产品声誉好，而且在目标市场上占有竞争优势地位，否则还应以长期目标为主。

（3）以保持或提高市场占有率为目标。市场占有率是企业经营状况和产品竞争力的直接反映，它的高低对企业的生存和发展具有重要意义。因此，保持或提高市场占有率是企业定价应选择的一个十分重要的目标。通常企业可以通过实行全部或部分产品的低价策略，来实现这一目标。

（4）以应对或抑制竞争为目标。有些企业为了阻止竞争者进入自己的目标市场，而将产品的价格定得很低，这种定价目标一般适用于实力雄厚的大企业。中小企业在市场竞争激烈的情况下，一般以市场为导向，随行就市定价，从而也可以缓和竞争，稳定市场。

（5）以树立企业形象为目标。有些企业的定价实行的是“优质优价”，以高价来保证高质量产品的地位，以此来树立企业的形象。

总之，企业定价目标一般与企业的战略目标、市场定位和产品特性相关。产品价格的制定应主要从市场整体来考虑，它取决于需求方的需求强弱程度、产品价值以及来自替代性产品的竞争压力等。在网络营销的起步阶段，企业进入网络营销市场的主要目的是占领市场以求得生存和发展机会，然后才是追求利润。因此，网络营销产品的定价一般都较低，甚至免费，以期在快速发展的虚拟市场中寻求立足机会。网络市场一般可分为两个部分，即消费品市场和工业品市场。对于消费品市场，企业常采用相对低价策略来占领市场；对于工业品市场，因为其购买者一般是商业机构和组织机构，购买行为比较理智，所以企业可以利用网络技术降低其采购成本而实现目标。

2.网络营销产品定价策略

（1）免费策略。

免费策略是市场营销中常用的策略，它主要用于促销和推广产品，这种策略一般是短期和临时性的。在网络营销中，免费不仅是一种促销策略，还是一种非常有效的产品和服务定价策略。

具体来说，免费策略就是将企业的产品和服务，特别是许多数字产品和服务，如网上的免费邮箱、免费订阅等服务，以零价格形式提供给顾客使用，满足顾客需求。免费有四种形式：一是完全免费，即产品（服务）从购买、使用到售后服务所有环节都实行免费；二是限制免费，即产品（服务）可以被有限次免费使用，超过一定期限或者次数后，取消免费；三是部分免费，如一些市场调查公司的网站公布部分研究成果，用户如果要获取全部成果必须付费；四是捆绑式免费，即购买某种产品或者服务时赠送其他产品和服务。

免费策略之所以在互联网上流行，是有其深刻的背景的：一方面，互联网的发展得益于免费策略的实施；另一方面，互联网的发展速度和增长潜力令人生畏，任何有眼光的人都不敢放弃发展的机会，免费策略是最有效的市场占领手段。企业在网络营销中采用免费策略，一个目的是让用户通过免费使用形成消费习惯，之后再开始收费。例如，金山公司允许消费者在互联网上下载限次使用的杀毒软件，其目的是让消费者形成习惯后购买正式软件。这种免费策略主要是一种促销策略，与传统营销策略类似。另一个目的是发掘后续商业价值，它是从战略发展的需要来考虑的，主要目的是先占领市场，然后在市场上获取收益。

（2）定制生产定价策略。

定制生产就是按照消费者需求进行生产，以满足网络时代消费者的个性化需求。由于消费者的需求差异大，需求量又小，因此企业实行定制生产必须在管理、供应、生产和配送各个环节上，都适应这种小批量、多式样、多规格和多品种的变化。

定制生产定价策略是企业在实行定制生产的基础上，利用网络技术和辅助设计软件，帮助消费者选择配置或者自行设计能满足自己需求的个性化产品，同时承担自己愿意付出的价格成本。随着时代的发展，人们对生活品质的要求越来越高，追求个性化已经成为潮流。越来越多的企业在定制生产领域进行探索，彰显着电子商务对生产制造的积极影响。

（3）使用定价策略。

所谓使用定价，就是顾客通过互联网注册后可以直接使用某企业产品，并且只需要根据使用次数进行付费，而不需要将产品完全购买。这一方面可以避免大量的产品和包装浪费，另一方面可以吸引更多的顾客使用产品，扩大市场份额。顾客每次根据使用次数付款，既可以减少购买产品、安装产品、处置产品的麻烦，还可以节省不必要的开销。

使用定价一般要求产品适合通过互联网传输，可以实现远程调用。目前，比较适合的产品有软件、音乐、电影等。对于软件产品，如我国的用友公司推出网络财务软件，用户在网上注册后直接在网上处理账务，而无须购买软件和担心软件的升级、维护等售后事务；对于音乐产品，用户也可以在网上下载专用软件点播；对于电影产品，用户可以通过视频点播软件来实现远程点播，无须购买影碟。另外，使用定价对互联网的带宽提出很高要求，因为信息传播量非常大，如果带宽不够将影响数据传播速度和效果，势必会影响顾客使用和观看。

（4）拍卖竞价策略。

网上拍卖是目前发展比较快的领域，经济学认为市场要想形成最合理的价格，拍卖竞价是最佳的方式。网上拍卖由消费者通过互联网轮流公开竞价，在规定时间内价高者得。目前国外比较有名的拍卖网站是eBay，它允许商品公开在网上拍卖，拍卖竞价者只需要在网上进行登记即可，拍卖方将拍卖品的相关信息提交给eBay公司审查合格后即可上网拍卖。

根据供需关系划分，网上拍卖竞价方式有下面几种：

①竞价拍卖。量最大的是C2C的交易，包括二手商品、收藏品，也可以将普通商品以拍卖方式出售，如HP公司也将一些库存积压产品放到网上拍卖。

②竞价拍买。它是竞价拍卖的反向过程，消费者提出一个价格范围，求购某一商品，由商家出价，出价可以是公开的或隐蔽的，消费者将与出价最低或最接近自己报价的商家成交。

③集体议价。在互联网出现以前，这种方式在国外主要是多个零售商结合起来与批发商（或生产商）议价，以数量换价格。互联网出现后，普通的消费者也能采用这种方式购买商品。最先提出这一模式的是美国的缤客公司（Booking Holdings，始创于1997年，当时叫Priceline.com）。在国内，雅宝拍卖网率先引入这一模式。

在理论上，拍卖竞价策略有两种价格模式：浮动价格模式和固定价格模式。浮动价格模式包括竞价拍卖、竞价拍买和集体议价等竞价模式；固定价格模式包括供方定价直销、需方定价求购等定价模式。

目前拍卖竞价策略针对的购买群体主要是消费者市场，个体消费者是拍卖市场的主体。适合采用网上拍卖竞价的产品，一般是企业的一些库存积压产品，也可以是企业的一些新产品，通过拍卖展示起到促销效果。许多企业将产品以低廉价格在网上拍卖，以吸引消费者的关注。

（5）低价定价策略。

借助互联网进行销售的费用比传统销售渠道的费用低，因此同类商品的网上销售价格一般来说比线下的市场价格要低。由于网上的信息是公开和易于搜索比较的，因此网上的价格信息对消费者的购买决策起着重要作用。根据研究，消费者选择网上购物，一方面是因为网上购物比较方便，另一方面是因为从网上可以获取更多商品信息并进行比较，从而以最优惠价格购买商品。企业可以根据自己的需要采取直接低价定价策略、折扣定价策略或者促销定价策略。

小案例6-1　　医药电商

医药电商又叫医药电子商务，是指医疗机构、医药公司、银行、医药生产商、医药信息服务提供商、第三方机构等以营利为目的的市场经济主体，凭借计算机和网络技术（主要是互联网）等现代信息技术，进行医药产品交换及提供相关服务的行为。

按照主体特征，医药电商可以分为“电商+医药”和“医药+电商”两大类。“医药+电商”即原本的医药工业企业和医药流通企业从线下向线上渠道拓展，“电商+医药”则以互联网电商作为立足点切入医药领域。

医药电商可根据其面向的上下游与商业模式分为B2B、B2C、O2O三大类。

B2B医药电商服务于医药行业的各个B端之间，串联医药生产、医药流通、医药销售各主体，还包括外围物流仓储企业、金融公司、交易资讯公司等，涉及的交易体量巨大。B2B电商业务实际上是医药企业（主要是医药流通企业）传统销售渠道向线上的进一步延伸和扩大，可与传统业务相互促进。这类企业有益药仓、药药好、药师帮等。

B2C医药电商分为自营式B2C和平台式B2C。自营式B2C是医药连锁企业自建官网或电商巨头进军医药行业与消费者进行电子交易；平台式B2C是第三方B2C平台以中立身份为买卖双方提供虚拟交易平台服务。B2C平台不受店铺面积限制，聚合了大量的药品零售企业，可以为全国各地患者提供所需药品。同时，基于电商平台的信息透明性，消费者可方便地进行价格比较，适当减少药品开销，降低用药成本。这类平台有1药网、阿里健康、京东健康等。

医药电商O2O模式的运行机制通常包括“引流—转化—消费—反馈”四个阶段。第一阶段为引流，通过阿里健康、微信等信息平台吸引消费者到药品O2O电子商务平台。第二阶段为转化，线上平台向消费者提供商品详细信息和优惠服务，以供消费者对比、挑选并做出消费决策。第三阶段为消费，消费者在线下单获取药品。第四阶段为反馈，消费者对消费体验做出评价并反馈到线上平台，线上平台通过梳理和分析反馈信息，形成更加完整的药品信息库，以进一步帮助引流。这类平台有京东到家、快方送药、叮当快药等。

医药电商行业经过多年发展，目前已步入高速发展期，形成较为稳定的商业模式，市场格局逐渐清晰，医药电商深耕垂直细分市场，加速线上线下融合，进行差异化竞争。

近几年，国家卫健委、国家药监局、国务院、国家发改委、商务部等部门相继出台了医药电商行业相关政策，对医药电商行业进行鼓励、引导和规范。

网经社“电数宝”电商大数据库显示，2021年，我国医药电商交易规模达到1 850.9亿元，同比增长37.09%，直逼2 000亿元大关。医药电商市场渗透率逐年递增，2019年为0.93%，2020年达到1.21%，2021年约为1.38%。

随着新医改、互联网+、医药新零售等因素深入影响医药行业，未来，中国医药电商行业市场将持续增长，朝着医药零售新增量、处方外流、医保支付接入、慢病全周期管理的趋势发展。根据弗若斯特沙利文（Frost & Sullivan）公司的预测，2027年中国医药电商行业交易规模将达到7 257亿元。

资料来源　前瞻产业研究院. 中国医药电商行业市场前景预测与投资战略规划分析报告[R]. 北京：前瞻产业研究院，2022.

思政链接6-1

让网络购药更安全更便捷

6.2.3 网络营销的渠道策略

营销渠道的主要任务是将产品由生产商向最终消费者转移。网络营销和传统营销在营销渠道上的最大区别是：网络缩短了生产者和最终消费者的距离，使得生产者直接面向最终消费者成为可能。即便如此，对于大多数的产品生产者而言，中间渠道仍然是必要的。

1.网络营销渠道的功能

以互联网作为支撑的网络营销渠道同样具备传统营销渠道的功能。营销渠道是指与提供产品或服务以供使用或消费这一过程有关的一整套相互依存的机构，它涉及信息沟通、资金转移和产品转移等。一个完善的网上营销渠道应该具有三大功能：订货功能、结算功能和配送功能。

（1）订货功能。它为消费者提供产品信息，同时方便厂家获取消费者的需求信息，以求达到供求平衡。一个完善的订货系统，可以最大限度降低库存，减少销售费用。

（2）结算功能。消费者在购买产品后，可以选择不同方式进行付款，厂家（商家）应提供多种结算方式。目前结算方式主要有：网上银行、第三方支付平台、电子支票、货到付款等。

（3）配送功能。无形产品如软件、音乐等可以直接在网上配送；有形产品的配送涉及运输和仓储问题。许多国家已经拥有专业的配送公司，如我国的顺丰国际提供包括国际标快、国际特惠、国际小包、国际重货、保税仓储、海外仓储、转运等不同类型及时效标准的进出口服务，并可根据客户需求量身定制包括市场准入、运输、清关、派送在内的一体化的进出口解决方案，服务网络覆盖全球200多个国家及地区。

2.网络营销渠道策略

网络营销渠道可以分为两大类：一类是通过互联网实现的从生产者到消费者的网络直接营销（简称网络直销）渠道；另一类是通过融入互联网技术的中间商提供的网络间接营销渠道。

（1）网络直销策略。

网络直销渠道与传统直销渠道一样，都没有营销中间商，但都有订货功能、结算功能和配送功能。网络直销渠道与传统直销渠道不一样的是：生产企业可以建设营销网站，顾客可以直接从网站订货；通过与网上银行等支付服务机构合作，企业网站可以直接提供支付结算功能，简化了资金流转的问题；在配送方面，企业可以利用互联网技术来构建有效的物流系统，也可以与一些专业物流公司合作，建立有效的物流体系。

与传统分销渠道相比，网络营销渠道有许多更具竞争优势的地方。首先，利用互联网的交互特性，买卖双方的信息沟通由单向变成双向，增强了生产者与消费者的直接联系。其次，网络营销渠道可以提供更加便捷的相关服务。最后，网络营销渠道可以大大减少过去传统分销渠道中的流通环节，有效降低成本。

网络直销的形式具体包括自建网站直销和利用网络中介服务商直销。自建网站直销的优点是可以扩大企业的知名度，对外界的依赖程度低，可以整合企业的资源，直接和用户交流；缺点是企业需要投入大量的人力、物力。利用网络中介服务商直销商品克服了自建网站直销的缺点，但受外界的制约较大，而且具有不确定性。针对这一问题，企业要寻找那些信誉好、知名度高、信息量大的服务商进行合作。

（2）网络间接营销策略。

在网络间接营销中，网络商品交易中介这类机构成为连接买卖双方的枢纽。目前网络商品交易中介按是否拥有商品的所有权，可以分为网上经销商和网上代理商；按其在流通过程中所起的作用，可以分为网上批发商和网上零售商。

网络商品交易中介的优点有：①网络商品交易中介是专业化的商贸企业，它们凭借自身的品牌影响力、专业知识、经验、人际关系以及所掌握的大量信息，在把商品由生产者推向消费者的过程中，速度更快、流程更简化、成本更低、效率更高。②网络商品交易中介有效地把买卖双方结合起来，便利了双方的信息收集过程。买卖双方可以在不同的地区、不同的时间、同一个网站上查询不同的信息，即时交流与沟通，并可以在中介机构的撮合下，匹配供求意愿。③网络商品交易中介不仅能够以最佳的渠道销售商品，满足消费者对商品的要求，还能够广揽需求，组织批量订货，满足生产者对规模经济的发展要求。

6.2.4 网络营销的促销策略

网络促销是指利用现代化的网络技术向虚拟市场传递有关商品和服务的信息，以激发需求，引起消费者的购买欲望和购买行为的各种活动。在网络营销的整体策划中，网络促销是极为重要的一项内容。

1. 网络促销的特点

和传统的市场促销相比，网络促销有以下三个明显的特点：

（1）网络促销通过网络技术传递商品和服务的信息。网络促销是建立在计算机与网络技术基础之上的，并且随着计算机和网络技术的不断发展而改进。

（2）网络促销是在虚拟市场上进行的。这个虚拟市场就是互联网，从事网上促销的人员需要跳出实体市场的局限性，采用虚拟市场的思维方法。

（3）网络促销是全球性的、全天候的活动。网络营销突破了地理半径的限制，参与全球范围的竞争。网络订货可以在任何时间和地点进行，这就是新的电子时空观。

2. 网络促销的功能

（1）告知功能。网络经济属于注意力经济，公众的注意力能够带来相应的经济回报。网络促销把企业的产品、服务、价格等信息传递给目标公众，吸引他们的注意，进而引起购买或者使用的欲望。

（2）说服功能。网络促销的目的在于通过各种有效的方式消除目标公众对产品或者服务的疑虑，说服目标公众坚定购买决心。

（3）反馈功能。网络促销能够通过网络问卷等方式及时地收集和汇总顾客的需求和意见，并迅速反馈给企业管理层，对企业的经营决策具有较大的参考价值。

（4）创造需求功能。网络促销不仅可以诱导需求，而且可以创造需求，发掘潜在的顾客，扩大销售量。

（5）稳定销售功能。企业通过适当的网络促销活动，可以树立良好的产品形象和企业形象，使更多用户形成对本企业产品的偏爱，达到稳定销售的目的。

3.网络促销策略

（1）推策略。这是一种通过销售渠道推出产品的策略，生产企业采取积极措施把产品信息通过网络促销的方法传递给消费者，如新产品的上市、价格信息的传递等，消费者产生购买需求，进行购买。这种策略有两种操作途径：一是生产企业将产品、信息提供给网络中介服务商，网络中介服务商采取积极的促销手段将产品信息发布给消费者，使消费者产生购买需求，促成厂商与消费者的沟通与联系；二是生产企业自己通过网络促销的方法将产品、信息提供给消费者，使消费者产生购买行为。

（2）拉策略。这是一种生产企业通过各种网络促销手段，如打折促销、赠品促销、抽奖促销、积分促销、优惠券促销等，直接引发消费者的需求欲望，使消费者产生购买需求，进行购买的策略。这种策略也有两种操作途径：一是生产企业通过网络中介服务商向消费者促销；二是生产企业自己组织网络促销活动。

（3）品牌策略。品牌是一种信誉，由产品品质、商标、企业标志、广告口号、公共关系等混合交织形成。品牌策略是一系列能够产生品牌积累效应的企业管理与市场营销方法。网络品牌作为品牌在互联网上的存在形式，已经普遍被消费者接受，网络品牌成了企业网上促销的“金字招牌”。企业运用品牌策略促销应做到以下几点：①广泛利用网络内外有利于品牌宣传的传统媒体与电子媒体，包括报纸杂志、电视广播、大众口碑、网络社区等，大力宣传产品品牌和企业品牌；②将企业原有的品牌优势进一步拓展到电子商务上；③突出产品和服务质量，树立网络品牌。让网络上的顾客对产品、服务感到满意并口口相传，是树立品牌的最好方式。

同时，在网络品牌的建立和推广中，不要忽视一种特殊的品牌——域名品牌——的建立和推广。由于域名对应的是企业网站的IP地址，是企业网站被识别和选择的标志，因此提高域名的知名度，就是提高企业网站的知名度，也就是提高企业网站被识别和选择的概率。域名在互联网上可以说是企业形象的化身，是企业在网上虚拟市场环境中商业活动的标识，所以，企业必须将域名作为一种商业资源来管理和使用。也正因为域名具有商标特性，与商标一样具有品牌效应，某些域名已具有潜在价值。例如，以华为作为域名，使用者很自然联想到华为公司，联想到该站点提供的服务或产品同样具有华为公司一贯承诺的品质和价值。

考虑到域名的商标资源特性，企业在进行域名注册时应注意以下事项：

①与企业已有商标或企业名称具有相关性，如www.sina.com.cn。

②简单易记易用，如www.jd.com。

③注册多个域名。由于域名存在命名的限制，而且申请者广泛，极易出现许多类似的域名，削弱域名的识别特征和独占性，导致顾客的错误识别。因此企业一般要同时申请多个类似或相关的域名以保护自己。

④国际性。目前，互联网上使用的标准语言是英语，因此域名一般用英语单词为佳，如“中国”的拼音“ZhongGuo”很容易被中国人识别出来，但不了解中国文化的人可能就不知所云，如果用“China”就可以兼顾国内和国外的用户。

4.网络促销的实施

网络促销要求促销人员深入了解商品信息在网络上传播的特点，分析网络信息的接收对象，设定合理的网络促销目标。实施网络促销可以从以下几个方面着手：

（1）确定网络促销对象。网络促销对象是可能在网络市场上产生购买行为的消费群体，主要包括三类人员：

①产品的使用者。产品的使用者是指实际使用或消费产品的人。实际的需求是这些人实施消费的直接动因。抓住这部分消费者，网上销售就有了稳定的市场。

②产品购买的决策者。产品购买的决策者是指实际决定购买产品的人。网络促销也应当把购买决策者放在重要位置上。

③产品购买的影响者。产品购买的影响者是指其看法或者建议可以对最终购买决策者产生一定影响的人。他们通常在高档耐用消费品的购买决策上起决定性的作用。这是因为购买高档耐用消费品时，购买者往往比较谨慎，一般会在广泛征求意见的基础上再做决定。

（2）设计网络促销内容。网络促销的最终目标是引起购买。这个目标要通过设计具体的信息内容来实现。消费者的购买过程是一个复杂的、多阶段的过程，促销内容应当根据消费者目前所处的购买决策过程的不同阶段和产品所处的寿命周期的不同阶段来决定。

（3）决定网络促销组合方式。网络促销活动主要通过网络广告促销和网络站点促销两种方法展开。由于企业的产品种类不同，销售对象不同，因而会产生多种网络促销的组合方式。企业应当根据网络广告促销、网络站点促销两种方法各自的特点和优势，结合自己的市场情况和顾客情况，扬长避短、合理组合，以达到最佳的促销效果。

(4) 制订和实施网络促销方案。基于前文确定的网络促销目标、对象、内容、方法，制订网络促销方案并实施。

(5) 衡量网络促销效果。对已经执行的促销内容进行评价，衡量促销的实际效果是否达到了预期的促销目标。

(6) 加强网络促销过程的综合管理。网络促销涉及各个阶段的促销活动，及时进行事中控制和监管，加强综合管理，形成整体促销合力，可以充分发挥网络促销的优势。

6.2.5 网络营销的服务策略

互联网经济的特征在于，每一个互联网的消费者都可以直接与网站互动，参与内容和服务的生产，网站应千方百计地提供各种有效的服务，以满足和创造消费者的需求。它与传统经济的最大差别正好在于信息消费的多样性和个性化，消费者的选择性很大，很难被捕捉和留住，如果网站的内容和服务不能持续、迅速更新和完善，网站就无法将消费者的注意力转化为忠诚度，并牢牢地将消费者固定在自己的网站上。所以，不断提高服务水平对于商业网站而言，不仅至关重要，而且是其加速发展的最佳突破口。因此，企业要做好售前、售中、售后服务。

1. 售前服务

网上售前服务主要是提供信息，具体分为两种方式：一种是企业通过自己的网站宣传产品信息，一般要求企业的网站有一定的知名度，否则很难吸引顾客的注意；另一种是通过建立“虚拟展厅”充分展示产品形象，激发顾客的购买欲望。一般的消费者都喜欢“眼见为实”，见到实物才会购买，通过展示能让消费者看到实实在在的产品，并且通过网站导航系统，使消费者能迅速、快捷地寻找到所需产品的信息。

2. 售中服务

网上售中服务主要是指销售过程中的服务。在交易过程中，企业要向顾客提供简单方便的商品查询服务、体贴周到的导购咨询服务、简便高效的商品订购服务、安全快捷的货款支付服务、迅速高效的货物配送服务等，以保证商品交换活动的顺利完成。这种方便快捷的服务实现了双方的共同增值。

3. 售后服务

网上售后服务就是借助互联网直接沟通的优势，以便捷方式满足客户对产品的安装帮助、技术支持和使用维护的需求。网上售后服务有两类：一类是基本的网上产品支持和技术服务；另一类是企业为满足顾客的附加需求提供的增值服务。

由于分工的日益专业化，有的产品需要多个企业配合生产零部件才能最终组装完成，因此产品的支持和技术服务也比较复杂。提供网上产品支持和技术服务，可以方便客户通过网站直接找到相应的企业或者专家寻求帮助，减少不必要的中间环节。如美国的波音公司通过网站公布其零件供应商的联系方式，同时将有关技术资料放到网站上，方便各地飞机维修人员及时索取最新资料和寻求技术帮助。为提升企业的竞争能力，许多企业在提供基本售后服务的同时，还提供一些增值性服务。

4.方式方法

（1）建立顾客数据库，积极管理顾客关系。在网络营销活动中，顾客是企业的一项重要资源，企业应树立关系营销观念，建立顾客数据库，积极管理顾客关系，提高顾客满意度和忠诚度，培养出大批的忠诚顾客。通过顾客数据库，企业可以全面了解顾客的购买偏好等信息，从而在合适的时间用极具针对性的促销方案通过电子邮件等方式向顾客推荐他所偏好或者购买过的产品。

（2）提供良好的网上自动服务系统，提高顾客满意度。消费者购物过程的最后一个阶段是购后评价阶段。在售后服务过程中，根据顾客的评价和需要自动适时地提供服务，如赠送优惠券等，是提高顾客满意度的重要途径。

（3）设计FAQ页面，解决常见问题。在网站中提供FAQ页面，主要是为顾客提供有关产品、企业情况的信息，它既能够引发那些随意浏览者的兴趣，也能帮助那些在产品使用中遇到疑难问题的顾客迅速找到所需的信息，获得常见问题的现成答案。

（4）设计答疑解惑空间，解决疑难问题。其目的是解答一些不是经常遇到的且相对深入的问题，特别是一些故障类的问题，可以让顾客在企业的技术指导下自己解决问题，并因此提高企业或网站在顾客心目中的可信度。

（5）建立网上社区。在企业网站上建立网上社区，提供售后服务人员与用户实时交流的渠道，让用户在购买产品后既可以发表对产品的评论，提出针对产品的建议，也可以与使用该产品的其他用户进行交流，吸引更多潜在客户参与。

（6）利用BBS。BBS是一种简单实用的方法，但一定要做到有问必答，在网上解答不了的问题应马上通过电话、传真、信函等传统方式回复用户并加以解决。

（7）电子邮件列表。电子邮件是最便宜的沟通方式，企业可以建立邮件列表，让客户自己登记注册，然后定期向客户发布企业最新的信息，加强与客户的联系，这是很多企业网站经常采用的方式之一。这种方式的效果远远大于漫无目的、轰炸式的电子邮件广告。

（8）利用交互式的表格。许多网站上都有“在线反馈”“读者留言”等栏目，目的就是通过网络直接为用户提供售前、售中、售后的全过程服务。企业在网站设计中，还可以考虑提供产品信息查询、驱动程序选择、疑难问题解答等服务，还可以利用“信息查询”栏目向用户提供服务政策、服务网点、在线支持、下载中心、服务产品等信息。

6.3 网络营销方法体系

按照应用目的，网络营销方法体系包含4个方面，分别是网络服务营销、信息宣传营销、口碑宣传营销和综合性营销，具体方法见表6-1。

表6-1 网络营销具体方法

应用目的	网络服务营销	信息宣传营销	口碑宣传营销	综合性营销
具体方法	邮件列表营销 IM营销 RSS营销 数据库营销 会员制营销等	搜索引擎营销 网络广告营销 企业博客营销 微信营销等	网络社区营销 病毒式营销 微博营销等	网络活动营销 网络软文营销 网络事件营销 网络视频营销等

6.3.1 网络服务营销具体方法

企业通过网络为用户提供服务，可以增强用户的黏性，实现营销效果。网络服务营销主要有以下方法：

1.邮件列表营销

邮件列表营销是许可邮件营销的一种具体表现形式，是指在用户自愿加入的前提下，为用户提供有价值的信息，同时附带一定数量的商业信息，实现网络营销的目标。

2.IM营销

IM营销又称即时通信营销，是企业通过即时通信工具，如QQ、微信、阿里旺旺等推广产品和品牌的一种方法。

常用的形式主要有两种：一是网络在线交流。企业建立网店或者网站时可以设立即时通信工具，这样潜在客户如果对产品或服务感兴趣自然会主动和在线的商家联系，同时，企业也可以主动出击，通过IM工具对光临企业网站的潜在客户示好，并在线解答客户问题，拉近与客户的距离。二是广告。企业可以通过IM工具发布一些产品信息、促销信息，或者发布一些网友喜闻乐见的图片或视频，同时加上企业要宣传的内容。这种网络营销方法一般为群发消息，利用弹出窗口弹出信息，或者采用软件内嵌广告的形式。

3.RSS营销

RSS（Really Simple Syndication，简易信息聚合）营销指企业在开发网站时，可利用XML技术添加RSS订阅功能，这样用户在访问网站时就可以点击或订阅企业新闻，当网站有新内容发布时，用户的RSS阅读器就可以接收并显示链接。因此，不断更新新闻内容是RSS营销的关键。企业可以对订阅者进行跟踪分析，收集用户的点击信息，分析用户的爱好、阅读习惯等，为定制网络营销策略提供数据基础。

4.数据库营销

数据库营销是在互联网与数据库技术的基础上逐渐兴起与成熟起来的一种市场营销推广手段，是企业通过收集和积累会员（用户）信息，经分析、筛选后有针对性地使用电子邮件、短信、电话等方式进行客户深度挖掘与关系维护的营销方式。数据库营销的核心是数据挖掘，通过对用户数据的分析，准确地预测市场反应，进而达到精准营销的目的。

5.会员制营销

会员制营销就是企业通过发展会员、为会员提供差异化的服务进行精准营销，提高顾客忠诚度，增加企业利润。如今，网络会员制已经成为电子商务网站推广的主要手段，该营销方法在一定程度上保留住了企业的部分固定客源，同时可以通过老会员的宣传与推广，不断吸引新会员加入。此外，企业的会员大多可以享受企业的一些福利待遇，又因为人们大多数是自愿成为企业会员的，所以企业向会员发布推广、宣传等信息时，更容易被接受。

6.3.2 信息宣传营销具体方法

信息宣传营销方法是指企业在网络上提供相关信息，让客户了解企业文化、经营理念、服务项目等，增强客户对企业的认识，加深客户对企业的整体印象，达到营销的目的。

1.搜索引擎营销

（1）搜索引擎营销的定义

搜索引擎是常用的互联网服务之一，搜索引擎的基本功能是为用户查询信息提供方便。搜索引擎营销是搜索引擎服务在网络营销中的具体应用。随着互联网上信息量的爆炸式增长，寻找有价值的信息显得日益重要。这种可以为用户提供发现信息机会的搜索引擎，也就理所当然地成为网络营销的基本手段之一。

（2）搜索引擎营销的特点

与其他网络营销手段相比，搜索引擎营销具有自身的一些特点，充分了解这些特点是有效应用搜索引擎开展网络营销的基础。归纳起来，搜索引擎营销有以下几个特点：

①搜索引擎营销方法与企业网站密不可分。搜索引擎营销必须以企业网站为基础，企业网站设计的专业性对网络营销的效果会产生直接影响。

②搜索引擎传递的信息只发挥向导作用。搜索引擎检索出来的是网页登记处的索引，或者搜索引擎自动抓取的部分内容，一般只是某个网站的简要介绍，而不是网页的全部内容，因此这些搜索结果只能发挥一个“引子”的作用。

③搜索引擎营销是用户主导的网络营销方式。没有哪个企业或网站可以强迫或者诱导用户的信息检索行为。使用什么搜索引擎、通过搜索引擎检索什么信息完全由用户自己决定，在搜索结果中点击哪些网页也取决于用户的判断，因此搜

索引擎营销是由用户所主导的，最大限度地减少了营销活动对用户的滋扰，最符合网络营销的基本思想。

④搜索引擎营销可以实现准确度较高的定位。网络营销的主要特点之一就是可以对用户行为进行准确度较高的定位和分析。搜索引擎营销在用户定位方面具有更好的功能，尤其是放在搜索结果页面的关键词广告，完全可以实现与用户所检索的关键词高度相关，从而提高营销信息被关注的程度，最终达到增强网络营销效果的目的。

⑤搜索引擎营销的效果表现为网站访问量的增加而不是销售量的增加。了解这个特点很重要，因为搜索引擎营销的使命就是获得访问量，至于访问是否可以最终转化为收益，不是搜索引擎营销可以决定的。

⑥搜索引擎营销要适应网络服务环境的发展变化。搜索引擎营销是搜索引擎服务在网络营销中的具体应用，因此在应用方式上依赖于搜索引擎的工作原理、服务模式等。当搜索引擎的检索方式和服务模式发生变化时，搜索引擎营销方法也应随之变化。

（3）搜索引擎营销实现过程

使搜索引擎营销得以实现的信息传递过程如图6-2所示。

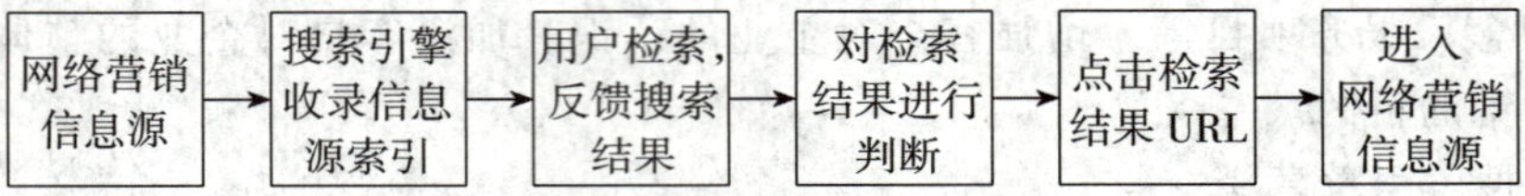

图6-2　搜索引擎营销的信息传递过程

①企业将信息发布在网站上，使之成为以网页形式存在的信息源；

②搜索引擎将网站/网页信息收录到索引数据库；

③用户利用关键词进行检索，检索结果中罗列相关的索引信息及其链接URL（统一资源定位器）；

④用户对检索结果进行判断；

⑤用户根据判断选择感兴趣的信息并点击URL进入信息源所在网页，这样便完成了从企业发布信息到用户获取信息的整个过程。

2.网络广告营销

（1）网络广告的定义

网络广告是指广告主利用一些受众密集或有特征的网站传播商业信息，并设置链接到某目的网页的过程。网络广告既不同于平面媒体广告，也不是电子媒体广告的另一种形式。其基本特征：一是利用多媒体和数字技术制作和表示；二是具有可链接性，只要网络使用者点击链接的主页，他就必然会看到广告。

（2）网络广告的特点

①时空广泛开放。网络广告的传播不受时间、空间限制，只要具备浏览互联网的条件，任何人在任何地点、任何时候都可以阅读到网络广告信息。这是传统媒体无法相比的。

②实时性与持久性。广告主可以根据需要随时改动网络媒体上的广告信息，及时将最新的产品信息传播给消费者。网络媒体还可以长久保存广告信息，等待消费者随时检索、查询。

③交互性。可以说，交互性是网络广告区别于传统广告的最大特点。不同于传统媒体信息的单向传播，网络广告可以实现信息的双向互动传播。受众可以查询、获取他认为有用的广告信息，而商家也可以及时获得受众的反馈信息。网络广告具有交互性的特点，可以根据受众的需求传达广告信息，更易于为受众所接受。

④多媒体性。网络广告可以采用文字、图片、声音、影象等多媒体形式，创造出丰富多彩的广告形式，更容易为受众所接受。

⑤信息容量大，发布站点多，发布成本低。通过网页的超链接，网络广告能容纳无限量的广告信息，而且发布成本低，这也是传统媒体无法相比的。

⑥效果的可测量性。在互联网上通过权威公正的访问统计系统可以精确统计出每一条广告信息的曝光次数、点击次数，还可以了解受众接触广告的时间和地区分布，从而为广告主科学评估广告效果、制定广告策略、广告计费提供依据。

（3）网络广告的类型

网络广告的类型非常丰富，常见的类型有：

①横幅（Banner）广告。横幅广告又称网幅广告、旗帜广告、条幅广告等，是互联网广告中最基本的广告形式。它通常由使用多媒体技术创建的图像或动画来表现广告内容，如图6-3所示。横幅广告一般都有超链接，当用户点击时就会被引向相关页面，对广告的内容进行更详细的展示。

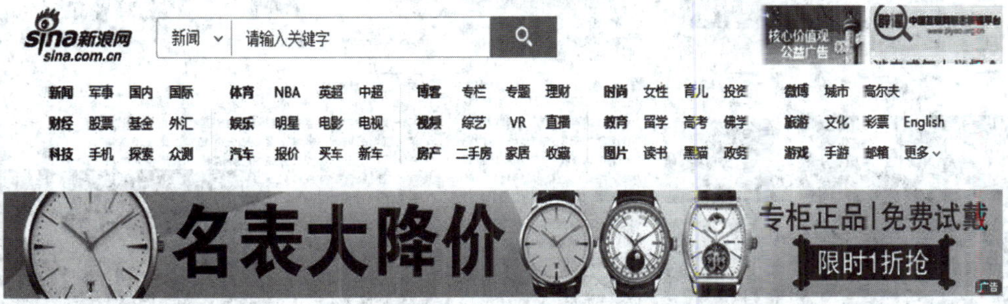

图6-3 新浪网首页上“名表大降价”的横幅广告

②标识（Logo）广告。标识广告通常用来宣传商家的商标或特定标志。标识广告的尺寸比横幅广告小，易于放置，而且费用相对较低。

③漂浮广告（Moving Icon）。会“飞”的飘浮广告，可以根据广告主的要求并结合网页本身特点设计“飞行”轨迹，增强广告的曝光率，如图6-4所示。

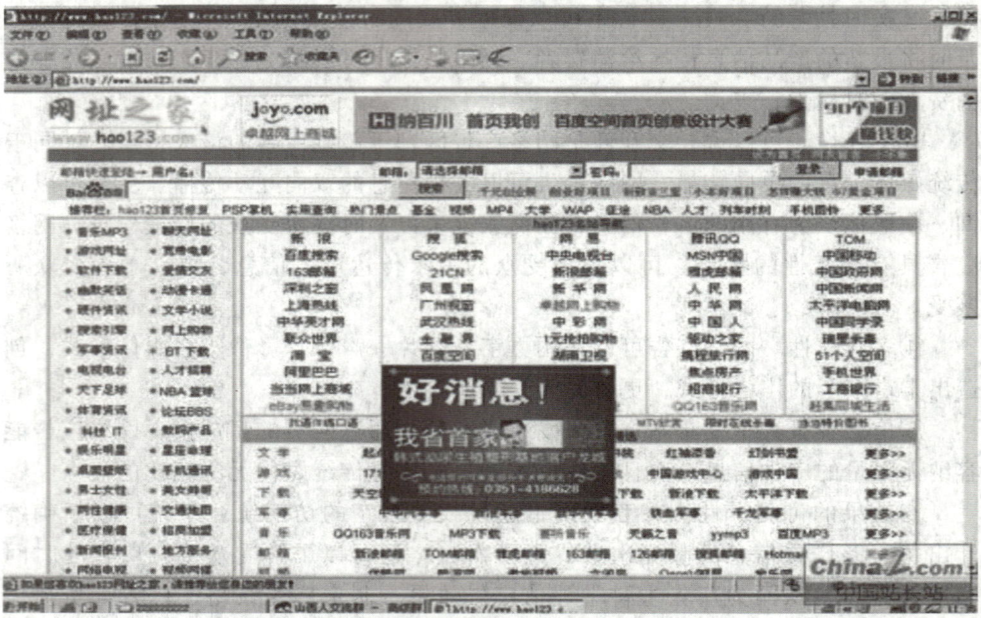

图6-4　网址之家上的漂浮广告

④弹出（Pop-up）广告。这种形式是在打开首页后弹出一个新的小窗口，出现广告，用户点击后直接连接到广告内容页面上，如图6-5所示。

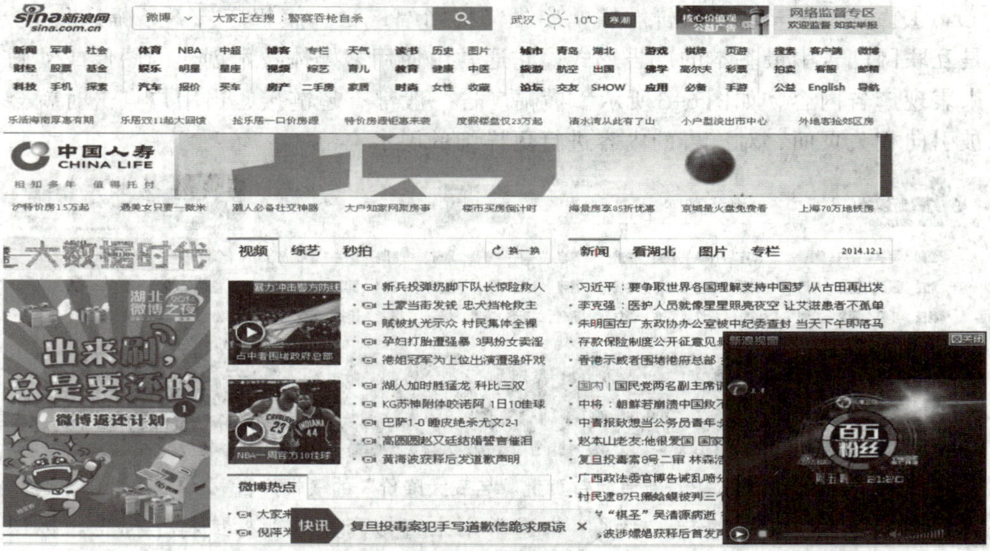

图6-5　新浪网首页上的百万粉丝节目弹出广告

除上述网络广告类型外，网络广告还包括画中画广告、电子邮件广告、视频广告、导航广告、壁纸广告等类型。随着多媒体技术和数字技术的不断发展，网络广告还将出现许多新的类型。无论采用哪种广告形式，只有根据页面的布置和广告本身的特点来使用广告，才能让浏览者充分了解相应的信息并收获理想的效果。

（4）网络广告的发布形式

目前，应用比较广泛的网络广告发布形式有：

①建立自己的网站发布广告。企业利用自有的网站作为广告发布平台是行之有效的方法。其优点是成本低、自由度大、针对性强，但是，企业自建网站还是需要实力的。此外，自建网站发布广告对于新客户的影响较缓慢。

②利用著名网站发布广告。利用国内外著名网站发布广告应该说是目前最流行的方式，也是最有效的方式。这些网站的点击率非常高，广告主在这些网站上投放广告可收到很好的效果。

3.博客营销

博客营销是指企业通过博客这种网络平台宣传企业或产品、发布企业信息，以达到营销、宣传的目的。博客营销可以降低营销成本，与搜索引擎营销无缝对接，并且容易吸引年轻受众的注意力，进而提升企业的影响力。

4.微信营销

2011年1月21日，腾讯推出即时通信应用——微信。截至2022年第二季度末腾讯微信月活跃用户数破12.99亿，远超手机QQ月活跃用户数，成为人们生活中必备的沟通交流工具。由于微信的迅速发展，许多商家从中看到了无限商机，微信营销便应运而生。微信营销是网络经济时代企业对营销模式的创新，是一种点对点的营销方式。微信不存在距离限制，用户注册微信后，可与周围同样注册的“朋友”形成一种联系，用户可订阅自己所需的信息，商家通过提供用户需要的信息推广自己的产品。

6.3.3 口碑宣传营销具体方法

口碑宣传营销方法是指用户通过体验或者了解之后，以相互转告、相互推荐的方式进行营销。这种营销方式需要企业为用户提供一定的利益，或者企业在用户之间树立了良好的口碑，使得用户愿意主动为企业进行宣传。

1.网络社区营销

网络社区营销就是把具有共同兴趣的访问者或互相熟悉的人群集中到一个虚拟空间，达到成员相互沟通、资源相互分享的目的，进而实现商品的营销目标。其主要形式有论坛、聊天室、讨论组、贴吧、QQ群、社会性网络服务等。网络社区营销可以由企业发起，通过组建论坛或讨论组等增进企业和访问者或客户之间的关系，促进网上销售。

2.病毒式营销

病毒式营销又叫口碑营销，其方法并非传播病毒，而是利用用户之间的主动传播，让信息像病毒那样扩散，从而达到推广的目的。病毒式营销实质上是在为用户提供有价值的免费服务的同时，附加一定的推广信息。

（1）病毒式营销的特点

①价格低廉。

②传播速度极快，以每天数以万计的速度衍生。

③可信度高，受众心理抗拒程度低。

④超越单一的网站限制，可以通过电子邮件等手段把信息传至从不上某一网站的群体。

⑤推荐者帮忙找目标人群。病毒式营销按推荐人的积极性可分为两类：第一种是被动式，如电子邮件和贺卡以及电子书籍，利用产品或服务及时附带，推荐人不需要做任何动作；第二种是主动式，如网上售书系统和链接联盟等，都需要推荐人主动填写相关信息。

（2）病毒式营销的原则及技巧

①提供真正有价值的服务和产品。在市场营销人员的眼中，“免费”一直是最有效的词语，大多数病毒式营销计划以提供有价值的免费产品或者服务来引起消费者注意，如一款最新式的手机加上免费试用的广告比一种新饮料上市但没有优惠的广告更具有吸引力。

②给予推荐人适当的奖励刺激。例如，进行网上有奖促销、游戏竞赛时，可以设置现有参加者每推荐一个新注册用户就可为自己增加分数的奖励措施，以鼓励推荐人进行口碑传播的积极性。巧妙的病毒式营销计划利用的正是公众的积极性。通信需求的驱动产生了数以百万计的网站、App和数以十亿计的E-mail用户，建立在公众积极性和行为基础之上的营销战略将会取得成功。

③操作必须简单。“病毒”只有在易于传染的情况下才会快速传播，因此携带营销信息的媒体必须易于传递和复制。病毒式营销在互联网上能够发挥作用，就是因为即时通信变得容易而且廉价，数字格式使得复制更加简单。从营销的观点来看，营销信息越简短越好，这样信息容易传输，有利于扩大信息传递范围。例如，推荐人只需输入数个被推荐人的地址和名字即可，如果要求详细填写年龄、性别、爱好等信息，借以建立所谓的数据库，结果可能贪多必失，大大降低推荐人的推荐意愿。

④尊重个人隐私和网络礼仪。向被推荐人发送E-mail时必须设置功能询问被推荐人是否愿意继续收到同类的信息，并保证不利用其邮箱做其他用途（如贩卖给别人），以免以后给对方造成垃圾邮件困扰。

⑤个性化。如将信息设计为“关心你的好朋友×××向您诚意推荐……”等字样，有条件的还可以让推荐人自行加上更多语句而非单纯网址。

⑥加强娱乐性。附加有趣的动画、Flash、电子贺卡或笑话等。

（3）病毒式营销的几种常见方法

①免费服务。一些大型的网站会提供免费的二级域名、免费空间、免费程序接口、免费计数器等资源，这些资源中可以直接或间接地加入企业的链接或者其他产品的介绍，还可以加入广告。这些免费的资源对用户有很大的吸引力，当用户自己使用并对外宣传的时候，也为提供该服务的公司做了免费宣传。

②便民服务。便民服务不像上面的免费服务那样需要投入一定的财力、物力，比较适合小公司或个人网站。例如，在网站上提供人们在日常生活中常会用

到的一些查询功能，如公交查询、电话查询、手机归属地查询、天气查询等，并把它们集中到一起，能给用户提供极大的便利，获得了好的口碑，也就能很快地在网民中推广开来。

③节日祝福。每当节日到来时，可以通过QQ、微信、E-mail等工具向朋友发送一些祝福，后面附上网页地址或精美图片，随着朋友们的相互祝福和转发，一个“病毒”就这样形成了。

④精美网页或笑话。在工作之余，做一个精美的网页或选一则精彩的笑话发给朋友，给他们送去欢乐，朋友一定会很高兴并且会转发给他的好朋友。

3.微博营销

微博是微博客的简称，是一个基于用户关系的信息分享、传播以及获取的平台，用户可以通过Web、WAP以及各种客户端组建个人社区，以大约140个文字更新信息，并实现即时分享。尽管微博是在博客的基础上发展起来的，但是微博绝对不是缩小版的博客。两者的本质区别是微博更依赖社会网络资源的广泛传播，更注重时效性和趣味性。微博的传播力很强，受到很多企业的青睐。企业以微博为营销平台，可以向粉丝（潜在的营销对象）传播企业和产品的信息，树立良好的企业和产品形象。

微课6-1

网络营销案例分析

6.3.4 综合性营销方法

综合性营销方法，即企业以互联网为传播平台，通过策划活动，借助新闻事件，以视频、图片、新闻等形式，间接地宣传企业。与直接的宣传方式不同，综合性营销方法往往潜移默化地改变着人们的观念。

1.网络活动营销

网络活动营销是指通过精心策划具有鲜明主题、能够引发轰动效应、具有强烈新闻价值的单一或系列营销活动，达到更有效的品牌传播和销售促进的目的。网络活动营销以其不受空间限制，具有互动性、经济性、大众性、延伸性以及创新性的特点，帮助企业塑造网络品牌、发布产品信息、促进网络销售、提高顾客忠诚度，增强企业的核心竞争力。

2.网络软文营销

网络软文营销又叫网络新闻营销，是通过网络上的门户网站、地方或行业网站等平台传播一些具有阐述性、新闻性和宣传性的文章，包括网络新闻通稿、深度报道、案例分析等，把企业、品牌、人物、产品、服务、活动项目等相关信息以新闻报道的方式，及时、全面、有效、经济地向社会公众广泛传播的营销方式。网络软文营销通常以吸引人的题目入手，抓住读者的眼球，并通过贴近生活的故事让读者坚持浏览，在文章或新闻的某些片段中穿插进企业或产品的信息，使读者在不知不觉中了解企业及产品。

3.网络事件营销

网络事件营销是指企业以网络为传播平台，通过精心策划、实施可以让公众直接参与并享受乐趣的事件，达到吸引或转移公众注意力，改善、增进与公众的关系，塑造企业良好形象的目的，以求得企业的长久、持续发展。

4. 网络视频营销

网络视频营销指的是企业将各种视频短片以各种形式放在互联网上，从而达到一定的宣传目的。网络视频广告的形式类似于电视视频短片，但以互联网为平台。视频与互联网的结合，使这种营销形式具备了两者的优点。

@ 本章小结

网络营销是科技发展的产物，从广义上讲，凡是以互联网为主要手段、为实现一定的营销目标进行的营销活动，都可以称为网络营销。它具有虚拟性、高信息性、国际性、互动性、服务性、技术性、针对性、参与性、低成本性的特点；还具有信息搜索、信息发布、商情调查、销售渠道开拓、品牌价值扩展和延伸、特色服务、客户关系管理和经济效益增值八大功能。网络营销同传统营销、电子商务和网上销售等存在区别与联系。网络营销同样要讲究策略，包括产品策略、定价策略、渠道策略和促销策略。开展网络营销活动，需要借助一定的网络营销工具，采用一定的网络营销方法。网络营销的方法有很多，根据应用目的可分为网络服务营销方法、信息宣传营销方法、口碑宣传营销方法和综合性营销方法等。

@ 复习思考题

第6章
即测即评

拓展阅读6-1

从25年统计数据看中国互联网发展

1. 网络营销有哪些特点和功能？
2. 如何理解网络营销与传统营销的关系？
3. 网络营销的产品策略有哪些？
4. 网络营销的定价策略有哪些？
5. 网络营销的渠道策略有哪些？
6. 网络营销的促销策略有哪些？
7. 列举一个网络营销实际运用成功的案例，并分析点评。

第7章 电子支付与网上银行

电子商务就是一个工具，阿里巴巴是个服务公司。

——马云

本章要点

◇ 电子支付的定义、特点、架构和流程

◇ 电子支付工具：电子现金、信用卡、电子支票

◇ 第三方支付、移动支付

◇ 网上银行的分类、业务范围及技术要求

引例 数字人民币如何改变第三方支付

随着试点和应用场景不断扩大，我们在越来越多的生活场景中看见了数字人民币的身影。在我们接触这个全新的事物之后，那熟悉的既视感又让我们很自然地将数字人民币与支付宝、微信支付等第三方支付平台做对比。

在常规的使用情况下，数字人民币和支付宝、微信支付等好像没有多大的区别。很多人不理解，国家花费大量精力，再打造出一个"支付宝/微信支付"有什么用？

事实上，数字人民币和第三方支付有着本质上的区别，而它的出现也为第三方支付带来了一次革命性的改变。

数字人民币是钱，而非钱包

数字人民币在构建时，其目的便是作为实体货币的数字化延伸，从本质上来说，数字人民币和我们使用的人民币有着同样的性质，它们都是钱，是作为货币的一般等价物。

虽然在数字人民币的试点场景中，我们可以感受到，它的使用方式和第三方支付没有多大的区别，但第三方支付实际上就如同存放钱的钱包一样，是作为收付中介，为网络支付提供支付服务。简单来说，第三方支付仍旧需要从银行系统中调取用户需要支付的钱，再转移到收款方的银行账户当中。

对第三方支付带来的冲击

数字人民币虽然在本质上与第三方支付存在不同，但利用数字人民币打造出的新型数字支付系统对传统的第三方电子支付产生了巨大的冲击。

支付宝、微信支付等第三方支付平台由于它们在支付便捷性、用户体验、产品创新等方面的优势，在我国的交易支付领域中已经成为一种主流的方式，牢牢占据着支付市场的主导地位，甚至曾经一度让银行的支付体制不得不进行重大改革。

数字人民币进入支付市场之后，其更加鲜明的优势也给第三方支付带来了巨大的挑战。

数字人民币通过部分采用区块链技术，实现了可控匿名、高度隐私保护，以及交易可溯源，并且以国家信用作为支撑，与依靠第三方机构的信用和安全机制的第三方支付相比，拥有更高的可靠性和安全性。

另外，数字人民币直接基于央行管理的数字人民币发行登记系统，是一种账户松耦合模式，这意味着采用数字人民币的交易和我们平时使用现金支付没有多大区别，即使银行卡账户出现故障或被冻结，或者根本没有银行账户，存在数字人民币钱包中的数字人民币也可以进行支付。而第三方支付与银行系统紧密相连，银行系统一旦出现意外，那么相应的第三方支付系统也会出现问题。

数字人民币的便捷性还体现在，它在区块链技术的支持下可以实现交易即结算，大幅简化了交易中的清算、结算过程，特别是在一些大额交易或跨境交易中，这一优势十分明显。另外，数字人民币这种快速清结算模式进一步降低了服务中介费用。如果直接采用两个数字人民币钱包进行交易，甚至不会收取任何交易手续费。

是挑战，也是机遇

数字人民币为第三方支付带来了许多挑战和不确定性，但同样，这场改革也将是第三方支付的一次重大机遇。

不管怎么说，数字人民币终究是一种数字化的流转方式，它的流通离不开互联网技术的支持。第三方支付凭借着多年的技术积累，对于数字人民币钱包的开发将会是一个强大的助力。同时，第三方支付本身所积累的用户数据也是一笔巨大的资源，通过对用户数据的深度挖掘提升数字人民币的用户体验，对于数字人民币的推广和平台用户的存留而言，这是一个双赢的局面。

另外，诸如支付宝、微信支付等第三方支付平台在当前所拥有的庞大市场，也衍生出了大量丰富的应用场景，利用第三方支付平台来作为数字人民币钱包的基础，也能使数字人民币的应用变得更加广泛，更快地融入社会各个领域当中。

总的来说，相比数字人民币，第三方支付在当前所拥有的优势在于技术、用户、应用场景等方面。这是一个十分关键的时期，数字人民币正处于发展的早期，很多生态建设都不够完善，第三方支付对数字人民币“雪中送炭”，远比数字人民币体系成熟后“锦上添花”要更有用。

资料来源　佚名. 数字人民币对第三方支付带来了什么改变？[EB/OL]. [2022-12-28]. http: //news.sohu.com/a/530833761_121051663.

案例思考：

数字人民币的推出会对第三方支付带来了哪些变革？第三方支付未来的发展趋势是怎样的？

7.1 电子支付概述

7.1.1 电子支付的定义与特点

电子支付指的是电子交易的当事人，包括消费者、商家和金融机构，以计算机和通信技术为手段，通过计算机网络系统以电子信息传递形式实现的货币支付或资金结算。与传统的支付方式比较而言，它具有以下特点：

第一，电子支付是采用先进的技术完成信息传输的，其各种支付方式都是采用数字化的方式进行款项支付的；传统的支付方式则是通过现金的流转、票据的转让及银行的汇兑等物理实体来完成款项支付的。

第二，电子支付的工作环境基于一个开放的网络平台，而传统支付是在较为封闭的系统中运作的。

第三，电子支付使用的是最先进的通信手段，对软、硬件设施的要求很高，一般要求有联网的计算机、相关的软件及其他一些配套设施；而传统支付使用的是传统的通信媒介，对软、硬件的要求相对较低。

第四，电子支付具有方便、快捷、高效、经济的优势。用户只要拥有一台上网的PC机，便可足不出户，在很短的时间内完成整个支付过程，支付费用仅相当于传统支付的几十分之一，甚至几百分之一。

电子支付与传统支付的比较见表7-1。

表7-1 电子支付与传统支付的比较

比较项目 \ 支付方式	传统支付	电子支付
款项支付方式	通过现金的流转、票据的转让以及银行的汇兑等物理实体完成	采用先进的信息技术完成信息传输和款项汇兑
工作环境	在较为封闭的系统中运作	在开放的网络平台中运作
设备要求	使用传统的通信媒介，对软、硬件要求相对较低	使用最先进的通信手段，对软、硬件要求很高
支付效率	支付时间相对较长，效率低，费用高	在很短的时间内完成支付，费用仅相当于传统支付的几十分之一，甚至几百分之一

7.1.2 电子支付的发展历程

电子支付的发展大致经历了五个阶段：

第一阶段是银行利用计算机处理银行之间的业务，办理结算。

第二阶段是实现银行计算机与其他机构计算机之间资金的结算，如代发工资等业务。

第三阶段是利用网络终端向客户提供各项银行服务，如自助银行。

第四阶段是利用银行销售点终端向客户提供自动扣款服务。这就是最初的电子支付系统。这一阶段以各发卡行的行内授权系统为基础。全国银行卡信息交换中心和城市银行卡中心的建立为银行卡的跨行交易创造了条件。

第五阶段是最新阶段，也就是基于互联网的电子支付，它将第四阶段的电子支付系统与互联网整合，实现随时随地通过互联网直接进行转账结算，形成电子商务交易支付平台。

7.1.3 电子支付的架构与流程

1. 电子支付的架构

电子支付系统由商家、消费者、支付网关/第三方支付、银行、银行专用网以及CA认证体系等构成，如图7-1所示。

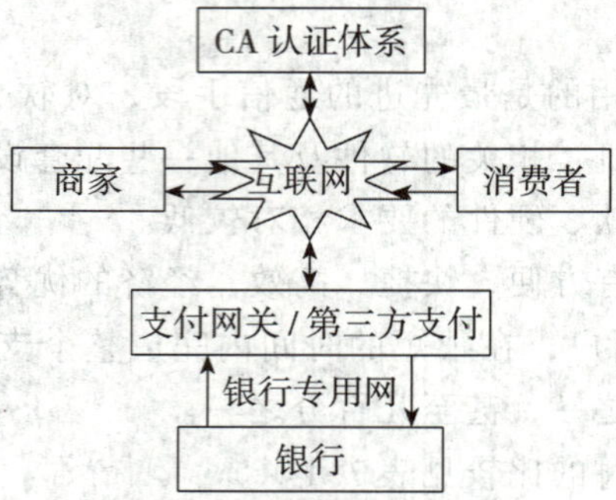

图7-1 电子支付系统架构

虽然在网络上进行交易时消费者只能看到商家以及对应的各种商品，而支付环节以及支持它们的银行对消费者而言是不可见的，但实际上支付系统及银行对于一笔网上交易的正常完成起着至关重要的作用。

（1）商家和消费者。商家专指在网络上开设虚拟商铺销售实际产品或提供各项服务并从中获取收益的机构和个人；消费者是指利用网络获得各类产品或服务，与商家进行网络交易的人，消费者一般持有银行或其他金融机构发行的电子化货币。

（2）支付网关。支付网关是指银行在网络上的一个接口，连接互联网和银行专用网，发挥安全验证和交易转发的功能，通过它，交易请求可以发送给银行的业务系统处理。早期的支付网关通常由银行单独建设，以后逐渐由多家银行联合共建或银行与银行卡中心联合共建，后来又兴起第三方支付。采用第三方支付，可以安全实现从消费者、金融机构到商家的在线货币支付、现金流转、资金结算、查询统计等流程，为开展电子商务活动和其他增值服务提供完善的支持。

（3）银行。作为电子支付系统的重要组成部分，以银行为代表的金融相关企业在电子支付环境的形成中起到了至关重要的作用。银行作为系统中的重要一环，其职能包括：授权中介商发行电子货币并进行确认；接受来自支付网关的交易请求，进行处理并将结果返回；交易完成后进行资金结算并分别向消费者（或中介商）和商家进行账务划拨等。

（4）银行专用网。商家、消费者和支付网关之间是通过互联网进行信息的发送和接收的，而为了保证银行业务系统的安全性，支付网关和银行之间的网络连接采用银行专用网，通过防火墙和数据的软硬件加密等方式使交易安全性得以极大提高。

（5）CA认证体系。为保障交易安全，必须有银行自有的或独立的第三方认证中心，以确保交易各方、支付网关及银行账户身份的真实性和有效性。

2.电子支付的流程

图7-2展示了电子支付的流程。

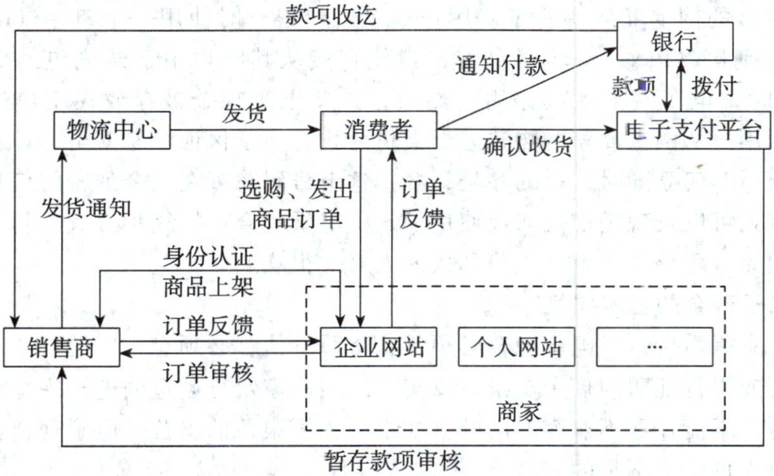

图7-2 电子支付的流程

（1）消费者通过互联网选购所需购买的物品，并在计算机等终端设备上向商家输入订货单，订货单上须包括在线商店、购买物品名称及数量、交货时间及地点等相关信息。

（2）消费者向银行通知付款，将款项拨付到电子支付平台，电子支付平台暂存款项并审核。

（3）在线商家对订单准确性进行核实，并与线下销售商或库房进行订单审核，接到电子支付平台的收款通知后，销售商发出发货通知，物流中心把货物送到消费者手中。

（4）消费者接到货物之后在电子支付平台上确认收货，电子支付平台将相关款项拨付给销售商在银行开设的账户，销售商收讫款项。

7.2 电子支付工具

微课7-1

主要的电子支付工具

电子支付工具是在电子信息技术发展到一定阶段后产生的新兴金融业务所使用的支付工具，多数依赖于非纸质电磁介质存在，大量使用安全认证、密码等复杂电子信息技术。随着电子银行的兴起和微电子技术的发展，电子支付技术日趋成熟，电子支付工具不断丰富。

7.2.1 电子现金

电子现金（Electronic Cash）是一种以数据形式流通的货币，它把现金数值转换成为一系列的加密序列数，通过这些序列数来表示现实中各种金额的币值，即它是以数字化形式存在的现金货币。

用户在开展电子现金业务的银行开设账户，并在账户内存钱后，就可以在接受电子现金的网上商店购物了。用户登录网上银行时使用一个口令（Password）和个人识别码（PIN）来验明身份，当他直接从其账户中下载成包的低额电子“硬币”时，电子现金才起作用。然后，这些电子现金被存放在用户的硬盘当中，直到用户从网上商家购物并进行支付为止。为了保证交易安全，计算机还为每个“硬币”建立随时选择的序号，并把这个号码隐藏在一个加密的信封中，这样就没有人可以发现是谁提取或使用了这些电子现金。按这种方式支付实际上可以让买主无迹可寻，注重个人隐私权的人对此很欢迎。

1.电子现金的基本属性

（1）有货币价值。电子现金必须具备货币价值，必须有一定的现金、银行认可的信用或银行证明的现金支票提供支持。当一家银行创造的电子现金被其他银行接受时，不能存在不兼容的问题。如果失去了银行的支持，电子现金就会有风险，导致支持资金不足的问题。

（2）可交换性。电子现金作为一种支付方式，必须能够交换成其他的电子现金、纸币现金、商品或服务、银行账户的存款等。电子现金一般倾向于在同一银行使用，但实际上，不是所有的买方都使用同一家银行的电子现金，买方和卖方甚至可能不在同一个国家。因此，电子现金面临着在多家银行间广泛使用的问题。

（3）可存储和检索。电子现金必须允许用户在家庭、办公室或旅途中，对存储在远程计算机、智能卡或专用设备上的电子现金进行浏览和检索。因为在计算机中创建和存储伪造的电子现金很容易，所以最好把电子现金存储在一个不可变更的专用设备中。这种设备应该具有适当的界面，可以通过口令或其他方式来鉴别使用者身份，以及显示对于电子现金信息的浏览内容。

（4）一次使用。电子现金必须防止复制和保证只能一次使用。因为电子现金不是一个买方支付给卖方后就不再拥有的实物，买方可能用同一笔电子现金在不同国家、地区的网上商店同时购物，这就会造成电子现金的重复使用，所以必须保证电子现金具有不可重复使用的性质。一般的电子现金系统会建立检测和惩罚机制。

2.电子现金的特点

(1) 独立性。电子现金的独立性是指它和任何网络或存储设备无关，能够自由穿越国界。

(2) 匿名性。电子现金的匿名性是指买方在使用它进行支付时可以匿名支付，与纸币类似。

(3) 方便性。电子现金的方便性是指它不要求卖方一定有一个银行账户，而且支付单位可以由交易双方约定，不受现金体制的限制。使用电子现金无须直接与银行连接，检验和支付成本都较低，适用于小额支付。

(4) 成本低。纸币的交易费用与交易额成正比，随着交易量的不断增加，纸币的发行成本、运输成本、交易成本越来越高，而电子现金的发行成本、交易成本都比较低，而且不需要运输成本。

(5) 安全性。随着高性能彩色复印技术和伪造技术的发展，纸币的伪造变得更容易了，而电子现金是高科技发展的产物，它融合了现代密码技术，提供了加密、认证、授权等机制，只限于合法人使用，能够避免重复使用，防伪能力强；纸币有遗失、被偷窃的风险，而电子现金没有介质，没有遗失、被偷窃的风险。

3.电子现金的支付流程

电子现金的支付流程如图7-3所示。

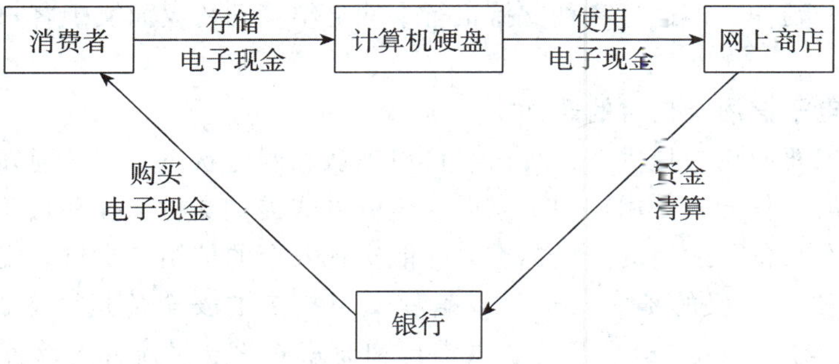

注：——►展示资金的流动。

图7-3　电子现金支付流程

(1) 购买电子现金。要获得电子现金，消费者必须在发行电子现金的银行事先开立一个账户，这样，消费者在需要时可以用现金或存款申请兑换一定数额的电子现金。银行同时收取一小笔手续费，其与消费者兑换的电子现金数额成正比。

(2) 存储电子现金。消费者使用计算机上的电子现金终端软件将电子现金取出，并存储在计算机硬盘上（如电子钱包里或智能卡上），其金额通常不大。例如，KDD公司发行的NetCoin的存储额度就限制在24.5美元之内。

(3) 使用电子现金。当消费者到支持该种电子现金支付的商业网站消费时，就可以用电子现金支付所选的商品或服务的费用。在这一过程中，商家要验证电子现金是否伪造，是否属于该消费者，是否重复消费。经验证无误后，双方达成交易。

（4）资金清算。当商品或服务送达消费者时，商家才将电子现金交给银行，银行收回电子现金，并保留其序列号备查，再将等值的货币存入商家的银行账户，同时收取少量的手续费。

7.2.2 电子信用卡

信用卡是银行或其他金融机构签发给资信状况良好人士的一种特制卡片，是一种特殊的信用凭证。持卡人凭卡在发卡机构指定的商户购物和消费，也可以在指定的银行机构存取现金，卡片还可以记录用户各种消费账单以及身份识别等信息，是一种集金融业务与电脑技术于一体的高科技产物。随着信用卡业务的发展，信用卡的种类不断增多。概括起来，信用卡一般有广义和狭义之分。

从广义上讲，凡是能够为持卡人提供信用证明、持卡人可以凭卡购物消费或享受特定服务的特制卡片均可称为信用卡。广义上的信用卡包括贷记卡、准贷记卡、借记卡、提款卡、支票卡及赊账卡等。从狭义上说，信用卡主要是指由银行或其他金融机构发行的贷记卡，即无须预先存款就可以贷款消费的信用卡，是先消费后还款的信用卡。狭义信用卡是真正的凭借持卡人信用而获取银行资金支持进行消费的银行卡，因此称为Credit Card。

我们这里介绍的电子信用卡则是广义上的信用卡（普通的银行卡）功能在互联网上的延伸，即通过各种支持银行卡网上结算的协议而实现客户所要求的支付结算。

1. 电子信用卡支付的条件

商家要向用户提供产品价格、订单确认和履行状态、运输通知等信息，以及能接受的支付方式。用户向商家以安全的方式提供支付选择和相关信息。

只有具备了适当的安全标准，才能实现安全的信用卡支付。安全标准可确保支付方法和协议的统一，也可以确保支付指令的安全传送。Microsoft与VISA、Netscape与MasterCard都开发了供银行和商家简化支付流程的软件。银行端的软件使银行可以用现有的计算机系统来认证和处理线上传来的信用卡支付指令。商家端软件可使卖方拥有一个同WWW服务器集成在一起的软件包，用作网上商店的支付系统。用户则可使用浏览器与网上商店支付系统交互。

2. 电子信用卡支付的类型

（1）无安全措施的电子信用卡支付。这是指买方在网上向卖方订货，电子信用卡信息在互联网上传送，但无任何安全措施，卖方和银行使用各自现有的银行/商家专用网络授权来检查信用卡的真伪。这种方法存在很多问题，如由于卖方没有得到买方的签名，如果买方否认购买行为，卖方将承担一定的风险；由于无安全措施，买方将承担信用卡信息在传输过程中被盗取的风险。其模型如图7-4所示。

图7-4 无安全措施的电子信用卡支付模型

（2）简单加密的电子信用卡支付。当信用卡信息被买方输入浏览器窗口或其他电子商务设备时，信用卡信息就被简单加密，通过网络安全地从买方向卖方传递。这种方式采用的加密协议有SHTTP、SSL等。简单加密的电子信用卡支付模型如图7-5所示。

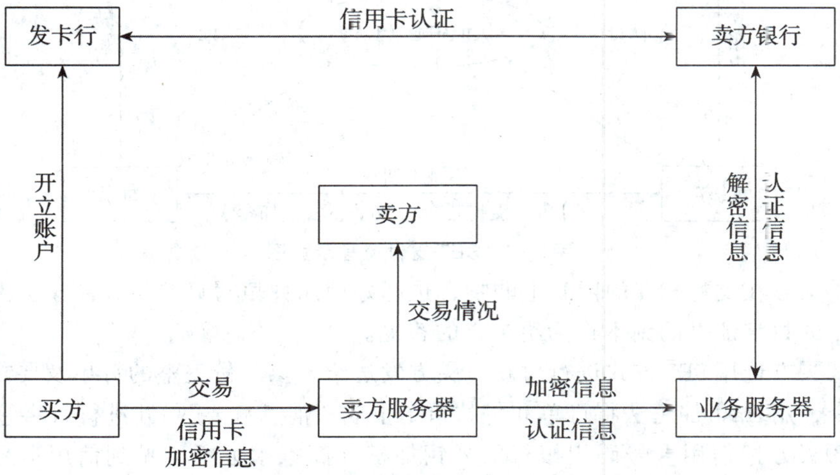

图7-5 简单加密的电子信用卡支付模型

（3）通过第三方证明的电子信用卡支付。在买方和卖方之间启用第三方代理，目的是使卖方看不到买方的信用卡信息，避免信用卡信息在网上多次公开传输而导致被窃取。具体支付过程为：买方在线或离线在代理人处开立账户，代理人持有买方信用卡卡号和账户；买方通过账户向卖方订货，即将账户名称传送给卖方；卖方将买方账户名称提供给代理人，代理人验证账户信息，将验证信息返回给卖方；卖方确定并接受订货。其模型如图7-6所示。

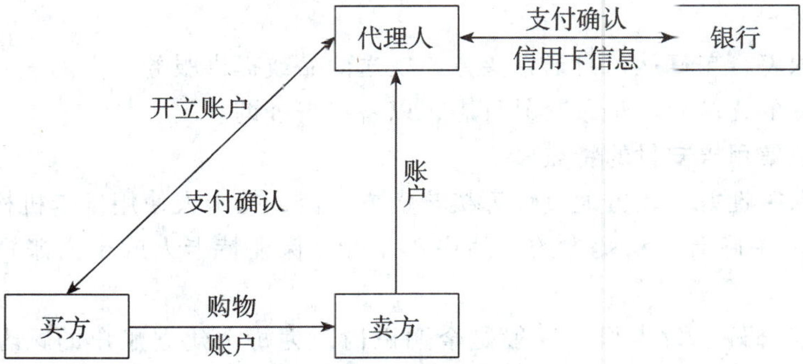

图7-6 通过第三方证明的电子信用卡支付模型

（4）安全电子交易信用卡支付。SET（Secure Electronic Transaction）是安全电子交易的简称，它是VISA与MasterCard两大国际卡组织和多家科技机构共同制定的进行在线交易的安全标准。SET协议的出现就是为了保障互联网上信用卡交易的安全性。利用SET给出的整套安全电子交易的过程规范，可以实现电子商务交易中的机密性、认证性、数据完整性等安全保障功能。

使用SET进行银行卡支付的工作流程如图7-7所示。

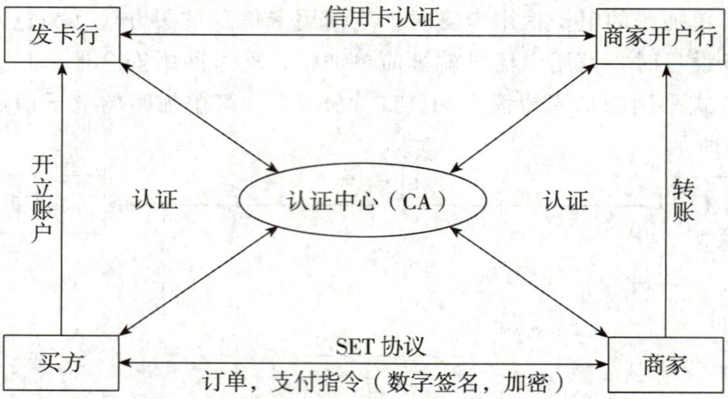

图7-7　SET支付流程示意图

①买方在支持SET的网站上购物，选择好商品并填写订单后，商家会发出一份自己的数字证书的副本作为给买方的答复。

②买方选用SET方式进行付款。买方发送给商家一份完整的订单及要求付款的指令，用Hash加密法将订单和付款指令生成“消息摘要”，并进行数字签名。

③买方把信用卡号码用银行的公钥加密（商家永远不会见到信用卡号码），再用商家的公钥加密，生成“数字信封”，将其发送给商家。

④商家用私钥打开“数字信封”，解密订单，验证“消息摘要”。商家的服务器将SET加密的交易信息连同订单副本一起转发给结算卡处理中心。

⑤银行解密交易信息并进行处理，验证商家的身份和传输消息的完整性。认证中心验证数字签名是否属于买方，并检查买方的信用额度。

⑥银行将此交易信息发到买方信用卡的发行机构，请求批准划拨款项。

⑦商家收到买方开户银行批准交易的通知。交易金额从买方的信用卡账户里划给商家账户。

⑧商家将订单确认信息通知买方，发送商品或提供服务。

⑨买方的终端软件记录交易日志，以备将来查询。

3.电子信用卡支付的特点

（1）保密性好。买方通过计算机与卖方交流，持卡人使用发卡机构颁发的信用卡结算。在持卡人和卖方的会话中SET可以保证持卡人的个人账户信息不被泄露。

（2）信誉好。发卡机构一般是金融机构，为每个建立账户的顾客颁发信用卡，根据不同品牌卡的规定和政策，保证对每一笔认证的交易付款。

（3）携带方便，不易损坏。电子信用卡一般都是小巧轻薄的塑料卡片，便于携带，而且不容易损坏。

（4）安全程度高。电子信用卡支付使用的安全技术有对称密钥加密、非对称密钥加密、数字签名、数字信封、认证等技术。这些技术的安全程度比较高。

（5）具有信息和数据存储功能。电子信用卡可以将信用卡使用记录、货币数据的收付等信息和数据存储起来。

7.2.3 电子支票

小案例7-1　　宜宾市翠屏区财政集中支付电子化成功上线

2020年12月11日，宜宾市翠屏区第一笔财政集中支付电子化业务在农商行顺利完成，仅用一张电子支票便完成了整个财政支付流程。截至目前，翠屏区在宜宾市下辖的县（区）中是首个实现财政集中支付电子化成功上线的县（区），在全省也是首个实现财政集中支付电子化改革的县（区）。

电子化支付的成功上线，标志着翠屏区财政集中支付进入了一个新时代，使财政资金支付更安全、便捷、高效。

资料来源　翠屏区财政局. 翠屏区财政集中支付电子化成功上线［EB/OL］.［2022-12-28］. http：//www.cuiping.gov.cn/zwhd/bmdt/202012/t20201211_1391803.html.

支票一直是银行大量采用的支付工具，是由出票人签发，委托办理支票存款业务的银行或者其他金融机构在见票时无条件支付确定的金额给收款人或持票人的票据。将支票变为带有数字签名的报文或者利用数字电文代替支票的全部信息，就产生了电子支票（Electronic Check）。很多企业之间的电子商务交易涉及的资金量非常大，它们希望能够以现金和信用卡之外的方式来结算。为了满足这种需要，电子支票就应运而生了。它是网络银行常用的一种电子支付工具。

比起前两种电子支付方式，电子支票的出现和开发是较晚的。电子支票以纸质的支票（如图7-8所示）为模型，用电子方式生成。它使用数字签名，而且要求用数字证书来确认付款人、付款人银行和账户信息。电子支票的安全认证要用数字签名来支持，可以通过专用网络EDI直接传输，也可以通过公共网络来传送。

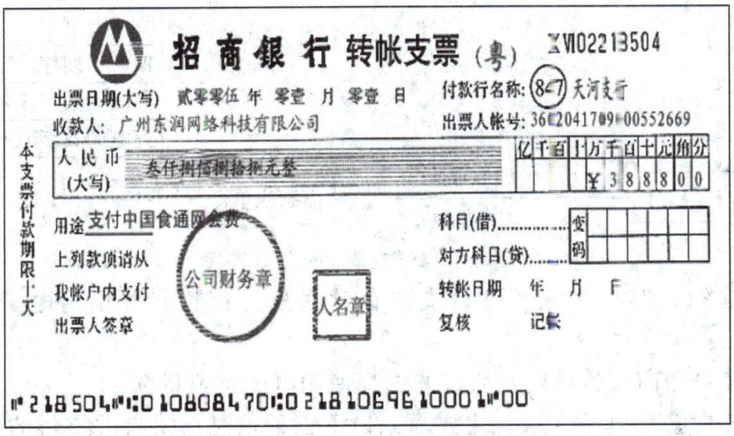

图7-8　传统纸质支票样本

电子支票款项可以通过银行收取，也可以通过现有的银行渠道进行结算。银行的基础设施与公共网络的集成是电子支票的基础。

1.电子支票的特点

（1）电子支票与传统支票工作方式相同，保留了纸质支票的基本特征和灵活性，易于被顾客理解和接受。

（2）加密的电子支票比电子现金更易于流通，买卖双方的开户银行只要用公用密钥认证即可，数字签名也可以被自动验证。

（3）电子支票适用于企业市场。企业运用电子支票在网上进行结算，与现在采用的其他方法相比可以降低成本，而且易与EDI应用结合，实现EDI基础上的电子订货和支付。

（4）第三方金融服务者不仅可以从交易双方处抽取固定交易费用或按一定比例抽取费用，还可以以银行身份提供存款账目，从中获得收益。

（5）电子支票要求把公共网络同金融结算网络连接起来，这就充分发挥了现有的金融结算基础设施和公共网络的作用。

2.电子支票的支付过程

电子支票和纸质支票的运作方式基本相同。客户先注册银行账户，再开具电子支票，其中包含支付人姓名、支付人金融机构名称、支付人账户名、被支付人姓名、支票金额、支付人的数字签名等。然后，客户用电子邮件或其他方式向商家寄去一定金额的电子支票。商家兑付前，要对电子支票进行背书。银行将签名认证和背书过的支票作为转账的依据，将支票金额从客户账户转到商家账户。电子支票支付基本流程如图7-9所示。

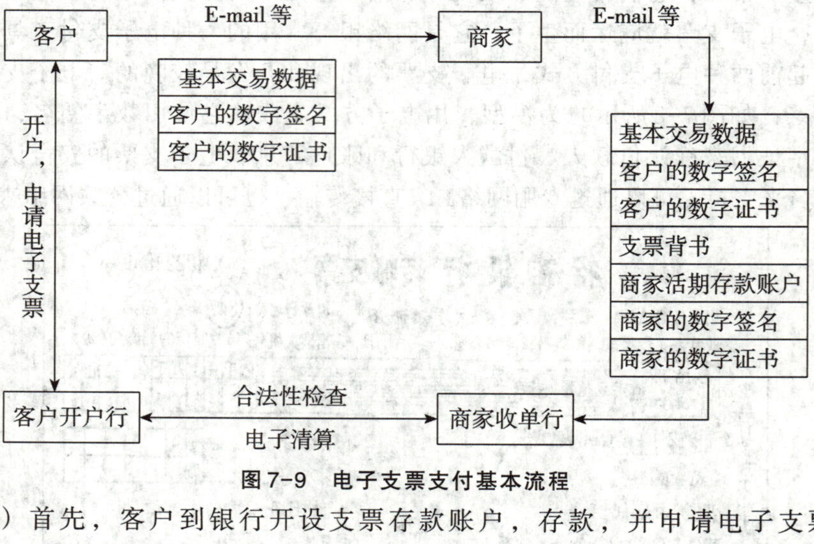

图7-9　电子支票支付基本流程

（1）首先，客户到银行开设支票存款账户，存款，并申请电子支票的使用权。

（2）客户和商家达成购销协议并选择使用电子支票付款。

（3）客户签发电子支票，主要写入以下五种信息：①有关支付的详细数据；

②有关支票内容的数据；③对有关支票内容的数据用客户的私钥加密后得到的数字签名；④对客户的姓名和公钥用客户开户行的私钥加密后得到的“证明书1”；⑤对客户开户行的行名和公钥用中央机构（可信任的第三方机构）的私钥加密后得到的“证明书2”。然后，客户开户行将签写好的电子支票通过安全的E-mail方式或交互式Web方式等传送给商家。

（4）商家收到电子支票后，首先用预先保存的中央机构的公钥对“证明书2”解密，这样商家就得到了客户开户行的公钥，该公钥的正确性是由中央机构保证的。然后，商家用客户开户行的公钥对“证明书1”解密，这样就得到了客户的公钥，该公钥的正确性是由客户的开户行保证的。进而，商家使用客户的公钥对客户的数字签名解密，并对解密的结果和支票的内容做比较，二者如果一致，则可确认支票内容有效，在传输途中并未被篡改。商家在确认无误的基础上，对电子支票背书并附加数字签名，然后，将从客户处收到的电子支票信息、商家对支票的背书以及商家的证明书一起，通过支付网关发往收单行请求验证。

（5）商家收单行收到支票后，和客户的开户行对有关支票内容的数据的合法性进行确认。如确认无误，则进行电子支票的兑现处理，即客户开户行从客户的活期存款账户支出相应的金额，而商家收单行则向商家的活期存款账户存入相应金额。

在图7-9中，客户发送给商家的电子支票包括基本交易数据、客户的数字签名（Signature）和数字证书（Certificates）；而商家发送给收单行的电子支票除了包括上述信息外，还包括商家对支票的背书（Endorsement）、商家的活期存款账户（Deposit）、商家的数字签名和数字证书。目前，电子支票的支付一般是通过专用网络、设备、软件，以及完整的用户识别、标准报文、数据验证等规范化协议完成数据传输，从而保证安全性。

7.2.4 电子钱包

1. 电子钱包的定义

电子钱包是电子商务活动中常用的一种支付工具，一般适用于小额购物。在电子钱包内存放的电子货币包括电子现金、电子零钱、电子信用卡等。使用电子钱包购物，通常需要在电子钱包服务系统中进行，电子钱包的相关软件通常都是免费提供的。世界上主要有VISA Cash和Mondex两大在线电子钱包服务系统。我国的银行也纷纷推出了自己的电子钱包业务。

对电子钱包有两种理解：一是纯粹的软件，主要用于网上消费、账户管理，这类软件通常与银行账户或银行卡账户连接在一起，如Ewallet电子钱包；二是小额支付的智能储值卡，持卡人预先在卡中存入一定的金额，交易时直接从储值账户中扣除交易金额，如Mondex电子钱包。

2. 电子钱包的主要功能

在电子商务服务系统中通常设有电子钱包的功能管理模块，也就是电子钱包管理器（Wallet Administration）。它可以帮助顾客完成以下主要功能：

（1）个人资料管理。顾客成功申请钱包后，系统将在电子钱包服务器中为其开立一个属于个人的电子钱包档案。顾客可以在此档案中增加、修改、删除个人资料。

（2）网上付款。顾客在网上选择商品后，登录到电子钱包，选择入网银行，向金融中心支付网关发出付款指令来进行支付。

（3）查询交易账目、清单和数据。电子商务服务系统中还有电子交易记录器，消费者可以通过记录器查询全部交易记录，可以了解自己买了什么物品，购买了多少，也可以把查询结果全部或有选择地打印出来。

（4）银行卡余额查询。顾客可以通过电子钱包查询个人银行卡余额。

（5）商务站点链接。电子钱包内设众多商户站点链接，用户通过链接可以直接登录商户站点进行购物。

另外，有些商家也提供单击式服务，让顾客一次性填写一张表格，然后将信息存储在其服务器上以备后用。例如，亚马逊的“一次点击”购物服务。顾客首次在亚马逊购物时填写的送货信息和支付信息被存储起来，当顾客再次登录购物时，就自动从系统中调出顾客信息，简化了顾客购物的过程。这种一次点击系统与电子钱包的区别在于：前者只适用于某家网上商店，后者从理论上讲适用于多家在线商店。

3. 电子钱包的使用流程

下面我们以中国银行的电子钱包使用过程来讲解电子钱包使用流程。

（1）用户在自己的计算机内安装中银电子钱包软件。

（2）登录中国银行网站（http：//www.boc.cn），在线申请并获得持卡人电子安全证书。

（3）登录到中国银行网上特约商户的站点，选购商品、填写送货地址并最后确认订单。

（4）点击长城电子借记卡支付，浏览器会自动启动电子钱包软件。用户只要按照画面提示输入借记卡卡号、密码等信息即可实时完成在线支付。

（5）网上商户将用户选购的商品邮寄过来或送货上门。

注：第（1）、（2）步仅在用户初次使用中国银行长城电子借记卡进行网上购物时进行，在第二次乃至以后进行网上购物时，不必重复这两个步骤。

7.3 第三方支付

支付环节是电子商务发展的瓶颈之一。随着电子商务的发展，第三方支付应运而生，并且迅速发展，已经成为解决电子商务在线交易安全支付问题的重要手段。

7.3.1 第三方支付的定义

所谓第三方支付，就是一些具备一定实力和信誉保障的第三方独立机构经与国内各大银行签约后提供的与银行支付结算系统具有接口的支付平台。

第三方支付作为目前重要的网络交易手段和信用中介，起到了为网上消费者、网上商家和银行建立连接，实现第三方监管和保障的作用。采用第三方支付，可以安全实现从消费者、金融机构到商家的在线货币支付、现金流转、资金清算、查询统计等流程，为开展电子商务活动和其他增值服务提供完善的支持。

目前我国第三方支付平台主要有两类：一类是以支付宝、微信支付为代表的互联网型支付平台，它们以在线支付为主，捆绑大型电子商务网站，迅速做大做强；另一类是以银联电子支付、快钱、汇付天下为代表的金融型支付企业，侧重行业需求和开拓行业应用。

易观分析发布的《中国第三方支付互联网支付市场季度监测报告2022年第2季度》数据显示，2022年第二季度中国第三方支付互联网支付市场交易规模为6.93万亿元人民币，环比下降6.46%，如图7-10所示。

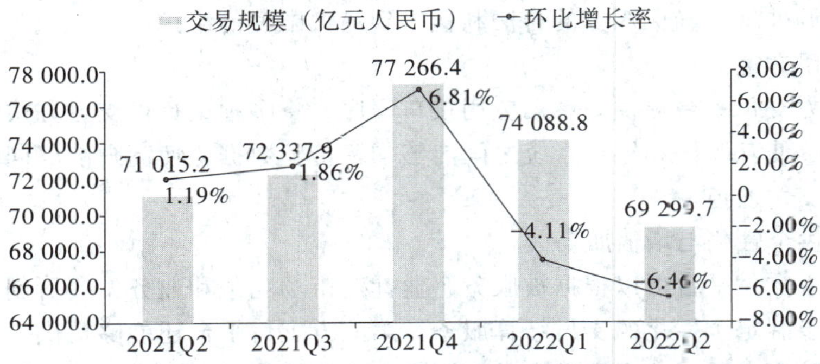

图7-10　2021Q2—2022Q2中国第三方支付互联网支付市场交易规模

资料来源　易观分析.

2022年第二季度，第三方支付互联网支付市场格局保持稳定，银联商务以26.32%的市场占有率位居行业第一，支付宝以21.13%的市场占有率位居第二；腾讯金融以18.24%的市场占有率位列第三，如图7-11所示。

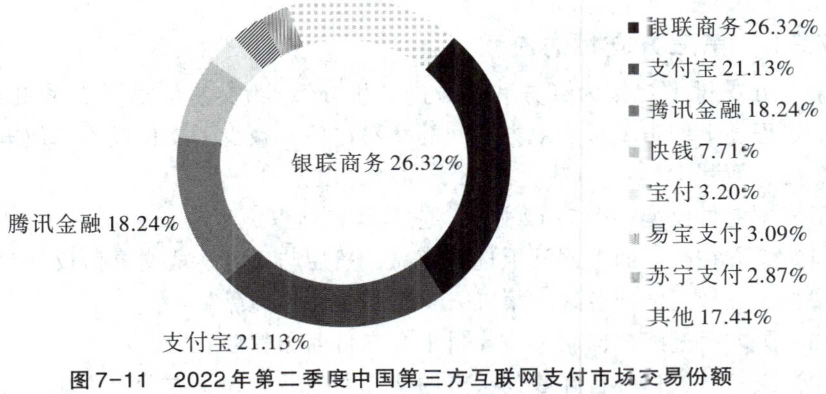

图7-11　2022年第二季度中国第三方互联网支付市场交易份额

资料来源　易观分析.

7.3.2 第三方支付的特点

第三方支付为消费者、商家、银行、电子商务网站企业和电子商务市场都带来了好处。具体而言，第三方支付主要具有以下特点：

1.支付成本低

第三方支付平台采用了与众多银行合作的方式，大大方便了网上交易的进行。对于商户来说，不用安装各银行的认证软件，在一定程度上简化了操作，降低了开发和维护成本。对于银行来说，直接利用第三方的服务系统提供服务，有助于节省网关成本。

2.具有公信力

运营规范的第三方支付平台，只向合法注册的企业和认证后的个人商户提供服务，在很大程度上避免了交易欺诈的发生，令消费者对网上支付更有信心。一旦发生交易纠纷，第三方支付平台会对消费者和商家采取双向保护，进行公平、公正的协调处理，确保双方的合法利益得到最大限度的维护。

3.使用方便

第三方支付平台提供一系列应用接口程序，将多种银行可支付方式整合到一个界面上，使互联网和银行系统之间能够加密传输数据，使商户能够同时利用多家银行的支付通道。

4.提供个性化与增值服务

第三方支付平台可以根据被服务企业针对市场竞争和业务发展所创新的商业模式，同步制定个性化的支付结算服务。第三方支付平台还能够提供一些增值服务，如帮助商户网站实现实时交易查询和交易系统分析，提供方便、及时的退款和付款服务。

5.安全性较高

用户的信用卡信息或银行账户信息仅需要告知第三方支付平台，而无须告知每一个收款人，大大降低了信用卡信息和银行账户信息泄密的风险。

7.3.3 第三方支付的流程

第三方支付平台作为买方和卖方的“中介”，为交易提供了支付服务通道，并在一定程度上增强了买卖双方之间的交易信任，减少了支付成本，使电子商务更加快捷、便利。

第三方支付模型如图7-12所示，它具体包括以下环节：

（1）买方在电子商务网站上选购商品，然后与卖方达成交易协议。

（2）卖方和买方同意通过第三方支付平台收付商品款项。

（3）买方通过账户向第三方支付平台支付商品款项。

（4）第三方支付平台在收到买方的购货款项后通知卖方发货。

（5）卖方通知指定的物流公司或自有物流部门发送商品。

（6）买方向第三方支付平台反馈收到商品的情况。

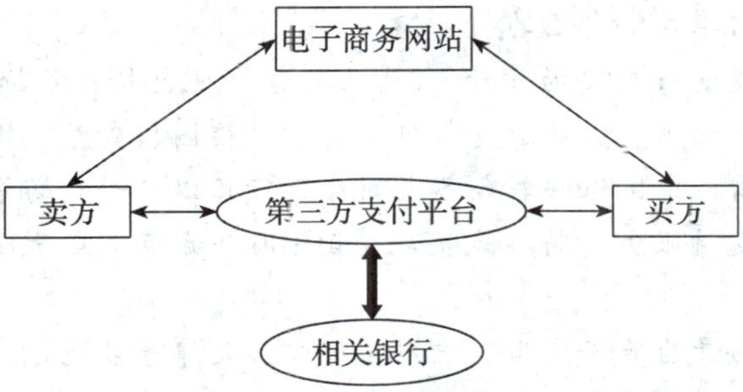

图7-12　第三方支付模型

（7）如果买方在卖方承诺的退货期内退货，则第三方支付平台退还买家货款，交易结束。如果卖方在规定的交易期限内未发货，第三方支付平台退还买家货款，交易结束。

（8）如果买方确认收货，则第三方支付平台把货款划转到卖方的账户，交易完成。

根据上述流程，我们不难发现，第三方支付不仅是一种支付方式，还扮演着信用担保的角色，即第三方支付平台保障“买家拿到货，卖家拿到钱”，使电子商务活动得以顺利开展。

7.4　移动支付

小案例7-2　**银联“十大场景”实力打造移动支付民生消费新范本**

思政链接7-1

移动支付是中国金融科技走在世界前列的重要标志

坐公交用手机闪付，支付停车费只需扫一扫，水电煤生活缴费统统可以用手机在线完成，缴纳交通罚款不用再去排长队，买菜也能用手机支付……“移动支付”已在不知不觉中融入人们的日常生活，而推动这种改变的正是各大支付机构愈演愈烈的场景争夺战。

尽管移动支付两大互联网巨头微信支付和支付宝在二维码市场抢先布局，但银联凭借调动行业合力的卡组织优势和市场化转型的战略聚焦，后发之势不可挡，其手机闪付、“云闪付”等产品因其差异化优势也给移动支付的发展带来了更大的发挥余地。

“现在，手机轻轻一挥就上车”，家住浙江杭州的李女士表示，如今使用银联手机闪付，不怕忘带公交卡，并且在杭州，地铁公交全线支持无缝对接，出行体验大为提高。在上海虹桥机场停车场，银联便捷缴费宣传牌随处可见，车主使用已开通闪付功能的苹果、三星、华为、小米等手机或银联芯片卡（卡号以62开头），只需将手机或卡片靠近收费岗亭POS机“闪付”感应区，即可享受“一挥即付”的便捷体验。“以前都是现金付款，经常在停车场排队交钱，特别费时间。现在用‘云闪付’一扫，很方便。”“空中飞人”王先生现在已经习惯使用

“云闪付”，并把它推荐给自己的同事们。

除了公交地铁这一重要场景外，“十大场景”还包括：菜场及15分钟周边生活圈、餐饮、超市便利、公共缴费、自助售货、校园、食堂、医疗健康、交通罚款。围绕民生所需，中国银联联合各大商业银行正以“十大场景”为主干，在全面布局便民移动支付服务，将率先实现全国100个城市重点商圈、街区和行业商户的全面覆盖。

以交通出行场景为例，广州、杭州、宁波、天津等多地地铁均可用银联手机闪付直接进出站，更多城市公交已开通银联手机闪付或银联二维码支付，使用银联移动支付便捷乘车已成为多地市民的首选出行方式；以校园场景为例，已有全国各地的166所校园、超过4 500家商户实现银联移动支付，一部手机畅行校园渐成新风尚；以菜场及周边生活圈场景为例，全国已有1 600多家菜场、25 000多家商户实现了银联移动支付。

资料来源 银联POS机办理中心. 银联“十大场景”实力打造移动支付民生消费新范本[EB/OL].［2023-01-02］. https：//www.lftpos.com/hangye/14477.html.

7.4.1 移动支付的定义

移动支付是移动运营商和金融机构共同推出的能够实现远程在线支付的移动增值业务，是指用户以移动终端设备为载体，通过移动运营商向约定银行提供的计算机网络系统发出支付指令，由银行通过计算机网络将货币支付给服务商的一种支付方式。移动支付所使用的移动终端可以是手机、PDA、移动PC等，其支付手段包括手机短信、互动式语音应答（基于手机的无线语音增值服务的统称）、WAP等。

在移动支付中，整个系统由消费者、商业机构、支付平台运营商、银行、移动运营商等多个环节组成。移动支付的主要原理是在移动运营支撑平台上构建一个移动数据增值业务，把移动客户的手机号码当作关联支付账户，使移动客户可以通过手机进行身份确认和交易活动。

2022年第二季度，受新冠肺炎疫情冲击，我国移动支付业务量下行压力明显加大。其中，占据主导地位的银行移动支付业务规模为121.58万亿元人民币。易观分析发布的《中国第三方支付移动支付市场季度监测报告2022年第2季度》数据显示，作为我国移动支付业务重要补充力量的第三方移动支付2022年第二季度市场交易规模为75.33万亿元人民币，环比下降6.45%，如图7-13所示。

2022年第二季度，中国第三方支付移动支付市场格局整体保持稳定，如图7-14所示。由于传统支付业务利润空间在政策监管和市场竞争下不断被压缩，第三方支付平台逐步将业务经营重点转移切入到企业交易环节，为企业提供包括SaaS服务、行业解决方案、营销服务等在内的B端服务，助力中小微企业降本增效。

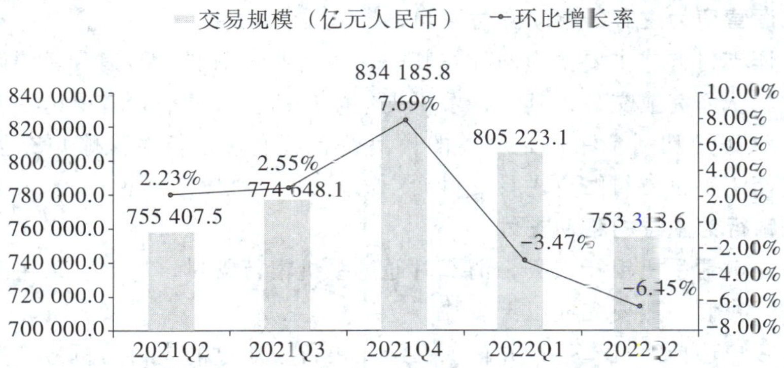

图7-13　2021Q2—2022Q2中国第三方支付移动支付市场交易规模

资料来源　易观分析.

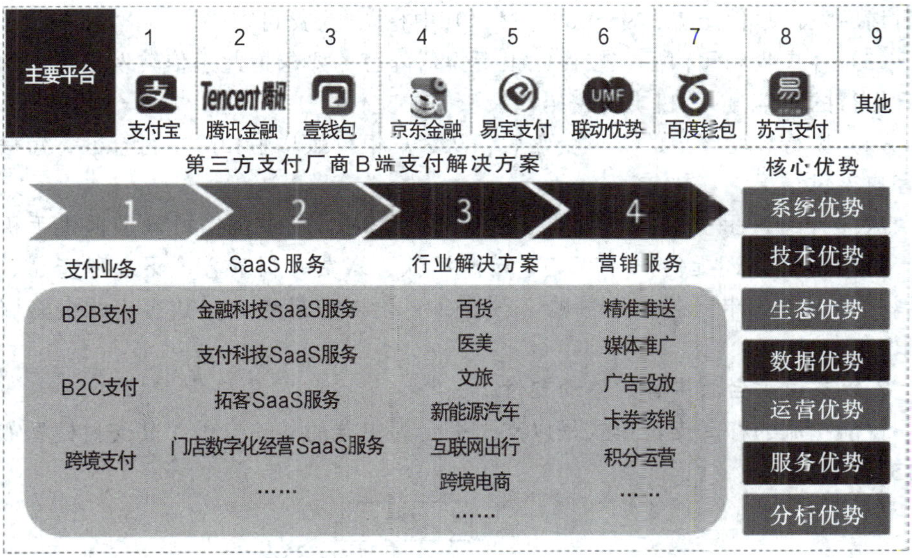

图7-14　中国第三方支付移动支付市场格局

资料来源　易观分析.

2022年第二季度，支付宝一方面通过升级“繁星计划”，向服务商开放流量代运营能力，全力支持商家私域数字化经营，另一方面全面开放商家券接口，满足商家品牌全渠道营销需求，助力商家品牌营销降本增效。此外，支付宝对数字人民币的推广提速，相继上线了“数字人民币”搜索、“数字人民币红包”小程序等功能。受4月及5月新一轮新冠肺炎疫情短暂地抑制了商业支付活动的影响，腾讯金融交易规模增速放缓。

微视频7-1 数字人民币的未来已经到来

7.4.2　移动支付的类型

移动支付一般分为三种类型。

1.以运营商为主导的移动支付

其具体支付方式主要分为两种：其一，话费账户消费，即消费者用话费进行手机支付，从而完成交易；其二，手机支付账户消费，即消费者申请一个手机支付账户，该账户和话费账户是分离的，消费者可通过银行对该账户充值，消费时，直接使用手机支付账户进行支付。

2.以银行为主导的移动支付

用户先申请手机银行服务，消费时通过手机银行支付。比如，采用手机短信完成支付，我们一般要完成以下步骤：

（1）客户选择手机支付，并输入已经在银行注册过的支付手机号，点击“确认支付”，向相关银行提交支付请求。

（2）银行向客户发送支付确认短信（如：您的订单号141127金额为58.0元，支付请转发该短信至733795508*****，其中*****为支付密码）。

（3）客户收到短信后，按照此银行短信内容的要求把此短信转发给指定的号码（银行的短信号+手机支付密码）授权完成支付。

（4）银行校验客户的支付密码后，从客户银行账户中扣除支付金额，短信通知客户支付结果。

这样，通过手机短信进行的支付行为就完成了。手机银行除了提供手机银行支付服务外，还提供账务查询、转账汇款、缴费、买基金、买理财产品、贵金属交易、信用卡还款、小额购汇等业务，可以满足绝大多数客户的金融服务需求。

3.以支付平台为主导的移动支付

目前主流的移动支付模式是以支付平台为主导的移动支付，其支付模型如图7-15所示。

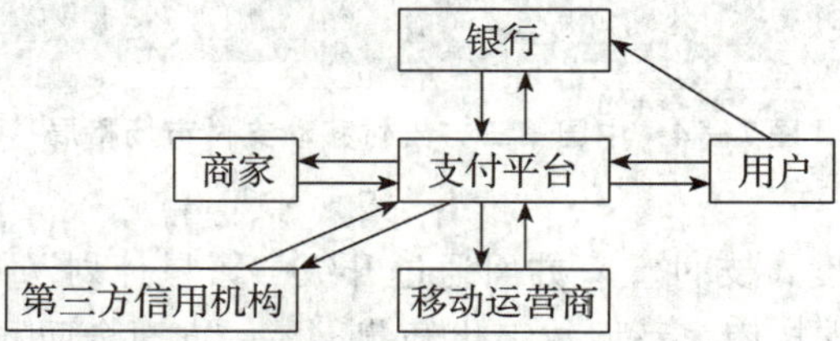

图7-15　主流移动支付模型

（1）消费者浏览商品并选择，在确认购买后，通过移动通信设备发送购物请求给商业机构。

（2）商业机构在接收到消费者的购买请求后，发送收款请求给支付平台，支付平台利用消费者账号和这次交易的序列号生成一个具有唯一性的代码，代表这次交易。

（3）支付平台必须对消费者和商业机构账号的合法性及正确性进行审查，所以支付平台把消费者账号和商业机构账号信息发送给第三方信用机构，由第三方信用机构确认。

（4）第三方信用机构把认证结果发送给支付平台。

（5）如果账号通过认证，支付平台就将交易的详细信息发送给消费者，请求消费者进行交易授权；如果没有通过认证，支付平台则将认证结果发送给消费者和商业机构，并取消此次交易。

（6）消费者在核对交易的细节后，发送授权信息给支付平台。

（7）支付平台得到支付授权后，进行消费者账户和商业机构账户之间的转账，并且将转账细节记录下来；转账完成后，传送收款完成信息给商业机构，通知其交付商品。

（8）支付平台传送支付完成信息给消费者，作为支付凭证。

（9）商业机构得到收款成功的信息后，把商品交给消费者。

7.5 网上银行

小案例7-3　　重庆银行线上金融服务：携手战疫情，服务不断档

2022年11月，为支持新冠肺炎疫情防控工作，认真落实“疫情要防住、经济要稳住、发展要安全”的要求，重庆银行在中国人民银行重庆营业管理部的指导下，积极履行国企社会责任，聚焦民众所需、企业所盼，通过保障微信银行及手机银行双平台线上渠道安全畅通、提供种类丰富的线上产品等形式，满足客户多样化的金融需求，用实际行动让疫情期间金融服务“不缺位”“不断档”。

为保障金融服务不间断，重庆银行充分发挥以微信银行、手机银行为主的线上金融服务“双平台”优势，畅通疫情期间客户服务的“快车道”，使业务办理“不拥堵”、线上服务“不降温”。

一方面，重庆银行倡导客户使用借记卡、信用卡、手机号、微信号一键注册微信银行、手机银行和网上银行，多渠道互联互通，提升了线上金融服务供给效率，为客户带来更安全、便捷的“非接触式”金融服务。

另一方面，重庆银行坚持线上金融“轻模式”，既为客户提供了便捷的登录入口和丰富的产品选择，又依托先进的金融科技保障客户操作安全、资产和交易安全，提供轻松的用户体验。客户登录微信银行，进入全新的“金融服务大厅”，即可快速查询账户信息、购买理财基金产品、申请办理信用卡、贷款业务等。此外，金融服务大厅内“智慧教培”生活场景、积分商城、资讯内容服务等功能也进一步提升了微信银行金融服务的便利度和多样性。

同时，重庆银行也不断强化手机银行功能，借助主流数字技术的强大数据能力、科技能力、风控能力，推出数字人民币、非税缴纳、纾困贷等业务，进一步丰富手机银行业务种类和服务功能。

疫情期间，重庆银行倡议客户优先“线上办”、安心“宅”家办。手机银行客户可通过签约版手机银行，“以指代步”办理转账汇款、定期存款购买及续存、线上贷款、线上理财、基金申购赎回、生活缴费等业务，方便客户足不出户办成事。

资料来源 胡虹. 重庆银行线上金融服务：携手战疫情，服务不断档［EB/OL］.［2023-01-02］. https：//view.inews.qq.com/k/20221116A04K0D00.

7.5.1 网上银行概述

1.网上银行的含义

网上银行（Internet bank or E-bank）又称网络银行、在线银行、电子银行等，是指银行利用互联网技术向客户提供开户、查询、对账、行内转账、跨行转账、信贷、网上证券、投资理财等传统服务项目，使客户足不出户就能够安全便捷地管理活期和定期存款、支票、信用卡及个人投资等。可以说，网上银行是在互联网上的虚拟银行柜台。

网上银行包含两个层次的含义：一个是机构概念，指通过信息网络开办业务的银行；另一个是业务概念，指银行通过信息网络提供的金融服务，包括传统银行业务和因信息技术应用产生的新兴业务。在日常生活和工作中，我们提及的网上银行，更多的是第二层次的概念，即网上银行业务的概念。网上银行业务不仅仅是传统银行业务简单向网上的转移，其服务方式和内涵都发生了一定的变化，而且由于信息技术的应用，又产生了全新的业务品种。

招商银行于1996年率先推出网上金融服务“一网通”，初步构建了中国网上银行的经营模式，1998年推出了网上支付业务。随后，其他各类银行紧随招商银行步伐相继推出网上银行业务。

2.网上银行的分类

（1）按照有无实体网点分类。

按照有无实体网点，我们可以将网上银行分为两类：一类是完全依赖于互联网的无形的电子银行，也叫“虚拟银行”。所谓虚拟银行，就是指没有实际的物理柜台作为支持的网上银行，这种网上银行一般只有一个办公地址，没有分支机构，也没有营业网点，依托国际互联网采用高科技服务手段与客户建立密切的联系，提供全方位的金融服务。以美国安全第一网上银行（如图7-16所示）为例，它成立于1995年10月，是在美国成立的第一家无营业网点的虚拟网上银行，它的营业厅就是网页画面，当时银行的员工只有19人，主要的工作就是对网络的维护和管理。

另一类是传统银行利用互联网开展银行业务，即传统银行利用互联网作为新的服务手段为客户提供在线服务，实际上是传统银行服务在互联网上的延伸。这是网上银行存在的主要形式，也是绝大多数商业银行采取的网上银行发展模式，如招商银行网上银行（如图7-17所示）。

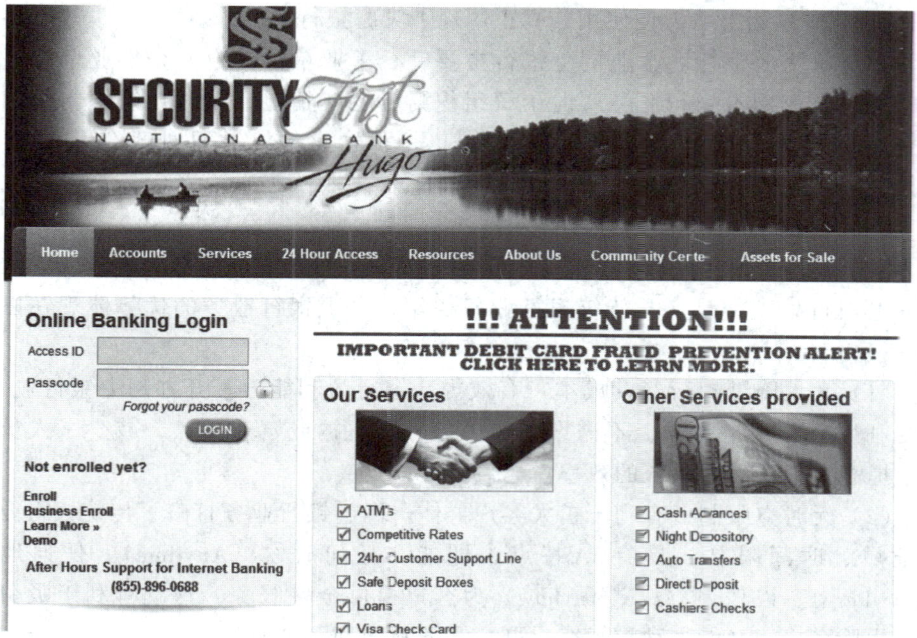

图7-16　美国安全第一网上银行官网

图7-17　招商银行网上银行

（2）按照服务对象分类。

按照服务对象，我们可以把网上银行分为个人网上银行和企业网上银行两种。

①个人网上银行。个人网上银行主要适用于个人和家庭的日常消费支付、转账等业务。客户可以通过个人网上银行服务完成实时查询、转账、网上支付和汇款等功能。个人网上银行服务的出现，标志着银行的业务触角直接伸展到个人客

户的家庭PC桌面上，方便使用，真正体现了家庭银行的风采。

②企业网上银行。企业网上银行主要针企事业单位客户。企事业单位客户可以通过企业网上银行服务实时了解组织财务运作情况，及时在组织内部调配资金，轻松处理大批量的网上支付和工资发放业务，并可处理信用证相关业务。

3.网上银行的优势

网上银行的特点是客户只要拥有账号和密码，便能在世界各地通过互联网登录网上银行处理交易。与传统银行业务相比，网上银行业务的优势体现在以下几点：

（1）大大降低银行经营成本，有效提高银行盈利能力。开办网上银行业务，主要利用公共网络资源，不需设置物理的分支机构或营业网点，减少了人员费用，提高了银行后台系统的效率。

（2）无时空限制，有利于扩大客户群体。网上银行业务打破了传统银行业务的地域、时间限制，具有3A特点，即能在任何时候（Anytime）、任何地方（Anywhere）、以任何方式（Anyhow）为客户提供金融服务，这既有利于吸引和保留优质客户，又能主动扩大客户群，开辟新的利润来源。

（3）有利于服务创新，向客户提供多种类、个性化服务。银行通过营业网点销售保险、证券和基金等金融产品，往往受到很大限制，这主要是由于一般的营业网点难以为客户提供详细的、低成本的信息咨询服务。利用互联网和银行支付系统，银行能更好地满足客户咨询、购买和交易多种金融产品的需求，客户除办理银行业务外，还可以很方便地在网上进行股票、债券等金融产品投资。总之，网上银行能够为客户提供更加合适的个性化金融服务。

7.5.2 网上银行的业务范围

一般来说，网上银行的业务类型主要包括基本业务、网上投资、网上购物、个人理财助理、企业银行及其他金融服务。

1.基本业务

商业银行提供的网上银行基本业务包括在线查询账户余额、交易记录，下载数据，转账和网上支付等。

2.网上投资

随着金融服务市场的发展，可以投资的金融产品种类增多，网上银行一般提供包括基金、保险、外汇等多种金融产品的投资服务。

3.网上购物

商业银行的网上银行设立的网上购物协助服务，大大方便了客户网上购物，为客户提供了优质的金融服务或相关的信息服务，加强了商业银行在传统竞争领域的竞争优势。

4.个人理财助理

个人理财助理是网上银行重点发展的一项业务。各大银行将传统银行业务中的理财助理服务转移到网上进行，通过网络为客户提供理财的各种解决方案和咨询建议，或者提供金融服务技术的援助，从而极大地扩大了商业银行的服务范围，并降低了相关的服务成本。

5.企业银行

企业银行服务是网上银行服务中最重要的部分之一。与个人客户相比，其业务类型更多，也更为复杂，对相关技术的要求也更高，所以能够为企业提供网上银行服务是商业银行实力的象征之一。一般中小银行的网上银行或纯网上银行只能提供部分服务，甚至完全不提供这方面的服务。

企业银行服务一般包括账户余额查询、交易记录查询、总账户与分账户管理、转账、在线支付各种费用、透支保护、储蓄账户与支票账户资金自动划拨、商业信用卡、投资服务等。部分网上银行还为企业提供网上贷款业务。

6.其他金融服务

除了以上服务外，大型商业银行的网上银行还为客户提供多种金融服务产品，如个人信用贷款和生活缴费等，不断扩大网上银行的服务范围。

7.5.3 网上银行的技术要求

从技术的角度看，网上交易的完成至少需要四个方面的功能，即商户系统、电子钱包系统、支付网关和安全认证。其中后三者是网上支付的必要条件，也是网上银行运行的技术要求。

1.电子钱包系统

电子钱包是电子商务（尤其是小额购物）活动中常用的一种支付工具。电子钱包用户通常在银行都有账户。在使用电子钱包时，先安装相应的应用软件，然后利用电子钱包服务系统把自己账户里的电子货币输进去。在发生收付款时，用户只需在计算机上单击相应项目即可。系统中设有电子货币和电子钱包的功能管理模块即电子货币钱包管理器。用户可以用它来改变口令或保密方式等，以及用它来查看自己银行账户上电子货币收付往来的账目、清单及其他数据。系统中还提供了一个电子交易记录器，用户通过查询记录器可以了解自己购物的记录。

2.支付网关

支付网关是银行金融系统和互联网之间的接口，是连接银行内部网络与互联网的一组服务器。其主要作用是完成两者之间的通信、协议转换，进行数据加密、解密，以保护银行内部网络的安全。离开了支付网关，网上银行的电子支付功能也就无法实现。支付网关可以使银行或交易商在网络市场高速发展和网络交易量不断增长的情况下，仍保持其应有的效率。

3.安全认证

电子商务认证机构（CA）是为了解决电子商务活动中交易参与各方身份、资信的认定问题，维护交易活动的安全，从根本上保障交易活动顺利进行而设立的。它对于增强网上交易各方的信任、提高网上交易的安全性、控制交易风险、推动电子商务的发展都是必不可少的。

电子商务交易活动能否顺利进行的关键问题是安全问题。解决安全问题的基本条件就是由具有相应的电子商务认证机构为买卖双方提供值得信任的认证服务。从技术角度讲，电子商务认证机构所提供的服务包括认证证书的管理、使用者公钥的产生与保管以及CA密钥管理三大类。认证机构采用国际上最先进的安全保密技术对网络上的数据发送方、接收方进行身份确认，以保证交易各方信息的安全性、保密性和可靠性。从商业角度讲，在签订电子合同时，买卖双方都需要对对方的身份情况、资信情况和经营情况进行认证，否则，很难做出正确的决策。所以，由认证机构对买卖双方进行全面认证，是保证网络交易安全的重要措施。

@本章小结

本章内容包括电子支付、第三方支付、移动支付和网上银行的相关内容。电子支付是电子商务得以顺利发展的基础条件，电子支付系统的建设是电子商务发展的核心问题之一。电子支付是指电子交易的当事人（消费者、商家和银行等）通过网络以电子数据形式进行的货币支付或资金流动。常用的电子支付工具有电子现金、电子支票和信用卡等，同时第三方支付和移动支付先后兴起，并在电子商务中得到广泛应用。除此之外，电子商务还依赖网上银行业务为资金结算提供重要的支撑。

@复习思考题

第7章
即测即评

拓展阅读7-1

构建与银行业务融合的数字人民币生态圈

1.简述电子支付的发展阶段。
2.简述电子现金的工作原理。
3.电子信用卡支付有哪几种模型?
4.电子支票的支付过程是怎样的?
5.第三方支付的分类有哪些?
6.简述移动支付的支付流程。
7.网上银行的分类有哪些?

第8章

电子商务物流

我们不会转变淘宝的模型，我们会改善我们的模式，让物流更加快乐、消费者更加快乐。

——马云

本章要点

◇ 物流的定义、功能与分类

◇ 电子商务与物流的关系，电子商务环境下物流的特点

◇ 物流系统的组成，电子商务环境下的物流配送

◇ 电子商务供应链的概念与特点

◇ 电子商务物流基础技术

引例　亚马逊海外购：前置保税仓2023年落地宁波

送走“双11”，迎来“黑色星期五”（简称“黑五”）。“黑五”在美国原来指每年感恩节之后的第一天。这一天通常被认为标志着圣诞采购季节的正式开始，因此很多商家在这一天举行促销活动。

2022年11月18日，亚马逊海外购中国区负责人李岩川向澎湃新闻记者表示，今年上半年，因为疫情确实遇到不少挑战，但最困难的时刻已经过去了。“从第三季度开始，物流等各方面的支持力度都在全面恢复，今年‘黑五’，以及在明年大促，物流的延续影响会越来越少。”

2022年11月18日起，亚马逊海外购正式开启2022年“黑五”全球购物季。其中，11月23日晚8点至11月27日晚8点为“黑五”购物季巅峰期。2014年，亚马逊首次将“黑色星期五”的概念引入中国。也是从这一年开始，亚马逊开通了美国、英国、法国多个站点直邮中国服务，不再需要转运。

“2012年，我国开始进行跨境电商行业的全面探索工作，在郑州、上海、重庆、杭州和宁波5个城市开展跨境电商服务试点工作。大家都没想到，影响未来10年消费方向的全新领域诞生了。”李岩川告诉澎湃新闻记者，“黑五”是海淘的主场，2014年在中国上线的亚马逊海外购，已在2021年成为亚马逊全球海外购业务第一大站点，销售额是2015年的9倍多。

与“双11”类似的是，现在的“黑五”已不再拘泥于“某一天”，而是变成

了购物季。不过，面对“黑五”大促，相较于本土电商的物流体验，不少用户担心下单后包裹会受疫情等因素影响而“遥遥无期”。

“明年，我们会在宁波落地前置保税仓，通过宁波前置保税仓引入更多全新海外品类，如宠物食品、酒类等，对比海外直邮物流时效，至少可以节省4至5天。”李岩川说，平台也在思索怎样为中国消费者提供更好的跨境物流服务。

对于跨境电商是否潜力依然，李岩川给出的答案是肯定的。“中国现在的人口已经超过14亿，其中，中高收入群体已经超过4亿。根据商务部的数据，中国跨境电商进出口5年增长了近10倍，预计未来10年累计商品进口额有望超过22万亿美元。此外，跨境电子商务零售进口商品清单自初次发布起历经多次优化调整，2022年又新增多项近年来消费需求旺盛的商品，在这样的趋势下，我认为跨境电商潜力依然。”李岩川说。

2004年，亚马逊以大约7 500万美元的价格收购图书电商卓越网，进入中国市场。2019年4月，亚马逊宣布主营电商业务退出中国市场。目前，亚马逊海外购、亚马逊全球开店、亚马逊云科技等业务仍在中国发展。

资料来源　吴雨欣. 亚马逊海外购：物流影响正在变少，前置保税仓2023年落地宁波[EB/OL].［2022-11-19］. https：//m.thepaper.cn/newsDetail_forward_20806910.

案例思考：

亚马逊海外购的物流是如何实现的？

8.1　物流概述

有研究表明，供应链可以耗费中国企业高达29%的运营成本。而通过物流管理和供应链优化，可以达到以下目标：①原材料采购成本减少7%~11%；②整个供应链的库存下降15%~30%；③运输成本下降3%~15%；④整个供应链的运作费用下降15%~25%。事实与实践已经证明，物流能够大幅度降低企业的总成本，加快企业资金周转，减少库存积压，提升利润率，从而给企业带来可观的经济效益。国际上普遍把物流称为“降低成本的最后边界”，排在降低原材料消耗、提高劳动生产率之后的“第三利润源泉”，是企业整体利润的最大源泉。所以，各国的企业越来越重视物流，逐渐把企业的物流管理当作一个战略新视角、现代企业管理战略中的一个新的着眼点，通过制定各种物流战略，从物流这一巨大的利润空间去寻找出路，以增强企业的竞争力。

8.1.1　物流的定义与功能

中国的“物流”一词源于对日文资料中“Logistics”一词的翻译。物流是供应链活动的一部分，是为了满足客户需要而对商品、服务以及相关信息从产地到消费地的高效、低成本流动和储存进行规划、实施与控制的过程，是包括运输、搬运、储存、保管、包装、装卸、流通加工和物流信息处理等基本功能的活动，它是物品由供应地流向接收地以满足社会需求的活动，是一种经济活动。中国国家标准《物流术语》（GB/T 18354-2021）将“物流”定义为：根据实际需要，将运输、储存、装卸、搬运、包装、流通加工、配送、信息处理等基本功能实施有机结合，使物品从供应地向接收地进行实体流动的过程。

物流系统的基本要素包括运输、储存、包装、装卸搬运、流通加工、信息等。这些基本要素有效地组合、联结在一起，构成物流系统的功能组成要素，能合理、有效地实现物流系统的总目标。

1. 运输功能

运输是物流各环节中最重要的部分，是物流的关键。运输一般分为输送和配送。有人将运输作为物流的代名词。运输方式有公路运输、铁路运输、水路运输、航空运输、管道运输等。没有运输，物品只能有存在价值，却没有使用价值，即生产出来的产品，如果不通过运输送至消费者手中进行消费，等于该产品没有被利用，因而也就没有产生使用价值。没有运输连接生产和消费，生产就失去了意义。

一般认为，所有商品的移动都是运输，运输可以划分为两段：一段是生产厂家到流通据点之间的运输，批量比较大、品种比较单一、运距比较长，这样的运输称为“输送”；另一段是流通据点到用户之间的运输，一般称为“配送”，就是根据用户的要求，将各类商品按不同类别、不同方向和不同用户进行分类、拣选、组配、装箱，按用户要求的品种、数量配齐后送给用户，其实质在于“配齐”和“送达”。

2. 储存功能

在物流中，运输承担了改变商品空间状态的重任，储存则承担了改变商品时间状态的重任。而库存是与储存既有密切关系又有区别的一个概念，它是储存的静态形式。产品离开生产线后到达最终消费者之前，一般都要经过一个存放、保养、维护和管理的过程，这也是克服季节性、时间性间隔，创造时间效益的活动。

库存主要分为基本库存和安全库存。基本库存是补给过程中产生的库存。在订货之前，库存处于最高水平，日常的需求不断地“抽取”存货，直至该储存水平降至为零。实际上在库存降到零之前就要启动订货程序，于是在发生缺货之前，就会完成商品的储存。补给订货的量就是订货量。在订货过程中必须保持的库存量就是基本库存。

为了应对不确定因素对物流的影响，如运输延误，或商品到货但品种、规格、质量不符合要求，或销售势头好，或库存周转加快、紧急需要等，企业需要另外储备一部分库存，这就是安全库存。

3. 包装功能

中国国家标准《包装术语 第1部分：基础》（GB/T4122.1-2008）对“包装”的定义是：“为在流通过程中保护产品，方便储运，促进销售，按一定技术方法而采用的容器、材料及辅助物等的总体名称。也指为了达到上述目的而采用容器、材料和辅助物的过程中施加一定方法等的操作活动。”其他国家或组织对包装的含义有不同的表述和理解，但基本意思是一致的，都以包装功能和作用为其核心内容，一般有两重含义：

①关于盛装商品的容器、材料及辅助物品，即包装物；

②关于实施盛装、封缄和包扎等的技术活动。

包装可大体划分为两类：一类是工业包装，或叫运输包装、大包装；另一类是商业包装，或叫销售包装、小包装。工业包装是为了保持商品的品质，商业包装是为了使商品能顺利抵达消费者手中，提高商品价值、传递信息等。由此看来，包装既是生产的终点，又是企业物流的起点。

4.装卸搬运功能

装卸搬运是物流各环节连接成一体的接口，是运输、储存、包装等物流作业得以顺利实现的根本保证。装卸和搬运质量的好坏、效率的高低是整个物流过程的关键所在。装卸搬运工具、设施、设备不先进，搬运装卸效率低，商品流转时间就会延长，商品就容易破损，从而增大物流成本，影响整个物流过程的质量。一旦装卸搬运环节出了问题，其他物流环节就会停顿。

5.流通加工功能

所谓流通加工，就是产品从生产者向消费者流动的过程中，为了促进销售、维护产品质量、实现物流的高效率所采取的使物品发生物理和化学变化的功能。通过流通加工，可以节约材料、提高成品率，保证供货质量和更好地为用户服务。所以，对流通加工的作用同样不可低估。流通加工是物流过程中“质”的升华，使流通向更深层次发展。

6.信息功能

物流信息是连接运输、储存、装卸、包装各环节的纽带，没有各物流环节信息的通畅和及时供给，就没有物流活动的时间效率和管理效率，也就失去了物流的整体效率。只有及时收集、传递与物流活动相关的信息，才能使物流活动有效、顺利地进行。

信息包括与商品数量、质量、作业管理相关的物流信息，以及与订货、发货和货款支付相关的商流信息。

与物流信息密切相关的是物流信息系统，即管理人员利用一定的设备，根据一定的程序对信息进行收集、分类、分析、评估，并把精确信息及时地提供给决策人员，以便他们做出高质量的物流决策。物流信息系统的目的是不但要收集尽可能多的信息，提供给物流经理，使他们做出更多的有效的决策，还要与企业的销售、财务等其他部门的信息系统共享信息，并将有关的综合信息传至企业最高决策层，协助他们形成战略计划。

8.1.2 物流的分类

物流活动在社会经济领域中无处不在，不同领域的物流虽然存在相同的基本要素，但由于物流的对象、目的、范围和范畴不同，因而形成了不同的物流类型。物流的划分图如图8-1所示。

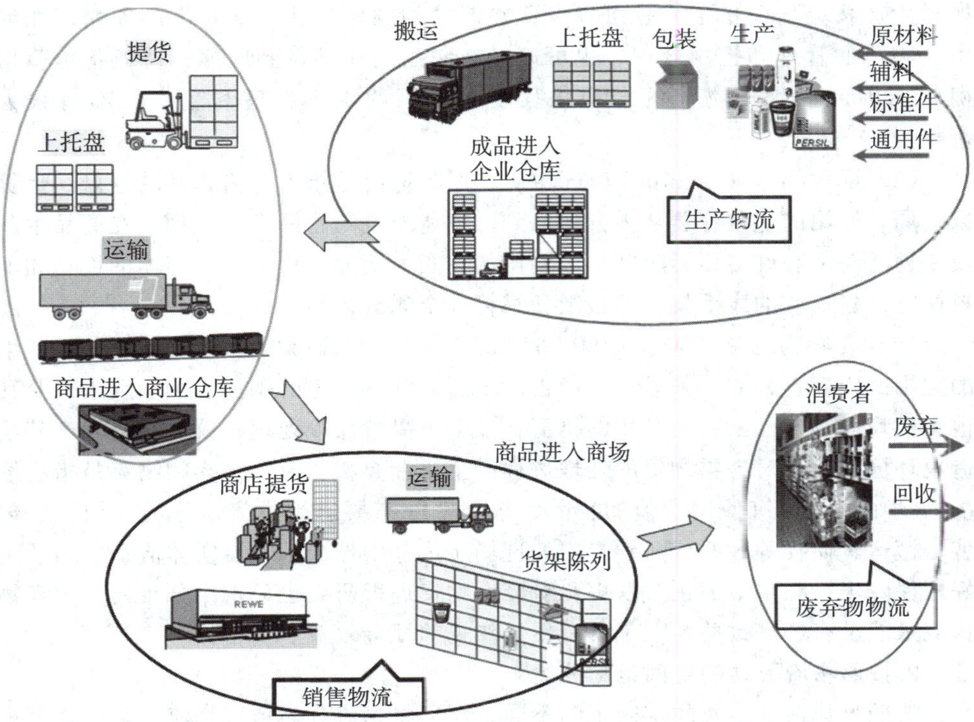

图8-1 物流的划分图

1.按照作用分类

按物流所起的作用可以将物流分为供应物流、销售物流、生产物流、回收物流、废弃物物流等。

(1)供应物流(Supply Logistics)。生产企业、流通企业或消费者购入原材料、零部件及其他物品的物流过程称为供应物流，也就是物品在提供者与需求者之间的实体流动。对于一家企业而言，其流动资金大部分是被购入的物品和原材料及半成品等所占用的，因此实现供应物流的合理化对企业降低成本有重要影响。

(2)销售物流(Distribution Logistics)。生产企业或流通企业出售商品时，物品在供方与需方之间的实体流动称为销售物流。企业通过销售物流可以回收资金并组织再生产。销售物流的效果关系到企业的存在价值是否被社会承认。销售物流的成本在商品的最终价格中占有一定的比例，因此实现销售物流的合理化可以增强企业的竞争力。

(3)生产物流(Production Logistics)。生产物流包括从工厂的原材料购进入库起，直到把工厂成品库的成品发送出去为止的物流活动的全过程。生产物流和生产企业的生产流程同步，在生产过程中，原材料、半成品等按照工艺流程在各个加工点之间不停地移动、流转形成了生产物流，如果生产物流中断，生产过程也将随之停顿。概括起来，生产物流是指在生产过程中，原材料、在制品、半成品、产成品等在企业内部的实体活动。生产物流的重要性体现在：如果生产物流均衡稳定，就可以保证在制品的顺畅流转，缩短生产周期；如果生产物流的管理和控制合理，也可以使在制品的库存得到压缩，使设备负荷均衡化。因此，生产物流的合理化程度对工厂的生产秩序和生产成本有很大影响。

（4）回收物流（Returned Logistics）。回收物流是指不合格物品的返修、退货以及周转使用的包装容器从需方返回到供方所形成的物品实体流动。在商品生产及流通活动中有许多要回收并加以利用的物资，例如，作为包装容器的纸箱和塑料筐等，建筑业的脚手架，旧报纸和书籍，金属废弃物等。

（5）废弃物物流（Waste Material Logistics）。在商品的生产和流通中所产生的无用的废弃物，如开采矿山时产生的土石、炼钢产生的钢渣、工业废水以及其他无机垃圾等，已没有再利用的价值，如果不妥善加以处理，就会妨碍生产甚至造成环境污染。对这类物资的处理过程产生了废弃物物流。废弃物物流是指将经济活动中失去原有使用价值的物品，根据实际需要进行收集、分类、加工、包装、搬运、储存等，并分送到专门处理场所过程中形成的物品实体流动。为了更好地保障生产和生活的正常秩序，对废弃物资进行研究也显得十分重要。废弃物物流虽然没有经济效益，但是具有不可忽视的社会效益。

2.按照物流活动的空间范围分类

按照物流活动涉及的空间范围不同，可以将物流分为地区物流、国内物流和国际物流。

（1）地区物流（Regional Logistics）。研究地区物流对于提高所在地区的企业物流活动的效率，以及保障当地居民的生活福利环境，具有不可或缺的作用。对地区物流的建设应根据所在地区的特点，从本地区的利益出发组织好相应的物流活动，充分权衡利弊后进行妥善安排，并与地区和城市的建设规划相统一。例如，某地区计划建设一个大型物流中心，这显然将提高当地的物流效率，降低物流成本，对当地稳定物价、发展经济起到促进作用，但也会给当地管理部门带来一系列消极的问题，如由于供应点集中，货车来往频繁，产生大量的废气和噪声，以及引起交通堵塞等问题。因此，物流中心的建设不单是物流问题，还要从城市建设规划、地区开发计划出发，统一考虑，妥善安排。

（2）国内物流（National Logistics）。国内物流为国家的整体利益服务，在国家自己的领地范围内开展的物流活动称为国内物流。国内物流作为国民经济的一个重要方面，应该纳入国家总体规划。我国的物流事业是社会主义现代化建设的重要组成部分，因此国内物流的建设、投资和发展必须从全局着眼，清除部门和地区分割所造成的物流障碍，尽早建成一些大型物流项目，为国民经济服务。

（3）国际物流（International Logistics）。不同国家之间和世界各大洲之间的物流称为国际物流。国际物流是伴随国际投资、贸易活动和其他国际交流产生的物流活动。由于第二次世界大战后国际投资和贸易的壁垒减少，国际分工日益深化，国际贸易规模迅速扩大，经济全球化和区域经济一体化速度加快，国际物流成为现代物流系统中发展最快、规模最大的一个物流领域。随着互联网这种无国界的信息媒介的扩展和电子商务的推广应用，国际物流的效率和规模将会进一步提高和扩大。

3.按照物流的系统性质分类

按照物流的系统性质，可将物流分为社会物流、行业物流和企业物流，具体如图8-2所示。

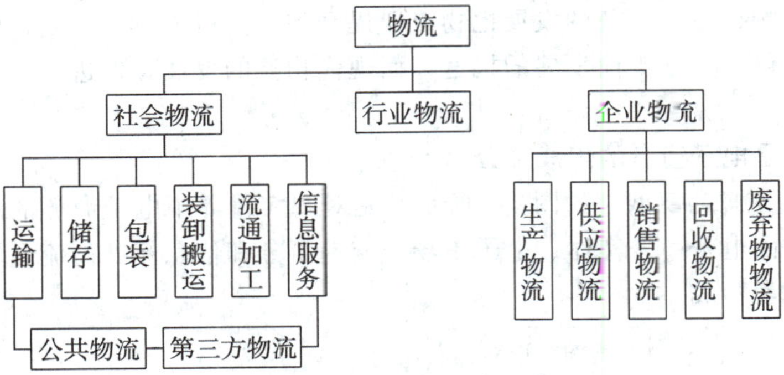

图8-2 物流的系统性质分类

（1）社会物流。社会物流是物流的主要研究对象，是指以全社会为范畴、面向广大用户的、超越一家一户的物流，是企业外部物流活动的总称。社会物流涉及在商品的流通领域所发生的所有物流活动，因此社会物流带有宏观性和广泛性，也被称为大物流或宏观物流。这种社会性很强的物流往往是由专门的物流承担人承担的。伴随商业活动的发生，物流过程通过商品的转移实现商品所有权的转移，这是社会物流的标志。

（2）行业物流。顾名思义，行业物流是指在一个行业内部发生的物流活动。同一个行业的各个企业往往在经营上是竞争对手，但为了共同的利益，在物流领域中又常常互相协作，建立统一的行业标准和运作规范，以降低整个行业的物流成本，促进行业物流系统的合理化、科学化和标准化。

（3）企业物流。在企业经营范围内，由生产或服务活动所形成的物流系统叫企业物流，是物品在企业内部的实体流动。企业作为一个经济实体，是为社会提供产品或服务的。从企业角度来研究与之有关的物流活动，是具体的、微观的物流活动的典型领域。

8.2 电子商务与物流

思政链接8-1

中国由物流大国向物流强国迈进

电子商务是20世纪信息化、网络化的产物，电子商务的每一笔交易过程都包含四种基本的“流”，即信息流、商流、资金流和物流。电子商务离不开物流，物流又依赖电子商务得到更广阔的发展。

8.2.1 电子商务与物流的关系

物流环节联系着买家与卖家，物流的水平，比如运费的高低、送货的时间、商品的安全等因素都是双方非常关心的。在当今的电子商务时代，越来越多的人愿意花一部分钱（运费）来完成足不出户的网购活动；同时，伴随电子商务发展而产生的大小卖家也更愿意将实体店搬到网上，这样既可以打开市场，又不用考虑店铺的租金和税金问题。电子商务在改变传统商业模式的同时，对物流业产生了深刻的影响，电子商务的发展把物流业提升到了前所未有的高度，电子商务为物流企业提供了一个空前发展的机遇，而现代物流的发展又促进了电子商务的进一步发展。

1.物流是电子商务的组成部分

电子商务概念模型（如图8-3所示）是对现实世界中电子商务活动的一般抽象描述，它由电子商务实体、电子市场、交易事务和信息流、商流、资金流、物流等基本要素构成。

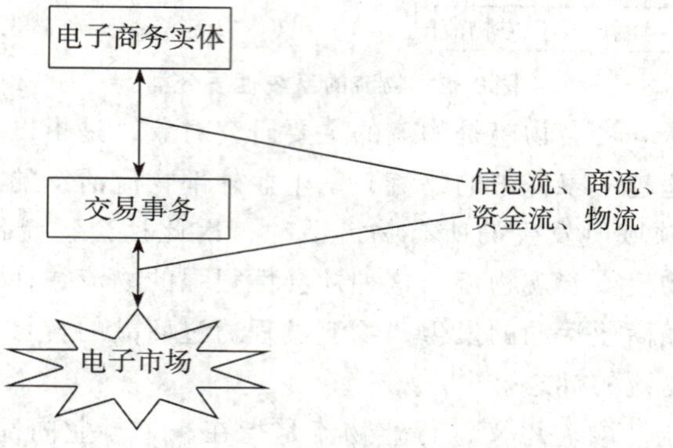

图8-3 电子商务概念模型

在电子商务概念模型中，电子商务实体是指能够从事电子商务的客观对象，它可以是企业、银行、商店、政府机构或个人等。电子市场是指电子商务实体从事商品和服务交换的场所，它由各种各样的商务活动参与者利用各种通信装置、通过网络连接成一个统一的整体。交易事务是指电子商务实体之间所从事的具体的商务活动的内容，例如询价、报价、转账支付、广告宣传、商品运输等。

物流，作为“四流”中最为特殊的一种，是指物质实体（商品或服务）的流动过程。对于少数商品和服务，如各种电子出版物、信息咨询服务、有价信息软件等可以直接通过网络传输的方式进行配送，而大多数商品和服务仍要经由物理方式传输，可见，物流是电子商务的重要组成部分。

2.物流是实现电子商务的重要保证

电子商务作为一种商务活动的新形式，采用现代信息技术手段，以数字化通信网络和计算机系统替代传统交易过程中纸介质信息载体的存储、传递、统计、发布等环节，从而实现商品和服务交易以及交易管理等活动的全过程无纸化，并达到高效率、低成本、数字化、网络化、全球化等目的。

相关资料显示，在商品生产和销售过程中，仅有5%的时间用于加工和制造，其余95%的时间都用于储存、装卸、运输等物流环节。物流成本占商品总价值的30%～50%，占用资金比例为20%～80%，所以物流被称为企业脚下的金矿，物流领域是经济增长的“黑暗大陆”，是“降低成本的最后边界”，是继降低资源消耗、提高劳动生产率之后的“第三利润源泉”。另外，西方一些学者提出的“服务中心说”认为，物流活动最大的作用并不在于为企业节约成本，而是提高企业对用户的服务水平，进而提高企业竞争力。上述种种均说明物流在经济发展中具有重要地位已是不争的事实。

在电子商务蓬勃发展的今天，如前所述，现代化物流从“物理”和“数据信息”两个方面为电子商务提供了重要的物流基础，若没有一个高效、合理、畅通的物流平台，电子商务所具有的各种优势就难以得到有效的发挥，因此物流对电子商务的发展有很大影响，是实现电子商务的重要保证。

3.电子商务会促进现代化物流的发展

现代化物流泛指原材料、产成品从起点至终点及相关信息有效流动的全过程。它将运输、仓储、装卸、加工、配送、信息等方面有机结合，形成完整的供应链，为用户提供多功能、一体化的综合性服务。现代化物流具有全球化、信息化、自动化、智能化、网络化、柔性化、敏捷化、绿色化等诸多特点，其中自动化物流是现代物流的基本表现。自动化物流是指在一定的时间和空间里，由所需输送的物料和包括仓储设施、输送工具、人员、通信联系以及资源规划、调度等若干相互制约的动态要素构成的具有特定功能的有机整体，主要由自动存储、输送、分拣及电控、计算机管理等子系统组成。它涵盖现代化物流的技术特性，其基础是信息化，核心是机电一体化，外在表现是无人化，效果是省力化，可实现电子商务对物流提出的准确、快速、集成、低成本、个性化、小批量的要求。

4.电子商务使物流服务空间有了更大的拓展

电子商务需要的不只是一般的运输仓储服务，它更需要的是增值性的服务(Value-added Logistics Services)，其内涵主要体现在以下几个方面：

（1）给客户带来便利的服务。一切能够简化手续、便利操作的服务都是增值性的服务。对于消费者而言，以前需要自己完成的事情，现在由商品或服务提供商以各种方式来完成，这增加了商品或服务的价值。例如，在提供电子商务的物流服务时推行门到门的服务，提供完备的操作或者作业提示、代办业务，24小时营业，自动订货、传递信息和转账，以及对物流全过程的追踪服务等，给客户带来便利。

（2）加快响应速度的服务。加快响应速度的服务就是使流通过程变快的服务。快速响应已经成为物流发展的动力之一。现代物流观点认为，可以通过两种途径来加快流通过程：一是提高运输基础设施和设备的效率，比如修建高速公路、铁路提速、制定新的交通管理办法、将汽车和火车本身的行驶速度提高等，这种途径有其自身的约束，存在极限；二是在现代物流条件下，通过优化电子商务系统的配送中心、物流中心网络，重新设计适合电子商务的流通渠道，以此来减少物流环节，简化物流过程，提高物流系统的快速反应能力，这也是一种增值性物流服务。

（3）可以延伸服务并将供应链集成在一起。增值性的物流服务应该是向上可以延伸到市场调查与预测、采购及订单处理，向下可以延伸到配送、物流咨询、物流方案的选择与规划、库存决策建议、货款回收与结算、教育与培训、物流系统设计与规划方案制作等的服务。这些延伸服务最具增值性，但也是最难提供的服务。能否提供此类增值服务是衡量一个物流企业是否真正具有竞争力的标准。

5.电子商务促进了物流的电子化

物流电子化是开展电子商务的基础，是企业信息化的重要组成部分，表现为物流信息的商品化、物流信息收集的数据化和代码化、物流信息处理的电子化和计算机化、物流信息传递的标准化和实时化、物流信息储存的数字化等。物流电子化是指物流服务提供商在物流业务活动中应用以互联网为核心的现代信息通信技术，更好地实现以客户为中心的物流服务目标，并通过在供应链合作伙伴之间实时共享物流信息，致力于实现供应链中物流管理效率和效益的最大化。

在电子商务环境下，物流的运作是以信息为中心的，信息不仅决定了物流运动的方向，也决定着物流的运作方式。在实际运作过程中，通过网络上的信息传递，可以有效地实现对物流的实时控制，实现物流的合理化。同时，一些生产厂商和下游的经销商、物流服务商可以共用数据库、共享库存信息等，尽可能减少实物库存水平，并不断提高供货服务水平。物流的电子化能更好地协调生产与销售、运输、储存等环节的联系，对优化供货程序、缩短物流时间以及降低库存都具有十分重要的意义。同时，在电子商务环境下，随着经济的全球化，交易需求和网络的全球化，依托通信技术的支持，物流信息管理可在全球范围内实现实时控制。

8.2.2 电子商务物流的发展阶段

电子商务物流是指物流企业在实现物流电子化的基础上以物流业务为核心，整合信息流、商流、物流、资金流这四流的优势开展电子商务相关应用服务。物流电子化的侧重点是利用现代通信技术达到提高物流的整体效率和效益的目的，而电子商务物流的侧重点在于将电子商务物流和信息技术有机结合，使电子商务物流企业能够兼备电子商务企业、物流企业和信息技术企业的优点，将信息流、商流、物流、资金流进行完美的融合。

电子商务物流是物流企业发展到一定阶段的必然产物，物流企业利用自身的核心竞争力开展电子商务相关应用服务，势必会促使“四流”进一步融合，从而增强企业的竞争优势。物流行业在开展电子商务物流方面具有不可替代的优势，因为物流配送网络需要投入大量的成本才能建立起来。这种大成本的投入会给其他竞争者造成巨大的进入壁垒。电子商务物流不是简单的“物流运输+电子商务”，它集电子商务企业、物流企业、信息技术企业的优势于一体。

从发展层次来看，电子商务物流的发展经历了三个阶段，即传统物流、物流电子化和电子商务物流阶段（如图8-4所示），新阶段的发展以前一阶段的发展为基础。在电子商务物流发展的过程中物流企业的核心竞争力日益增强。

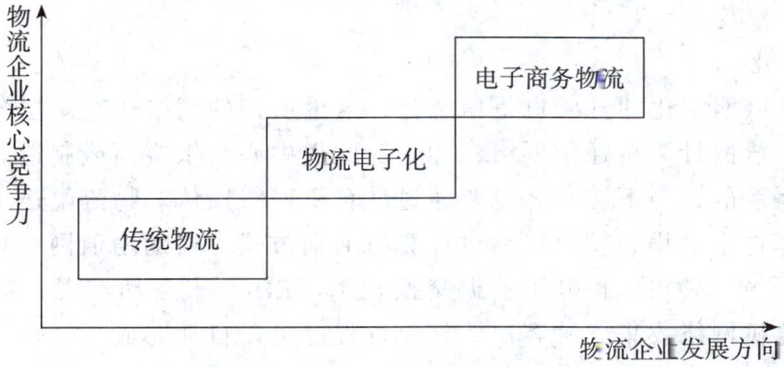

图8-4 电子商务物流发展阶段图

从业务范畴来看，电子商务物流的发展也经历了三个阶段，具体如图8-5所示。

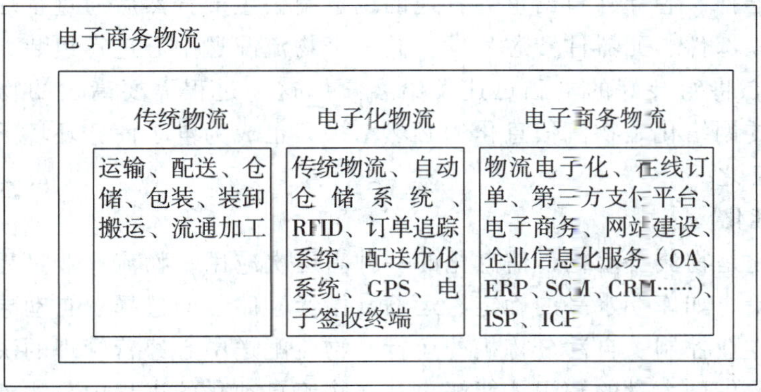

图8-5 电子商务物流业务范畴图

8.2.3 电子商务环境下物流的特点

在电子商务背景下，物流得到了新的发展，也具备了一系列新的特点：

1.信息化

在电子商务时代，物流信息化是电子商务的必然要求。各种信息化的技术与观念，如条码（Bar Code）、数据库（Database）、电子订货系统（Electronic Ordering System，EOS）、电子数据交换（Electronic Data Interchange，EDI）、快速反应（Quick Response，QR）、有效客户响应（Effective Customer Response，ECR）、企业资源计划（Enterprise Resource Planning，ERP）等，在我国物流发

展中得到普遍应用。信息化是基础，没有物流信息化，任何先进的技术设备都不可能应用于物流领域，信息技术及计算机技术在物流中的应用改变着物流的面貌。

2.自动化

自动化可以增强物流作业能力，提高劳动生产率，减少物流作业的差错。物流自动化的设施非常多，如条码、语音、射频自动识别系统，自动分拣系统，自动存取系统，自动导向车，货物自动跟踪系统等。这些设施在物流作业流程中的应用将逐渐普及。

3.网络化

物流领域网络化的基础也是信息化，这里所指的网络化有两层含义：一是物流配送系统的计算机通信网络，如物流配送中心与供应商或制造商是通过计算机网络联系的，与下游顾客也要通过计算机网络通信。物流配送中心向供应商提交订单这个过程，就可以通过计算机通信方式，借助增值网（VAN）上的电子订货系统（EOS）和电子数据交换技术（EDI）来自动实现，物流配送中心通过计算机网络收集下游客户的订单过程也可以自动完成。二是组织的网络化，也就是企业内部网（Intranet）。比如，中国台湾的电脑业在20世纪90年代创造了“全球运筹式产销模式”，这种模式的基本点是按照客户订单组织生产，生产采用分散形式，即将全世界的电脑资源都利用起来，将一台电脑的所有零部件、元器件、芯片外包给世界各地的制造商去生产，然后通过全球的物流网络将这些零部件、元器件和芯片发往同一个物流配送中心进行组装，再由该物流配送中心将组装好的电脑迅速发给客户。这一过程需要高效的物流网络支持。物流的网络化是物流信息化的必然结果，也成为电子商务环境下物流活动的主要特征之一。

4.智能化

智能化是物流自动化、信息化的一种高层次应用。物流作业过程中大量的运筹和决策，如库存水平的确定、运输（搬运）路径的选择、自动导向车的运行轨迹和作业控制、自动分拣机的运行、物流配送中心经营管理的决策支持等问题都需要借助大量的知识才能解决。在物流自动化的进程中，物流智能化是不可回避的技术难题。由于专家系统、机器人等相关技术在国际上已经有比较成熟的研究成果，因而物流的智能化已成为电子商务时代物流发展的一个新趋势。

5.柔性化

柔性化是为实现“以顾客为中心”的理念而在生产领域提出的，但是要真正做到柔性化，即根据消费者需求的变化来灵活调节生产工艺，就需要配套的柔性化的物流系统。20世纪90年代，国际生产领域纷纷推出弹性制造系统（Flexible Manufacturing System，FMS）、计算机集成制造系统（Computer Integrated Manufacturing System，CIMS）、企业资源计划（ERP）以及供应链管理的概念和技术，其实质就是将生产、流通集成，根据需求端的需求组织生产，安排物流活动。因此，柔性化的物流正是适应生产、流通与消费的需求而发展起来的一种新型物流模式。这就要求物流配送中心根据消费需求“多品种、小批量、多批次、短周期”的特色，灵活组织和实施物流作业。

另外，物流设施和商品包装的标准化、物流的社会化和共同化也是电子商务环境下物流模式的特点。

8.2.4 电子商务环境下的物流业务流程

物流业务流程与商流、信息流及资金流的作业流程有关，也与商务形式（普通商务、电子商务）有关。传统商务环境下的物流业务流程如图8-6所示，电子商务环境下的物流业务流程如图8-7所示。

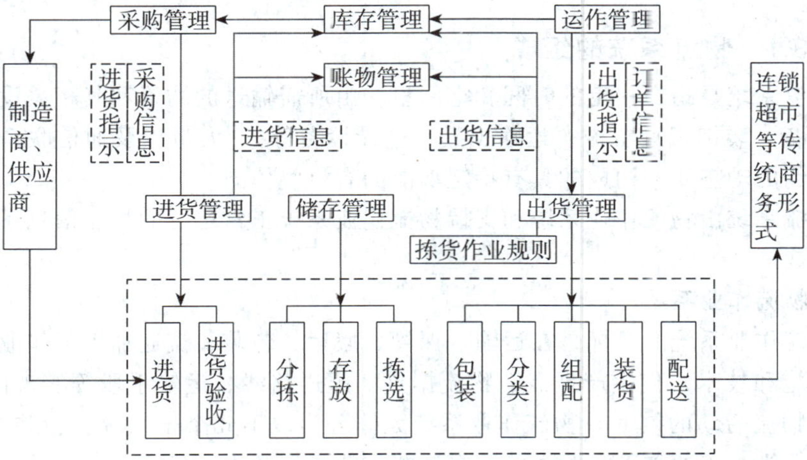

图8-6 传统商务物流业务流程

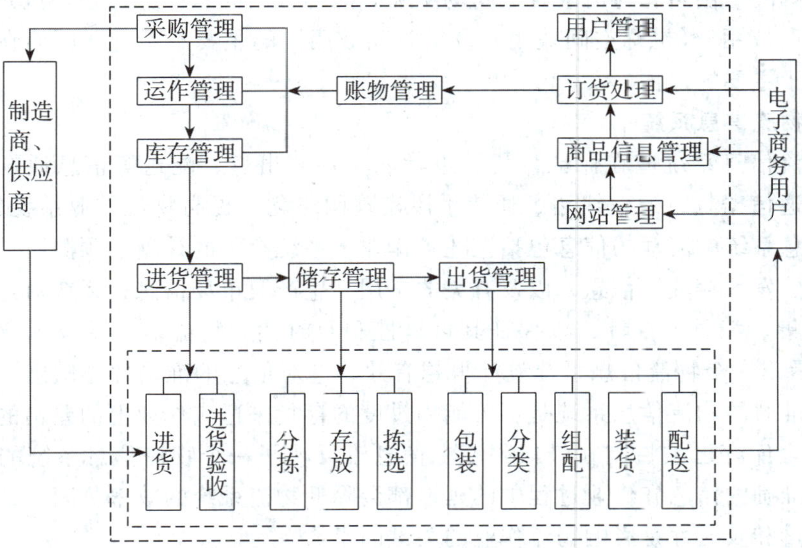

图8-7 电子商务物流业务流程

比较图8-6和图8-7可以看出，电子商务环境下的物流业务流程与传统商务环境下的物流业务流程基本是一样的，其目的都是要将用户所订货物送到用户手中，基本的业务包括进货、进货验收、分拣、存放、拣选、包装、分类、组配、装货及配送等。

两种模式不同的是，电子商务的大部分订单都要送货上门，而传统店铺销售则不用，因此，电子商务的物流成本更高，对配送路线的规划、配送日程的调度、配送车辆的合理利用难度更大。

8.3 电子商务物流管理

8.3.1 物流系统的组成

微课8-1

电子商务物流应用

物流系统是指在一定的时间和空间里，由所需输送的物资和其相关设备（如包装设备、装卸搬运机械、运输工具、仓储设备等）、人员以及通信联系等若干相互制约的动态要素构成的具有特定功能的有机整体。

物流系统由物流作业系统和支持物流作业系统正常运行的物流信息系统两个部分组成。

1. 物流作业系统

物流作业系统的目标是在运输、保管、搬运、包装、流通加工等作业中使用先进设施和技术，使生产据点、物流据点、配送路线、运输手段等实现网络化，以提高物流活动的效率。物流作业系统大体分为以下几个子系统：包装、装卸、运输、保管、流通加工、配送等。在这些作业子系统中，运输子系统及保管子系统分别解决了供给者与需求者之间场所和时间的分离问题，分别是物流系统中创造“场所效用”（也称空间效用）及“时间效用”的主要子系统，因而在物流系统中处于主要的地位。

2. 物流信息系统

物流信息系统应在保证订货、进货、库存、出货、配送等信息通畅的基础上，使通信据点、通信线路、通信手段实现网络化，提高物流作业系统的效率。物流信息系统中流动的信息包括上述各作业子系统有关的计划、预测、动态（运量及收、发、存数）信息，以及有关的费用、生产及市场信息，系统对这些信息进行收集、汇总、统计，以保证其可靠性和及时性。物流信息系统示意图如图8-8所示。一个物流信息系统设计得越有效，它对信息的准确性越敏感。一个协调的、准时的物流信息系统是不可能用过度的存货来适应作业上的差错的，这是因为安全库存已被控制在最低限度。信息流反映了一个物流信息系统的动态情况，不准确的信息和作业过程中的延迟都会降低物流系统的效率。因此，物流信息的质量和及时性是影响物流作业的关键因素。

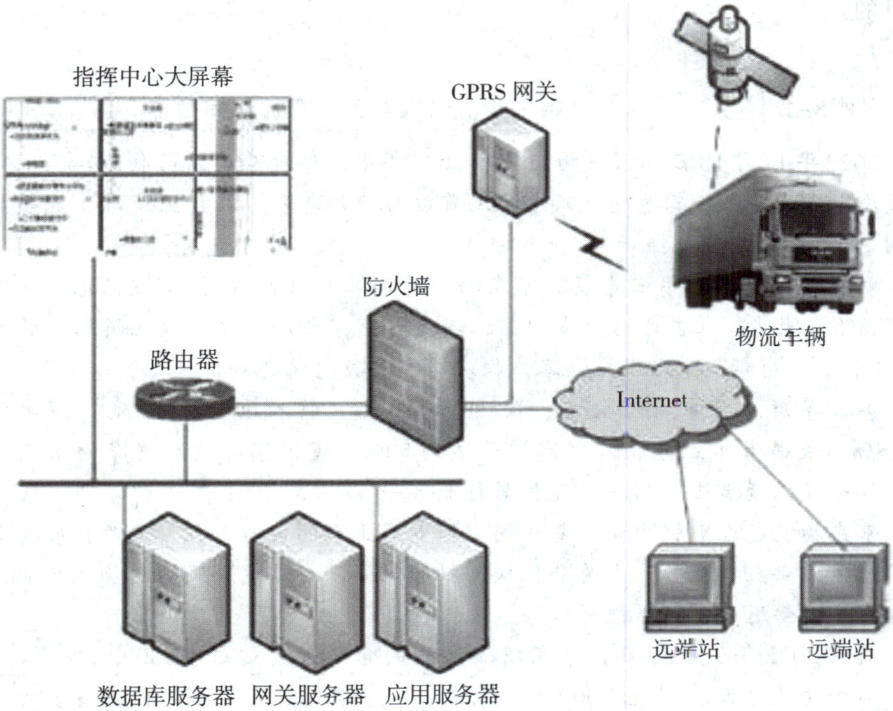

图8-8 物流信息系统示意图

8.3.2 电子商务环境下的物流模式

目前，我国发展电子商务很重要的一项任务就是选择适当的物流模式，并在此基础上发挥物流的作用，促进我国电子商务的发展。物流是由企业自己来完成还是借助外界力量来实现，这需要从战略层次来考虑。目前物流模式通常有以下几种：

1.企业自营物流

企业自营物流是指企业所有的物流活动均由本企业自己承担和完成。从企业竞争战术的角度来考虑，物流系统最重要的决策变量有两个：一是看能否提高企业运营效率；二是看能否降低企业运营成本。企业采用自营物流的运作模式主要是出于控制物流成本的考虑。自营物流运作模式的核心是建立物流、商流、信息流一体化的现代化物流管理中心。该管理中心应广泛地运用条码、数据库、电子订货系统、电子数据交换、快速反应及有效客户响应等信息技术和先进的自动化设施，以满足企业在现代化生产销售中对物流配送提出的要求。自营物流运作模式要求企业将物流管理提高到企业战略管理的地位，对从原材料采购与运输到产成品分销与配送这一过程中的所有物流活动及相关信息进行系统的管理，整合物流各环节的资源和作业，集成各阶段的物流运作、物流信息和物流职能，从总成本、总效用的角度寻找两者的最佳结合点，以达到降低物流成本、缩短交付时间、提高顾客服务水平、增强企业竞争能力和盈利能力的目的。

小案例8-1　　京东物流与德邦逐步释放协同效应

2022年11月18日，京东物流发布2022年第三季度业绩，营收达357.7亿元，同比增长38.9%。第三季度，京东物流首度与德邦并表，在行业淡季，调整后净利润达4.5亿元。

财报数据显示，第三季度，京东物流外部客户收入达到248.7亿元，同比增长67.8%，外部收入占比达七成。第三季度，京东物流一体化供应链客户收入达182.3亿元，外部一体化供应链客户收入与客户数均保持双位数增长。

第三季度，京东物流快递、快运等其他客户收入达175.4亿元，同比增长102.8%，快递散单业务收入同比增长达到50%。据国家邮政局发布的第三季度快递服务满意度调查，京东快递位居行业第一。

京东物流也在财报中称，基于同直播电商平台的良好合作，逐步拓展抖音生态的一体化供应链业务，成为首批接入抖音电商"音需达"服务的物流企业，为抖音用户提供送货上门等快递服务。

截至2022年9月30日，京东物流运营的仓库数量超过1 500个，含云仓在内，运营仓库总面积超过3 000万平方米。京东航空也正式投运，将逐步打造自主可控、安全可靠的国内航空货运骨干网络。

财报还称，第三季度，在完成德邦控股的控制权交割后，京东物流获得了一张覆盖全国的快运网络。德邦在大件快递和快运领域的业务优势，将为京东物流注入资源，双方将从业务模式、流程机制等方面进行探索和验证，逐步释放协同效应。

资料来源　程子姣. 京东物流三季报：与德邦协同效应将释放，外部收入占比达7成[EB/OL].［2022-11-18］. https：//www.bjnews.com.cn/detail/1668775928169980.html.

思考：京东自营物流的发展趋势如何？

2.第三方物流

第三方物流是指独立于供需双方，为客户提供专项或全面的物流系统设计或运营的物流服务模式。第三方物流是相对于"第一方"（物资供应方）和"第二方"（物资需求方）而言的，它既不属于第一方，也不属于第二方，而是独立于第一方和第二方并通过与第一方或第二方开展合作来提供专业化的物流服务。因此，第三方物流企业本身不拥有货物，而是为其外部客户的物流作业提供管理、控制和专业化作业服务。

第三方物流的经营方式通常是与客户签订较长时间的物流服务合同，所以有人称其为"契约物流或合同物流"，还有人为区别企业自身提供的物流服务与求助于外界提供的物流服务，而称第三方物流为"外协物流"（Outsourcing Logistics）。其实，第三方物流与传统的外协物流不同：传统的外协物流只限于一项或一系列分散的物流功能，如运输公司提供运输服务、仓储公司提供仓储服务；第三方物流则根据合同条款规定而不是临时需求，提供多功能甚至全方位的物流服务，企业之间是联盟关系。

现阶段，我国的第三方物流企业仍以运输、仓储、配送等基本物流业务为主，加工、定制服务等增值服务功能处在发展完善阶段。

3. 物流联盟

物流联盟是指企业在物流方面通过签署合同形成优势互补、要素双向或多向流动、相互信任、共担风险、共享收益的物流伙伴关系。一般来说，组成物流联盟的企业之间具有很强的依赖性，各企业明确自身在整个物流联盟中的优势及担当的角色，内部的对抗和冲突减少，分工明晰，把注意力集中在提供客户指定的服务上，最终提高企业的竞争能力和效率，满足企业开展跨地区、全方位物流服务的要求。

物流联盟的优势主要体现在：大企业通过物流联盟可以迅速开拓全球市场，如Laura Ashley与联邦快递建立联盟完成其全球物流配送，从而使其业务在全球范围内展开；而且，将长期供应链关系发展成为联盟形式，有助于降低企业的风险。单个企业的力量是有限的，它对一个领域的探索失败了会遭受很大损失，如果几个企业联合起来，在不同的领域分头行动，就会减少风险，而且联盟企业在行动上也有一定的协同性，对于突如其来的风险能够共同分担，这样便提高了各个企业抵御风险的能力。而企业（尤其是中小企业）通过与物流服务提供商结成联盟，能有效地降低物流成本（通过联盟整合，可节约成本10%～25%），提高企业竞争能力。此外，物流联盟有助于物流合作伙伴之间在交易过程中减少相关交易成本。物流合作伙伴之间经常沟通与合作，互通信息，建立起相互信任和互守承诺的关系，可以减少履约风险。即使合作伙伴在服务过程中产生冲突，也可通过协商加以解决，从而避免无休止的讨价还价，甚至提起法律诉讼而产生费用等。

为应对市场经济条件下日趋激烈的竞争，占据市场的领导地位，供应链应成为一个动态的网络结构，以适应市场变化，满足对柔性、速度、革新、知识的需要。供应链将淘汰不能适应其需求的企业，并从外部选择优秀的企业进入供应链。供应链从而成为一个能快速重构的动态组织，实现动态联盟，但这种联盟方式缺乏稳定性。尤其是以项目为中心的联盟，其合作范围只限于一个具体的项目，联盟成员之间合作的范围不广泛，优势也不太明显。

4. 第四方物流

由于在实际的运作中，大多数第三方物流企业缺乏对整个供应链进行运作的战略性专长和真正整合供应链流程的相关技术，于是第四方物流（Fourth Party Logistics，4PL）应运而生。第四方物流的概念由美国埃森哲咨询公司于1998年率先提出，它专门为第一方、第二方和第三方提供物流规划、咨询、物流信息系统、供应链管理等服务。第四方物流企业并不实际承担具体的物流运作活动。埃森哲咨询公司将第四方物流企业定义为“一个调配和管理组织自身及具有互补性的服务提供商的资源、能力与技术，来提供全面的供应链解决方案的供应链集成商”。

第四方物流企业是一个供应链的集成商，是供需双方及第三方物流企业的领导力量。它不是物流的利益方，而是依靠业内最优秀的第三方物流供应商、技术供应商、管理咨询顾问和其他增值服务商，通过拥有的信息技术、整合能力以及其他资源提供一套完整的供应链解决方案，以此获得一定的利润。这些资源是任何一家公司所不能单独提供的。

随着社会经济的不断发展，第四方物流将会得到广泛的运用。要成为第四方物流企业，需要具备一定的条件：首先，第四方物流企业不是物流的利益方。其次，第四方物流企业要有良好的信息共享平台，在物流参与者之间实现信息共享。再次，第四方物流企业要有足够的供应链管理能力。最后，第四方物流企业要有区域化甚至全球化的地域覆盖能力和支持能力。

第四方物流不仅控制和管理特定的物流服务，而且对整个物流过程提出解决方案，并通过电子商务将这个过程集成起来。它实际上是一种虚拟物流。

8.3.3 电子商务环境下的物流配送

在电子商务环境下，物流配送是根据电子商务的特点，对整个物流配送体系实行统一的信息管理和调度，按照用户订货要求，在物流基地进行理货，并将配好的货物送交收货人的一种物流方式。这一先进、优化的流通方式对流通企业提高服务质量、降低物流成本、优化社会库存配置，从而提高企业的经济效益及社会效益具有重要意义。配送作为现代物流的一种有效的组织方式，代表了现代市场营销的主方向，因而得以迅速发展。

1. 电子商务对传统物流配送的冲击和影响

物流配送是指在经济合理的区域范围内，根据用户要求，对物品进行拣选、加工、包装、分割、组配等作业，并按时送达指定地点的物流活动。

配送几乎包括了所有的物流功能要素，是物流的一个缩影或在某个小范围中物流全部活动的体现。一般的配送集装卸、包装、保管、运输于一身，通过这一系列活动将货物送达目的地。特殊的配送则还要以配送加工活动为支撑（如生鲜食品），因此涉及的范围更广。但是，我们并不能将配送等同于物流，因为配送强调的是一种小范围、短距离的物流活动。同时，配送的主体活动也和一般物流不同。一般物流活动的主要工作是运输及存储，而配送的主要工作则是运输及分拣配货。分拣配货是配送的独特要求，也是配送中有特点的活动，以送货为目的的运输则是最后实现配送的主要手段。物流配送的一般流程如图8-9所示。

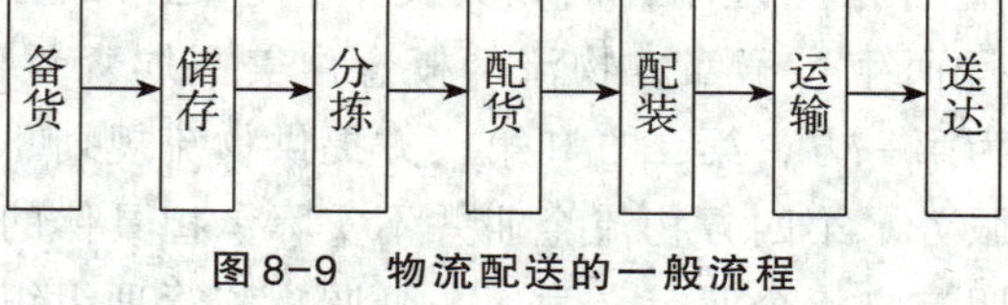

图8-9 物流配送的一般流程

图8-9展示的是物流配送的一般流程。根据产品性质和特点的不同，物流配送的环节又有其独特的特点，需区别对待才能更好地满足消费者的需求，提高物流配送企业的运行效率和效益。

（1）电子商务给传统物流配送观念带来深刻的革命。传统物流配送企业需要置备大面积的仓库，而电子商务环境下网络化的虚拟企业将散置在各地的不同所有者的仓库通过网络系统连接起来，使之成为“虚拟仓库”，进行统一管理和调配使用，使服务半径和货物集散空间增大了。这样企业在组织资源的速度、规模、效率和资源的合理配置方面都是传统的物流配送企业所不可比拟的，相应的物流观念也必须是全新的。

（2）网络对物流配送的实时控制代替了传统的物流配送管理程序。一个先进的系统会给企业带来全新的管理方法。传统的物流配送过程由多个业务流程组成，受人为因素和时间的影响很大。网络的应用可以实现对整个过程的实时监控和实时决策。新型的物流配送业务流程都由网络系统连接。当系统的任何一个神经末端收到一条需求信息时，该系统可以在极短的时间内做出反应，并拟订详细的配送计划，通知各环节开始工作。这一切都由计算机根据人们事先设计好的程序自动完成。

（3）物流配送持续的时间在网络环境下大大缩短。在传统物流配送管理中，由于信息交流的限制，完成一个配送过程的时间较长，但这个时间随着网络系统的介入变得越来越短，任何一个有关配送的信息或资源都可以通过网络系统在几秒钟内传到有关环节。

（4）网络系统的介入简化了物流配送过程。传统物流配送各个环节极为烦琐，而在网络化的新型物流配送中心可大大缩短这一过程。在网络支持下，成组技术可以得到更加充分的使用，物流配送周期会缩短，组织方式也会发生变化；利用计算机管理系统可使整个物流配送管理过程变得简单和高效；网络上的营业推广可使用户购物和交易过程变得更有效率、费用更低。随着物流行业竞争范围和激烈程度的增加，信息的掌握、有效传播和易得性越来越重要，这使得用传统的方法获得超额利润的机会越来越少。

（5）物流配送模式从少品种、大批量向多品种、小批量转变。传统配送主要是为企业间交易服务的，配送的对象主要是生产资料。由于生产资料品种规格单一、需要量大，配送过程基本不需要分拣，配送环节采用少品种、大批量的模式。在电子商务环境下，网络化的商务模式使企业间及企业与消费者之间的交易都更加活跃。一方面，由于越来越多的消费者在网上订购商品，商业企业与生产企业间开展电子商务，生活资料的配送量增多，同时用户和所需商品的品种、规格繁多但需求量小，故要求多品种、小批量、多批次的配送。另一方面，企业间通过电子商务进行交易，订货作业变得简单、快捷，成本降低，因此趋于小批量、多批次订货，以实现自身零库存，增强市场应变能力，相应地，生产资料的配送也向小批量、多批次模式转化。

2.电子商务环境下物流配送的基本特征

根据国内外物流配送业发展情况，在电子商务时代物流配送的特征可归纳为以下几个方面：

(1) 反应速度快。物流配送服务提供者对上下游的物流配送需求的反应速度越来越快，前置时间越来越短，配送时间越来越短，配送速度越来越快，商品周转次数越来越多。

(2) 功能集成化。物流配送着重于将物流与供应链的其他环节进行集成，包括物流渠道与商流渠道的集成、物流渠道之间的集成、物流功能的集成、物流环节与制造环节的集成等。

(3) 服务系列化。物流配送除了强调物流配送服务本身的功能定位、完善化、系列化，以及传统的储存、运输、包装、流通加工等服务外，还在外延上扩展至市场调查与预测、采购及订单处理、物流配送咨询、物流配送方案的选择与规划、库存控制策略建议、货款回收与结算、教育培训等增值服务，在内涵上提高以上服务对决策的支持作用。

(4) 作业规范化。物流配送强调作业流程、作业内容的标准化和程序化，使复杂的作业变得简单、易于推广与考核。

(5) 目标系统化。从系统角度统筹规划企业整体的物流配送活动，处理好物流配送活动与商流活动及企业目标之间、不同的物流配送活动之间的关系，以实现整体活动的最优化。

(6) 手段现代化。物流配送使用先进的技术、设备与管理为生产与销售提供服务，生产、流通、销售规模越大、范围越广，物流配送技术、设备及管理越现代化。

(7) 组织网络化。为了保证对产品销售提供快速、全方位的物流支持，物流配送要有完善、健全的网络体系，使网络上点与点之间的物流配送活动保持系统性、一致性，这样可以保证整个物流配送网络有最优的库存总水平和库存分布，运输与配送快捷、机动，既能铺开又能收拢。分散的物流配送单体只有形成网络才能满足现代生产与流通的需要。

(8) 经营市场化。物流配送采用市场化经营机制，无论是企业自已承担物流配送，还是委托第三方企业承担物流配送，都以“服务-成本”的最佳配合为目标。

(9) 流程自动化。物流配送流程自动化是指运送规格、仓储货品、货箱排列、装卸、搬运等按照自动化标准作业，商品按照最佳路线配送等。

(10) 管理法治化。宏观上，建立健全物流相关法规、制度和规则；微观上，物流配送企业要依法办事，按章行事。

(11) 电子化和数字化。要实现物流配送的电子化、数字化，必须大力加强物流软硬件技术的更新和改造，这是电子商务环境下物流配送发展的物质基础。

8.4 电子商务供应链管理

供应链是供应商、经销商、零售商等之间构成的物流网络。它是指通过对信息流、物流、资金流的管理和控制，在从产品生产所需要的原材料采购开始到把最终产品输送到最终用户这一过程中，把所涉及的原材料供应商、生产商、分销商、零售商以及最终消费者等连接起来构成一个整体的功能网络。

电子商务供应链就是借助互联网这一服务平台，使企业在供应链上的交易全部实现电子化，进而有效改变企业传统的商业协同模式。供应链的协同模式是指两个或两个以上的企业之间为了实现某种战略目的，通过合作协议或联合组织等方式结合而成的一种网络式联合体。

就单个企业而言，随着网络经济的发展，电子商务带来的变化不仅表现为发现更大的商机，还表现为一个基于互联网的商务过程。在这个过程中，传统的数据交换、传递和存储方式被电子方式替代。供应链企业应用电子商务后，其优势表现为利用互联网技术收集并处理大量的供应链信息更加便捷。它能够帮助供应商相对准确地制订供货计划，制造商相对准确地制订生产计划，零售商相对准确地制订需求计划，使整条供应链运转得更加合理。

8.4.1 传统供应链与电子商务供应链的对比

传统供应链在运转过程中主要表现为物理上的物资流动，很少考虑顾客的需求，对于顾客需求的变化缺乏应对措施，对网络经济环境缺乏适应性；电子商务供应链是拉式供应链，即根据顾客需求来配置资源，这种模式能很快适应网络经济环境。在电子商务环境下，供应链管理不仅要考虑企业内部相关工作流程，还要考虑供应链上各企业间的协调过程，使之运转流畅。另外，企业对网络环境的适应速度和程度将决定电子商务供应链能否取得成功。

在管理方式上，电子商务供应链与传统的供应链也存在差别。在新型的供应链上，企业的员工对待工作更加积极主动，这是由复杂多变的经济环境决定的，企业少数高层领导很难决定整个供应链计划。电子商务兴起以后，整条供应链上的企业的沟通和贸易方式均转向一个公共的平台，“虚拟企业”的概念也就应运而生，供应链上的所有企业都被看作虚拟企业。在制订供应链计划时，所有企业一起参加，因为它们利益共享，一荣俱荣，一损俱损。这些虚拟企业需要根据外部环境的变化及时调整自身的策略，互相协调、沟通，力求保持利益共享的状态，否则就需要进行供应链内部的变革和重组。

表8-1详细比较了传统供应链与电子商务供应链的差异，从中可以看出，电子商务供应链是以互联网为基础的，具有很强的快速反应能力和柔性。供应链借助互联网这个全球媒介将会挖掘出巨大的需求，电子商务供应链追求的目标和竞争热点将会转变为为顾客提供一整套完善的服务。

表8-1 传统供应链与电子商务供应链的比较

比较项目	传统供应链	电子商务供应链
供应内容	物料、部件	物料、部件、技术、服务、知识
供应链范围	几个业务流程	多个企业
供应商选择	首先强调价值，其次是质量	并行考虑多个因素
供应批量	小	大
供应链计划	企业高层在执行中明确分工	整条供应链同步规划与执行
信息交流	信息专用	信息共享
谈判频率	高	低
供应链价值体现	设备、资产	无形的业务知识和信息
质量控制	需要质量控制	由买方认证，供应商负全责
供应链关注焦点	成本、物资利用	顾客需求

8.4.2 电子商务供应链的特点

1. 以信息技术为基础

供应链上的企业要建立面向客户的信息系统，就需要使用现代信息技术。企业获得客户订单后，通过信息系统，利用EDI和XML等技术进行数据交换，使整条供应链上的企业能够实现信息共享，从而协调物流、信息流、资金流。因此，可以说，供应链上的信息共享是离不开信息技术的。

2. 生产经营的敏捷化

20世纪末，美国率先提出了敏捷制造模式，其原理是以虚拟企业或动态联盟为基础，这是因为单个企业已经不能获得充足的资源进行自我调整。面对全球化竞争的买方市场，敏捷制造放弃了传统企业的金字塔式的多层管理结构，而采用生产单元构成的反应更为迅速的扁平组织结构，使得员工能充分自治地、分布式地协同工作，充分调动员工的积极性，把供应链上各个企业间的竞争关系转变成“共赢”关系。电子商务的兴起正好为敏捷制造的实现提供了保障：在电子商务中实现了信息的开放和共享以及虚拟企业的集成。

3. 电子商务供应链面向供应链整体

传统的供应链只看到企业自身的状况与企业间的竞争关系，而电子商务供应链则从整体上看问题，力求实现共赢。利用互联网，以制造厂商为核心，上下游的各个企业进行整合，如整合供应商、供应商的供应商、第三方物流企业等，形成基于互联网的电子商务供应链。在新型供应链上，客户的满意度会明显提高，同时在成本与服务上找到均衡点。

4.驱动力在供应链运作中的改变

传统制造企业的驱动力来自生产的“推动”，即先生产产品然后将产品销售到市场。在新型供应链上，驱动力来自客户需求的“拉动”，即先有客户订单，按照订单来安排生产计划。这体现了“顾客就是上帝”的经营理念。图8-10是基于电子商务的拉式供应链和传统推式供应链的运作流程图。

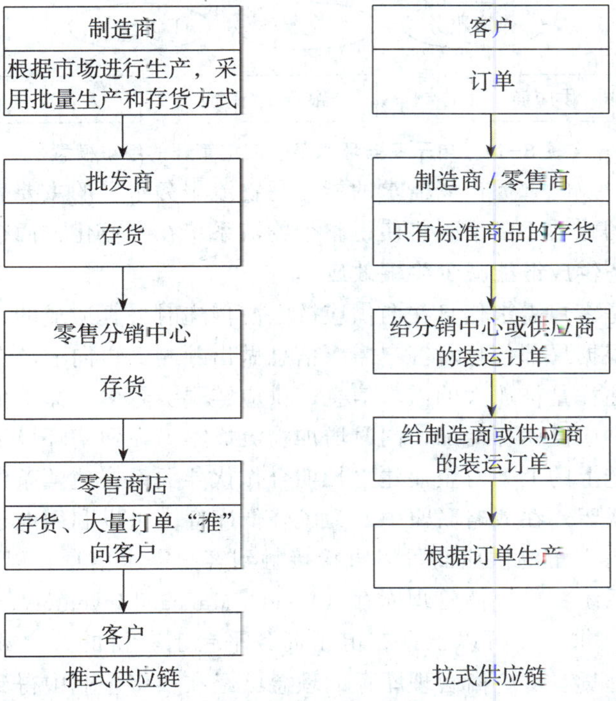

图8-10　拉式供应链和推式供应链运作流程图

8.4.3　电子商务供应链的效果

1.电子商务供应链能实现共赢

电子商务供应链借助互联网建立跨企业的协作，甚至是虚拟企业的协作，将作为独立的信息化孤岛的各个企业连接在一起，全面覆盖从供应商到客户的所有环节。电子商务通过互联网将企业与外部商业伙伴连接起来，延伸和补充企业内部信息系统。另外，电子商务供应链中前台和后台的运作也是依靠互联网来完成的。企业在集成供应链后，会形成一定的优势，包括降低成本、增强柔性、缩短提货发货时间等。图8-11是电子商务环境下供应链管理的组织模型。

2.电子商务供应链促进物流系统化、专业化

过去，物流只是起到一个辅助生产的作用，现代物流系统建立后，物流成为企业经营中的重要一环，也称为第三利润源。因此，在网络经济中，应充分利用科学的思想和方法，建立物流系统（主要包括企业物流系统和社会物流系统），全方位、全过程、纵深化地管理和协调物流活动，使得物流活动更加系

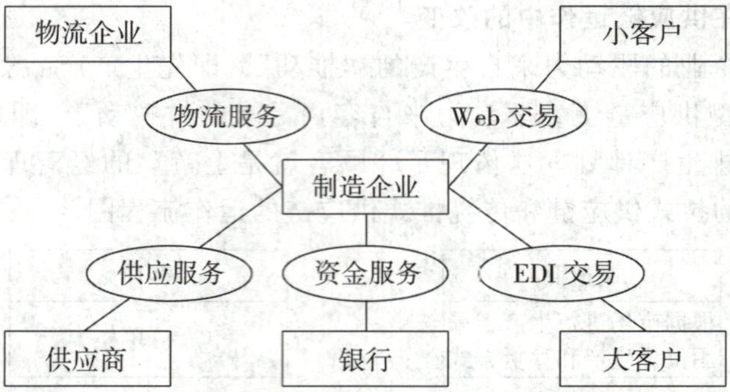

图 8-11 电子商务环境下供应链管理的组织模型

统化、专业化。及时掌握市场需求的能力是物流服务水平的主要表现之一，企业掌握物流信息的能力不断增强将使得整个物流系统在专业化方面得到质的提升。

3. 电子商务供应链能减少牛鞭效应

牛鞭效应是客户需求信息在向供应链上游传递时失真造成的，供应链上的下游企业往往会根据局部信息对客户需求信息做出预测，再向上游企业传递，上游企业接收到的往往是被放大的需求信息，供应链层级越多，需求信息将被放得越大，最终使得供应链库存增加，同时增加物流成本。在网络环境下，利用电子商务平台，供应链上的上下游企业建立长期合作伙伴关系，使整条供应链上的成员成为一个战略联盟。在战略联盟中，为了降低库存，可以利用电子商务平台实现信息共享，使得上游的供应商可以直接接触到客户需求信息，以减少牛鞭效应。例如连续补货系统、供应商管理库存（Vendor Managed Inventory，VMI）系统等。在VMI系统中，供应商可以根据在电子商务平台上获得的共享数据和信息为其下游企业及时补货。供应商管理库存的理念已经在很多企业中得到应用，其成效也非常明显。例如，美的集团实施VMI后，成效显著，库存周转率提高、库存成本下降、资金利用效率提高。

4. 新型供应链弥补了传统供应链的缺陷

在传统供应链上，企业间的竞争关系非常明显，而在电子商务供应链中，同一条供应链上的企业结成了战略联盟，它们之间是共赢关系，而不是传统的竞争关系。随着信息技术的使用范围不断扩大，为了实现信息共享，信息技术不再局限于企业内部，其必须向两端延伸，直至整条供应链。电子商务供应链旨在打造跨企业的战略联盟关系，它覆盖了从产品设计到客户服务的全过程。

小案例8-2　1号会员店高效发挥供应链优势为用户提供0添加好物

随着消费不断升级，品质和健康成为新的消费趋势。购买食品时，食材是否新鲜，配料表是否干净，是否含有化学添加剂成为消费者越来越关心的问题。面对消费者对健康与安全的追求和更加多元化的需求，1号会员店依托京东的自营供应链优势和国内最大的采购规模，采取严格品控、特别供应模式、完善监督等全链路管理措施，确保用户买得放心，吃得安心，用得舒心。

0添加产品覆盖18个品类　满足用户多元需求

保水剂是一种化学合成的食品添加剂，滥用保水剂会引起人体内钙磷比失调，影响健康。市面上的一些商家为了让虾仁卖相更好看以及增重，会过量添加保水剂，这样的虾仁看起来透如水晶，但风味和营养大打折扣。

依托京东大数据和消费洞察，秉持为顾客提供高品质、高性价比商品的初衷，1号会员店推出0添加白虾仁，做到无抗生素、无保水剂，活虾急冻，全程冷链锁住新鲜，颗粒大且不会回缩。同时，0添加白虾仁去壳剔除虾线，既能满足顾客对于营养、新鲜美味的追求，又便于烹饪，让生活更加便捷。1号会员店0添加白虾仁自上线以来，好评率一直保持在99%以上。

此外，蛋挞皮的新吃法也十分受消费者欢迎，“空气炸锅蛋挞”“蛋挞皮小披萨”在小红书等社交平台爆火。尽管蛋挞皮种草和DIY潮流热度极高，但市场优质品较少，1号会员店推出0添加蛋挞皮，生产过程中未添加蔗糖及香精配料，少负担，更健康。同时，相较于市面上蛋挞皮27层的常规水平，1号会员店的0添加蛋挞皮达到54层，口感更加酥脆。

除了0添加鲜虾仁和0添加蛋挞皮，目前京东1号会员店的0添加商品已经覆盖了调味品、坚果炒货、猫零食、面点、肉干肉脯等18个品类。其中，0添加白虾仁、澳大利亚M3牛腱肉（不含腱子芯）、0添加金钱猪肉脯等都非常受消费者欢迎。

高效发挥人货场优势　为用户提供独特品质好物

京东1号会员店以独立App为核心的线上会员店和京东1号会员店自营店铺协同，能够高效发挥自身“人货场”优势，通过为目标人群提供简单省心的线上购物体验创造价值，既能帮助用户精选高品质、高性价比产品，也能提供其他会员专属的个性化尊享服务等，让会员选择简单、决策简单、保障简单。

在产品品质方面，1号会员店基于京东大数据，为中高收入用户精准定制适合的商品。依托京东供应链采购能力，在做到严选产地原料、严控生产环节、严苛质量检测的同时，能够直接共享京东规模化采购的成本优势，为会员提供超高性价比的品质好物。

此外，1号会员店打造了“特别供应”模式，即通过专业“买手团队”严苛选品，为会员提供市面上不易买到的高品质新奇好货。在这一模式下，依托1号会员店买手的专业能力，每款商品均经过层层把关，买手精选仅1万+商品。同时，1号会员店去除了一些电商平台的复杂促销玩法，价格合理且稳定，并提供7天无理由退货服务。

未来，1号会员店将会继续发挥自身服务和供应链优势，通过更多有效举措，为消费者提供健康、安全、多元化的优质产品。

资料来源　佚名．1号会员店高效发挥自营供应链优势 为用户提供高品质、差异化0添加好物［EB/OL］．［2022-11-07］．http：//news. cnfol. com/shangyeyaowen/20221107/29925414. shtml.

8.4.4 电子商务供应链管理的发展趋势

电子商务供应链管理的发展趋势是供应链集成。网络经济中的供应链集成是指利用信息技术，把供应链上所有企业的采购、生产、销售、财务等业务在电子商务平台上进行整合，开发出供应链管理功能，使之形成一个整体的过程。实现供应链集成的关键是增强整条供应链上每个节点在各个层次上（包括战略层、战术层、操作层）的协调性、敏捷性和灵活性。其目标是保证供应链整体效益的最大化，并使得供应链的各节点、各功能实现最佳组合与协调。电子商务可以改善企业供应链运行效率，重新制定企业在网络经济中的策略和运作模式。企业要改善内部作业，可以通过供应链管理与电子商务两种手段相结合的方式，提升供应链反应及信息流通的速度、效率，建立战略合作伙伴关系，从而促进供应链的有效管理。企业的管理模式和业务流程会因供应链管理和电子商务的结合而发生变化，而两种手段结合的方式就是供应链集成。企业成功实现集成化的供应链管理，网络协作将会进一步加强，从而获得更大的利益和利润。

8.5 电子商务物流基础技术

电子商务物流的发展是以电子商务技术和物流技术作为支撑的，技术的创新和发展是推动物流业发展的重要动力。现代物流技术内容丰富，覆盖面广泛。除了高速公路、民航机场、托盘、集装箱、自动化立体仓库等基础设施外，现代通信技术尤其是网络技术的发展，以及物流信息系统软件的开发应用，是推动电子商务物流发展的技术基础。本节我们将介绍目前在电子商务物流中最常用的技术。

8.5.1 条码技术

1.条码技术概述

条码技术是在计算机的应用实践中产生和发展起来的一种自动识别技术。它是为实现对信息的自动扫描而设计的，是实现快速、准确和可靠地采集数据的有效手段。条码技术解决了数据录入和数据采集的“瓶颈”问题，为供应链管理提供了有力的技术支持。条码及条码激光扫描器如图8-12所示。

条码技术为我们提供了一种对物流中的物品进行标识和描述的方法，借助自动识别技术、POS系统、EDI等现代技术手段，企业可以随时了解有关产品在供应链上的位置，并即时做出反应。当今在欧美发达国家兴起的ECR、QR、自动连续补货（ACEP）等供应链管理策略，都离不开条码技术的应用。条码是实现POS系统、EDI、电子商务、供应链管理的技术基础，是实现物流管理现代化、提高企业管理水平和竞争能力的重要技术手段。

（a）条码

（b）条码激光扫描器

图8-12　条码及条码激光扫描器

2.条码

条码可分为一维条码和二维条码，两者的区别如图8-13所示。

（a）一维条码

（b）二维条码

图8-13　一维条码与二维条码

一维条码是我们通常所说的传统条码。一维条码按照应用领域可分为商品条码和物流条码。商品条码包括EAN（European Article Number）码和UPC (Universal Product Code)码，物流条码包括128码、ITF（Interleaved Two and Five，交叉二五）码、39码、库德巴（Coda Bar）码等。一维条码可直接显示的内容为英文、数字、简单符号；自身储存数据不多，主要依靠计算机中的关联数据库；保密性能不高；损污后可读性差。

二维条码是用某种特定的几何图形按一定规律在平面（二维方向）上分布的黑白相间的图形记录数据和符号信息的。在代码编制上，它巧妙地利用构成计算机内部逻辑基础的“0”“1”比特流的概念，使用若干个与二进制相对应的几何形体来表示文字数值信息，通过图像输入设备或光电扫描设备自动识读以实现信息自动处理。二维条码能够在横向和纵向两个方位同时表达信息，因此能在很小的面积内表达大量的信息。根据构成原理、结构形状的差异，二维条码可分为两大类型：一类是行排式二维条码（2D Stacked Bar Code）；另一类是矩阵式二维条码（2D Matrix Bar Code）。

二维条码主要应用在以下方面：

（1）表单应用：公文表单、商业表单、进出口报单、舱单等资料的传送和交换，减少人工重复输入表单资料，避免人为错误，降低人力成本。

（2）保密应用：商业情报、经济情报、政治情报、军事情报、私人情报等机密资料的加密及传递。

（3）追踪应用：公文自动追踪、生产线零件自动追踪、客户服务自动追踪、邮购运送自动追踪、维修记录自动追踪、危险物品自动追踪、后勤补给自动追踪、医疗体检自动追踪、生态研究自动追踪等。

（4）证照应用：护照、身份证、挂号证、驾照、会员证、识别证、连锁店会员证等证照资料的登记及自动输入，达到随到随读、立即取用的资讯管理效果。

（5）盘点应用：物流中心、仓储中心、联勤中心的货品及固定资产的自动盘点，达到立即盘点、立即决策的效果。

（6）备份应用：文件表单的资料若不愿或不能以硬盘、光盘等电子媒体储存备份，可利用二维条码来储存备份，既携带方便，不怕折叠，保存时间长，又可影印、传真，做更多备份。

（7）网络资源下载：如电子书、游戏、应用软件等。

3.物流条码标准

物流条码是条码中的一个重要组成部分，它不仅在国际范围内提供了一套可靠的代码标识体系，而且为贸易环节提供了通用语言，为EDI和电子商务奠定了基础。因此，物流条码标准化在推动各行业信息化、现代化建设进程和供应链管理的过程中起到了不可估量的作用。

物流条码的标准体系包括码制标准和应用标准。

（1）码制标准。

物流条码中常用的码制包括通用商品条码、交插二五条码和贸易单元128条码，它们的具体应用又有所不同。一般说来，通用商品条码用在单个大件商品的包装箱上；交插二五条码可用于定量储运单元的包装箱，与ITF14和ITF6附加代码共同使用也可以用于变量储运单元；贸易单元128条码的使用是物流条码实施的关键，它能够标识贸易单元的信息，如产品批号、数量、规格、生产日期、有效期、交货地等。

（2）应用标准。

应用标准包括《EAN位置码》《商品条码　储运包装商品编码与条码表示》《商品条码　应用标识符》。其中，《EAN位置码》提供了国际共同认可的标识团体和位置的标准，并逐渐用于标识交货地点和起运地点，成为EDI实施的关键。《商品条码　储运包装商品编码与条码表示》（GB/T 16830-2008）对货物储运过程中的物流条码起到规范作用并在实际应用中具有标识货运单元的功能，是物流条码标准体系中一个重要的应用标准。《商品条码　应用标识符》（GB/T 16986-2018）是商品统一条码有益和必要的补充，填补了其他EAN/UCC标准遗留的空白，它将物流和信息流有机地结合起来，成为连接条码与EDI的纽带。

在国内，条码在加工制造和仓储配送业中的应用已经普及。例如，成箱的产品从生产线下来，汇总到一条运输线。在送往仓库之前，先要用扫描器识别其条码，登记完成生产的情况，纸箱随即进入仓库，运到自动分拣机。另一台扫描器识读纸箱上的条码。如果这些产品要发运，则该纸箱被拨入相应的装车线；如果需要入库，则由第三台扫描器识别其品牌，然后拨入相应的自动码托盘机，码成整托盘后送达运输机系统入库储存。条码的功能在于极大地提高了成品流通的效率，而且提高了库存管理的及时性和准确性。

8.5.2 射频识别技术

射频识别（Radio Frequency Identify，RFID）技术是利用无线电波或微波对记录媒体进行读写，为非接触式自动识别技术的一种。射频识别系统至少应包括以下两个部分：一是读写器；二是电子标签（或称射频卡、应答器等）。另外，它还应包括天线、主机等。在具体的应用过程中，根据不同的应用目的和应用环境，射频识别系统的组成会有所不同，但从射频识别系统的工作原理来看，它一般都由信号发射机、信号接收机、发射接收天线几部分组成。

RFID的工作原理是：标签进入磁场后，如果接收到阅读器发出的特殊射频信号，就能凭借感应电流所获得的能量发送出存储在芯片中的产品信息（即Passive Tag，无源标签或被动标签），或者主动发送某一频率的信号（即Active Tag，有源标签或主动标签），阅读器读取信息并解码后，送至中央信息系统进行有关数据处理。RFID识别原理如图8-14所示。

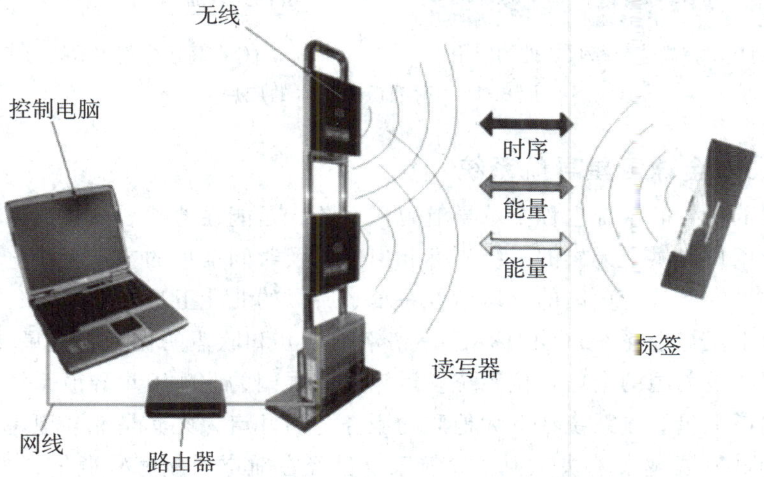

图8-14　RFID识别原理

RFID的优点主要体现在以下几个方面：

（1）RFID可以识别单个的非常具体的物体，而不是像条码那样只能识别一类物体。

（2）RFID采取无线电射频，可以透过外部材料读取数据，而条码必须靠激光来读取信息。

（3）RFID可以同时对多个物体进行识读，而条码只能一个一个地读。

（4）RFID储存的信息量非常大，并且可以反复读写，进行资料更新。

（5）在高速移动的情况下，条码的读取受到限制，但是RFID可以进行高速移动读取等。

射频识别技术可应用的领域十分广泛，主要决定因素是该项技术在相应领域中的经济效益。经常提到的具体应用包括：货物的跟踪、管理及监控；车辆自动识别管理；钞票及产品防伪技术；身份证、通行证（包括门票）；电子收费系统；家畜或野生动物识别；病人识别及电子病历；行李分拣等。在物流管理方面，RFID技术可以实现从商品设计、原材料采购、半成品与制成品生产、运输、仓储、配送、销售，直至退货处理与售后服务等所有供应链环节的即时监控，准确掌握产品相关资讯，如生产商、生产时间、地点、颜色、尺寸、数量、到达地、接收者等。在高速公路的收费站口使用射频技术可以实现不停车收费（ETC），如图8-15所示。

射频识别技术在高速公路收费处的应用

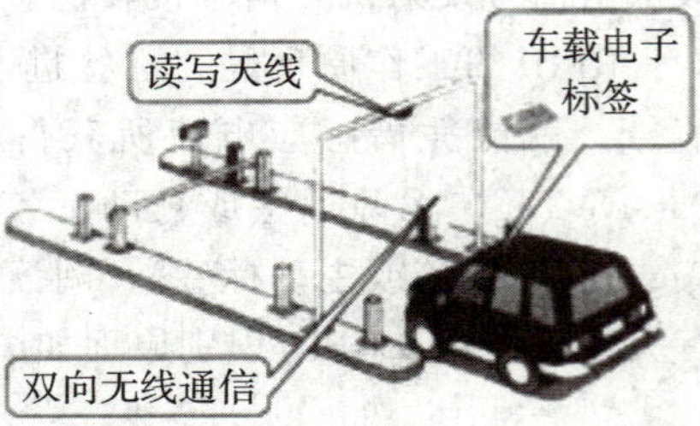

ETC在高速公路收费处的应用原理

图8-15　射频识别技术的应用

8.5.3　全球卫星导航系统

全球卫星导航系统也称全球导航卫星系统，是能在地球表面或近地空间的任何地点为用户提供全天候的三维坐标和速度以及时间信息的空基无线电导航定位系统。常见的系统有美国的全球定位系统、中国的北斗卫星导航系统、俄罗斯的全球轨道卫星导航系统（GLONASS，格洛纳斯）和欧盟的伽利略卫星导航系统。最早出现的是美国的全球定位系统。近年来，中国的北斗卫星导航系统、俄罗斯的格洛纳斯卫星导航系统在亚太地区的服务全面开启，尤其是北斗卫星导航系统在民用领域发展越来越快。卫星导航系统已经在航空、航海、通信、人员跟踪、消费娱乐、测绘、授时、车辆监控管理和汽车导航与信息服务等方面广泛使用，而且总的发展趋势是为实时应用提供高精度服务。

1.全球定位系统

全球定位系统（Global Positioning System，GPS）是结合了卫星及无线技术的导航系统，具备全天候、全球覆盖、高精度的特征，能够实时、全天候为全球范围内的陆地、海上、空中的各类目标提供持续的三维定位、三维速度及精确的时间信息。

（1）GPS概述

GPS是美国从20世纪70年代开始研制，历时20年，耗资200亿美元，于

1994年全面建成，具有在海、陆、空进行全方位实时三维导航与定位能力的卫星导航与定位系统。GPS具有全天候、高精度、自动化、高效益等显著特点，赢得了广大测绘工作者的信赖，并被成功地应用于大地测量、工程测量、航空摄影测量、运载工具导航和管制、地壳运动监测、工程变形监测、资源勘察、地球动力学等多个领域，从而给测绘领域带来了一场深刻的技术革命。

随着GPS的不断改进，硬件、软件的不断完善，GPS的应用领域不断拓展，逐步深入人们的日常生活。

（2）GPS的物流功能

以GPS车辆监控调度系统为例（如图8-16所示），GPS具有如下物流功能：

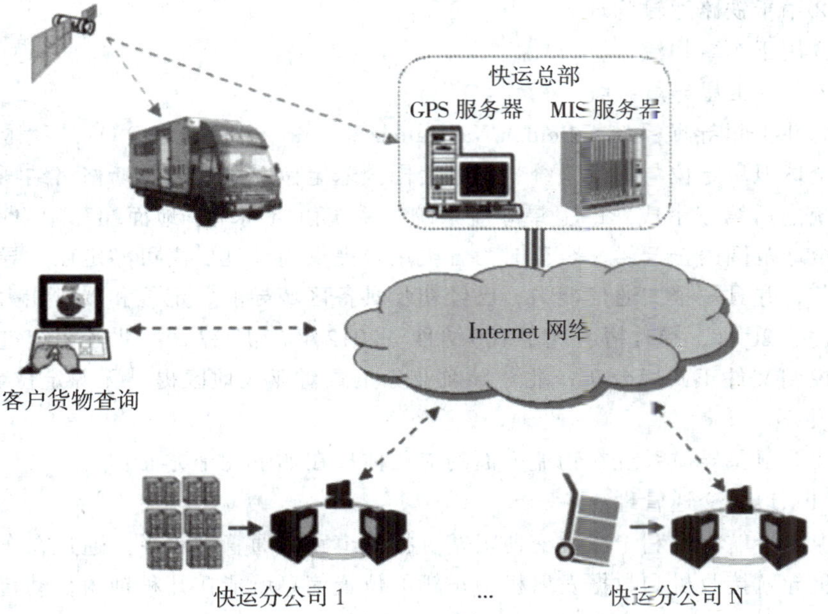

图8-16 GPS车辆监控调度系统

①实时监控功能。在任意时刻通过发出指令查询运输工具所在的地理位置（经度、纬度、速度等信息）并在电子地图上直观地显示出来。

②双向通信功能。GPS的用户可使用全球移动通信系统（GSM）的话音功能，与司机进行通话或使用该系统安装在运输工具上的移动设备的汉字液晶显示终端进行汉字消息收发对话。

驾驶员通过按下相应的服务、动作键，将该信息反馈到网络GPS，质量监督员可在网络GPS工作站的显示屏上确认其工作的正确性，了解并控制整个运输作业的准确性（发车时间、到货时间、卸货时间、返回时间等）。

③动态调度功能。调度人员能在任意时刻通过调度中心发出文字调度指令，并得到确认信息。

第一，可进行运输工具待命计划管理。操作人员根据在途信息的反馈，在运输工具未返回车队前即做好待命计划，可提前下达运输任务，减少等待时间，加快运输工具周转速度。

第二，可进行运能管理。操作人员将运输工具的运能信息、维修记录信息、运行状况信息、驾驶人员信息、在途信息等多种信息提供给调度部门决策，以提高重车率，尽量减少空车时间和空车距离，充分利用运输工具的运能。

④数据存储、分析功能。实现路线规划及路线优化，事先规划车辆的运行路线、运行区域、何时应该到达什么地方等，并将这些信息记录在数据库，以备以后查询、分析使用。

（3）GPS在物流领域的应用

①用于汽车自定位、跟踪调度。

②用于铁路运输管理。

③用于军事物流。

2.北斗卫星导航系统

北斗卫星导航系统（Beidou Navigation Satellite System，BDS）是我国自行研制的全球卫星定位与通信系统，是继美国全球定位系统和俄罗斯格洛纳斯卫星导航系统之后第三个成熟的卫星导航系统。系统由空间端、地面端和用户端组成，可在全球范围内全天候、全天时为各类用户提供高精度、高可靠定位、导航、授时服务，并具短报文通信能力，已经初步具备区域导航、定位和授时能力，定位精度优于20米，授时精度优于100纳秒。2012年12月27日，北斗系统空间信号接口控制文件正式版公布，北斗导航业务正式对亚太地区提供无源定位、导航、授时服务。

北斗卫星导航系统在物流方面的应用体现在如下几个方面：

（1）道路交通管理

卫星导航将有利于减缓交通阻塞，提升道路交通管理水平。通过在车辆上安装卫星导航接收机和数据发射机，车辆的位置信息就能在几秒钟内自动转发到中心站。

（2）铁路智能交通

卫星导航将促进传统运输方式实现升级与转型。例如，在铁路运输领域，通过安装卫星导航终端设备，可极大缩短列车行驶间隔时间，降低运输成本，有效提高运输效率。未来，北斗卫星导航系统还将提供高可靠、高精度的定位、测速、授时服务，促进铁路交通的现代化，实现传统调度向智能交通管理的转型。

（3）海运和水运

海运和水运是全世界最广泛的运输方式之一，也是卫星导航最早应用的领域之一。目前在世界各大洋和江河湖泊行驶的各类船舶大多安装了卫星导航终端设备，使海上和水路运输更为高效和安全。北斗卫星导航系统将在任何天气条件下，为水上航行船舶提供导航定位和安全保障。同时，北斗卫星导航系统特有的短报文通信功能将支持各种新型服务的开发。

（4）航空运输

当飞机在机场跑道着陆时，最基本的要求是确保飞机相互间的安全距离。利用卫星导航精确定位与测速的优势，可实时确定飞机的瞬时位置，有效减小飞机之间的安全距离，甚至在大雾天气情况下，可以实现自动盲降，极大提高飞行安全和机场运营效率。将北斗卫星导航系统与其他系统有效结合，可为航空运输提供更多的安全保障。

8.5.4 地理信息系统

1.地理信息系统的概念

地理信息系统（Geography Information System，GIS）是多学科交叉的产物，它以地理空间数据为基础，采用地理模型分析方法，适时地提供多种空间的和动态的地理信息，是一种为地理研究和地理决策服务的计算机技术系统。其基本功能是将表格型数据（无论它来自数据库、电子表格文件还是直接在程序中输入）转换为地理图形显示，然后对显示结果浏览、操作和分析。其显示范围可以从洲际地图到非常详细的街区地图，显示对象包括人口、销售情况、运输线路以及其他内容。GIS示例如图8-17所示。

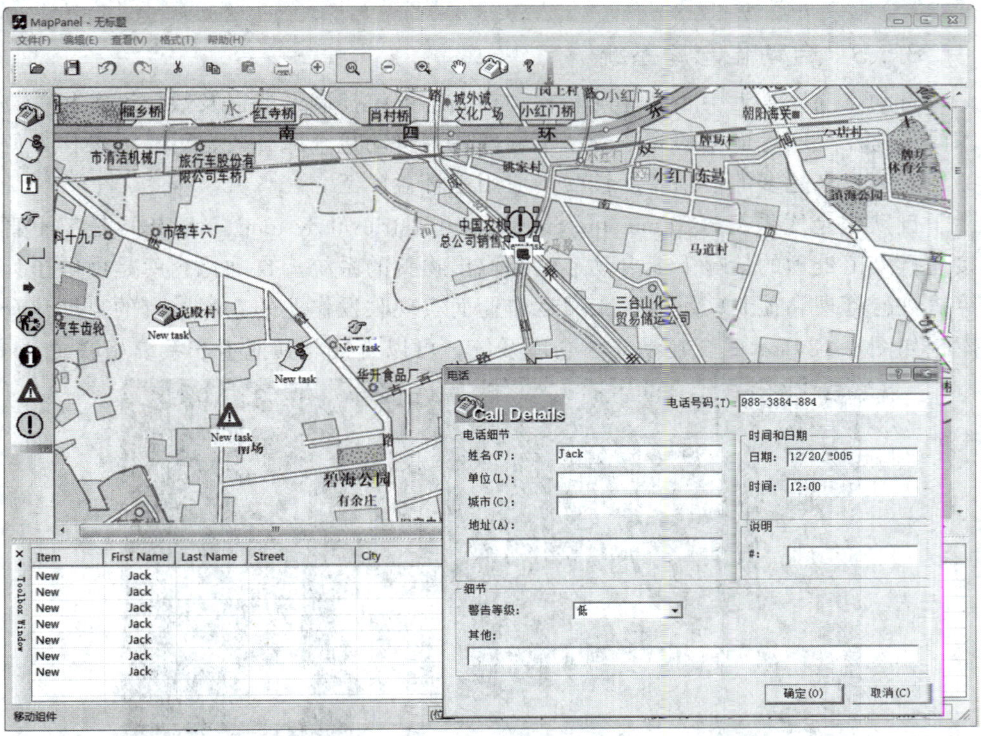

图8-17 GIS示例

2.GIS技术的应用

GIS应用于物流分析，主要是指利用GIS强大的地理数据功能来完善物流分析技术。完整的GIS物流分析软件集成了车辆路线模型、网络物流模型、分配集合模型和设施定位模型等。

（1）车辆路线模型。用于解决在一个起始点、多个终点的货物运输中如何降低物流作业费用，并保证服务质量的问题，包括决定使用多少辆车、每辆车的路线等。

（2）网络物流模型。用于解决如何最有效地分配货物路径的问题，也就是物流网点布局问题，如将货物从N个仓库运到M个商店，每个商店都有固定的需求量，因此需要确定由哪个仓库提货送给哪个商店付出的运输代价最小。

（3）分配集合模型。运用此模型，可以根据各个要素的相似点把同一层的所有或部分要素分为几个组，解决如何确定服务范围和销售市场范围等问题，如某一公司要设立多个分销点，使这些分销点覆盖某一地区，而且每个分销点的顾客数目大致相等。

（4）设施定位模型。用于确定一个或多个设施的位置。在物流系统中，仓库和运输线路共同组成了物流网络，仓库处于网络的节点上，节点决定着线路。运用此模型，可以根据供求的实际需要并结合经济效益等原则，解决在既定区域内设立多少个仓库，如何确定每个仓库的位置和规模以及仓库之间的物流关系等问题。

8.5.5 自动化仓库系统

微视频8-1

菜鸟网络全自动化仓储物流运营中心

自动化仓库是近十年来伴随着自动控制、系统控制设备以及数据库等相关技术的飞速发展应运而生的。随着技术的发展，自动化仓库高效、可靠、操作方便的优点为越来越多的使用者所接受，应用也日益广泛。

自动化仓库系统（Automated Storage and Retrieval System，AS/RS）是在不直接进行人工处理的情况下能自动存储和取出物料的系统。自动化仓库是由电子计算机进行管理和控制，不需人工搬运作业而实现收发作业的仓库。有的自动化仓库，如图8-18所示的全自动立体仓库系统，可以直接与其他生产系统相联。

图8-18　全自动立体仓库系统

自动化仓库系统由高层立体货架、堆垛机、输送系统、信息识别系统、计算机控制系统、通信系统、监控系统、管理系统等组成。其中，信息识别系统能完成对货物品名、类别、货号、数量、等级、生产厂家甚至货位地址的识别。在自动化仓库中，为了完成物流信息的采集，通常采用条码、磁条、光学字符和射频等识别技术。货位的虚实识别（即自动判断某货位上货物的有无）是信息识别系统的重要部分，是实现货位自动管理的基础，对于保证堆垛机和货物的安全尤为重要。

自动化仓库系统集成了机械、计算机、土建和管理等多方面的技术，是现代物流技术的集中体现。近年来，自动化仓库在我国得到快速发展，立体仓库的需求也越来越大。

自动化仓库应用的关键技术有：

1. 自动寻址

自动寻址就是自动寻找存放/提取货物的位置。由计算机控制的自动化仓库都具有自动寻址的功能。在同一巷道内的货位地址由三个参数组成：第几排货架、第几层货格、左侧或右侧。当自动化仓库接收到上级管理机发出的存取指令和存取地址后，即向指定货位的方向运行。运行中，安装在堆垛机上的传感器不断检测位置信息，计算判断是否到位。

自动化仓库的认址装置由认址片和认址器组成。认址器就是某种传感器，目前常用的是红外线传感器。发射与接收红外光在同侧时，用反射式的认址片，否则用投射式的认址片。

认址检测方式通常分为绝对认址和相对认址两种。绝对认址是为每个货位制定一个绝对代码，为此需要为每个货位制作一个专门的认址片。显然，绝对认址方法可靠性高，但认址片制作复杂，控制程序的设计也十分复杂。相对认址时，货位的认址片结构相同，每经过一个货位，只要进行累加就可以得到货位的相对地址。与绝对认址相比，相对认址可靠性较低，但认址片制作简单，编程也较简单。为了提高相对认址的可靠性，可以增加奇偶校验。

2. 自动识别系统

自动化仓库系统货物管理的基本技术是对货物进行自动识别和跟踪。自动识别是指在没有人工干预的情况下对物料流动过程中某一活动关键特性的确定。每一关键特性都与生产活动有关。这些关键特性包括产品的名称、数量、设计、质量、物料来源、目的地、体积、重量和运输路线等。这些数据被采集处理后，能用来确定产品的生产计划、运输路线和路程、存储地址、库存控制，制作运输文件、单据，以及记账等。货物信息可以通过声、光、磁、电子等多种介质获取。具体实现时，是在生产的关键部位配备自动识别装置，将每一处所获取的信息经过计算机网络系统进行传输，并进行统一处理，从而实现在整个生产过程中对物料信息的跟踪。

3. 堆垛机自动控制系统

控制系统是自动化仓库运行成功的关键。没有好的控制，系统运行的成本就会很高，而效率却很低。为了实现自动运转，自动化仓库内所用的各种存取设备和输送设备本身必须配备各种控制装置，如巷道式堆垛机的控制要求就包括位置控制、速度控制、货叉控制以及方向控制等。所有这些控制都必须通过各种控制装置实现，根据各自的设定功能完成一定的控制任务。

控制系统能对搬运设备（堆垛机等）、运输设备（输送机、小车、转轨车等）进行自动控制，它是自动化仓库的核心部分之一，直接关系到仓库作业能否顺利进行。因此，控制系统中所采用的材料、设备、传感器和元件都应该是可靠性强、寿命长、易于维护和更换的产品，否则将存在安全隐患。在控制系统中，还应采取一系列自检和连锁保护措施，确保在工作人员操作错误时不发生事故，同时对机械及电气故障进行判断、报警并向主机系统传递故障信息。总之，控制系统应能适应多种操作方式的需要。

4.监控调度系统

监控调度系统是自动化仓库的枢纽，是自动化仓库系统的重要组成部分。它在整个系统中起着举足轻重的作用，负责协调系统中各个部分的运行。自动化仓库系统使用了很多运行设备，各设备的运行任务、运行路径、运行方向等都需要由监控调度系统来统一调度，按照指挥中心的命令进行货物搬运活动。通过监控调度系统的监视画面可以直观地看到各设备的运行情况。

在自动化仓库的实际作业过程中，监控调度系统根据主机系统的作业命令，按运行时间最短、作业间的配合合理等原则对作业的先后顺序进行优化组合，并将优化后的作业命令发送给各控制系统，对作业进程、作业信息及运行设备（如堆垛机、输送机等）进行实时监控。

监控操作台可以显示机械设备的位置、动作、状态、货物承载及运行故障等信息，以便操作人员对现场情况进行监视和控制，并可通过操作台上的控制开关或键盘对设备进行紧急操作。

5.计算机管理系统

计算机管理系统是自动化仓库的指挥中心，相当于人的大脑，它指挥着仓库中各设备的运行。它主要完成整个仓库的作业管理和账目管理工作，并负责与上级系统通信以及处理企业管理信息系统的部分任务。

自动化仓库的计算机管理系统是基于现代信息理论、管理理论和控制理论而创立的。对于一个自动化仓库来说，它可以是独立的，但对于一个企业来说，它又是其管理信息系统的一个子系统。它不仅对信息进行管理，也对物流进行管理与控制，集信息流和物流于一体，是现代化企业物流和信息流管理的重要组成部分。自动化仓库计算机管理系统的主要功能是对仓库所有入、出库活动进行最佳分配和控制，并对数据进行统计分析，以便决策者及早发现问题，采取相应的措施，最大限度地降低库存量，加快货物流通，创造经济和社会效益。

本章小结

本章详细介绍了物流的定义、功能和分类，从分析电子商务与物流的关系入手，引入了电子商务物流管理的主要内容，并重点阐述了物流系统的组成和电子商务物流模式的分类，分析了电子商务对传统物流配送的冲击和影响，接着阐述了电子商务供应链的定义、特点及电子商务供应链管理要达到的效果，最后详细介绍了目前常用的几种电子商务物流技术。

第8章
即测即评

复习思考题

1.什么是物流？它包括哪些内容？物流是怎样分类的？

2.电子商务与物流有什么关系？

3.电子商务环境下有哪些物流模式？

4.电子商务对物流配送的影响有哪些？

5.电子商务物流有哪些基础技术？

拓展阅读9-1

现代物流
高质量发展
的“新蓝图”

第9章
电子商务典型应用

实施“数商兴农”工程，推进电子商务进乡村。

——2022年中央一号文件

本章要点

◇ 直播电子商务
◇ 旅游电子商务
◇ 跨境电子商务
◇ 农村电子商务
◇ 工业电子商务

引例　天猫国际发布“五新”策略

2021年3月25日，天猫国际将进口“三新”策略升级到“五新”策略，在持续孵化新品类、引入新品牌、首发新商品的基础上，创新性地推出进口“新小店”和“新产业带”模式。

天猫国际总经理刘一曼在2021年商家大会上表示，天猫国际将“半年内为海外中小品牌开出1 000家进口新小店，一年内在全国6大综保区打造进口新产业带”。

据刘一曼介绍，进口“新小店”是搭建在天猫国际进口超市、妙颜社、小酒馆等频道内的“独立品牌站”，商家只需直接供货，就能在“托管式服务”下低成本经营。

同时，天猫国际将在全国推行“保税进口+零售加工”的大进口新模式，在杭州、海口等全国六大综保区打造“新产业带”项目，进一步为海外品牌降本提效。

2022年1月，天猫国际推出海外品牌托管式开店服务，商家入驻可自助式在线申请、一对一辅导开店、官方代运营、商品一键全球调拨等。而海外卖场的入驻门槛，从20家以上线下店的要求降低到5家，降低了海外品牌入华成本。

数据显示，过去一年，00后海淘消费人数同比增长近70%，增速最快，90后和95后海淘消费人数占比近50%。2020年天猫国际进口新品首发数量同比增长130%，海外新品牌入驻同比增速达125%。海外品牌入驻天猫国际的增速接近

200%，新增了40个销售额破亿元的品牌，新商品数同比增速超过100%，一年有超过10 000款新品首发。

资料来源　亿邦动力．天猫国际“五新”策略：半年为中小品牌开1 000家进口小店[EB/OL]．[2023-01-02]．https：//www.ebrun.com/20210325/426925.shtml.

案例思考：

天猫国际进口零售平台的“五新”策略是什么样的？

9.1 直播电子商务

9.1.1 直播电子商务的定义与发展特点

1.直播电子商务的定义

直播电子商务是通过短视频和网络直播开展的在线销售商品或者提供服务的经营活动。

网络直播基于网络流媒体技术，在计算机、手机等终端设备上使用有线或无线联网进行信息传递，通过网页和客户端等，将现场信息以文字、语音、图像、视频、弹幕等多媒体形式进行展现。它突破了电视直播由专业机构制作、向用户单向传递信息的模式，赋予大众开展实时直播和在直播中互动的能力，使用户从内容接受者转变为内容生产者。网络直播不同于网络访谈的图文直播及“图文+视频”直播，而是网络视频直播，是“即时频流”，非录播、剪辑播，是现场的、实况的、视频信息连续不间断的播送。

从本质上讲，直播电子商务中的直播属于网络直播的一个分支，它是利用网络渠道，以文字视频可见的方式进行的买卖双方的线上互动。它不仅是一种商家互动方式、一种新型娱乐体验方式，更是一种新的内容生产方式，这种内容生产聚合的平台理念被称为“用户原创内容”(User Generated Content，UGC)。

直播电子商务的主播即通过借助计算机、手机或其他智能终端的电子商务直播平台，采用话筒、摄像机以及耳机等设备，以网络主持人的身份向广大用户直播自己或所在团队精心打造的商品信息，实时与用户进行互动交流，时刻把握直播现场节奏和氛围的人。在淘宝直播平台上，根据主播直播的内容可将主播划分为4个等级：第一个等级为具备较高的人气且拥有一定的主持素养的明星主持人；第二个等级为具备丰富的直播经验但尚未获得较高知名度的专业主持人；第三个等级为淘宝中活跃度较高、拥有较多粉丝群的网红达人或拥有较强带货能力的买手达人；第四个等级为仅有商品而没有知名度的淘宝店铺的店主，或者是对一些商品信息有所掌握但并不专业的草根主播。

2.直播电子商务的发展特点

我国直播电子商务自2016年起逐步兴起。由于线上流量瓶颈，淘宝、蘑菇街等传统电子商务平台开始探索“电子商务+直播”的模式。2017—2018年，淘宝直播、蘑菇街等平台着手加强直播红人孵化体系建设、供应链整合以及相关配套保障，同时服务于电子商务直播的MCN（Multi-channel Network，多频道网络）公司也快速成长，共同促使电子商务直播于2018年获得巨大关注，并于2019年全面爆发。2019年下半年，尤其以“双11”为契机，直播电子商务迎来全面繁荣时期。这一年，直播电子商务成为淘宝、京东、拼多多、微信、微博、快手、抖音、好看、西瓜、知乎、火山、飞猪、小红书、蘑菇街等各大平台的标准配置。直播电子商务的发展表现出以下特点：

（1）直播电商“无边界化”加速。直播逛进博、直播自驾游、直播购房、直播教育、直播商业航天等不断“破层出圈”，加快扩展直播电商的价值边界，带动直播电商进入“万物皆可播”时代，同时促进了直播电商的商品和服务不断丰富。

（2）直播电商助力数字化转型。许多商家通过生产线直播、品牌直播、村头直播等，大幅缩短商品供应链，建立起“生产直连消费者”的新通路，为消费者提供更多让利空间，对供给端的影响也进一步加深，引导制造业满足多元化、个性定制化消费新需求。全国各地一大批实体市场和生产基地开始探索构建直播电商供应链基地，加快了实现数字化转型的步伐。

（3）直播电商随处可播成为现实。5G赋能4K/8K超高清直播，确保直播画面优质和高流畅度，推动直播场景多元化，强化全息沉浸式购物体验，带动VR/AR与直播电商相融合，极大拓展了开播范围，进一步增强了直播电商“身临其境”的消费体验。

（4）“小程序+私域直播”创新融合。2021年视频号开播商户数增长迅猛，借助微信生态与小程序、企业号相互配合，视频号不仅开启了直播带货的新模式，还将消费者引流至社群中，帮助企业构建起私域流量池，通过私域运营提高复购率，从根本上改变了“播完就没”的直播带货模式，直接带动了客户沉淀与精细化运营，为消费者提供一对一服务，使行业更加注重品质化提升。

9.1.2 直播电子商务经营模式

直播电子商务主要有3种经营模式，这些模式各有特点，在各自的领域发挥不同的作用。在盈利模式上，直播电子商务基本以CPS（按成交额收费）模式为主，MCN机构与主播、内容平台、电子商务平台共同分成。根据不同模式，直播电子商务有一些细节上的差异，如在有的模式下内容平台和电子商务平台是合二为一的。

1.传统电子商务平台模式

这类平台属于传统电子商务平台所开通的直播平台，如淘宝直播、京东直播。其基本运作模式是开通直播间，引入内容创作者，货品种类丰富，供应链相对完善，以直播作为拉新转化的工具。直播类型以电子商务为主，直播为辅，内容主要是各大商家自播，品类丰富，以消费为导向，用户转化率较高。公开资料显示，2021年淘宝直播整体用户超过6亿，成为新会员关系构建和会员UP值（积分）提升最高的渠道，直播渠道帮助品牌积累了1.2亿的会员，超过6 000家品牌直播间的会员成交贡献值超过100%，有4 000多个新的品牌实现了500%的增长，超过4 000个品类在淘宝直播的发展增速超过30%，直播领域的基础设施和生态体系建设，服务了300多万的品牌商家，带动了200多万的就业。淘宝直播成为首个爆发式新经济模式。电子商务直播平台的头部主播是以李佳琦等为代表的淘系直播达人。

2. 娱乐内容平台模式

这类平台以抖音和快手为主，主要是“直播+电子商务”的运营模式，一般接入第三方电子商务平台。这类模式的流量优势明显，以直播为切入点，探索流量变现新路径。直播类型是以直播内容为主、电子商务为辅。基本特点是以达人主播为主，以娱乐为导向。这类直播电子商务模式的用户转化率不高。果集数据显示，2021年抖音和快手店播场次呈现显著增长趋势，抖音店播场次超566万场，店播销售额占比平均为20%；快手店播场次较少，店播销售额占比仅5%左右。抖音和快手达人直播场次不断增长，抖音达人直播场次2021年第四季度增速显著，达人直播销售额占比趋势略有下降；快手达人直播场次较为稳定，达人直播销售额占比仍在95%以上。内容直播平台的头部主播以罗永浩等为代表。

3. 导购社区平台模式

这类平台兼具电子商务与娱乐内容属性，以直播实现导购场景的拓展，在运作上以导购红人主播为主，以“种草”与购物为导向，在商品类型上以白牌或垂直类商品为主，平台自成交为主，用户转化率较高。例如，拥有网红资源优势的蘑菇街，在2016年3月上线了视频直播功能，并扶持旗下网红直播艺人的孵化和经纪业务，又通过自建供应链尤其是服装和美妆供应链保证了货品来源。据蘑菇街财报数据，蘑菇街2022财年总收入为3.375亿元，其中营销服务收入从2021财年的2 850万元增加61.6%至4 610万元，其他收入从2021财年的1 470万元增加1.7%至1 490万元。蘑菇街创始人兼CEO陈琪表示，2022年直播电商行业发生了诸多变化，头部直播平台之间竞争走向白热化，市场监管政策收紧，对KOL的约束愈发强而有力，尽管面临多重挑战，但蘑菇街仍在积极探索新的机遇。

9.1.3 直播电子商务成功的四要素

1. 主播

选择人设适宜、画风匹配的主播至关重要。

2. 用户（需求侧）

主播必须具有影响用户的能力，即具有私域流量。按照私域流量“AIE标准”（可自由触达、IP化、有黏性），主播要拥有长期的私域流量，就必须IP化，必须有忠实粉丝。

3. 货品（供给侧）

直播让产品成为焦点，会极大程度地放大瑕疵，商家拥有高效的供应链和质量过硬的产品是关键。

4.剧本

主播、用户、货品三者需要基于场景进行交互，按照既定剧本控制的剧情形成“场域”，以促成大量交易。

9.2 旅游电子商务

我国从1996年开始出现旅游电子商务网站，目前，具有一定旅游资讯能力的网站已有5 000多家，其中专业旅游网站有300余家，主要包括地区性网站、专业网站和门户网站的旅游频道三大类。旅游电子商务经历20多年的发展，已进入成熟阶段。

9.2.1 旅游电子商务概述

1.旅游电子商务的定义

旅游电子商务是利用先进的计算机网络及通信技术和电子商务的基础环境，整合旅游企业的内部和外部资源，扩大旅游信息的传播和推广范围，实现旅游产品的在线发布和销售，在旅游者与旅游企业之间建立一个知识共享、增进交流的平台的网络化运营模式。

2.旅游电子商务的发展现状

CNNIC第50次《中国互联网络发展状况统计报告》显示，截至2022年6月，我国在线旅行预订用户规模达3.33亿，占网民整体的31.6%（如图9-1所示）。

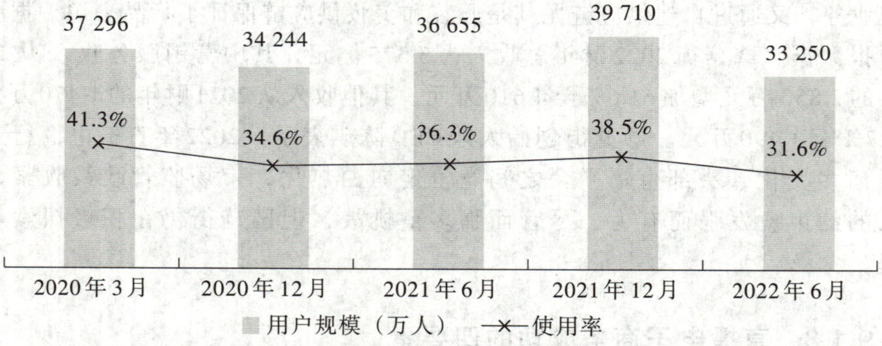

图9-1 2020年3月—2022年6月在线旅行预订用户规模及使用率

2022年上半年，受疫情影响，我国旅行预订市场复苏步伐放缓。中央和地方相继出台各类纾困惠企政策，支持旅行预订企业有效应对疫情影响，推动行业复苏。同时，企业积极适应市场变化，依托信息技术进行数字化转型升级，不断寻求新的业绩增长点，为未来的高质量发展打下了基础。

（1）纾困政策相继出台，支持企业有效应对。数据显示，2022年清明节和“五一”假期，全国国内旅游出游人次分别同比减少26.2%和30.2%，国内旅游收入分别同比减少30.9%和42.9%。在此背景下，国家发展和改革委员会、文化和旅游部等十四部门联合印发《关于促进服务业领域困难行业恢复发展的若干政策》，海南、四川、福建、云南等多地政府陆续出台相关纾困惠企政策，助力行业和企业恢复发展。

（2）旅行预订市场呈近程化、本地化态势。受疫情影响，2022年上半年旅行预订市场整体呈现就近、就地特点，本地休闲和近程度假成为主流。清明假期期间，各地接待游客中省内游客占比达94.9%，创常态化疫情防控以来新高；携程数据显示，“五一”假期期间，本地游订单占比达40%，较2020年、2021年同期均高出逾10个百分点。此外，露营休闲游成为2022年“五一”假期新潮流。去哪儿数据显示，“五一”假期露营相关住宿、出游产品的预订量是去年同期的3倍。

（3）科技赋能旅游业变革创新，数字化缔造智慧旅游新生态。一是“旅游+科技”持续打造智慧旅游新生态。例如，携程通过大数据、人工智能、AR等技术，积极拓展沉浸式、体验式、互动式消费新场景，推动旅游产业转型升级，打造智慧旅游新生态。二是企业加快推进对旅游产业链上下游的数字化改造，致力提升产业链各环节效率，更好满足多层次、多样化、个性化的旅行消费需求。例如，同程旅行推出针对老年用户群体的适老化功能以及面向听障人群的手语客服，助力特殊群体共跨“数字鸿沟”，推动建设更有温度的行业生态。此外，“旅游+直播”日益受到用户青睐，微博数据显示，2022年1—5月，微博旅游直播的累计观看次数较去年同期提升230%。

2.旅游电子商务的优势

（1）信息量大，传播广泛。旅游信息在网络上传播快捷，从一定程度上来说不受时间、距离的影响，可以面向全球所有上网的旅游者。旅游电子商务信息更是丰富多彩，应有尽有，旅游者不管是在家中还是在旅途中都可以通过网络在任何时间跨距离地浏览信息、订票、订餐、订车等，从而制定一条适合自己的旅游线路。

（2）减少中间环节，降低成本。通过旅游电子商务，旅游者和旅游服务商可以根据各自情况直接选择所需环节或跳过许多不必要的环节，如减少现实中支付、配送、组团等环节，较大程度地降低了旅游成本，为旅游者带来实惠。

（3）提供旅游者与旅游服务商的互动平台，体现个性化。通过旅游电子商务，旅游者可以直接与旅游服务商对话，提出自己的需求和对旅游服务的建议与要求，旅游服务商也可以直接把最新的产品和服务展现在旅游者面前。对旅游者来说，可以实现自己与众不同的个性化旅游线路和方式；对旅游服务商来说，可以实现自己个性化的直接对客服务，满足众多不同年龄、不同种族旅游者的需要。

（4）促进旅游业的可持续发展。旅游电子商务使旅游服务商为旅游者提供个性化服务成为可能，为旅游业注入新鲜血液，推动旅游业的良性发展。加强和完善网络旅游的建设，合理有效地利用网络旅游资源，可以促进旅游业的可持续发展。

9.2.2 旅游电子商务体系构成要素

旅游电子商务体系的构成要素主要有旅游电子商务平台、旅游企业、旅游消费者和旅游管理机构，如图9-2所示。

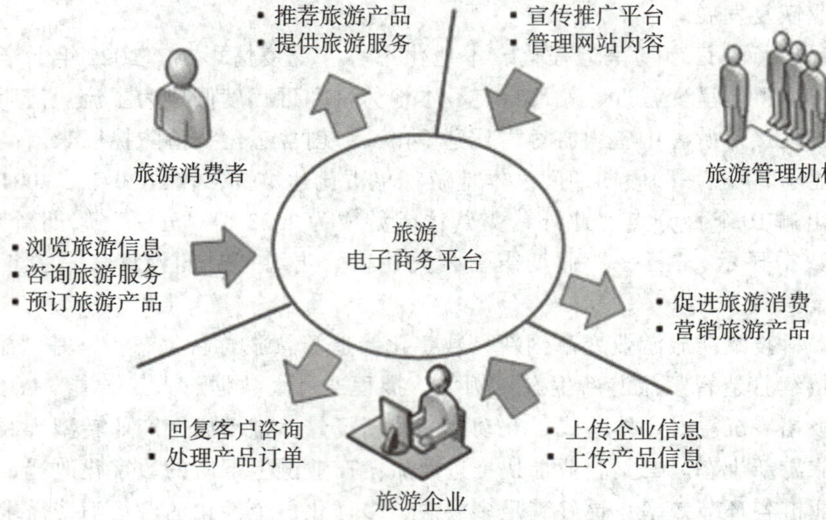

图9-2　旅游电子商务体系构成

1.旅游电子商务平台

旅游电子商务平台依托网络信息系统构建，是旅游电子商务体系的基础。旅游组织借助该平台通过互联网开展各种旅游商务活动，并实现企业内部的经营管理。通过旅游电子商务产业链示意图（如图9-3所示），我们可以发现，旅游电子商务平台既可以是旅游企业自建的网站，如康辉旅行社官网，也可以是第三方平台，如携程网。

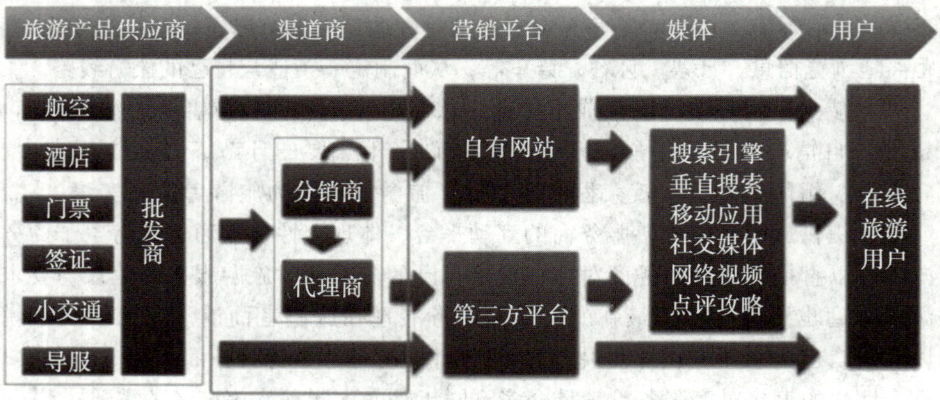

图9-3　旅游电子商务产业链示意图

2.旅游企业

旅游企业是旅游市场的主体，包括旅行社、景点景区、旅游饭店、旅游交通企业、旅游中介企业等。它们通过企业内部信息管理系统向消费者提供旅游信息，开展网上订购与交易业务。

3.旅游消费者

旅游消费者是旅游产品与服务的需求者、消费者。他们通过旅游电子商务平台获取目的地与旅游相关的信息（包括天气、航班、列车、公交等），获取旅游产品信息、咨询服务，以及进行旅游产品和服务的预订与交易。

4.旅游管理机构

旅游管理机构是旅游电子商务的推进者和规范者，它们促进了旅游电子商务的稳定、健康发展。

另外，旅游电子商务得以顺利开展还需要支付结算、配送、技术及法律法规等外部环境的支持。

9.2.3 旅游电子商务的交易模式

1.B2B交易模式

旅游业是一个由众多子行业构成、需要各子行业协调配合的综合性产业，食、宿、行、游、购等各类旅游企业之间存在复杂的代理、交易、合作关系。旅游B2B电子商务是各旅游企业之间的电子商务，其业务主要包括旅游企业之间进行产品代理，组团社之间相互拼团，旅游地接社批量订购当地旅游饭店客房、景区门票，以及客源地组团社与目的地地接社之间建立委托、支付关系等。

在实现形式上，旅游企业间的电子商务主要有以下两种

（1）特定旅游企业之间的电子商务。它是过去一直有交易关系或者今后会继续进行交易的旅游企业之间，为了共同的经济利益而建立的，共同进行设计、开发或全面进行市场和存量管理的信息网络。通过这个网络，企业与交易伙伴间可以进行信息数据共享、信息交换和单证传输。例如，航空公司的计算机预订系统（CRS）就是一个旅游业内的机票分销系统，它连接航空公司与机票代理商（如航空售票处、旅行社、旅游饭店等）。机票代理商的服务器与航空公司的服务器实现在线实时连接，当机票的优惠和折扣信息有变化时会实时地反映到代理商的数据库中。机票代理商每售出一张机票，航空公司数据库中的机票存量就会发生变化。

（2）非特定企业间的电子商务。它是指在开放的网络中为每笔交易寻找最佳的合作伙伴。一些专业旅游网站的同业交易平台就为各类旅游企业提供了从查询、报价、询价直至交易的虚拟市场空间。

B2B电子商务大大提高了旅游企业间的信息共享和对接运作效率，进而提高了整个旅游业的运作效率。

2.B2E交易模式

此处，B2E（Business to Enterprise）中的E是指旅游企业与之有频繁业务联系，或为之提供商务旅行管理服务的非旅游类企业、机构、机关。大型企业经常需要处理大量的公务出差、会议展览、奖励旅游事务，它们常会选择和专业的旅行社合作，由旅行社提供专业的商务旅行预算和旅行方案，全程代理商务旅行事务，从而节省时间和成本。另外，有一些企业与特定机票代理商、旅游饭店保持比较固定的业务关系，由此享受优惠价格。

B2E旅游电子商务较先进的解决方案是企业商务旅行管理系统（如图9-4所

示）。它是一种安装在企业客户端的具有网络功能的应用软件系统，通过网络与旅行社电子商务系统相连。在客户端，企业差旅负责人可将企业特殊的出差政策、出差时间、目的地、结算方式、服务要求等输入商务旅行管理系统，系统将这些要求传送到旅行社。旅行社通过电脑自动匹配或人工操作为企业客户设计最优的出差行程方案，预订机票及酒店，并将预订结果反馈给企业客户。通过商务旅行管理系统与旅行社建立长期业务关系的企业客户能享受到旅行社提供的便利服务和众多优惠，大大节省差旅成本。同时，商务旅行管理系统还提供统计报表功能。用户企业的管理人员可以通过系统实时获得整个公司全面详细的出差费用报告，并可进行相应的财务分析，从而有效地控制成本，加强管理。

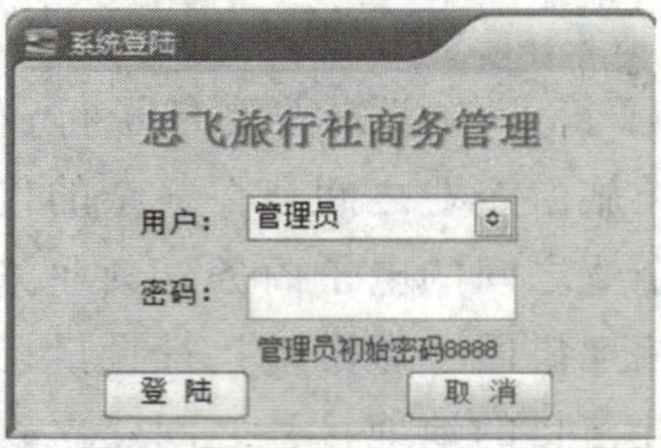

图9-4　思飞旅行社商务管理系统登录窗口

3.B2C交易模式

旅游B2C电子商务交易模式即电子旅游零售，交易时，旅游散客先通过网络获取旅游目的地信息，然后在网上自主设计旅游活动日程表，预订饭店客房、车船机票等，或报名参加旅行团。对旅游业这样一个客户地域高度分散的行业来说，旅游B2C电子商务方便旅游者远程搜寻、预订旅游产品，克服距离带来的信息不对称问题。用户通过旅游电子商务网站订房、订票，是当今世界应用最为广泛的电子商务形式之一。另外，旅游B2C电子商务还包括旅游企业向旅游者拍卖旅游产品，由旅游电子商务网站提供中介服务，如携程网的旅游线路服务，如图9-5所示。

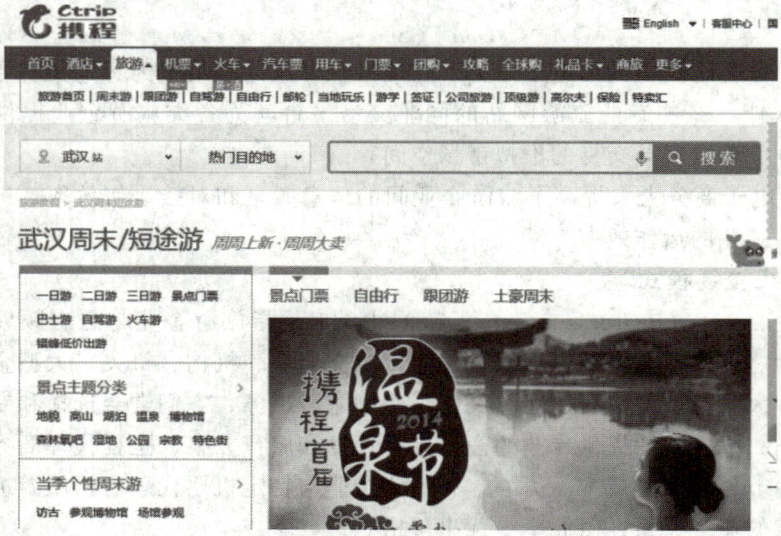

图9-5　携程网的旅游线路服务

4.C2B交易模式

C2B交易模式是由旅游者提出需求，然后由企业通过竞争满足旅游者的需求，或者是旅游者通过网络结成群体与旅游企业讨价还价。

旅游C2B电子商务主要通过电子中间商（专业旅游网站、门户网站旅游频道）进行。这类电子中间商提供一个虚拟开放的网上中介市场或者信息交互的平台。上网的旅游者可以直接发布需求信息，旅游企业查询后双方通过交流自愿达成交易，如惠州拼客网（如图9-6所示）。

图9-6 惠州拼客网发布的旅游信息

旅游C2B电子商务主要有两种形式：第一种形式是反向拍卖，它是竞价拍卖的反向过程，即由旅游者提供一个价格范围，求购某一旅游服务产品，由旅游企业出价，出价可以是公开的或是隐蔽的，旅游者选择自己认为质价合适的旅游产品成交。这种形式对于旅游企业来说吸引力不是很大，因为单个旅游者的预订量较小。第二种形式是网上成团，即旅游者提出他设计的旅游线路，并在网上发布，吸引其他兴趣相同的旅游者，等到愿意按同一条线路出行的旅游者汇聚到一定数量后，他们再请旅行社安排行程，或直接预订饭店客房等旅游产品，以增加与旅游企业议价的能力。

旅游C2B电子商务具有信息沟通面广和成本低廉的特点，特别是网上成团的运作模式，使满足个性化旅游需求与规模化组团降低成本这两者有了很好的结合点。旅游C2B电子商务是一种需求方主导型的交易模式，它体现了旅游者在市场交易中的主体地位，帮助旅游企业更加准确和及时地了解客户的需求，促进旅游业向产品丰富化和满足个性化需求的方向发展。

9.3 跨境电子商务

微视频9-1

体验跨境电商新模式

财政部、国家税务总局、商务部、海关总署联合发文明确，自2018年10月1日起，对跨境电子商务综合试验区电子商务出口企业实行免税新规。2018年11月21日，李克强总理主持召开国务院常务会议，决定延续和完善跨境电子商务零售进口政策并扩大适用范围，扩大开放以更大激发消费潜力；部署推进物流枢纽布局建设，促进提高国民经济运行质量和效率。按照党中央、国务院决策部署，中国自2019年1月1日起调整跨境电子商务零售进口税收政策，提高享受税收优惠政策的商品限额上限，扩大清单范围。

2021年，我国跨境电子商务规模持续扩大。海关统计调查显示，2021年我国跨境电商进出口规模约为1.92万亿元，同比增长18.6%，占进出口总额的4.9%。其中，出口约为1.39万亿元，增长28.3%，进口约为0.53万亿元，下降0.9%（如图9-7所示）。

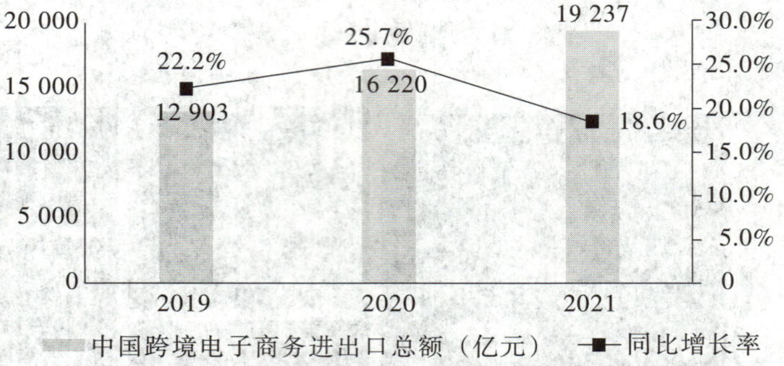

图9-7　2019—2021年中国跨境电子商务进出口总额及增速

资料来源　商务部．中国电子商务报告（2021）[R]．北京：商务部，2022.

9.3.1　跨境电子商务的业务流程

跨境电子商务是指分属不同关境的交易主体，通过电子商务平台达成交易、进行支付结算，并通过跨境物流及异地仓储送达商品、完成交易的一种国际商业活动。跨境电子商务具有贸易属性和电子商务属性。从贸易属性上来说，跨境电子商务参与者必须考虑跨境贸易中涉及的进出口流程、贸易和监管政策；从电子商务属性上来说，跨境电子商务需要依托电子商务平台，越过部分中间贸易环节。

与境内电子商务相比，跨境电子商务的业务环节需要经过海关通关、检验检疫、外汇结算、出口退税、进口征税等多个环节。在商品运输上，跨境电子商务的商品需要通过降境物流出境，与境内电子商务相比，商品从售出到送到消费者手中所用的时间更长。

从跨境电子商务的出口流程来看（如图9-8所示），跨境电子商务企业在跨境电子商务平台展示商品，消费者下单并完成支付后，跨境电子商务企业将商品交付给物流企业进行投递，经过出口地以及进口地两次海关通关商检后，商品送达消费者手中。也有部分跨境电子商务企业通过直接与第三方综合服务平台合作，由第三方综合服务平台代理完成物流配送、通关商检等系列环节，从而完成整个跨境交易的流程。跨境电子商务进口的流程除了与出口流程的方向相反之外，其他内容基本相同。

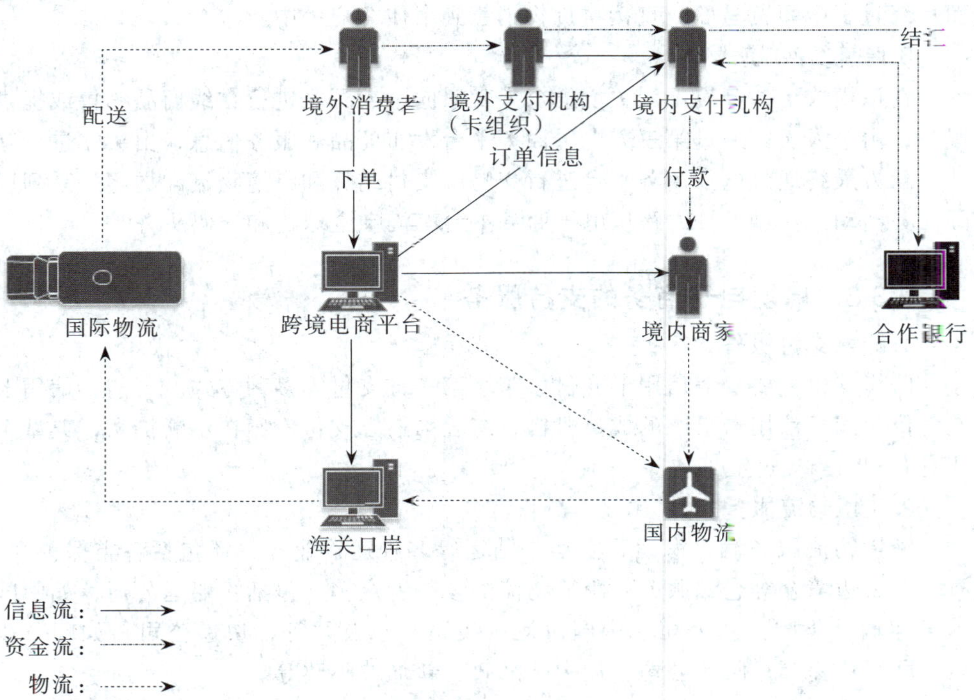

图9-8　跨境电子商务的出口流程

9.3.2　跨境电子商务的应用模式

1.跨境B2B模式

该模式的商家和客户都是企业，主要支持企业之间通过互联网开展跨境贸易。该模式往往发货量较大，有时还需要安排生产（非现货），主要涉及询盘回盘、签约、收款、安排生产、通关、订船、收汇退税等步骤，周期较长。跨境B2B模式主要按照一般贸易的要求来通关和交税。跨境B2B平台往往以提供信息服务为主，也有企业之间的在线直接批发和交易的模式。B2B跨境平台一般通过“交易佣金+服务费”和“会员费+推广服务”模式来获取收入。我国跨境B2B平台网站的代表有阿里巴巴、环球资源网、敦煌网等。阿里巴巴已经成为全球最大的国际B2B网站。

2.跨境B2C模式

该模式的客户是个体消费者，商家可以是工厂、贸易商或者注册的个体商户。跨境B2C采用直接在线交易的方式来销售商品，往往按照个人物品通关，以空运的快递小包等为主要的物流方式。跨境B2C可以分为出口和进口两个方向。我国出口B2C的代表网站有阿里巴巴旗下的全球速卖通、亚马逊、eBay、兰亭集势和wish等。进口B2C的典型代表有阿里巴巴旗下的天猫国际、网易考拉海淘、小红书等。跨境B2C的特点就是商品明码标价，消费者单击交易、直接支付，商家快速发货。这种交易模式与传统贸易不同，其发货批量很小（通常是单件），而且绕过了中间贸易商，直接将货物销售到个体客户手中。

3. 跨境C2C模式

在该模式下，分属不同关境的个人卖家向个人买家进行在线商品销售或提供服务，由个人卖家通过第三方电子商务平台发布商品和服务信息，由买家进行筛选，双方最终通过电子商务平台进行交易、支付结算和跨境物流配送等一系列国际商务活动。典型的C2C跨境电子商务平台有淘宝全球购和洋码头等。

9.3.3 跨境电子商务的支持服务

1. 跨境支付服务

跨境支付主要涵盖信用卡支付、跨境第三方支付等多种方式。当前，信用卡支付依赖国际信用卡组织的成员机构，跨境第三方支付份额在不断扩大，典型企业有PayPal、支付宝等。

2. 跨境物流服务

跨境物流服务涵盖海运、空运、陆运等多种运输业务，还包括各类保税仓、海外仓、边境仓等仓储服务。跨境物流的参与者众多，包括：船运公司，如中国远洋运输（集团）总公司、中国海运（集团）总公司等；快递公司，如顺丰速运、联邦快递等；邮政公司，如中国邮政、新加坡邮政等。

3. 跨境进出口环节服务

跨境进出口环节服务涵盖通关、结汇、税收等服务，目前的主要模式是“外贸综合服务”模式，典型代表是阿里巴巴旗下的一达通外贸综合服务。一达通可以向企业提供一站式的通关、结汇、退税等基础服务和金融、物流等增值服务，保障企业高效完成进出口监管环节的工作。

4. 跨境电子商务的衍生服务

跨境电子商务的衍生服务包括代运营、旺铺、翻译、培训等各种服务。

9.3.4 跨境电子商务的发展趋势

1. 跨境电商将向精细化、数字化发展

大数据时代，多渠道精细化经营将是未来跨境电商发展的主旋律。随着全球线上消费规模的不断扩大，我国跨境电商将通过用户行为数据寻找目标客群、分析用户旅程、定位业务痛点，深度挖掘用户数据价值。其营销方式将从传统的规模化逐步转变为精细化，完成从追求规模到追求质量的转变。在内容方面，通过用户行为数据分析，商家可以对目标客群进行细分，执行不同的营销策略，利用个性化的内容投放触达用户。在渠道方面，单一的广告投放将转变为社交购物、直播购物、VR购物等多渠道数字化投放。未来，打通多渠道并实现全流程数字化将成为我国跨境电商发展的立足点。

2.跨境电商服务类产品规模将增大

随着数字贸易的快速发展，我国跨境电商服务类产品交易规模将增大。一方面，服务贸易领域深化改革为跨境电商服务类产品发展注入了新动力。2021年，全面深化服务贸易创新发展试点稳步推进，122项具体举措中的110项已落地实施，落地率超过90%；支持服务外包和特色服务出口基地高质量发展的政策措施陆续推出；服务业外资准入持续放宽，营商环境继续改善。另一方面，数字技术快速发展催生了大量数字化服务需求。全球视听、医疗、教育、网络零售等在线服务大幅增长。据商务部统计，2021年我国知识密集型服务贸易保持两位数增长，其中，出口增长较快的领域是个人文化和娱乐服务，知识产权使用费，电信、计算机和信息服务，分别增长35%、26.9%、22.3%。当前，国际经济与贸易形势复杂多变，数字贸易仍面临着诸多不确定性，未来，跨境电商服务类产品发展如何快速推进，仍需进一步探索。

3.跨境电商生态链将持续优化升级

数字技术的发展将为跨境电商行业带来革新。例如，区块链的可追溯性、不可篡改性、点对点传输技术、智能合约技术，将帮助解决跨境物流监测难题、跨境支付难题和跨境电商产品质量追溯难题；大数据技术、云计算技术将使营销更精准化、个性化，并提高供应链运转速度；元宇宙或将推动跨境电商生态链出现新业态、新模式。2021年，数字人民币已经应用到跨境电商支付场景。随着数字技术与跨境电商场景的深度融合，未来将形成智能、绿色的跨境电商数字生态链。

4.跨境电商B2B交易规模将扩大

我国产业数字化进程加快，推动工业品加速进入跨境电商出口领域，将持续扩大跨境电商B2B交易规模。据中国信息通信研究院测算，2021年我国产业数字化规模达到37.2万亿元，同比名义增长17.2%，占数字经济的比重为81.7%，占GDP的比重为32.5%，产业数字化仍是我国数字经济发展的主引擎。2021年，在产业数字化的推动下，我国钢铁、建材、化工等行业的跨境电商交易规模不断扩大。未来将进一步扩大零部件、机电设备、二手车等工业品在跨境电商B2B渠道的交易规模。同时，海外仓、独立站、出口信保、数字金融等优质服务，为我国跨境电商B2B快速发展提供了强大支撑。此外，随着跨境电商B2B交易规模的扩大，未来数据安全、数据流动、合规建设等方面将迎来新挑战。

5.电子商务国际合作将加速推进

当前，我国“丝路电商”朋友圈持续扩大，金砖国家、上合组织、中国-中东欧、中国-中亚五国等多边及区域电子商务合作机制建设持续推进。同时，我国积极推动世贸组织电子商务谈判，正式申请加入《数字经济伙伴关系协定》（DEPA）和《全面与进步跨太平洋伙伴关系协定》（CPTPP），积极探索和推动同欧洲、非洲、拉丁美洲各国的贸易投资自由化和便利化合作，进一步提升我国电子商务国际合作的广度和深度。随着数字领域多边和双边合作机制建设的持续推进，我国电子商务国际合作将迎来新发展，合作布局不断扩大，合作层次不断丰富，合作水平不断提升。

9.4 农村电子商务

思政链接9-1

数商兴农：农村电子商务的新方向

小案例9-1　“网红县长”直播带货古丈毛尖

“为什么古丈茶这么好？只有这片纯净无污染的青山绿水，方能养育这方好茶。”2022年7月5日，“网红县长”陈灿平走进古丈，在欣赏了“青山如画，碧水如诗”的栖凤湖美景，品尝了鲜爽醇甘的古丈毛尖后，不由发出感叹，向收看直播的广大网友推荐藏于武陵大山中的古丈茶乡。

当天上午，“赏‘栖凤美景’、品‘古丈毛尖’——乡村振兴、电商助农、线上直播销售宣传活动”在栖凤湖启动。环湖群山中，翠绿茶园送来阵阵清香，热情的茶乡人民打起苗鼓，吹起牛角号，唱起苗歌，热闹非凡。

活动现场，全国脱贫攻坚先进个人、“网红县长”陈灿平，“最美收费员”彭莉琴，“向县长说古丈”“潇洒仟哥”“茶乡君君”等“网红”齐聚，在美如画的栖凤湖湖心岛“直播间”，开展线上直播带货，推广古丈毛尖。

陈灿平还以《区域特产如何借短视频直播打造品牌认知度》为题，分享了“网红县长”打造经验与心得，满满的干货让大家受益良多。

古丈是“中国有机茶之乡”“中国名茶之乡”“中国十大生态产茶县”，全县茶叶种植面积达19.5万亩，人均茶园面积超1.3亩，高居湖南省第一。近年来，该县着力打造“古丈毛尖”“古丈红茶”两大区域公共品牌，提质拓销，现有茶叶企业38家、农民专业合作社147个，拥有茶叶注册商标405个，区域公共品牌效应凸显，影响力不断扩大。

“茶产业是古丈县支柱产业，80%的农业收入来自茶叶、90%的村寨种植茶叶。”作为光大集团驻古丈帮扶工作队队长，秦纲表示，加快发展乡村产业振兴，是乡村振兴的第一要务。2016年以来，光大集团定点帮扶古丈县累计捐赠各类资金达5 000余万元，帮助茶产业补齐资金、设备等发展短板，通过产业帮扶项目方式支持30多家茶叶企业、合作社新建或扩建加工厂房和购买设备，建立了40多条茶叶生产线，助推古丈县茶产业走上高质量发展之路。2021年，茶产业产量过万吨，实现产值14.32亿元。

乡村振兴要“输血”，更要“造血”“活血”，光大集团着力补齐品牌宣传、电商销售短板，通过开展直播带货、培育本地“网红”等方式，助力打响古丈茶叶品牌。其中，“古丈茶文化主题副县长直播带货”活动，2个小时共吸引72万网友在线观看，销售额突破150万元，央视新闻客户端在全国两会期间进行了报道。“向往的村播”首届古丈县网络扶贫大使选拔活动，抖音话题播放量达3.3亿次，直播间下单共计10 200件，金额超过162.9万元；培育孵化了“茶乡君君”“乡间小窝”“腊肉小王子”“湘西茶油王子”等一批本地“网红”。

资料来源 石凌炜.“网红县长”直播带货古丈毛尖 电商助农赋能乡村振兴［EB/OL].［2023-01-02］. https://www.163.com/dy/article/HBMEOC6L0514EV7Q.html.

9.4.1 农村电子商务的定义与特点

1.农村电子商务的定义

农村电子商务是相对于城市电子商务而言的，是与“三农”相关联的电子商务。农村电子商务主要是通过互联网平台对各类农村服务资源进行整合，农村电子商务平台配合密集的乡村连锁网点，再运用信息化与数字化的手段，对这些网点展开市场化运作、集中化管理与跨区域合作，构筑紧凑而有序的商业联合体，使之形成“农业、农村、农民”的信息服务站。

2.农村电子商务的特点

农村电子商务的特点有：增长速度快、增长潜力大；农民占主体地位；以信息化为主导带动产业发展；个体网店经营者“小、散、弱”等。

9.4.2 农村电子商务的发展历程

1.我国农村电子商务发展背景

2004年，农业部牵头在全国实施第一轮电子信息进农村项目，将网线拉到农村。2007年前后，淘宝网逐步兴起，在我国农村，村民开始在淘宝网上卖农产品。2012年，全国诞生了首个“淘宝村”。随后我国政府持续推动农村电子商务发展，将农村电子商务推向政策和产业的“风口”，为农村电子商务带来了历史性的发展机遇。农村电子商务在我国高速发展，推进了农村消费市场快速走向成熟。

2.我国农村电子商务发展现状

商务大数据监测显示，2021年全国农村网络零售额达2.05万亿元，占全国网络零售额的15.66%，同比增长11.3%，增速加快2.4%。其中，农村实物网络零售额达1.86万亿元，占全国农村网络零售额的90.73%，同比增长11%（如图9-9所示）。在农村电子商务不断发展的情况下，农村实现了农业转型升级，农民更加关注产品的品牌和品质，从而有效推动了农民创业和就业。

目前我国农村电子商务发展已取得较大进展，但仍处于初期发展阶段，还存在农村网络普及率较低、专业化电商人才不足、农产品物流成本较高、市场规模小和品牌化不足等问题。

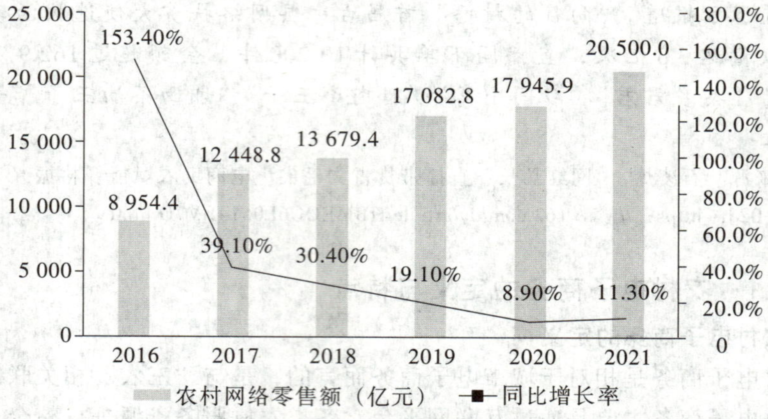

图9-9　2016—2021年中国农村网络零售额及增速

资料来源　商务部. 中国电子商务报告（2021）[R]. 北京：商务部，2022.

9.4.3　农村电子商务的应用

1.农产品购物网站

农产品购物网站的运作模式主要有C2C、B2C和C2B三种。C2C的运作模式即农户将自己的农产品挂到网站上进行售卖，网站将农户的产品售卖至消费者手中，这是最为简便的方式。B2C模式的涉农网站即网站人员深入农户产地进行价格洽谈，将农户产品信息放置到网站上进行农产品交易，若有消费者购买，则产品从农户处发货，由农户承担物流等成本。C2B供销模式兴起于B2C网站发展后期，当网站初具规模时，可以对小型零售商提供以销定产的模式，也可以针对部分消费者提供区域性特色作物的订购服务，以拓展网站的盈利区间。

2.农产品网络直播

直播带货营销模式具有便捷性、直观性、互动性和经济性。将直播带货应用于农产品销售中具有较强的可行性和现实意义，可拉近消费者与卖家之间的距离，使双方的互动性更强，交流也更便捷，对于促进农村经济发展起到了重要作用。由于没有经销商的中间渠道，直播带货能够实现农产品与消费者的直接对接，所以价格相对较低，这有助于提升农产品的销量。越来越多的农村店家利用直播或者分享视频的方式，让更多的人了解自己，将手艺制品和农产品卖给消费者。

9.4.4　农村电子商务的发展趋势

农村电子商务的发展趋势有以下几方面：

1.传统县域商业数字化加速

流通体系在国民经济中发挥着基础性作用，农村商业是现代流通体系的重要组成部分。2021年4月27日，国务院常务会议部署加强县域商业体系建设，促进流通畅通和农民收入、农村消费双提升。2021年7月，胡春华副总理指出，切实做好农村商业体系建设工作，努力畅通国内大循环，为构建新发展格局作出积极贡献。为贯彻落实党中央、国务院决策部署，加快推进县域商业体系建设，商务部等部门发布《关于加强县域商业体系建设促进农村消费的意见》《县域商业建设指南》等文件。未来，我国将以县域为单元统筹农村商业发展，农村电商将在县域商业体系中发挥重要作用。电子商务企业将继续下沉农村，拓展消费新业态新场景，提高生活服务业的便捷性和服务质量，围绕农村产品上行，建设分拣、预冷、初加工、配送等商品化处理设施。传统县域商业将迎来数字化加速的新阶段。

2.产地仓建设将迎来新发展

加快建设农村电商基础设施是推动农村电商高质量发展的必然要求。2021年，商务部提出开展“数商兴农”行动，强调引导电商企业加强物流配送、农产品分拣加工等农村电商基础设施建设。产地仓是重要的农村电商基础设施。通过建设产地仓，企业可以统一备货、集中发货，降低物流成本，提高物流效率。除了分拣包装、检验检疫、仓储物流等基本功能，部分产地仓还提供电商培训孵化、品质溯源、仓内直播、一件代发等增值服务。产地仓预冷设施能够极大地降低农产品的损耗，实现企业效益，数字化分选线能迅速地让农产品变成农商品，助力品牌打造。产地仓建设将为地方产业转型升级奠定基础。

3.农村电商B2B成为发展热点

近年来，随着电子商务进农村、电商扶贫等工作的推进，我国农村电商B2C发展速度较快，在脱贫攻坚中起到了巨大作用。当前，我国已步入巩固脱贫攻坚成果与乡村振兴协同发展的新阶段。乡村振兴的核心在于产业振兴。我国农村电商B2C基数小，占农产品销售额的比重不高，对产业振兴促进作用有限。农村电商B2B是农业产业数字化的核心环节，将成为农村电商转型升级的重要方向。我国农村电商B2B平台数量少、体量小，面对传统商贸企业话语权较弱。2021年，农村电商B2B发展进入了一个新的发展阶段。农村供应链体系的数字化将推动农村电商B2B快速发展。

4.农产品标准化水平将进一步提高

提高农产品生产和销售的标准化水平，将实现农产品优质优价，帮助农民获得更多的收益。2021年3月《中欧地理标志协定》正式生效。该协定将为中欧双方的地理标志提供高水平的保护，有效阻止假冒地理标志产品。商务部指导中国电商乡村振兴联盟（原中国电商扶贫联盟），通过公益化与市场化相结合的方式开展扶农助农，持续开展农产品认证帮扶、品牌推介洽谈、产销对接等工作，加快农产品标准化、品牌化、网络化进程，成效显著。“十四五”期间，政府和企业将继续推动农产品标准化水平的提高，完善农产品全产业链标准体系。

9.5 工业电子商务

小案例9-2　　工业品B2B市场迎来爆发期，震坤行飞跃蓝海成“巨龙”

我国工业品B2B市场正迎来爆发期。2021年2月，36氪研究院发布了《2020年中国工业品B2B行业研究报告》，内容显示，2018年我国工业品B2B市场规模约为1 220亿元，未来5年工业品B2B市场规模将持续增长，预计到2023年市场规模将达万亿元。以震坤行工业超市（上海）有限公司（以下简称“震坤行”）等为代表的第一梯队头部企业呈现出勃勃生机。

有机构预测，我国工业电商采购额和销售额规模可达20万亿元，如此之大的市场规模，无疑是一个极具想象力的蓝海市场。在震坤行董事长兼CEO陈龙的带领下，震坤行已然成为这个新蓝海中业务规模最大、增长最快、综合服务能力最强的“巨龙”。

“金鳞岂是池中物，一遇风云便化龙”。已获E轮融资的震坤行，如同巨轮般以加速度劈波斩浪，行稳致远。

资料来源　晨曦，田元．震坤行：一条跃出工业品电商新蓝海的“巨龙”[J]．中国设备工程，2021（3）：11-16.

9.5.1　工业电子商务的定义

《工业电子商务发展三年行动计划》（工信部信软〔2017〕227号）将“工业电子商务”定义为：电子商务在工业流通、生产、服务全流程的深化应用，是工业领域基于网络交易的新型经济活动。2019年7月，国家工业信息安全发展研究中心发布的《工业电子商务发展白皮书》认为，工业电子商务以服务于工业企业的供应链管理为核心，既包括工业企业、供应链上下游企业及用户等主体间基于互联网等信息网络进行的各类经济活动，也包括工业企业内不同部门间基于数据横向传递、交换或共享开展的各类经济活动。

工业电子商务的价值链涉及活动主体、活动对象、活动环节和活动场景。

（1）活动主体以工业企业为中心，涉及产品供应链中“供应商的供应商—供应商—制造商—经销商—用户”等各类主体，以及服务供应链中“功能型服务提供商—服务集成商用户”等各类主体。

（2）活动对象从信息、产品和服务向制造能力等全品类交易（交换）的对象拓展。

（3）活动环节覆盖研发、设计、采购、生产、销售、服务和回收等产品的全生命周期环节。

（4）活动场景包括面向上游产品、服务和能力供应商的电子商务，面向下游经销商和用户的电子商务，以及面向企业内部各部门间的电子商务。

工业电子商务平台作为工业互联网平台衍生的新业态，能够完善工业互联网平台功能，以供应链协同为核心，辅以信息资讯、仓储物流、供应链金融等工业服务。在供应商、制造商、经销商、用户等主体的参与下，聚合服务的工业电子商务有效整合信息流、资金流、物流和商流，形成全产业链、全价值链的数据闭环。

9.5.2 工业电子商务的发展历程

1.工业电子商务1.0，以信息对接和即时交易为核心

工业电子商务1.0时代以信息对接和即时交易为核心，通过匹配供应商和需求方在平台上发布的供需信息，撮合供需双方进行交易。此时的工业电子商务平台与其说是工业产品交易平台，不如说是工业产品供需信息对接平台，用户利用平台客户资源汇集优势，拓展销售渠道，扩大用户资源。同时，这个阶段的工业电子商务存在商业模式单一、后市场服务体系不健全、平台同质化竞争激烈等问题。伴随工业电子商务模式的成熟，平台的交易功能逐渐完善，工业商品线上交易的即时性、透明化优势显现，工业电子商务平台线上交易应用开始普及，涌现了一大批工业电子商务企业，并开展了工厂直销、集采集销等模式创新。

2.工业电子商务2.0，以供应链协同为着力点

随着大数据、人工智能等新一代信息技术的突破和应用，新一代信息技术与制造业融合成为变革制造业的主要手段，工业互联网平台应运而生。近几年，工业电子商务平台开始与工业互联网平台融合发展，加速以供应链协同为着力点的工业电子商务2.0时代的到来。工业互联网平台与工业电子商务平台衔接，打通生产过程与在线交易数据，促进供应链协同。由“链主企业”带动供应链内中小企业开展智能化改造，形成“经营管理—供应链管理—生产管理—交易服务”等环节的无缝对接，提高供应链运转效率。目前我国正在经历这个阶段。

3.工业电子商务3.0，聚合工业服务，连接制造商与用户

经过多年的数据积累，工业电子商务平台已经汇集大量采购数据，能够为供应商提供相对准确的用户需求，驱动以用户需求为中心的生产制造（C2M），有效提高用户满意度和黏性。此外，当前越来越多的工业电子商务企业为了提升交易品附加值，将在线交易与仓储、物流、金融、信用评级、人才培训、质量认证等服务环节深度绑定，实现“研发—设计—采购—生产—销售—服务—研发”的交易品全生命周期闭环，建立能够有效连接制造商与用户的工业电子商务平台，催生聚合服务的工业电子商务3.0。

9.5.3 工业电子商务的应用

根据活动对象及活动范围的不同，工业行业电子商务主要依托于直接物料、间接物料、制造能力、综合类四类工业电子商务平台。下面介绍直接物料电子商务平台、MRO电子商务平台、制造能力工业电子商务平台和综合电子商务平台的应用。

1. 直接物料电子商务平台

直接物料电子商务平台是围绕特定行业工业企业及其合作伙伴对直接物料的交易需求，提供多元化、精细化服务的电子商务平台。直接物料电子商务平台主要交易钢铁、煤炭、石油化工、建筑材料等生产制造原材料，以及电子元件、汽车配件等直接构成工业商品的零部件，通常交易规模较大。

2.MRO电子商务平台

MRO（Maintenance，Repair and Operations，非生产性质的工业用品）电子商务平台主要是围绕工业企业碎片化、动态化和多样化的间接物料采购需求，提供标准化、超市化服务的电子商务平台。MRO电子商务平台主要交易机电设备、气动元件、办公用品等，这些物料不直接构成产品，只用于维护、维修、运行设备，交易商品较为模块化、标准化。

3. 制造能力工业电子商务平台

制造能力工业电子商务平台是围绕制造资源和制造能力的均衡配置，提供制造能力在线化、网络化、协同化服务的电子商务平台，以智能数控设备为基础，以高端工业服务为途径，整合广泛社会资源，实现研发设计、检验检测等多元化能力在线对接。制造能力工业电子商务平台主要交易生产加工能力、产品检测能力、仓储能力等工业及生产性服务业资源，是“共享经济”的主要实施手段之一，能够有效配置闲置工业资源，代表企业有航天云网、智能云科、淘工厂等。

4. 综合电子商务平台

综合电子商务平台是围绕不同的行业、企业及其用户和合作伙伴对不同物料和制造能力的交易需求，提供一体化、协作化服务的电子商务平台。综合电子商务平台交易各类工业商品，大多是从传统电子商务平台的消费品交易向工业商品交易延伸拓展，主要的服务模式有面向大企业在线采购需求的服务模式：通过“1+N”模式，在一个主平台基础上培育和打造N个定制化采购平台，对接企业内部信息系统，整合内外部供应商资源。代表企业有阿里巴巴、慧聪网等。

9.5.4　工业电子商务的发展趋势

随着新一代信息技术的突破和应用，工业电子商务已从1.0发展到2.0，未来将开启3.0时代，即“工业电子商务＋工业服务”。工业电子商务更加看重数据流，打通全价值链端到端的数据，为平台用户提供更全面的服务。

1. 工业电子商务＋信息资讯

工业电子商务平台提供的信息资讯服务主要包括产品信息、供需双方信息、产品检索、价格指数、库存信息、行业资讯、评价互动、专业问答、培训课程、技术指导等。

2. 工业电子商务＋产品集成

工业电子商务平台接收产品解决方案需求，利用信息化手段，将平台上的供应商产品集成。工业电子商务平台的产品集成有助于带动中小企业提升信息化水平，优化供应链管理和协同。

3.工业电子商务+仓储服务

工业电子商务主要通过自营仓库和第三方仓库存储商品，其中，自营仓库具有易管理、效率高等优点，是目前的主流仓储模式。自营仓库包括客户工厂、区域服务中心、线下门店等形式。

客户工厂主要指智能存储柜，通过对接客户的ERP、生产执行系统（MES）等系统，在工厂车间部署智能存储柜，以人脸识别、指纹识别等方式验证身份，存取工业品，实现工厂生产与零部件供应商的数据连通。

区域服务中心以大、中型城市为依托，为周边区域服务。工业电子商务平台接收订单后，将订单分配给订单来源地区所属区域的服务中心，由仓储物流管理系统实时反馈各服务中心的库存，以便及时补货、调货。

“线下门店+电子商务平台”的运营模式能够让客户更加直观地感受商品品质，是快速获得用户信任的有效方式之一。

4.工业电子商务＋物流服务

在工业领域，大宗商品运输量较大、距离较远、时效性要求较高，工业品种类较多，批量较小，管理较为复杂。它们都对物流管理有极高的要求。目前，部分主流工业电子商务平台提供全程物流跟踪服务，保证商品快速、安全地运送到客户手中，从物流服务入手提高竞争力。

5.工业电子商务＋供应链金融

工业电子商务平台凭借其整合商流、信息流、物流等方面的能力优势，作为担保人（资金来源主要是商业银行）或者通过自有资金帮助供应商解决资金融通的问题，并从中获取收益。

6.工业电子商务＋售后服务

售后服务主要包括售出或租赁后的设备维修、延保等售后服务，工业电子商务平台售出设备后为用户提供售后服务，设备出现故障或需定期维修时，用户在平台发起服务需求，平台及时派遣维保人员或其他服务机构进行响应。

@本章小结

本章介绍了电子商务的典型应用，主要包括直播电子商务、旅游电子商务、跨境电子商务、农村电子商务和工业电子商务。不同的应用有其各自独特的运营特点，但总体来说，电子商务改变着商业和社会活动方式，并大力推动其长远发展。直播电子商务改变了传统电子商务的应用范围和流程，有利于在互联网上进行精准营销，实现流量变现；旅游电子商务改变了传统的旅游领域的业务流程，促使其向现代化、更人性化的方向发展；跨境电子商务加快国际贸易的进程，引起世界经济贸易的巨大变革；电商发展以信息技术赋能农村，通过改变人的思维理念，为乡村搭建起更多的互联网时代的商业基础设施，将农村与互联网和商业文明连接起来；工业电子商务助力实现工业领域业务流程再造。归根到底，大力发展电子商务，对于国家实现以信息化带动工业化的战略、实现跨越式发展、增强竞争力具有十分重要的战略意义。

@复习思考题

第9章
即测即评

拓展阅读9-1

2021年中国
直播电商行
业研究报告

1.简述直播电子商务的主要应用模式。
2.结合实例，说明旅游电子商务的主要特征。
3.简述跨境电子商务的支持服务有哪些。
4.结合我国农村电子商务发展背景和现状，对农村电商发展趋势进行分析。
5.思考我国电子商务还有哪些新发展和新应用。

第10章 电子商务法律规范

君臣上下贵贱皆从法，此谓为大治。

——《管子》

本章要点

◇ 电子商务的法律主体

◇ 电子商务相关法律问题

◇ 我国电子商务立法现状

◇ 电子合同的特点及生效要件

◇ 电子商务中消费者个人隐私权的保护

◇ 主要的网络知识产权保护类型

引例

直播带货：风口处何去何从

或许谁也没有想到，区区几平方米的直播间会成为2020年快消品逆市增长的助推器，并且在交易额上完全吊打面积比其大千百倍的线下商超、连锁店及综合体。

正和岛发布的数据显示，2020年是直播电商野蛮生长的一年，其销售额从2017年的190亿元增长到2020年的近万亿元。只用了短短3年时间，直播电商规模就暴涨了50倍，超越了传统网购，并在2021年达到了新高度。直播带货，不但捧红了一批"草根网红"，也吸引了各领域名人投身其中。从政府官员到企业家，再到平头百姓，人人皆可直播带货。无论是传统电商平台或是短视频平台，都纷纷介入这一领域。

取得成绩快，暴露问题则更快。假劣产品不断、质量无保障、数据流量造假等成为直播电商的几大硬伤，正影响这一新兴业态的健康发展。

名人、网红助推直播带货

在过去的一年里，淘宝、京东、拼多多、抖音、快手、斗鱼……越来越多的电商平台、社交平台加速发展直播带货业务。这些平台不仅各自为战，还相互合作，进行资源互补，协同发展。在行业热度催生下，名人、网红、企业家、普通百姓，越来越多的人加入直播带货行业淘金。明星从直播间的嘉宾迅速转变成直播间的主人——主播，企业家也从企业掌舵者变成直播间的品牌推荐官。

罗永浩第一次直播带货一共推介了23款产品，总销售额达1.1亿元，总销售件数超91万件，累计观看人数超过4 800万。董明珠2020年5月和6月在抖音、快手、天猫、京东等6大主流平台开启4次直播，销售额超过70亿元。

三无横行，主播“翻车”

直播带货火爆背后，问题逐渐暴露。2020年初，新冠肺炎疫情暴发导致线下消费停止。直播带货成为快消品销售的“救命稻草”。然而，随着线下经济的逐步复苏，直播乱象也开始引起人们的思考，销售假货、价格虚高、维权难等问题频频曝光，在社会上引起热议。

2020年7月，小沈阳为某白酒品牌带货，当时直播间显示下单数为20件，结果第二天退货16件。对此，商家怀疑明星粉丝数据造假。当月，叶一茜直播卖茶具，当晚在线人数90多万，但销售额不到2 000元，品牌商为此进行投诉。2020年10月25日，辛巴（实名辛有志）团队主播“世达美丽”在直播中向粉丝们推荐了一款燕窝产品。11月4日，有消费者质疑直播室销售的即食燕窝是“糖水，不是燕窝”。随后，辛巴现身猫姐直播室回应，还拿出产品检验报告证明自己清白。然而，11月27日晚，辛巴在其微博上发布了《辛有志致广大网友的一封信》。信中他表示，这款燕窝产品在直播间推广时确实有夸大的成分。他同时表示，直播室销售的燕窝将全部召回，并承担退一赔三的责任。

国家市场监管总局的统计数据显示，2020年前三季度，全国12315平台共接收“直播”相关投诉举报2.19万件，同比增长479.60%，其中，直播带货占比近六成。“直播”相关投诉举报数量排名前五的企业，均为头部电商平台和短视频平台。

监管势在必行

商品质量问题频发导致社会对直播带货规范发展的呼声越来越高，相关监管部门也开始加强对直播带货的监管。

2020年9月22日，中国商业联合会在广州举办的2020直播电商产业年会上颁布了首部全国性的直播电商标准——《直播营销服务规范》。该规范制定了直播营销的基本规范、服务过程控制要求、直播人员的要求、直播购物平台经营者的要求、直播营销商售前售后的要求、提供服务的MSN机构的服务要求等诸多标准。

中国政法大学传播法研究中心副主任朱巍认为，直播带货本质是互联网红利的新赋能，在未来较长时间内，风口红利依旧会存在，但与其他网络新经济形态一样，现阶段直播带货存在的虚假宣传、平台责任不明确、侵害消费者权益等问题已经显露，对直播电商的规范非常必要。

风口处，企业该如何抉择？

资料来源 钟石新. 从野蛮生长到口碑雪崩，直播带货：风口处何去何从［J］. 中国食品工业，2021（2）：32-35.

思考：现阶段针对主播行为以及平台约束有哪些举措？有哪些方面还需要继续完善？

10.1 电子商务法律规范概述

电子商务不仅给全世界带来了全新的商务规则和方式，也对传统法律产生了冲击和挑战，其特有的方式、手段与环境令传统法律无法适应。由于电子商务的交易过程涉及商家、电信经营者、消费者、金融管理者等诸多方面，其中任何一个环节出现问题，都可能引发纠纷，这就需要借助相关法律法规来进行规范和约束。

10.1.1 电子商务法基本概述

1. 电子商务法的含义

电子商务法是指调整电子商务活动中所产生的社会关系的法律规范的总称，是一个新兴的综合法律领域。其调整对象主要包括两个方面：

一是以数据电文为交易手段而形成的、因交易形式所引起的商事关系的规范体系，解决的问题主要集中在计算机网络通信记录、电子签名效力的确认等方面，如电子合同的效力。

二是交易本身和交易引起的特殊法律问题，如知识产权保护、个人隐私权保护等问题。

2. 电子商务法律主体

电子商务法律主体是指参与电子商务活动并在电子商务活动中享有权利和承担义务的个人和组织。

电子商务活动中，为了保证交易的安全和效率，除卖方和买方参与外，还有许多第三方介入服务交易或商品交付中，他们彼此发生联系，形成了各种各样的法律关系。这些参与的第三方与交易双方共同构成了电子商务法律的主体，如图10-1所示。

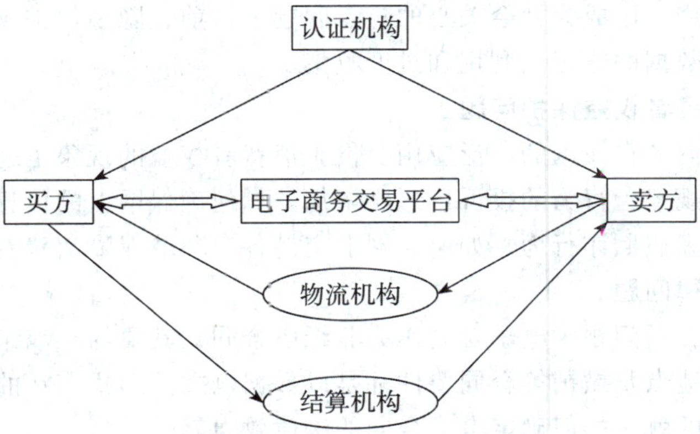

图 10-1 电子商务法律主体

（1）交易双方，即直接通过网络缔结商品买卖合同或服务合同的当事人。

（2）电子商务交易平台，为电子商务的开展提供平台和媒介。

（3）结算机构，即电子商务过程中的金融服务机构，主要负责交易中资金的流转和结算。

（4）认证机构，即对电子签名及签署者身份的真实性进行验证的服务机构，负责保障整个交易的通畅与安全。

（5）物流机构，负责电子商务实体货物的配送。

3.电子商务法的特征

（1）法律主体的虚拟性。电子商务交易主体彼此不需见面，交易对象的身份无法即时确定，因此对网上虚拟主体真实性的确定成为电子商务法的首要任务。

（2）调整对象的多样性。电子商务法律规范所调整的法律关系的客体既包括有形商品，又包括无形商品和服务。随着电子商务活动的不断深入，客体的种类和范围也将不断扩大。

（3）法律规范的国际性。电子商务交易的全球性特征，使得电子商务法比一般民商法具有更突出的国际性特征。

（4）法律规范的技术性。电子商务法中的许多法律规范都是直接或间接由技术规范演变而成的，具有很强的技术性。

（5）法律规范的程式性。由于电子商务交易的特殊性，电子商务法主要解决交易的形式问题，一般不直接涉及交易的具体内容。

（6）法律规范的动态性。这一点主要表现在，电子商务法律规范随着计算机和互联网技术的发展而逐步完善。

10.1.2 电子商务相关法律问题

电子商务的发展不仅改变了人们的生活和思维方式，也面临着一系列不可避免的问题，这些问题对新的法律环境建设提出了迫切的要求。

1.网络个人隐私保护问题

如何保证用户在电子商务交易过程中留下的隐私信息（包括文字、图像等）不被泄露和盗用，已成为社会关心的焦点问题。目前，隐私保护领域遇到的主要问题是对个人数据的非正当利用和过度收集。

2.网络消费者权益保护问题

随着电子商务在我国的广泛应用，侵犯消费者权益的现象也越来越多，消费者对于网上违规经营行为的投诉量急剧增加。如何确保网上的信息和广告的真实性、如何防止虚假欺诈行为、如何在网上交易各个环节保障消费者权益，是电子商务面临的法律问题。

（1）电子合同问题。电子合同作为非纸质合同，其要约、承诺、条款、成立和生效时间与地点及撤销等合同要件都是以数据电文的形式存在的，发展电子商务首先要解决的就是如何确定电子合同的法律效力。

（2）电子支付问题。电子支付是电子商务的关键环节，涉及付款人、收款人和银行之间的法律关系。相关法律问题包括如何保障电子支付的合法性和安全性，如何确定交易主体的资格，如何对电子货币的发行进行监管，以及如何制定对伪造、更改、涂销电子支付数据等行为的处理办法等。

（3）知识产权问题。知识产权是一种无形的财产权，是指对智力劳动成果所享有的相关权利。电子商务的特征也给知识产权保护引入了新的内容，主要包括商业秘密、域名的保护问题，专利权、传统印刷作品的数字版权的保护问题等。

（4）网络不正当竞争问题。由于网络的开放性和管理手段的滞后性，网络不正当竞争行为已成为阻碍网络经济进一步发展的绊脚石，成为市场监督管理部门查处不正当竞争行为的重点。

（5）网上虚拟财产保护问题。网络虚拟财产属于无形财产，其本质是一种信息权利。民法保护的是公民的合法权利，只要是合法的、依法取得的、产生并续存于网络之中的、价值有可估性和确定性的、有现实价值的、有特定信息权利的网络虚拟财产均应得到民法的保护。

（6）网上税收问题。电子商务的虚拟性、全球性等特征给传统的征税制度带来新的冲击，需要研究和制定相应的税务政策法规。电子商务环境下税收面临的问题主要包括：难以确认纳税主体和纳税对象、难以确认纳税环节、难以确认纳税地点和纳税期限、难以确认税收管辖权、难以征管和稽查等。

（7）电子证据问题。电子商务中确定交易各方权利和义务的各种合同和单证都是以数据电文的形式存在的，这些数据电文在证据法中就是电子证据。电子商务交易中，电子证据的可用性、有效性和审查规则都是亟待解决的问题。

（8）在线交易法律适用和管辖冲突问题。电子商务的核心内容是商务，其交易过程仍然适用于传统的法律框架和体系。同时，由于其形式的特殊性，交易过程中出现的许多特殊问题又只能依靠电子商务相关法律来解决，这就需要对传统法律和电子商务法律各自的适用性和管辖范围做出规定。

10.2 国内外电子商务立法现状

为鼓励、引导和维护电子商务沿着规范化轨道健康发展，近年来，许多国家和国际组织相继开展了电子商务法律法规的制定工作，形成了一系列电子商务法律文件。

10.2.1 国外电子商务立法现状

1.国际组织立法

联合国国际贸易法委员会主持制定了一系列调整国际电子商务活动的法律文件：1996年6月通过了《电子商务示范法》，为各国制定本国电子商务法规提供了基本框架和原则；2001年3月正式公布了《电子签名示范法》，对电子签名、数字认证及认证机构进行了规范，该法成为《电子商务示范法》的有用补充，大大有助于各国利用现代化核证技术展开立法工作；2005年11月又在前面两部法律的基础上通过了《联合国国际合同使用电子通信公约》，旨在消除国际合同使用电子通信的障碍，消除现有国际贸易法律文件在执行中可能产生的障碍，加强国际贸易合同的法律确定性和商业上的可预见性。

经济合作与发展组织（OECD）也是电子商务立法工作的积极推动者：1998年10月公布了包括《全球电子商务行动计划》《国际组织和地区性组织电子商务活动和计划报告》《工商界全球电子商务行动计划》《全球网络个人隐私权保护宣言》等重要的电子商务指导性文件，1999年12月制定了《电子商务消费者保护准则》。

此外，相关国际组织制定的电子商务法规还包括：国际商会于1997年11月通过的《国际数字保证商务通则（GUIDEC）》，2004年制定的《国际商会2004年电子商务术语》，2005年3月制定的《国际商会有效部署和实施电子商品编码的原则》；世界贸易组织（WTO）于1998年通过的《关于全球电子商务的宣言》《电子商务工作方案》等。这些法规给电子商务相关法律制度的建立带来了较大影响。

2.欧盟电子商务立法

欧盟委员会在1997年4月提出了著名的《欧洲电子商务行动方案》，为规范欧洲电子商务活动制定了政策框架。1998年发表了《欧盟电子签名法律框架指南》和《欧盟关于个人数据处理及自由流动的个人数据保护指令》。1999年12月和2000年5月分别通过了《电子签名指令》和《电子商务指令》，这两部法律文件构成了欧盟国家电子商务立法的核心和基础。2004年3月公布了《欧洲网络与信息安全机构设置规则》。从立法角度来看，欧盟的电子商务立法无论在立法思想、内容还是技术上都是很先进的。

3.美国电子商务立法

美国电子商务发展较早，在电子商务立法方面也处于领先地位。1995年5月，美国犹他州制定了《数字签名法》，这是美国乃至全世界第一部全面确定电子商务运行规范的法律文件，成为各国发展电子商务的先导。1997年7月颁布了《全球电子商务纲要》，正式形成美国政府系统化的电子商务发展政策和立法规划。2000年6月，美国总统克林顿以数字签名的方式签署了《全球与国家商务中的电子签名法》，直接从联邦政府的层面对各州法律中的未达之处包括州际贸易和国际贸易做了规范。该项立法作为美国政府推动电子商务发展的重要举措，为电子签名和电子记录法律地位的确定制定了重要的程序和规则。之后，美国又相继出台了《联邦信息安全管理法》《公平正确信用交易法》《个人数据隐私与安全法》等一系列法律法规。到20世纪末，美国已有44个州制定了与电子商务有关的法律，相继出台的一系列法律和政策文件共同构成了美国较为完整的电子商务法律框架。2018年1月1日，华盛顿州议会通过了《电商平台促进法》，要求亚马逊和eBay等在线平台代表卖家代收代缴销售税，即使其在所在州或地方税务管辖范围内没有实体。2019年10月1日起，《电商平台促进法》在美国11个州（包括亚利桑那州、加利福尼亚州、科罗拉多州、缅因州、马里兰州、马萨诸塞州、内华达州、北达科他州、得克萨斯州、犹他州和威斯康星州）生效。截至2020年底，美国已有39个州施行《电商平台促进法》。

4.其他国家电子商务立法

新加坡1998年出台的《电子交易法》对电子记录、电子签名、CA的使用等做出了明确的规定。英国1998年10月发布了《网络的利益——英国电子商务发展规划》，阐述了英国政府的电子商务方针和政策。加拿大1999年制定了《统一电子商务法》，正式承认数字签名和电子文件的法律效力。马来西亚是亚洲最早进行电子商务立法的国家，1997年颁布了《数字签名法》，该法以公共密钥技术为基础，并建立了配套认证机制，极大地促进了电子商务的发展。其他国家如日本、韩国、德国、俄罗斯等也都提出了涉及电子商务法律建设的发展框架，一方面对原有法律进行修订和补充，另一方面针对电子商务产生的新问题制定新的法律。

10.2.2 我国电子商务立法现状

电子商务法律规范是推动电子商务发展的前提和保障，其立法工作是随着信息技术和网络技术的发展而展开的。我国相继出台的电子商务相关法律法规见表10-1。

表10-1 我国电子商务相关法律法规大事记

序号	发布或通过时间	法律法规政策
1	1994.02	《中华人民共和国计算机信息系统安全保护条例》（2011年1月修订）
2	1997.12	《计算机信息网络国际联网安全保护管理办法》（2011年1月修订）
3	2000.01	《计算机信息系统国际联网保密管理规定》
4	2004.08	《中华人民共和国电子签名法》（2019年4月第二次修正）
5	2005.01	《国务院办公厅关于加快电子商务发展的若干意见》
6	2005.04	《网络交易平台服务规范》
7	2006.01	《国务院信息化工作办公室关于加快电子商务发展工作任务分工的通知》
8	2007.03	《关于网上交易的指导意见（暂行）》
9	2007.06	《电子商务发展“十一五”规划》
10	2009.04	《电子商务模式规范》
11	2010.06	《非金融机构支付服务管理办法》
12	2010.10	《电子商务示范企业创建规范（试行）》
13	2010.12	《非金融机构支付服务管理办法实施细则》（2020年6月修订）
14	2011.04	《第三方电子商务交易平台服务规范》
15	2011.12	《商务部关于“十二五”电子商务信用体系建设的指导意见》
16	2012.03	《电子商务“十二五”发展规划》
17	2012.04	《2012年电子商务工作要点》
18	2014.03	《网络交易管理办法》（2021年5月废止）
19	2015.12	《非银行支付机构网络支付业务管理办法》
20	2016.12	《电子商务“十三五”发展规划》
21	2018.08	《中华人民共和国电子商务法》
22	2019.01	《网络短视频平台管理规范》
23	2019.12	《网络信息内容生态治理规定》
24	2021.03	《网络交易监督管理办法》
25	2021.10	《“十四五”电子商务发展规划》

上述电子商务相关法律法规中比较有代表性且适用范围比较广泛的主要包括以下几种：

1.《中华人民共和国电子签名法》

2005年4月1日，《中华人民共和国电子签名法》（以下简称《电子签名法》）正式实施（2015年4月24日第十二届全国人民代表大会常务委员会第十四次会议第一次修正，2019年4月23日第十三届全国人民代表大会常务委员会第十次会议第二次修正）。《电子签名法》的颁布，标志着我国电子商务法律建设进入一个新的阶段。《电子签名法》既是我国信息化领域的第一部法律，也是《中华人民共和国行政许可法》颁布实施以来在信息产业和信息化方面由法律建设的第一个行政许可。《电子签名法》包括总则、数据电文、电子签名与认证、法律责任和附则五个部分。《电子签名法》通过确立电子签名法律效力、规范电子签名行为、维护有关各方合法权益，从法律制度上保障了电子交易的安全，促进了电子商务和电子政务的发展，同时为电子认证服务业的发展创造了良好的法律环境，为我国电子商务安全认证体系和网络信任体系的建立奠定了重要基础。

2.《非金融机构支付服务管理办法》

2010年6月，中国人民银行出台《非金融机构支付服务管理办法》，同年12月出台《非金融机构支付服务管理办法实施细则》（2020年6月修订），第三方支付行业结束了原始成长期，被正式纳入国家监管体系，并拥有合法的身份。

2015年12月28日，中国人民银行发布《非银行支付机构网络支付业务管理办法》。该办法是为规范非银行支付机构网络支付业务，防范支付风险，保护当事人合法权益，根据《中华人民共和国中国人民银行法》《非金融机构支付服务管理办法》等规定制定的，自2016年7月1日起施行。

3.《第三方电子商务交易平台服务规范》

2011年4月12日，商务部发布《第三方电子商务交易平台服务规范》，鼓励平台经营者设立“冷静期”制度，允许消费者在冷静期内无理由取消订单，但冷鲜产品、食品、化妆品、药品等除外。《第三方电子商务交易平台服务规范》主要有四个方面的特点：一是确定了第三方电子商务交易平台的运行规则、设立条件与服务规则；二是调整了第三方电子商务交易平台、站内经营者与消费者之间的关系；三是对第三方电子商务交易平台提出了新的要求；四是明确了网络交易中的禁止行为。该规范以促进电子商务与网络购物健康和谐发展为宗旨，建立健全长效机制，以制度促规范，以规范促发展，对第三方电子商务交易平台的经营活动进行规范和引导，保护广大企业和消费者合法权益，营造公平、诚信、安全的交易环境。

4.《网络交易监督管理办法》

2021年3月15日，国家市场监督管理总局出台《网络交易监督管理办法》。《网络交易监督管理办法》是为了规范网络交易活动，维护网络交易秩序，保障网络交易各方主体合法权益，促进数字经济持续健康发展，根据有关法律、行政法规制定的法规。该办法制定了一系列规范交易行为、压实平台主体责任、保障消费者权益的具体制度规则。该办法自2021年5月1日起施行，2014年1月26日国家工商行政管理总局令第60号公布的《网络交易管理办法》同时废止。

5.《中华人民共和国电子商务法》

微视频 10-1

《电子商务法》让买买买更舒心

《中华人民共和国电子商务法》（以下简称《电子商务法》）是调整企业和个人以数据电文为交易手段、通过信息网络所产生的、因交易形式所引起的各种商事交易关系，以及与这种商事交易关系密切相关的社会关系、政府管理关系的法律规范的总称。2013年12月27日，全国人大常委会正式启动了《电子商务法》的立法进程。2018年8月31日，十三届全国人大常委会第五次会议表决通过《电子商务法》，该法自2019年1月1日起施行。

国家鼓励发展电子商务新业态，创新商业模式，促进电子商务技术研发和推广应用，推进电子商务诚信体系建设，营造有利于电子商务创新发展的市场环境，充分发挥电子商务在推动高质量发展、满足人民日益增长的美好生活需要、构建开放型经济方面的重要作用。

总体来说，电子商务立法需要考虑的问题涉及面广、内容复杂，关系到国内法、国际法、民法，甚至刑法。目前国际上还没有形成统一的、各国均适用的电子商务法律。由于电子商务本身具有超越国界的特征，有关电子商务的法律不仅要适合国内的发展情况和需求，还要与国际普遍接受的原则和法律规范相协调。因此，我们不仅要完善立法，制定新的法规，还要考虑电子商务中的新问题，对传统立法做一些必要的调整，构建具有中国特色的电子商务法律体系。

10.3 电子商务交易的法律法规

10.3.1 数据电文及电子签名的法律效力

1.数据电文的法律效力

思政链接10-1

《电子商务法》和你我利益息息相关

数据电文是指以电子手段、光学手段或类似手段生成、发送、接收或存储的信息。自2021年1月1日起施行的《中华人民共和国民法典》（简称《民法典》）的第四百六十九条规定：“当事人订立合同，可以采用书面形式、口头形式或者其他形式。书面形式是合同书、信件、电报、电传、传真等可以有形地表现所载内容的形式。以电子数据交换、电子邮件等方式能够有形地表现所载内容，并可以随时调取查用的数据电文，视为书面形式。”也就是说，不管合同采用什么载体，只要可以有形地表现所载内容就视为符合法律对“书面”的要求。能够有形地表现所载内容，并可以随时调取查用的数据电文，视为符合法律、法规要求的书面形式。

审查数据电文作为证据的真实性，应当考虑以下因素：生成、储存或者传递数据电文方法的可靠性；保持内容完整性方法的可靠性；用以鉴别发件人方法的可靠性；其他相关因素。

2.电子签名的法律效力

电子签名是指用符号及代码组成电子密码进行“签名”来代替书写签名或印章，它采用规范化的程序和科学化的方法，用于鉴定签名人的身份以及认可一项数据电文内容信息。它还能验证文件的原文在传输过程中有无变动。

电子签名同时符合下列条件的，视为可靠的电子签名：电子签名制作数据用于电子签名时，属于电子签名人专有；签署时电子签名制作数据仅由电子签名人控制；签署后对电子签名的任何改动能够被发现；签署后对数据电文内容和形式的任何改动能够被发现。当事人也可以选择使用符合其约定的可靠条件的电子签名。

我国《电子签名法》第十四条规定，可靠的电子签名与手写签名或者盖章具有同等法律效力。这是《电子签名法》的核心，确立了可靠的电子签名的法律效力。电子签名获得法律效力，意味着确定互联网上用户的身份成为可能。使用电子签名业务的用户将不再对与其交流信息的对方一无所知，在这个基础上，网络才有可能真正跃出媒体之外，被充分运用到商务、科学研究、日常生活等诸多方面，从而使“虚拟空间”真正全面地与现实世界接轨。

小案例10-1　万安县推出“电子营业执照+电子印章”同步发放新举措

为持续优化营商环境，进一步提高企业、个体工商户开办便利度，新开办企业、个体工商户可以在领取纸质营业执照的同时，免费获得电子营业执照和电子印章，此举措的开展标志着企业开办环节初步实现全程电子化。

2022年以来，万安县市场监管局通过上门走访、短信、电话、微信等方式指导市场主体入驻惠企通、吉惠通平台，帮助其申领电子营业执照及电子印章。截至2022年11月，全县累计走访市场主体超3 000户、发放宣传资料1 400余份。

电子营业执照与电子印章的同步发放进一步降低了企业开办成本，真正做到了让“数据多跑路，群众少跑腿”。

下一步，万安县市场监管局将以一体化电子证照、电子签章平台为依托，推动电子营业执照和电子印章在抽查监管、亮照经营、许可办理、政务服务、金融业务、商务活动等领域的全面应用，不断增强企业群众办事便利度和获得感。

资料来源　林赛男，钟佳明. 吉安万安县推出“电子营业执照+电子印章”同步发放新举措［EB/OL］.［2022-12-20］. http：//amr.jiangxi.gov.cn/art/2022/11/23/art_22467_4239508.html.

10.3.2　电子合同

电子商务当事人订立和履行合同，适用《电子商务法》《民法典》《电子签名法》等法律的规定。

1.电子合同的概念及特点

合同，亦称契约，它是反映双方或多方意思表示一致的法律行为。《民法典》第四百六十四条规定："合同是民事主体之间设立、变更、终止民事法律关系的协议。"电子合同是指合同当事人之间为了实现一定目的，以数据电文的形式达成的，设立、变更、终止民事权利义务关系的协议。

作为一种新的合同形式，电子合同与传统合同相比具有以下特点：

（1）电子合同存在形式的特殊性。电子合同以数据电文的形式存在，没有原件与复印件之分。《民法典》规定，合同的书面形式包括数据电文形式。

（2）电子合同订立过程的特殊性。相对于传统合同通常采用的"面对面"订立方式，电子合同则主要通过网络"非面对面"的方式订立。合同内容的修改、储存和传递等过程均在计算机上进行。电子合同甚至允许在没有人参与情况下，由当事人的电子代理人自动完成合同的缔约过程。

（3）电子合同的成立与生效具有特殊性。在传统合同中表示合同生效的签字、盖章方式在电子合同中由数字签名代替，电子商务立法规定电子合同满足法定条件即视为有效。

2.电子合同的订立

合同的成立是指当事人在意思表示一致时达成协议的状态。在合同法中，确定合同成立的时间与地点具有重要意义：合同的成立时间确定了合同当事人开始履行合同义务的时间；合同的成立地点对管辖范围的确定等有着重要意义。传统的合同法对合同成立时间和地点的确定主要分为两种规则：到达主义和发送主义。我国采用的是到达主义，因此在对电子合同的相关规定中也沿用了这一规则。

（1）电子合同成立的时间。《民法典》第四百九十一条规定："当事人采用信件、数据电文等形式订立合同要求签订确认书的，签订确认书时合同成立。当事人一方通过互联网等信息网络发布的商品或者服务信息符合要约条件的，对方选择该商品或者服务并提交订单成功时合同成立，但是当事人另有约定的除外。"

（2）电子合同成立的地点。《民法典》第四百九十二条规定："采用数据电文形式订立合同的，收件人的主营业地为合同成立的地点；没有主营业地的，其住所地为合同成立的地点。当事人另有约定的，按照其约定。"

3.电子合同的生效

合同成立不一定能受到法律的约束，只有符合法律规定生效的合同才会产生法律拘束力。合同的生效是指国家或法律对当事人之间已经成立的合同进行评价，决定是否让其产生法律效力的过程。电子合同的一般生效要件包括以下几个方面的内容：

（1）电子合同缔约当事人具有相应的民事行为能力。

（2）缔约双方当事人意思表示自愿、真实、一致。

（3）合同内容和形式不违反法律或社会公共利益。

4.电子合同的履行

根据《电子商务法》第五十条的规定，电子商务经营者应当清晰、全面、明确地告知用户订立合同的步骤、注意事项、下载方法等事项，并保证用户能够便利、完整地阅览和下载。电子商务经营者应当保证用户在提交订单前可以更正输入错误。

电子合同是电子商务交易中的重要一环，是保障电子商务市场正常运行的重要手段。此外，电子商务交易中所涉及的法律规范还包括电子认证、电子支付等相关法律规范。

小案例10-2　“爱奇艺庆余年超前点播案”当事律师：活在这个时代很幸运

2020年6月2日，北京互联网法院宣判“爱奇艺庆余年超前点播案”。判决称“超前点播”违法，构成违约，被告爱奇艺向原告连续15日提供原告原享有的VIP会员权益，被告赔偿原告公证费损失1 500元，驳回原告其他诉讼请求。

2019年闹得沸沸扬扬的《庆余年》超前点播事件引起多位律师关注。律师吴声威对此一纸诉状将爱奇艺告上海淀法院。他表示，虽然大家关注超前点播收费，但事情的本质是会员协议的格式条款问题，“消费者要通过诉讼要求修改这个协议，才有可能长期保障会员权益，超前点播只是一个另行付费的例子而已”。

吴声威的诉讼请求中并没有提及经济赔偿，除了要求爱奇艺取消超前点播功能外，大部分是针对《VIP会员服务协议》部分内容请求法院确认无效。他坦言，对于起诉的行为获得了大量网友的支持，但也受到一些质疑，有人觉得超前点播收费是合理的，也有人认为起诉只是为了博眼球、炒作。对此，吴声威表示，他并不在意反对的声音，“我不期待赔偿，只是期望法院对于爱奇艺的协议做出一个结论，这决定着以后我们在签合同的时候是否可以模仿爱奇艺，过分排除对方权利”。

北京互联网法院判处“爱奇艺庆余年超前点播案”违法后，吴声威也表达了自己最新的看法。他表示，对于判决的内容以及法庭的论述，个人比较满意。此次诉讼虽耗费大量精力，但也值得。能在裁判文书网上留下这浓墨重彩的一笔，这都是法律赋予自己可以拿起法律武器维护自己权益的机会，“活在这个时代，很幸运”。

资料来源　佚名．“爱奇艺庆余年超前点播案”当事律师：活在这个时代很幸运［EB/OL］．［2022-12-20］．https：//tech.sina.com.cn/i/2020-06-02/doc-iircuyvi6378724.shtml.

10.4　电子商务中个人隐私保护法律规范

隐私权是指公民享有的私人生活安宁与私人信息依法受到保护，不被他人非法侵犯、知悉、搜集、利用和公开的一种人格权，主要包括个人生活宁静权、私人信息保密权、个人通信秘密权及个人隐私利用权。

电子商务交易具有电子化、虚拟化、全球性等特点，交易关系复杂，同时也大大增加了消费者隐私权遭受侵犯的风险。在网络交易中，大量的私人信息和数据等被信息服务系统搜集、储存和传输，消费者的个人隐私不可避免地受到威胁。目前电子商务活动中个人隐私权受到威胁的情况主要包括以下几方面：

（1）对个人资料的不当搜集和使用。个人资料一般包括消费者的姓名、性别、电话、信用卡号码、家庭住址等。作为电子商务交易的技术平台，计算机信息系统在消费者进行网上交易的过程中记录了大量的个人信息，如果网络经营者为追求利益使用甚至买卖这些信息，会给消费者带来遭受损失的风险。

（2）对通信秘密和通信自由权利的侵犯。通信秘密和通信自由是公民享有的基本权利，电子邮件是网络环境下最常用的通信手段，其安全性取决于传输网络以及发送和接收服务器的安全性。

（3）侵犯个人自主、独立生活的权利。目前，电子邮件形式的网络广告泛滥成灾，需要花费大量的时间去查阅、处理，极大地干扰、破坏了消费者的个人生活安宁。

进入电子商务时代以来，国际组织和世界各国都非常重视个人隐私权的保护，先后出台了《全球网络个人隐私权保护宣言》《个人数据保护指令》等法律法规。

《中华人民共和国网络安全法》（以下简称《网络安全法》）是我国第一部全面规范网络空间安全管理方面问题的基础性法律，是我国网络空间法治建设的重要里程碑，标志着自此我国网络安全相关工作有法可依、有章可循。

《网络安全法》于2016年11月7日第十二届全国人民代表大会常务委员会第二十四次会议通过，自2017年6月1日起施行。自正式施行以来距今已有将近6年的时间。后续我国又陆续颁布实施了《中华人民共和国密码法》《中华人民共和国数据安全法》《中华人民共和国个人信息保护法》《关键信息基础设施保护条例》以及网络安全等级保护2.0标准体系等网络安全相关的法律法规、标准规范，逐渐丰富和完善了我国网络安全相关国家法律、技术标准、行业政策。

2021年8月20日，十三届全国人大常委会第三十次会议表决通过《中华人民共和国个人信息保护法》（简称《个人信息保护法》），自2021年11月1日起施行。《个人信息保护法》是为了保护个人信息权益，规范个人信息处理活动，促进个人信息合理利用，根据宪法制定的法规。《个人信息保护法》共8章74条。在有关法律的基础上，该法进一步细化、完善个人信息保护应遵循的原则和个人信息处理规则，明确个人信息处理活动中的权利义务边界，健全个人信息保护工作体制机制。

思政链接10-2

提升个人信息保护法治化水平

需要指出的是，在电子商务交易中，个人资料往往是商家提供个性化服务的基础，因此在对个人资料的使用和管理上，需要在商家和消费者之间找到一个平衡点，既要保证商家可以提供有针对性的服务，又要注意保护个人隐私，使消费者的权益不受侵害。

10.5 电子商务知识产权法律规范

知识产权是保护人类智力成果的一种无形产权，主要包括著作权、专利权、商标权等。随着科学技术的迅速发展，知识产权保护对象的范围不断扩大，如计算机软件、数据库产品等。电子商务的发展要求建立清晰、有效的网上知识产权保护体系，以解决包括数据库产品、计算机软件产品著作权保护以及域名保护等在内的许多新的知识产权保护问题。

小案例10-3　　知识产权保护，电商发展之基

随着移动互联网的普及，电商平台为经济发展增添新的驱动力，也使中国成为全球第一大网络零售大国。电商平台让消费者轻松实现“买买买”，也增加了知识产权保护的复杂性。一家电商平台的数据显示，平台每日新发商品逾3 000万件，存量商品达15亿件以上，每年权利人投诉量上千万次，用户举报上百万次。在此背景下，依法打击电商平台的售假行为，保护消费者的合法权益，既是维护知识产权权益人品牌和收益的必要举措，也是电商平台赢得市场的明智之举。

互联网的海量信息，电商平台上的海量商品，为一些假冒伪劣产品混迹其中提供了空间。与此同时，借助互联网大数据、人工智能和区块链等新技术，电商平台可以比线下实体更加精准地识别正品和假货，快速准确打击侵权商家。比如，有的电商平台应用“千里眼”技术，实现全网、全平台、全时段扫描疑似盗版侵权链接，从电子存证、首发商品、首发备案等方面为原创设计商品保驾护航；还有电商平台使用区块链防伪追溯技术，接入超过400家品牌商，覆盖1.2万多款商品，上链超过10亿条商品追溯数据。这些技术的运用，有效压缩了假冒伪劣产品的生存空间。

电商打假，需要形成“技术赋能+多元共治”的治理模式。人民网发布的《中国电商知识产权保护创新实践研究报告（2019）》显示，中国电商借助互联网大数据、区块链等新技术条件，可以有效节约知识产权保护的成本，降低侵权风险，有力推动知识产权保护意识的全民普及。在实践中，由京津冀、长三角、泛珠三角等地区13个省份联合发起的“云剑联盟”，开创了政企合作、线上线下联动打假的新模式，有力净化了协作区域的市场环境。

知识产权保护的务实作为，已成为电商领域的核心竞争力。近年来，中国电商从线上线下两个方向同时开启打假路径，维护知识产权权利人和广大消费者的合法权益，有效震慑了侵权犯罪分子，解决了很多已经存在多年的侵权顽疾，扭转了一些国际品牌对中国电商的负面印象。同时，随着跨境电商的发展，中国电商不断密切与国际组织和权利人的合作，有效打击从海外到国内输入型的跨境制售假案，受到国际社会好评。

资料来源　祝华新．知识产权保护，电商发展之基［N］．人民日报，2019-06-21.

10.5.1 网络著作权保护

著作权又称版权，是基于特定作品的精神权利以及全面支配该作品并享受其利益的经济权利的合称，客体包括著作权法认可的文学、艺术和科学等作品，简称作品。计算机技术以及网络通信的发展给著作权的客体带来了新的内容，除传统作品的数字化形式外，还包括计算机软件、数据库、多媒体等。

网络著作权包括人身权和财产权。其中，人身权包括网络作品发表权、署名权、修改权和保护作品完整权。财产权主要包括网络作品复制权、发行权、传播权等。著作权人对其作品有使用权和获得报酬的权利。

在我国电子商务环境下，网络著作权侵权行为主要体现在以下三个方面：

（1）传统媒体与网络站点间的相互抄袭、未经许可使用、拒付报酬等行为。

（2）网络站点间的相互抄袭、未经许可使用、拒付报酬等行为。

（3）网络使用者对著作权人的抄袭、未经许可使用、拒付报酬等行为，网络服务商违反法律规定或行业经营义务作为或不作为地实施了侵权行为等。

在审理电子商务活动涉及著作权纠纷的案件中，认定侵犯著作权人发表权、向公众传播作品侵犯著作权人使用权、剽窃抄袭他人作品侵犯其获得报酬权利的，都可以适用《中华人民共和国著作权法》中的相关规定；对网络服务商侵犯著作权的，尚不能从《中华人民共和国著作权法》中找到适用条款时，则适用《民法典》中的相关规定。

10.5.2 域名保护

在电子商务中，商家通常会根据自己的商号或者产品商标来命名域名，域名已成为提高商家或者产品知名度的一种重要手段。近年来由域名引发的纷争频繁发生，因此，在电子商务环境下，域名保护成为企业知识产权保护的重要内容。

目前域名的申请注册遵循“先申请先注册”的原则。由于域名具有全球唯一性和排他性，一个域名一经注册，就意味着全球范围内的其他任何机构都不能注册相同的域名。电子商务中常见的域名纷争包括：

（1）互联网用户使用的域名恰好是另外一家公司的注册商标。

（2）恶意抢注他人公司的名称或者商标为域名，并以此牟利。这是经常发生的域名争议。恶意抢注是明知或应知他人的商标、商号及姓名等具有较高的知名度和影响力而进行抢注的行为。

（3）同一商标的两个合法拥有者都想以他们的商标做域名。

域名作为一种无形的资产，在我国受到《民法典》《中华人民共和国商标法》《中华人民共和国反不正当竞争法》《互联网域名管理办法》《中国互联网络信息中心域名争议解决办法》等相关法律法规和政策的保护。由于域名具有全球性，要解决此类纠纷，在全球范围内建立合理稳定的域名管理新体系，就需要各国的不懈努力。目前世界知识产权组织、国际电信联盟、互联网协会等国际组织共同发布了《通用顶级域名管理操作最终方案》《互联网域名系统通用顶级域名谅解备忘录》等，用于解决域名纠纷。

根据《电子商务法》第四十一条的规定，电子商务平台经营者应当建立知识产权保护规则，与知识产权权利人加强合作，依法保护知识产权。

本章小结

电子商务具有无国界性、虚拟性、无纸化的特点，给经营者带来了巨大的商机，也给消费者带来了空前的便利，同时也引发了许多法律问题。本章就电子商务环境下的法律问题进行了分析，重点讨论了数据电文、电子签名的法律效力、电子合同法规、网络个人隐私权保护、知识产权保护法规等电子商务相关法律规范。2019年1月1日开始实施的《电子商务法》完善了我国的电子商务政策法律环境，有力地促进了我国电子商务的良性发展。

复习思考题

1. 电子商务涉及的法律问题有哪些？
2. 简述我国《电子商务法》的主要内容。
3. 简述电子合同的特点及生效要件。
4. 简述网络著作权的主要内容。

第10章即测即评

拓展阅读10-1

《电子签名法》全文

拓展阅读10-2

《中国互联网络信息中心域名争议解决办法》

附录

中华人民共和国电子商务法

（2018年8月31日第十三届全国人民代表大会常务委员会第五次会议通过）

第一章 总 则

第一条 为了保障电子商务各方主体的合法权益，规范电子商务行为，维护市场秩序，促进电子商务持续健康发展，制定本法。

第二条 中华人民共和国境内的电子商务活动，适用本法。本法所称电子商务，是指通过互联网等信息网络销售商品或者提供服务的经营活动。法律、行政法规对销售商品或者提供服务有规定的，适用其规定。金融类产品和服务，利用信息网络提供新闻信息、音视频节目、出版以及文化产品等内容方面的服务，不适用本法。

第三条 国家鼓励发展电子商务新业态，创新商业模式，促进电子商务技术研发和推广应用，推进电子商务诚信体系建设，营造有利于电子商务创新发展的市场环境，充分发挥电子商务在推动高质量发展、满足人民日益增长的美好生活需要、构建开放型经济方面的重要作用。

第四条 国家平等对待线上线下商务活动，促进线上线下融合发展，各级人民政府和有关部门不得采取歧视性的政策措施，不得滥用行政权力排除、限制市场竞争。

第五条 电子商务经营者从事经营活动，应当遵循自愿、平等、公平、诚信的原则，遵守法律和商业道德，公平参与市场竞争，履行消费者权益保护、环境保护、知识产权保护、网络安全与个人信息保护等方面的义务，承担产品和服务质量责任，接受政府和社会的监督。

第六条 国务院有关部门按照职责分工负责电子商务发展促进、监督管理等工作。县级以上地方各级人民政府可以根据本行政区域的实际情况，确定本行政区域内电子商务的部门职责划分。

第七条 国家建立符合电子商务特点的协同管理体系，推动形成有关部门、电子商务行业组织、电子商务经营者、消费者等共同参与的电子商务市场治理体系。

第八条 电子商务行业组织按照本组织章程开展行业自律，建立健全行业规范，推动行业诚信建设，监督、引导本行业经营者公平参与市场竞争。

第二章 电子商务经营者

第九条 本法所称电子商务经营者，是指通过互联网等信息网络从事销售商品或者提供服务的经营活动的自然人、法人和非法人组织，包括电子商务平台经营者、平台内经营者以及通过自建网站、其他网络服务销售商品或者提供服务的电子商务经营者。本法所称电子商务平台经营者，是指在电子商务中为交易双方或者多方提供网络经营场所、交易撮合、信息发布等服务，供交易双方或者多方独立开展交易活动的法人或者非法人组织。本法所称平台内经营者，是指通过电子商务平台销售商品或者提供服务的电子商务经营者。

第十条 电子商务经营者应当依法办理市场主体登记。但是，个人销售自产农副产品、家庭手工业产品，个人利用自己的技能从事依法无须取得许可的便民劳务活动和零星小额交易活动，以及依照法律、行政法规不需要进行登记的除外。

第十一条 电子商务经营者应当依法履行纳税义务，并依法享受税收优惠。依照前条规定不需要办理市场主体登记的电子商务经营者在首次纳税义务发生后，应当依照税收征收管理法律、行政法规的规定申请办理税务登记，并如实申报纳税。

第十二条 电子商务经营者从事经营活动，依法需要取得相关行政许可的，应当依法取得行政许可。

第十三条 电子商务经营者销售的商品或者提供的服务应当符合保障人身、财产安全的要求和环境保护要求，不得销售或者提供法律、行政法规禁止交易的商品或者服务。

第十四条 电子商务经营者销售商品或者提供服务应当依法出具纸质发票或者电子发票等购货凭证或者服务单据。电子发票与纸质发票具有同等法律效力。

第十五条 电子商务经营者应当在其首页显著位置，持续公示营业执照信息、与其经营业务有关的行政许可信息、属于依照本法第十条规定的不需要办理市场主体登记情形等信息，或者上述信息的链接标识。前款规定的信息发生变更的，电子商务经营者应当及时更新公示信息。

第十六条 电子商务经营者自行终止从事电子商务的，应当提前三十日在首页显著位置持续公示有关信息。

第十七条 电子商务经营者应当全面、真实、准确、及时地披露商品或者服务信息，保障消费者的知情权和选择权。电子商务经营者不得以虚构交易、编造用户评价等方式进行虚假或者引人误解的商业宣传，欺骗、误导消费者。

第十八条 电子商务经营者根据消费者的兴趣爱好、消费习惯等特征向其提供商品或者服务的搜索结果的，应当同时向该消费者提供不针对其个人特征的选项，尊重和平等保护消费者合法权益。电子商务经营者向消费者发送广告的，应当遵守《中华人民共和国广告法》的有关规定。

第十九条 电子商务经营者搭售商品或者服务，应当以显著方式提请消费者注意，不得将搭售商品或者服务作为默认同意的选项。

第二十条 电子商务经营者应当按照承诺或者与消费者约定的方式、时限向消费者交付商品或者服务，并承担商品运输中的风险和责任。但是，消费者另行选择快递物流服务提供者的除外。

第二十一条 电子商务经营者按照约定向消费者收取押金的，应当明示押金退还的方式、程序，不得对押金退还设置不合理条件。消费者申请退还押金，符合押金退还条件的，电子商务经营者应当及时退还。

第二十二条 电子商务经营者因其技术优势、用户数量、对相关行业的控制能力以及其他经营者对该电子商务经营者在交易上的依赖程度等因素而具有市场支配地位的，不得滥用市场支配地位，排除、限制竞争。

第二十三条 电子商务经营者收集、使用其用户的个人信息，应当遵守法律、行政法规有关个人信息保护的规定。

第二十四条 电子商务经营者应当明示用户信息查询、更正、删除以及用户注销的方式、程序，不得对用户信息查询、更正、删除以及用户注销设置不合理条件。电子商务经营者收到用户信息查询或者更正、删除的申请的，应当在核实身份后及时提供查询或者更正、删除用户信息。用户注销的，电子商务经营者应当立即删除该用户的信息；依照法律、行政法规的规定或者双方约定保存的，依照其规定。

第二十五条 有关主管部门依照法律、行政法规的规定要求电子商务经营者提供有关电子商务数据信息的，电子商务经营者应当提供。有关主管部门应当采取必要措施保护电子商务经营者提供的数据信息的安全，并对其中的个人信息、隐私和商业秘密严格保密，不得泄露、出售或者非法向他人提供。

第二十六条 电子商务经营者从事跨境电子商务，应当遵守进出口监督管理的法律、行政法规和国家有关规定。

第二十七条 电子商务平台经营者应当要求申请进入平台销售商品或者提供服务的经营者提交其身份、地址、联系方式、行政许可等真实信息，进行核验、登记，建立登记档案，并定期核验更新。电子商务平台经营者为进入平台销售商品或者提供服务的非经营用户提供服务，应当遵守本节有关规定。

第二十八条 电子商务平台经营者应当按照规定向市场监督管理部门报送平台内经营者的身份信息，提示未办理市场主体登记的经营者依法办理登记，并配合市场监督管理部门，针对电子商务的特点，为应当办理市场主体登记的经营者办理登记提供便利。电子商务平台经营者应当依照税收征收管理法律、行政法规的规定，向税务部门报送平台内经营者的身份信息和与纳税有关的信息，并应当提示依照本法第十条规定不需要办理市场主体登记的电子商务经营者依照本法第十一条第二款的规定办理税务登记。

第二十九条 电子商务平台经营者发现平台内的商品或者服务信息存在违反本法第十二条、第十三条规定情形的，应当依法采取必要的处置措施，并向有关主管部门报告。

第三十条 电子商务平台经营者应当采取技术措施和其他必要措施保证其网络安全、稳定运行，防范网络违法犯罪活动，有效应对网络安全事件，保障电子商务交易安全。电子商务平台经营者应当制定网络安全事件应急预案，发生网络安全事件时，应当立即启动应急预案，采取相应的补救措施，并向有关主管部门报告。

第三十一条 电子商务平台经营者应当记录、保存平台上发布的商品和服务信息、交易信息，并确保信息的完整性、保密性、可用性。商品和服务信息、交易信息保存时间自交易完成之日起不少于三年；法律、行政法规另有规定的，依照其规定。

第三十二条 电子商务平台经营者应当遵循公开、公平、公正的原则，制定平台服务协议和交易规则，明确进入和退出平台、商品和服务质量保障、消费者权益保护、个人信息保护等方面的权利和义务。

第三十三条 电子商务平台经营者应当在其首页显著位置持续公示平台服务协议和交易规则信息或者上述信息的链接标识，并保证经营者和消费者能够便利、完整地阅览和下载。

第三十四条 电子商务平台经营者修改平台服务协议和交易规则，应当在其首页显著位置公开征求意见，采取合理措施确保有关各方能够及时充分表达意见。修改内容应当至少在实施前七日予以公示。平台内经营者不接受修改内容，要求退出平台的，电子商务平台经营者不得阻止，并按照修改前的服务协议和交易规则承担相关责任。

第三十五条 电子商务平台经营者不得利用服务协议、交易规则以及技术等手段，对平台内经营者在平台内的交易、交易价格以及与其他经营者的交易等进行不合理限制或者附加不合理条件，或者向平台内经营者收取不合理费用。

第三十六条 电子商务平台经营者依据平台服务协议和交易规则对平台内经营者违反法律、法规的行为实施警示、暂停或者终止服务等措施的，应当及时公示。

第三十七条 电子商务平台经营者在其平台上开展自营业务的，应当以显著方式区分标记自营业务和平台内经营者开展的业务，不得误导消费者。电子商务平台经营者对其标记为自营的业务依法承担商品销售者或者服务提供者的民事责任。

第三十八条 电子商务平台经营者知道或者应当知道平台内经营者销售的商品或者提供的服务不符合保障人身、财产安全的要求，或者有其他侵害消费者合法权益行为，未采取必要措施的，依法与该平台内经营者承担连带责任。对关系消费者生命健康的商品或者服务，电子商务平台经营者对平台内经营者的资质资格未尽到审核义务，或者对消费者未尽到安全保障义务，造成消费者损害的，依法承担相应的责任。

第三十九条 电子商务平台经营者应当建立健全信用评价制度，公示信用评价规则，为消费者提供对平台内销售的商品或者提供的服务进行评价的途径。电子商务平台经营者不得删除消费者对其平台内销售的商品或者提供的服务的评价。

第四十条 电子商务平台经营者应当根据商品或者服务的价格、销量、信用等以多种方式向消费者显示商品或者服务的搜索结果；对于竞价排名的商品或者服务，应当显著标明“广告”。

第四十一条 电子商务平台经营者应当建立知识产权保护规则，与知识产权权利人加强合作，依法保护知识产权。

第四十二条 知识产权权利人认为其知识产权受到侵害的，有权通知电子商务平台经营者采取删除、屏蔽、断开链接、终止交易和服务等必要措施。通知应当包括构成侵权的初步证据。电子商务平台经营者接到通知后，应当及时采取必要措施，并将该通知转送平台内经营者；未及时采取必要措施的，对损害的扩大部分与平台内经营者承担连带责任。因通知错误造成平台内经营者损害的，依法承担民事责任。恶意发出错误通知，造成平台内经营者损失的，加倍承担赔偿责任。

第四十三条 平台内经营者接到转送的通知后，可以向电子商务平台经营者提交不存在侵权行为的声明。声明应当包括不存在侵权行为的初步证据。电子商务平台经营者接到声明后，应当将该声明转送发出通知的知识产权权利人，并告知其可以向有关主管部门投诉或者向人民法院起诉。电子商务平台经营者在转送声明到达知识产权权利人后十五日内，未收到权利人已经投诉或者起诉通知的，应当及时终止所采取的措施。

第四十四条 电子商务平台经营者应当及时公示收到的本法第四十二条、第四十三条规定的通知、声明及处理结果。

第四十五条 电子商务平台经营者知道或者应当知道平台内经营者侵犯知识产权的，应当采取删除、屏蔽、断开链接、终止交易和服务等必要措施；未采取必要措施的，与侵权人承担连带责任。

第四十六条 除本法第九条第二款规定的服务外，电子商务平台经营者可以按照平台服务协议和交易规则，为经营者之间的电子商务提供仓储、物流、支付结算、交收等服务。电子商务平台经营者为经营者之间的电子商务提供服务，应当遵守法律、行政法规和国家有关规定，不得采取集中竞价、做市商等集中交易方式进行交易，不得进行标准化合约交易。

第三章 电子商务合同的订立与履行

第四十七条 电子商务当事人订立和履行合同，适用本章和《中华人民共和国民法总则》《中华人民共和国合同法》[①]《中华人民共和国电子签名法》等法律的规定。

第四十八条 电子商务当事人使用自动信息系统订立或者履行合同的行为对使用该系统的当事人具有法律效力。在电子商务中推定当事人具有相应的民事行为能力。但是，有相反证据足以推翻的除外。

第四十九条 电子商务经营者发布的商品或者服务信息符合要约条件的，用户选择该商品或者服务并提交订单成功，合同成立。当事人另有约定的，从其约定。电子商务经营者不得以格式条款等方式约定消费者支付价款后合同不成立；格式条款等含有该内容的，其内容无效。

第五十条 电子商务经营者应当清晰、全面、明确地告知用户订立合同的步骤、注意事项、下载方法等事项，并保证用户能够便利、完整地阅览和下载。电子商务经营者应当保证用户在提交订单前可以更正输入错误。

第五十一条 合同标的为交付商品并采用快递物流方式交付的，收货人签收时间为交付时间。合同标的为提供服务的，生成的电子凭证或者实物凭证中载明的时间为交付时间；前述凭证没有载明时间或者载明时间与实际提供服务时间不一致的，实际提供服务的时间为交付时间。合同标的为采用在线传输方式交付的，合同标的进入对方当事人指定的特定系统并且能够检索识别的时间为交付时间。合同当事人对交付方式、交付时间另有约定的，从其约定。

第五十二条 电子商务当事人可以约定采用快递物流方式交付商品。快递物流服务提供者为电子商务提供快递物流服务，应当遵守法律、行政法规，并应当符合承诺的服务规范和时限。快递物流服务提供者在交付商品时，应当提示收货人当面查验；交由他人代收的，应当经收货人同意。快递物流服务提供者应当按照规定使用环保包装材料，实现包装材料的减量化和再利用。快递物流服务提供者在提供快递物流服务的同时，可以接受电子商务经营者的委托提供代收货款服务。

第五十三条 电子商务当事人可以约定采用电子支付方式支付价款。电子支付服务提供者为电子商务提供电子支付服务，应当遵守国家规定，告知用户电子支付服务的功能、使用方法、注意事项、相关风险和收费标准等事项，不得附加不合理交易条件。电子支付服务提供者应当确保电子支付指令的完整性、一致性、可跟踪稽核和不可篡改。电子支付服务提供者应当向用户免费提供对账服务以及最近三年的交易记录。

---

① 《中华人民共和国民法典》自2021年1月1日起施行，《中华人民共和国民法总则》《中华人民共和国合同法》同时废止。

第五十四条 电子支付服务提供者提供电子支付服务不符合国家有关支付安全管理要求，造成用户损失的，应当承担赔偿责任。

第五十五条 用户在发出支付指令前，应当核对支付指令所包含的金额、收款人等完整信息。支付指令发生错误的，电子支付服务提供者应当及时查找原因，并采取相关措施予以纠正。造成用户损失的，电子支付服务提供者应当承担赔偿责任，但能够证明支付错误非自身原因造成的除外。

第五十六条 电子支付服务提供者完成电子支付后，应当及时准确地向用户提供符合约定方式的确认支付的信息。

第五十七条 用户应当妥善保管交易密码、电子签名数据等安全工具。用户发现安全工具遗失、被盗用或者未经授权的支付的，应当及时通知电子支付服务提供者。未经授权的支付造成的损失，由电子支付服务提供者承担；电子支付服务提供者能够证明未经授权的支付是因用户的过错造成的，不承担责任。电子支付服务提供者发现支付指令未经授权，或者收到用户支付指令未经授权的通知时，应当立即采取措施防止损失扩大。电子支付服务提供者未及时采取措施导致损失扩大的，对损失扩大部分承担责任。

第四章 电子商务争议解决

第五十八条 国家鼓励电子商务平台经营者建立有利于电子商务发展和消费者权益保护的商品、服务质量担保机制。电子商务平台经营者与平台内经营者协议设立消费者权益保证金的，双方应当就消费者权益保证金的提取数额、管理、使用和退还办法等做出明确约定。消费者要求电子商务平台经营者承担先行赔偿责任以及电子商务平台经营者赔偿后向平台内经营者的追偿，适用《中华人民共和国消费者权益保护法》的有关规定。

第五十九条 电子商务经营者应当建立便捷、有效的投诉、举报机制，公开投诉、举报方式等信息，及时受理并处理投诉、举报。

第六十条 电子商务争议可以通过协商和解，请求消费者组织、行业协会或者其他依法成立的调解组织调解，向有关部门投诉，提请仲裁，或者提起诉讼等方式解决。

第六十一条 消费者在电子商务平台购买商品或者接受服务，与平台内经营者发生争议时，电子商务平台经营者应当积极协助消费者维护合法权益。

第六十二条 在电子商务争议处理中，电子商务经营者应当提供原始合同和交易记录。因电子商务经营者丢失、伪造、篡改、销毁、隐匿或者拒绝提供前述资料，致使人民法院、仲裁机构或者有关机关无法查明事实的，电子商务经营者应当承担相应的法律责任。

第六十三条 电子商务平台经营者可以建立争议在线解决机制，制定并公示争议解决规则，根据自愿原则，公平、公正地解决当事人的争议。

第五章 电子商务促进

第六十四条 国务院和省、自治区、直辖市人民政府应当将电子商务发展纳入国民经济和社会发展规划，制定科学合理的产业政策，促进电子商务创新发展。

第六十五条 国务院和县级以上地方人民政府及其有关部门应当采取措施，支持、推动绿色包装、仓储、运输，促进电子商务绿色发展。

第六十六条 国家推动电子商务基础设施和物流网络建设，完善电子商务统计制度，加强电子商务标准体系建设。

第六十七条 国家推动电子商务在国民经济各个领域的应用，支持电子商务与各产业融合发展。

第六十八条 国家促进农业生产、加工、流通等环节的互联网技术应用，鼓励各类社会资源加强合作，促进农村电子商务发展，发挥电子商务在精准扶贫中的作用。

第六十九条 国家维护电子商务交易安全，保护电子商务用户信息，鼓励电子商务数据开发应用，保障电子商务数据依法有序自由流动。国家采取措施推动建立公共数据共享机制，促进电子商务经营者依法利用公共数据。

第七十条 国家支持依法设立的信用评价机构开展电子商务信用评价，向社会提供电子商务信用评价服务。

第七十一条 国家促进跨境电子商务发展，建立健全适应跨境电子商务特点的海关、税收、进出境检验检疫、支付结算等管理制度，提高跨境电子商务各环节便利化水平，支持跨境电子商务平台经营者等为跨境电子商务提供仓储物流、报关、报检等服务。国家支持小型微型企业从事跨境电子商务。

第七十二条 国家进出口管理部门应当推进跨境电子商务海关申报、纳税、检验检疫等环节的综合服务和监管体系建设，优化监管流程，推动实现信息共享、监管互认、执法互助，提高跨境电子商务服务和监管效率。跨境电子商务经营者可以凭电子单证向国家进出口管理部门办理有关手续。

第七十三条 国家推动建立与不同国家、地区之间跨境电子商务的交流合作，参与电子商务国际规则的制定，促进电子签名、电子身分等国际互认。国家推动建立与不同国家、地区之间的跨境电子商务争议解决机制。

第六章 法律责任

第七十四条 电子商务经营者销售商品或者提供服务，不履行合同义务或者履行合同义务不符合约定，或者造成他人损害的，依法承担民事责任。

第七十五条 电子商务经营者违反本法第十二条、第十三条规定，未取得相关行政许可从事经营活动，或者销售、提供法律、行政法规禁止交易的商品、服务，或者不履行本法第二十五条规定的信息提供义务，电子商务平台经营者违反本法第四十六条规定，采取集中交易方式进行交易，或者进行标准化合约交易的，依照有关法律、行政法规的规定处罚。

第七十六条 电子商务经营者违反本法规定，有下列行为之一的，由市场监督管理部门责令限期改正，可以处一万元以下的罚款，对其中的电子商务平台经营者，依照本法第八十一条第一款的规定处罚：（一）未在首页显著位置公示营业执照信息、行政许可信息、属于不需要办理市场主体登记情形等信息，或者上述信息的链接标识的；（二）未在首页显著位置持续公示终止电子商务的有关信息的；（三）未明示用户信息查询、更正、删除以及用户注销的方式、程序，或者对用户信息查询、更正、删除以及用户注销设置不合理条件的。电子商务平台经营者对违反前款规定的平台内经营者未采取必要措施的，由市场监督管理部门责令限期改正，可以处二万元以上十万元以下的罚款。

第七十七条 电子商务经营者违反本法第十八条第一款规定提供搜索结果，或者违反本法第十九条规定搭售商品、服务的，由市场监督管理部门责令限期改正，没收违法所得，可以并处五万元以上二十万元以下的罚款；情节严重的，并处二十万元以上五十万元以下的罚款。

第七十八条 电子商务经营者违反本法第二十一条规定，未向消费者明示押金退还的方式、程序，对押金退还设置不合理条件，或者不及时退还押金的，由有关主管部门责令限期改正，可以处五万元以上二十万元以下的罚款；情节严重的，处二十万元以上五十万元以下的罚款。

第七十九条 电子商务经营者违反法律、行政法规有关个人信息保护的规定，或者不履行本法第三十条和有关法律、行政法规规定的网络安全保障义务的，依照《中华人民共和国网络安全法》等法律、行政法规的规定处罚。

第八十条 电子商务平台经营者有下列行为之一的，由有关主管部门责令限期改正；逾期不改正的，处二万元以上十万元以下的罚款；情节严重的，责令停业整顿，并处十万元以上五十万元以下的罚款：（一）不履行本法第二十七条规定的核验、登记义务的；（二）不按照本法第二十八条规定向市场监督管理部门、税务部门报送有关信息的；（三）不按照本法第二十九条规定对违法情形采取必要的处置措施，或者未向有关主管部门报告的；（四）不履行本法第三十一条规定的商品和服务信息、交易信息保存义务的。法律、行政法规对前款规定的违法行为的处罚另有规定的，依照其规定。

第八十一条 电子商务平台经营者违反本法规定，有下列行为之一的，由市场监督管理部门责令限期改正，可以处二万元以上十万元以下的罚款；情节严重的，处十万元以上五十万元以下的罚款：（一）未在首页显著位置持续公示平台服务协议、交易规则信息或者上述信息的链接标识的；（二）修改交易规则未在首页显著位置公开征求意见，未按照规定的时间提前公示修改内容，或者阻止平台内经营者退出的；（三）未以显著方式区分标记自营业务和平台内经营者开展的业务的；（四）未为消费者提供对平台内销售的商品或者提供的服务进行评价的途径，或者擅自删除消费者的评价的。电子商务平台经营者违反本法第四十条规定，对竞价排名的商品或者服务未显著标明“广告”的，依照《中华人民共和国广告法》的规定处罚。

第八十二条 电子商务平台经营者违反本法第三十五条规定，对平台内经营者在平台内的交易、交易价格或者与其他经营者的交易等进行不合理限制或者附加不合理条件，或者向平台内经营者收取不合理费用的，由市场监督管理部门责令限期改正，可以处五万元以上五十万元以下的罚款；情节严重的，处五十万元以上二百万元以下的罚款。

第八十三条 电子商务平台经营者违反本法第三十八条规定，对平台内经营者侵害消费者合法权益行为未采取必要措施，或者对平台内经营者未尽到资质资格审核义务，或者对消费者未尽到安全保障义务的，由市场监督管理部门责令限期改正，可以处五万元以上五十万元以下的罚款；情节严重的，责令停业整顿，并处五十万元以上二百万元以下的罚款。

第八十四条 电子商务平台经营者违反本法第四十二条、第四十五条规定，对平台内经营者实施侵犯知识产权行为未依法采取必要措施的，由有关知识产权行政部门责令限期改正；逾期不改正的，处五万元以上五十万元以下的罚款；情节严重的，处五十万元以上二百万元以下的罚款。

第八十五条 电子商务经营者违反本法规定，销售的商品或者提供的服务不符合保障人身、财产安全的要求，实施虚假或者引人误解的商业宣传等不正当竞争行为，滥用市场支配地位，或者实施侵犯知识产权、侵害消费者权益等行为的，依照有关法律的规定处罚。

第八十六条 电子商务经营者有本法规定的违法行为的，依照有关法律、行政法规的规定记入信用档案，并予以公示。

第八十七条 依法负有电子商务监督管理职责的部门的工作人员，玩忽职守、滥用职权、徇私舞弊，或者泄露、出售或者非法向他人提供在履行职责中所知悉的个人信息、隐私和商业秘密的，依法追究法律责任。

第八十八条 违反本法规定，构成违反治安管理行为的，依法给予治安管理处罚；构成犯罪的，依法追究刑事责任。

第七章 附则

第八十九条 本法自2019年1月1日起施行。

主要参考资料

[1] 赵红，宿恺. 电子商务概论 [M]. 北京：机械工业出版社，2021.

[2] 刘蕤，王伟军. 电子商务导论 [M]. 北京：科学出版社，2021.

[3] 白东蕊，岳云康. 电子商务导论 [M]. 5版. 北京：人民邮电出版社，2021.

[4] 周曙东. 电子商务概论 [M]. 5版. 南京：东南大学出版社，2019.

[5] 姜红波. 电子商务概论 [M]. 3版. 北京：清华大学出版社，2019.

[6] 董志良. 电子商务概论 [M]. 3版. 北京：清华大学出版社，2021.

[7] 邵兵家. 电子商务概论 [M]. 4版. 北京：高等教育出版社，2019.

[8] 张淑琴. 电子商务概论 [M]. 北京：机械工业出版社，2018.

[9] 鲜军. 电子商务概论 [M]. 微课版. 北京：机械工业出版社，2022.

[10] 张健，尹志洪. 电子商务概论 [M]. 武汉：华中科技大学出版社，2018.

[11] 宋文官. 电子商务概论 [M]. 4版. 北京：清华大学出版社，2017.

[12] 李琪，彭丽芳，王丽芳. 电子商务概论 [M]. 北京：清华大学出版社，2017.

[13] 李洪心，刘继山. 电子商务案例分析 [M]. 3版. 大连：东北财经大学出版社，2020.

[14] 陈德人. 电子商务概论与案例分析 [M]. 2版. 北京：人民邮电出版社，2020.

[15] 李海刚. 电子商务物流与供应链管理 [M]. 北京：北京大学出版社，2014.

[16] 王学东. 电子商务管理 [M]. 北京：电子工业出版社，2020.

[17] 胡伟雄. 电子商务安全 [M]. 北京：科学出版社，2021.

[18] 张宝明，樊重俊. 电子商务运营管理 [M]. 北京：清华大学出版社，2022.

[19] 劳帼龄. 电子商务安全与管理 [M]. 3版. 北京：高等教育出版社，2016.

[20] 马士华，林勇，等. 新编供应链管理 [M]. 6版. 北京：机械工业出版社，2020.

[21] 叶怀珍. 现代物流学 [M]. 4版. 北京：高等教育出版社，2019.

[22] 杨坚争，杨立钒. 电子商务基础与应用 [M]. 10版. 西安：西安电子科技大学出版社，2017.

[23] 李洪心. 网上支付与结算 [M]. 3版. 北京：北京师范大学出版社，

2021.

［24］熊平. 电子商务安全技术［M］. 2版. 北京：清华大学出版社，2013.

［25］杨路明. 旅游电子商务理论及应用［M］. 北京：化学工业出版社，2015.

［26］张楚. 电子商务法教程［M］. 2版. 北京：首都经济贸易大学出版社，2017.

［27］王莹. 电子商务案例分析［M］. 北京：社会科学文献出版社，2022.

［28］刘虎. 民用物联网与电子商务的联姻［J］. 企业管理，2022（4）：25-30.

［29］邱家玉. 微信小程序电商发展现状和对策探讨［J］. 现代商业，2019（23）：26-27.

［30］IMS（天下秀）新媒体商业集团. 直播电商法律法规解析［M］. 北京：清华大学出版社，2022.

［31］李晴，王宇平，张倩. 我国生鲜果蔬电子商务模式发展研究［J］. 中国果树，2022（11）：91-95.

［32］孙华. 乡村振兴背景下农村电子商务发展现状、问题与对策——评《农村电子商务理论与实践》［J］. 商业经济研究，2022（10）：2-2.

［33］冯宪伟. 乡村振兴视角下农村电子商务创新发展研究［J］. 核农学报，2022（10）：2095-2096.

［34］钟石新. 从野蛮生长到口碑雪崩，直播带货：风口处何去何从［J］. 中国食品工业，2021（2）：32-35.

［35］中国互联网络信息中心. 第50次中国互联网络发展状况统计报告［R］. 北京：中国互联网络信息中心，2022.